中日民商法研究

（第十五卷）

渠涛 · 主编

法律出版社
LAW PRESS CHINA

《中日民商法研究》编委会

《中日民商法研究》创办缘起

中国近代之继受外国法，始于20世纪初。1902年光绪皇帝下诏：参酌外国法律，改订律例。设修订法律馆主持法典起草。1906年，修订法律大臣沈家本，派侍郎董康等赴日本考察裁判、监狱等制度，邀请著名民法学者梅谦次郎到中国讲学并协助起草民法典。梅谦次郎因故不能应邀，推荐东京控诉院判事松冈义正。同时应邀来华的日本学者有帝国大学刑法教授冈田朝太郎、司法省事务官小河滋次郎、帝国大学商法教授志田钾太郎。松冈义正于是年来华，就任京师法律学堂民法教习。1908年，开始编纂民法典，采德国民法之五编制体例，由松冈义正起草总则编、物权编和债编，由修订法律馆编纂、日本中央大学法学士高种等三人起草亲属编和继承编。可见中国近现代民商法和民商法学，得日本民商法和民商法学之助益甚多。改革开放以来的民商事立法，如1999年的合同法，参考日本立法、学说之处亦复不少。目前进行中的民法典编纂，尤应着重汲取日本民法百余年间累积之宝贵经验。于是联络学界同人，设立纯粹民间性质之中日民商法学术研究会，旨在推进中日民商立法学说判例之比较研究，增进中日两国民商法学者间的学术交流，为研究成果之及时刊发流布，并创办《中日民商法研究》系列论文集。

梁慧星

2002年11月25日

开 卷 语

本卷收录的是中日民商法研究会第十四届(2015年)大会的内容。

本届大会于2015年9月12日和13日在杭州召开,由中国社会科学院法学研究所私法中心下属中日民商法研究会主办,浙江大学光华法学院承办,北京市中伦律师事务所和北京市金杜律师事务所协办,日本私法书士会连合会、日本西村朝日律师事务所等提供赞助。

参加本届大会的主要参会人员如下:

中方:

梁慧星(中国社会科学院学部委员、法学研究所研究员、中日民商法研究会会长),王利明(中国人民大学常务副校长、法学院教授,中国民法学研究会会长),段匡(复旦大学法学院教授),张谷(浙江大学光华法学院教授),谢鸿飞(中国社会科学院法学研究所民法室主任、研究员),王作全(青海师范大学法学与社会学院教授),董惠江(黑龙江大学法学院教授),刘惠明(河海大学法学院教授),蔡元庆(深圳大学法学院教授),朱新力(浙江大学光华法学院教授),王冠玺(浙江大学光华法学院教授),陈信勇(浙江大学光华法学院教授),周江洪(浙江大学光华法学院教授),刘永光(厦门大学法学院教授),李伟群(华东政法大学教授),郭娅丽(北京联合大学应用文理学院法律系教授),李国强(吉林大学法学院教授),吴鹏(北京市中伦律师事务所主任),鲍荣振(金杜律师事务所顾问),陈青东(金杜律师事务所上海分所合伙人)。

日方:

河上正二(东京大学法学政治学研究科教授),大村敦志(东京大学法科大学院教授),道垣内弘人(东京大学大学院法学政治学研究科教授),平野温郎(东京大学大学院法学政治学研究科教授,商事法务与比较法研究中心研究员),久保田隆(早稻田大学教授),早川胜(德岛文理大学综合政策学部教授),田泽元章(明治学院大学教授),铃木贤(北海道大学法学研究科教授,现明治大学教授),木间正道(中国人民大学亚洲太平洋法学研究院教授),宇田川幸则(名古屋大学教授),中島あずさ(日本西村朝日律师事务所驻北京代表所),鵜田えみ(東京大学大学院法学政治学研究科)。

在日华人:

王晨(大阪市立大学法学部教授),王冷然(德岛大学综合科学部准教授),郑芙蓉(广岛修道大学法学部准教授),温笑侗(东北大学法学部准教授),张瑞辉(名古屋经济大学准教授)。

本届大会需要特别感谢的有:

全国人大法工委民法室一处石宏处长和全国人大法工委民法室朱书龙先生莅临本届大会,提升了研究会对问题讨论的高度,谨表深深的感谢!

中国民法学研究会会长王利明教授在百忙之中莅临本会,为大会致辞,并作了关于人格权立法的学术报告,充分显示了民法学研究会对本会的重视,为本届大会民法部会的讨论提供了全新的视角,谨表示最诚挚的感谢!

浙江大学党委副书记周谷平教授到会致辞,为会议提供了强有力的支持;法学院副院长周江洪教授等著名民法学者亲自督导,章程博士具体领导的会务组以及各位老师和同学们为会议提供了热情周到的服务;各位民商法学专业的老师们拨冗参会,在此一并表示衷心感谢!

大会承蒙铃木贤、宇田川幸则、刘惠明、蔡元庆、周江洪、高庆凯、张瑞辉、寺岛美贵子等各位担当同声传译以及论文的笔译工作,对他们无偿的辛苦付出表示衷心感谢!

与会专家学者和实务界工作者在两天会议期间,围绕着中日两国民商法领域的各种热点问题展开了广泛深入的研讨;大会自始至终洋溢着“学术神圣”的气氛;学者和实务界人士严谨而务实的治学态度使此次研究大会的水平又得到了新的提高。

《中日民商法研究》的主要特色之一在于每卷都将讨论的内容原原本本地记录在册，这些讨论有些比论文更能启发人们思考和研究问题的意识，而且在一些“大家”的发言以及工作在法律实务第一线的法官和律师的发言中，还能汲取难以在学术论文中得到的宝贵知识。每年的讨论会记录整理是最为辛苦的，且需要高水平的工作，今年这项工作由渠遥负责。在此，感谢她在学业繁忙的情况下承担这项工作！

本卷由法律出版社出版。在此，感谢法律出版社社长黄闽先生和学术分社社长孙东育女士的支持；同时更要感谢李峰沄编辑为本卷出版付出的辛劳。

如《中日民商法研究》第一卷开卷语所云：中日民商法研究会与其编辑的系列论文集旨在为中日之间的民商法学界、法律实务界提供一个交流的平台。我们在为今天取得的进展而感到欣慰的同时，也深感任重道远。衷心希望有志于这项事业的师长前辈、同人学子能够参与到我们的研究会中来，为这一事业的兴旺发达献计献策，共同进取。

此外，需要特别说明的是，本卷为社科基金项目（13AFX014）的阶段性成果，同时为中国社会科学院法学研究所私法中心的活动成果之一。

中日民商法研究会联络方式如下：

1. 中国社会科学院法学研究所私法研究中心

地址：北京市东城区沙滩北街15号（邮编：100720）

2. 北京理工大学珠海学院民商法律学院（东北亚民商法律研究中心）

地址：广东省珠海市唐家湾金凤路6号

E－mail：qutao@cass.org.cn

本卷主编于通州书斋

2016年8月吉日

目　录

民法立法论

民法专题研究

商　　法

悼念五十岚清先生专辑

毕业论文选登

附　录

中日民商法研究（第十五卷）

民法立法论

关于人格权法草案的说明

王利明[*]

各位专家、各位老师：

我想利用这个机会向大家报告一下关于人格权法立法的想法。

大家知道，我们现在正在制定民法典，首先是在抓紧制定民法总则。我认为制定民法总则当务之急需要解决的一个重大问题是民法总则与人格权的关系。具体来说就是，人格权究竟应该在总则中规定还是独立成编。这个问题不解决，我们的民法总则立法很难再往下进行。另外，制定民法典，首先应该有一个民法整体的体系构架，这也需要回答这样的一个问题，即人格权是不是需要独立成编。所以，可以说，在制定中国民法典的过程中，不可回避的问题是人格权是不是应该独立成编。

关于这个问题，现在仍然有不同的看法和争议。我个人认为，人格权法应该独立成编，接下来，我想就为什么应该独立成编谈几点自己的看法。请大家，特别是日本的专家学者批评指正。

首先谈一下为什么要独立成编。

---

* 作者：中国人民大学常务副校长、教授，中国民法学研究会会长。

本文由李元元（中国社会科学院研究生院法学硕士研究生）根据作者提交给大会的发言稿并结合录音整理。

第一点,我们的民法典需要符合时代的需要,能够反映时代的特征。

1804年的《法国民法典》可以说是19世纪初"风车水磨时代"的民法典的代表,1900年的《德国民法典》是19世纪末20世纪初工业时代民法典的代表。当前,人类社会已经进入21世纪,21世纪是一个信息时代、大数据时代,是一个互联网的时代,是一个高科技的时代,是一个知识经济的时代。在这样的时代背景下,民法典应该有它的时代特征。我们不能够再受到一百多年前甚至两百多年前的民法典体系的束缚。我们必须要考虑,这个时代它有什么样的时代特征。

我个人认为,21世纪应该是一个走向权利的世纪,是一个弘扬人格尊严和人格价值的世纪。20世纪以来,特别是"二战"以后,人权运动不断发展,尊重和保障人权成为国际社会的共识,在民法领域,已经将人格尊重与人格关怀作为民法重要的价值。因此,我个人认为,当人格尊严、人文关怀与私法自治发生冲突时,应优先保护人格利益。例如,"代孕协议"案在中国已经发生了不少这样的案例,相关的纠纷也已起诉至法院,纠纷大多是因为代孕母亲将孩子生下后,不愿意将孩子交付给委托人,要求继续抚养孩子。但是,案例起诉至法院以后,代孕合同都是被法院判决确认无效。如果按照私法自治,应该尊重他们之间的协议,应当尊重当事人之间的合同。但是今天,对于人的尊严,对于人格的保护,应该放在一个更高的位置。因为这种代孕协议,把人当成了一种生育的工具,损害了人的尊严。所以,当某类行为与人的尊严发生冲突的情况下,优先保护的是人格尊严。我们还有类似的案例,都说明了这一点。

从这个例子我们可以看出,今天民法的价值理念应当是人格尊严。而保护人格尊严最集中的规则、最集中的制度体现就是人格权法。所以,今天上午我同大村教授讨论时,大村教授认为21世纪应该是人格权法的世纪。我觉得这个说法是有道理的,我也非常赞成。就像孟德斯鸠所说:"在民法慈母般的眼里,每个个人都是整个国家。"今天我们必须系统全面地规定人格权制度,构建完整的人格权的体系和规则。这是我们维护人格尊严、反映时代精神的体现,是反映时代特征的体现,这正是民法发展的必然趋势。

从今天民法的发展来看,一方面随着人的多样化,随着人的生活方式的多样化,新的人格利益在不断地产生;另一方面大家也可能都已注意到,在进入高科技时代以后,大量科技的迅猛发展、互联网的发展,给人类带来了巨大的福祉,但是所有这些发明、创造,我觉得几乎都有一个共同的副作用,这就是对个人隐私的侵害,对个人隐私的威胁。我在美国也专门研究过隐私法,美国有一个著名学者叫学福禄姆金(Froomkin),他把现在所有高科技的发明列入了警示项,他认为这些发明创造都给人类带来了巨大的幸福,但这些发明创造都有着一个共同的副作用:威胁了人的隐私。他说,这些发明,如卫星定位、红外线扫描等,都使我们在今天已经无处藏身了。他认为,当前人的隐私权已经变成了"零隐权"(zero privacy),即我们的隐私其实没有了。所以他得出的结论是:隐私已经死亡。因此,现代法律的重心应当放在如何强化对隐私权的保护之上。

我们可以看到,在美国发生一系列枪击事件之后,巴西总统罗塞夫曾经有一句话:"隐私权不仅仅是一个民事权利,它是一个国家主权,应该提升到国家主权的层面。"从这一方面来看,足见隐私的重要。

《法国民法典》在几年前修改中,专门在第 9 条中增加对隐私的保护。实际上也有将隐私作为一项原则来对待的考虑。从这个意义上,可以看出隐私权、人格权法的极端重要性。今天我们之所以要制定一部系统的人格权法,也是适应民法的发展趋势的必然要求。所以,我个人认为,在民法今后发展中,人格权法正是新的增长点,这是民法发展的最集中的表现。大村教授说 21 世纪是人格权法的世纪,从这个意义上讲也是有道理的。

第二点,我们要使人格权法独立成编,这是我们《民法通则》经验的总结,是《民法通则》宝贵经验的传承。大家都知道,《民法通则》单独在第五章列举各项民事权利,其中第一项权利就是人格权。这样规定,是对"文化大革命"中践踏人权、践踏人格尊严的惨痛行为的反思。所以,第一次集中规定人格权使《民法通则》也成为民事权利的宣言书。在民事权利中集中规定人格权,是民法通则最大的亮点。这个经验表明,

《民法通则》是将人格权作为一种与其他民事权利相并列的权利来加以规定的。其实,《民法通则》中“民事权利”的这一章,是构建了我们未来民法典分则基本的框架。所以,我们今天要求人格权法独立成编,正是与《民法通则》一脉相承的,和《民法通则》立法思想正是完全吻合的。

第三点,充分的尊重和保障人权,是维护社会生活和谐、公平、有序的需要。我一直觉得我们国家封建社会持续的时间非常漫长。没有像欧洲那样,经历过文艺复兴这样历史时期,所以缺乏对人权保障的历史积淀,封建包袱太重。到了“文化大革命”时,各种践踏人格的行为触目惊心。我小时候在“文化大革命”时见到的“架飞机”、剃“阴阳头”、游街示众、挂铁牌等这些景象,到今天我仍然记忆犹新。所以,我感受到,今天充分的保障人权、充分的保护人格权,仍然是我们这个社会非常需要的。

人格权不应该是一个民事权利,应该纳入宪法权利中。北大的一个教授认为,民法中不能规定人格权,应该把它放在宪法里面。这个观点我认为是有一定道理的。

但是我个人认为,这种观点同中国的现实、中国的国情、中国现行宪法的体制不符,甚至可以说是脱离了中国现行宪法的实际。因为按照我们的宪法规定,只有全国人大常委会才有权解释宪法。法官、法院是无权解释宪法的。正是因为这个原因,最高人民法院明确规定法官在民事裁判中不得援引宪法裁判案件。因为,如果援引宪法裁判案件就意味着法官必然要解释宪法。如果法官解释宪法,则与我们现行宪法的规定是相冲突相矛盾的。在西方,人格权保护出现了一场名为“宪法司法化”的现象。人格权在西方是大量通过法官援引宪法在裁判中确定规则,但是这在中国做不到。

既然按照我们中国法的规定,法官在裁判时不能援引宪法来裁判案件,那么如果将人格权作为一个宪法性权利,而法官又不能援引宪法,又怎么去保护人格权呢?所以,我认为在中国唯一可以的办法是将宪法中保护人格尊严和人身自由的规定转化为民法的人格权制度,通过人格权制度使宪法的规定具体化。这样,法官可以直接援引民法来裁判案件,这样才能在现实中充分地、有效地保障人权。我觉得这是中国目前唯一可行的一个思路。如此,我们必须构建系统完整的人格权制度。

第四点，这是回应审判实践的需要。中国从《民法通则》实施以来，第一个精神损害赔偿的案件进入了法院。从此以后，有关人格权的纠纷大幅度地增长，有研究人格权的学者已收集整理了几千份，这些案例虽然标的额不是太大（不像有些合同纠纷中标的数额巨大），但是每一个案件影响都很大。一旦作出判决，就会引起社会广泛关注。如果处理不好，会引起社会很大的反响。

我们也必须看到，人格权案件，大量涉及网络侵权。现在网络侵权除了知识产权侵权以外就是人格权侵权，甚至大量的人格权侵权。这些侵权一旦发生，如在网上传播诽谤言论、披露他人隐私，就是迅速蔓延，必须要立即制止，要迅速地作出处理。那么如何处理呢？这就必须给予法官明确的规则，让法官在最短的时间内，及时地处理这些案件，这样才能使人格权纠纷得到妥善的解决。

另外，也只有明确人格权的规则，才能防止法官因为自由裁量权过大而导致的“同案不同判”现象。如上海发生的“超市搜身案”，一审判决 20 万元的精神损害赔偿，但是到二审时则改判为 1 万元。该案在媒体上引起了很大的反响：从 20 万元到 1 万元，原因、理由究竟是什么？法院后来回答说，这是我们的自由裁量权。但是我感觉，这个自由裁量权太大。这也与我们没有明确的人格权规则有着很大的关系。

第五点，适应网络环境下人格利益保护的需要。中国近年来，网络发展极为迅速。一方面，互联网给我们带来了很大的好处，给我们的生活带来了巨大的变化。甚至可以说我们今天的生活已经无法同互联网分开了。但是另一方面，网络带来的副作用就是：网上侵害公民的名誉、肖像、隐私等现象非常严重，甚至越来越严重。如网上跟帖骂人不堪入目，人肉搜索非常严重。重庆曾发生一起因行驶在前的女司机开车过慢导致后面男司机下车将其拖出来暴打的事件。男司机本来已经构成严重的侵权，并最终被判刑。但后来有网民认为，女司机开车太慢，阻碍了交通，并对该女司机发起了人肉搜索，将其与他人在宾馆开房的隐私信息等在网上披露，给当事人的日常生活带来了很不好影响。但到现在，是否允许人肉搜索，立法机关和政府没有出台任何规则。所以,法官拿到这样的案件没法处理。这就是因为我们没有人格权制度造成的。

还有网络谣言。我个人认为,网络谣言是应该被区分的。有的是涉及公共利益的网络谣言,这涉及对公益的侵害,可能构成犯罪。但是大量的网络谣言,实际上是针对人格权、针对私益的侵害。对这一部分,我一直认为,国家机关不一定要出重拳打击,应完全由受害人自行主张权利。如果让受害人主张权利,就应该确立一系列的规则。如人肉搜索是否应当被允许等,这些都是应该由受害人自行主张的权利。今天我们只有建立人格权制度,才能够维护网络环境下的正常发展,真正地还网络一片干净的空间,真正地成为一个干净的场所。

第六点,我个人一直认为,人格权编也是构建科学的民法典体系的需要。我个人认为,德国的"五编制"确实科学,但"五编制"也确实存在一定的缺陷,存在"重物轻人"的现象。大家都知道,民法调整和规范两大权利:人身权和财产权。财产权已经在"五编制"下独立成编,即物权、债权。但是人身权中最重要的人格权在"五编制"下没有地位,只有身份权在亲属、继承中有所表现。这确实说明"五编制"存在"重物轻人"的现象。所以,我们使人格权独立成编,本身也在一定程度上弥补了"五编制"的缺陷。这个问题,我记得若干年前数次在德国开研讨会时碰到过卡纳里斯(Canaris)教授时跟他讨论过。他说,确实存在这个问题,但是当时制定《德国民法典》时,人格权是什么还不清楚,所以不可能在民法典中规定。但是德国今天已经有大量的关于人格权的判例,我们现在已经在组织人员翻译德国的判例,也出版了好几本著作。他说如果今天德国制定民法典,也许要重新考虑这个问题,即人格权是不是要独立成编的问题。

这是我讲的第一个问题。

第二个问题,民法总则中不宜全面规定人格权,理由如下:

第一点,人格权与作为独立主体资格的人格是两个概念,和权利能力是两个不同的概念。虽然权利能力和人格权有密切的联系,但二者可以分开。我们《民法通则》的经验表明,它将人格权与主体制度严格地分开了,它不是将人格权放在主体制度中规定,而是放在具体权利中规定。《民法通则》的经验本身表明,人格权和主体制度是应当分离的。这也是《民法通则》最大的亮点,一个成功的经验,今天我们完全有必要继续保持这样一个经验。

第二点,人格权制度放在总则之中不利于设立具体的行为规则。有学者认为人格权法不是交易法,所以不可能设立规则。这个说法我是不赞成的。我认为,婚姻、继承也不是交易法,但也必须设立大量具体的行为规则。人格权同样如此。今天我们之所以要制定独立成编的人格权法,就是要设立一系列规则。如刚才讲到的人肉搜索,还有实践中经常发生的非法跟踪、窃听、偷窥他人信件邮箱等。前几天,有一个法官跟我讲,一个当事人对他作出的判决不服,长期跟踪他,就是希望能不能找出该法官的问题。但是目前,除非构成刑事犯罪,还没有一个具体规则能够约束或禁止该当事人的这种行为。这是一种典型的侵害隐私权的行为。但是我们首先要有一系列的规则,如禁止非法跟踪、偷窥等行为。这些行为规则,应当集中加以规定,否则我们这个社会就不得安宁。

上海的法官嫖娼案后,据说中关村的窃听器被抢购一空。很多人说,这是个好办法,可以买一些微型的摄像机、窃听器窃听别人。如果法官你不好好判案,我就窃听你。这怎么行?如此,这个社会就不能有序,不得安宁了。因此,人格权必须要制定相应的行为规则,但放在总则当中我觉得是非常困难的。总则都是一些比较抽象概括的规则,无法设立那些非常具体的行为规则,容纳不了这些具体复杂的行为规则,解决不了现实需要解决的问题。

第三点,难以实现对人格权的充分保护。我一直认为,如果将人格权制度放在总则作为主体制度加以规定的话,那么主体资格是无法受到侵权法的保护,因为权利能力无法受到侵害。同时也无法形成人格权请求权。所以,只有将其独立出来,同主体制度相分离,才能强化对人格权的保护。

第四点,无法规定人格权的利用制度。今天,人格权中的肖像、姓名、名称等,都已经可以进行商业化的利用,而且今后随着互联网的发展,声音、指纹都会被大量的进行商业化利用。这些人格权被商业化利用以后,需要有一系列的商业化利用的规则。这些规则是无法在主体制度中加以规定的。特别是大数据时代,我们必须要确认个人信息权,个人信息的保护是回应大数据时代的一个重要的体现。我自己也研究了各国关于个人信息保护的相关规定,可以看到一个共同的特点:对个人信息的保护和利用,成为当前信息立法的两大重心。一方面是保护,另一方面是利用,甚至有些国家更加强调对个人信息的利用,至少也是利用和保护并举。我们要确认个人信息权,就必须要重视个人信息的利用。但是对于个人信息利用的规则,是无法在主体制度中予以规定的。

第五点,无法解决立法层面的技术问题。《民法通则》规定了法人的名誉权、名称权,在今天来看,还有必要规定法人的信用权。所有这些,就提出一个问题:如果将人格权放在主体制度中加以规定的话,那么就只能将自然人的人格权放在自然人的项下进行规定,那么法人的人格权怎么办?如果法人人格权放在法人制度内,同时也会面临另外一个问题:人格权的一般规则在哪里规定?找不到一个可以规定的地方。所以,在技术上无法处理。

第六点,无法解释人格权的限制制度。权利能力具有总括性和不得限制性,但是人格权作为一个具体的权利,法律可以基于公共利益的保护对人格权进行一定程度的限制。除了如生命健康权等,因为其固有属性不可限制之外,许多人格权都要在不同程度上加以限制。如“公众人物无隐私”,“公众人物”的概念就是对人格权的限制。实践中,我们不少的案例已经采用了“公众人物”的概念,但是缺乏关于“公众人物”的具体规则。如“公众人物”判断、对“公众人物”的限制程度等。有学者主张引进美国“萨利文诉纽约时报”一案中确立的“实际恶意规则”,但这一规则如何解释,都缺乏统一的规则。但无论如何,我们想要强调的就是,人格权是可以受到限制的。如果将其放在主体制度里面,是与限制的规则相矛盾的。因为主体制度不能限制,权利能力不能限制,这两者是无法兼容的。

第七点,无法规定对死者人格利益的保护。从比较法上来看,对于死者人格利益的保护越来越受到重视,而我们实践中也出现了大量案例,都涉及对死者人格利益的保护问题,对提出了应如何强化对死者人格利益的保护问题。现在不仅仅涉及死者人格利益的保护,还涉及对死者财产利益的保护,这些都有出现。这些问题,同样需要我们在人格权法里面设立相应的规则。但是如果放在主体制度里面,我们怎么解释死者人格利益保护呢?主体制度强调的是对生者权利能力、行为能力的规定,它与死者人格利益的保护制度是不协调的。

所以,我建议不宜在主体制度之中规定人格权。

第三个大问题,我想简单地谈一下:不宜在侵权法中全面规定人格权制度,也不能以侵权法来代替人格权法。

侵权法是救济法,不能全面确认人格权;侵权法不能具体规定各项人格权的具体内容;侵权法也不能规定人格权的具体行使规则。尤其是侵权法无法具体规定人格权请求权制度,人格权请求权是对人格权保护的重要措施。在一定情况下,可能不构成侵权,但应给予权利人一定的人格权请求权,让权利人能够主动地请求对方停止侵害等。所以,我个人认为侵权法也不宜、不能全面代替人格权法。

我个人的看法,我们需要一部系统完整的人格权法。这是我们构建一部21世纪的民法典所应当具备的。

时间关系,我就讲这么多,请大家批判指正。谢谢大家!

大村敦志对王利明报告的点评

大村敦志* 高庆凯**

我是大村。大会让我对王利明教授的报告作评论。最初主持人给我 10 分钟时间,现在说缩短为 8 分钟。原本想谈四点,由于时间缩短了两成,所以改谈三点。

第一点,对王利明教授谈到的人格权法独立成编构想,我谈一下一般的感想。王教授指出对人的重视的观点,还指出新的时代要求、应该回应时代潮流来制定民法典的观点,对此我深有同感。王教授对法国民法典也有研究。近代的民法典在法国制定至今已经过了两百年。有学者指出,这两百年间,起初的 150 年,是要保护财产,是财产法的时代,但是 20 世纪后半期的 50 年,是人格权的时代,是人法的时代。我认为王利明教授提出的构想,的确符合这一大的时代潮流。

第二点,王利明教授提出了非常大的构想,如果这样的立法成形的话,日本可能会受到非常大的启发。在日本关注中国立法情况,中国要制定怎样的法,这是我第二点想要谈的问题。我想在座各位中有很多可能也知道,现在日本正在进行债权法修改,在此次修改过程中,也有若干讨论涉及是否应该重新考虑民法典的编排。但是,对此问题的具

* 点评者:东京大学大学院法律政治学科教授。
** 译者:中南财经政法大学法学院副教授。

体讨论已经结束,结果还是坚持之前的民法体系编别。此次债权法修改能否顺利进行,现在还不清楚。然而,作为修法开端的债法修改完成后,接下来要修改哪一部分有多个可能。不法行为法的修改可能是其中之一。到时候,可能会出现的讨论是,在不法行为法中是否要加入人格利益相关的规定。但是,王利明教授谈到的权利利用制度或者限制等规定,在日本法中设置是很有难度的,能够考虑的也可能仅是设置停止侵害这样的制度。因此,在人格权非常重要这一认识上,我和王利明教授基本是一样的,但在日本,到实际立法的时候,这样的大修改是否可以实现,不得不说其前景暗淡。

第三点,我在这里也谈谈我个人的观点。

王利明教授指出了这一问题与总则的定位的关系。他认为传统的德国民法式的总则与人格权之间的整合性不好。同时他也说了:我们没有必要采取一二百年前的民法典的编章结构。这样的话,就意味着没必要采用一二百年前的结构。这样一来,接下来要考虑的就应该是对总则这一部分进行调整。换言之就是要考虑对总则与人格权之间的编章设置重新调整。从现在的情况来看,好像有观点认为在总则中置入人格权规定,但我个人并不太赞成这样的观点。我个人认为,应该将总则缩小为一个非常小的部分,可以考虑的替代设计是设计一个包含人格权在内的人法。王利明教授说,作为主体的人格和人格权有关联,是可以区别的。我认为,这两个可以区别但有关联。将可以区别但有关联的部分归纳在一起来规定,就和您说的强调对人的重视衔接起来。另一个要说的就是,今天王教授没有涉及的问题,应该如何来考虑,如人与家族的关系。个人的问题与家族的问题是不同的,这一观点当然可以成立。但是,个人的人格是作为人出生之后,融入家庭环境。如果这样考虑的话,这两者也是可以区别但又有着密切关联。因此,我个人认为,一方面缩小总则;另一方面将人格、人格权、家族关系包含在内构建人法,以强调人和人格的价值。但是,强调什么样的内容,对此迄今为止的立法形式,每个国家有每个国家的情况。所以,无论采怎样的形式,从强调现代的人格权的重要性的方向上来立法这一概括性的观点来看,王教授和我的观点都是从同一立场出发的。

谢谢大家!

日本债权法修改的理念与市民社会

大村敦志[*]　高庆凯[**]

目　　次

一、引言——没有理念的修改?

现在法制审议会开始讨论2015年春政府提交的民法修改(债权法修改)法案之际,法务部长在第88号咨询中表达了两个要留意的点:第一,“对制定以来的社会、经济的变化之应对;第二,“要让一般国民容易理解、容易懂”。与此相对,一部分人批判这次民法修改是“没有理念的修改”。因此,本文(以及接下来道垣内教授的论文)通过讨论上述第一、第二这两点是否充分实现,从宏观的视角来尝试展望法修改完成后

* 作者:东京大学法学政治学研究科教授。
** 译者:中南财经政法大学法学院副教授。

新债权法的运用。与此同时，探讨“没有理念的修改”这一批判妥当与否。本文从“市民社会”、道垣内教授文章从“交易社会”的视角来进行讨论，这两个视角与“民法”的两个定义是重合的。

民法的定义并非一个。经常被举出的定义是“α = 民法是私法的一般法”，这一定义是为了在法体系中定位民法。与此有别，也有定义通过和社会的关系来表示民法作用。比如，20 世纪中叶之后支配性的定义是“β = 民法是资本主义经济社会的法”（川岛武宜等）。进言之，20 世纪末也出现了“γ = 民法是市民社会的构成原理（基本法）”（星野英一等）的定义。定义 β 现在仍然是妥当的。正因如此，以中国为首，一些国家在着手制定民法典。在全球化的潮流中，德国、法国进行民法修改也是这个缘故。另外，定义 γ 是与社会主义阵营解体以后再次着眼于“市民社会”这一动向紧密相关的。

本文开篇列出的两个注意点，和刚才谈到的民法的两个定义（或者两个侧面）是交叉的。第一点的“经济社会的变化”设想的是“交易社会”发生了很大的变化，这一点当然毋庸赘言，而其中也包含一层意思是市民社会的重要性增加。另外，第二点中的“国民”，不仅仅是一般市民，还包括交易社会的参与者。进言之，20 世纪末，也出现了“γ = 民法是市民社会的构成原理（基本法）”（星野英一等）这一定义。因此，即便站在“市民社会”这一观点上也不能轻视第一点，但接下来要采用的手法是：通过将焦点集中在第二点上来触及第一点［对于第一点本身，参照大村敦志《思考民法修改》（岩波新书，2011）中的论述］。具体来说，首先，指出这一次民法修改开始时的特征［书中（I）部分内容］；其次，指出作为修改结果作出的法案内容的特征。对前后的落差的认识成为评价这次修改的基础。基于该评价，最后提示若干展望［书中（III）部分内容］。

在引言最后，对本文所说的“市民”“市民社会”先做些注记。“市民”是指自发的形成社会的主体，“市民社会”是指这一主体形成的社会。因此，市民并不等同于居民、庶民（老百姓）（媒体所说的“对市民生活的影响”不是本文的研究对象）。市民社会包括“经济社会”“非营利主体”的双方，还有私生活的领域、立法、行政和司法等（市民社会、交易社会这一对比并不是同一层次的对比)。

二、修改开始时的特征

(一)"立法中心"意味着什么?

这一次的民法修改是1995年之后的"第三法制改革期"的收官之作。这一时期被称作"大立法时代",在该时期所看到的"立法中心"这一观点,在民法修改中也是共通的。换句话说,在民法修改中也尝试了从"判例的时代"到"立法的时代"这一大转折。当然前提是判例正变得越来越重要,在此之上,其目标是将迄今积累的判例法加以条文化。"一般国民容易理解"的民法是指,"制度的可视性相对比较高的民法"。如后所述,这一目的使债权人代位权和诈害行为撤销权,或者债务承担和合同上的地位移转等在很大程度上得以实现,但暴利行为、不实表示和信息提供义务等不少制度的进展并不顺利。

另一点应该注意的是,这一次民法(债权法)修改所做的提案中,也有提案并没有局限于沿袭之前的判例,而是力图形成新制度。比如,服务提供合同、继续合同相关制度等提案就属于这一类型。此处可以看到的是这样一种想法:从反映型到先导型的立法、不是制定束缚的法而是制定有帮助的法。作为"一般国民容易理解的"民法,不停留在对现状的追认,更向前迈进一步,提供一个契合现代社会的"具有先导性和灵活运用可能性的民法"。不过,如后文所述,这一尝试基本以失败告终。

(二)"学者主导"意味着什么

今次的民法修改中,特别是在初期阶段,几个学者小组所做的立法提案受到瞩目。实务界表达了他们的担忧,害怕由学者主导来修改民法,与这一担忧相呼应地也出现了对这一立法过程的批判。

当然,实务之要求的确是推动立法的一个重要原因。在这一意义上,无法想象立法会忽视实务方面的观点。实际上,这一次的修改也并非没有考虑实务观点。如后所述,毋宁说是对"实务"观点做了充分的(有时甚至是过度的)考虑,但是也有必要注意在设定问题的阶段曾表达的态度,即为了充分地拓宽视野,实务上需求不强烈的问题也要提上议程。日本的立法一直以来的反复做法是问题发生的话就做最小限度的改善,但与这样的“灭火立法”观点不同的态度在这次修改中被表达出来。就“一般国民容易理解”这一观点来说,其目标是“整体上具有整合性的民法”。作为成功的例子可以举出诸如代理、组合、清偿相关规定之整理,但对债务不履行的救济、格式条款的评价是有分歧的。

另一个重要问题是,是否仅仅着眼民法裁判规定的一面即可,是否也有必要留意其行为规范的一面? 比方说,无偿合同相关的判例不太多,不能说它在司法实务上的重要性大。对此也并不存在关注特别强烈的行业。对这一部分的昭示是学说的一个作用。这里的“一般国民容易理解的”民法就是,“也包含裁判外的行为规范的民法”。

根据大村敦志《思考民法修改》(Ⅰ)部分内容我们可以得知,“一般国民容易理解”这一方针是多义的、多层的,若干个不同的“容易理解”中,有些实现了,而有些并没能得到实现。在接下来的(Ⅱ)部分,打算就提交的法案的内容,从“市民社会”的观点来探讨哪些内容实现了、哪些没有实现及其原因。

三、被提交的法案的特征

(一)什么都没有了? ——技术的残留与原理的排除

法制审议会的审议,被中途公布的三份文件“论点整理”“中间试案”和“要纲试案”划分为三个阶段。其中,“论点整理”阶段自不用说,即便到“中间试案”阶段,当初讨论的提案很大部分也被保留下来。但其后,很多曾被激烈讨论的提案落空,最后剩下的除格式条款之外只是些不存在很大争议的提案。因此这样来说也不为过:因日本债权法修改而在全世界被谈论的提案,大部分内容消失了。

即便如此,有的部分也可以说取得了很大的立法成果。进行比较顺利的是在技术上整理的部分,其典型的例子是将判例做巧妙重述(条文化)(进而考虑和破产法的整合性)的债权人代位权和诈害行为请求权的部分。与此相对,强制规定的明文化部分和新的任意规定的部分,则实现的较少。没有能实现的,可以举出许多例子,诸如暴利行为、不实表示、信息提供义务、服务提供合同、继续合同、合同的解释准则和消费者概念的导入等。对于时效、债权让与、保证等重要部分亦同。此外,仅基本框架发生变化的部分(无偿合同等)、可模棱两可地解决的部分,这些部分也难以评价其是否顺利。

整体上看,这样说似乎也没有大的失误:法技术上的整理一定程度上能够达到,但试将判例和学说上所体现的新观点加以明文化则基本上没有实现。

(二)没有实现的意义——市民社会尚未成熟?

1. 为什么没有明文化?——对判例的不信赖和对消费者的警戒

那么,判例中重要部分没有实现明文化的原因为何?比如,有关暴利行为、信息提供义务,不仅存在很多下级法院的裁判例,最高法院相关判例也存在,但为什么这些判例的明文化被搁浅了。法制审议会的审议过程中,对存在根据判例形成的规范这一点本身是没有异议的。但是,对于要把它规定下来的做法,产业界则反复表达了他们的担心,即担心暴利行为、信息提供义务在广泛的范围上被承认。

他们认为,通过一般条款(公序良俗原则、诚实信用原则)的解释形成的法和设置具体依据条文之后形成的法之间是有区别的。一旦设置具体依据条文的话,判例(特别是下级法院)就会采取更大胆的解释。因此担心背后,潜在的是对这些判例的不信任。不仅如此,通过明文化,国民就会再次认识到存在暴利行为的可能性,而这一情况所伴随的弊端也是委员们内心所担忧的。借用某一个委员的表达,“睡着的孩子就先让他睡着就行”。正是上面这种担忧妨碍了判例的明文化。这里存在的是对一般市民(此处特别是一般消费者)的警戒。

2. 为什么没有消费者?——对“民法 = 市民社会”的担心

这一点也和民法典没有导入消费者概念密切相关(进言之,也和对劳动合同的影响被极力排除相关联,但这一点在此省略)。

法制审议会的审议初期,对消费者合同法中成为民法特别法的部分(第 4 条、第 8 ~ 10 条)提出的问题是:鉴于这些条文的重要性是否可将它们放入民法典。形式论层面的反对理由援用的是“民法是私法一般法”这一民法的定义(前文的 α)。但是,民法典中包含规定的一般性程度是多种多样的。比如,如果立足于民法典应该规定合同这一观点的话，合同分则就应该放到民法典之外。再者，看各国的民法典，消费者合同（劳动合同）放进民法典的例子也不少。实质上，如前所述，反对理由认为这样做会进一步推进消费者保护。如果不变更消费者合同法的规定内容，仅仅变更规定场所的话，消费者保护会进一步加强的这一批评也不成立。但是，消费者出现在民法典中这一做法本身会加速消费者保护，亦即会使消费者成为焦点。这也是产业界抱持的担忧感。

然而，期待消费者保护的律师协会（至少当初）反对将消费者合同的相关规定放入民法典中。其理由在于，民法典中放入消费者规定的话，就会妨碍该规定迅速地修改（今后的修改会变得僵硬化）。综上，从消费者的观点来看，对于消费者合同法的规定放入民法中是有利还是不利，产业界和律师协会之间的认识是不同的，但可以看出在反对将消费者规定放入民法这一结论上他们的观点是一致的，这一提案没有实现（顺便说一下，消费者代表的委员和产业界是站在同样的认识上，正因如此，他们赞成这一提案）。

在这里可以看到的是对民法的不信任和对市民社会的不信任。对消费者问题（或者劳动问题），不是在民法这一“市民社会的基本法”（定义 γ）中规定原理，而是想通过消费者合同法（或者劳动合同法）这一特别法来调整。消费者、劳动的相关问题，没有能得到参与民法修改的人充分理解，所以，想通过“经营者 = 消费者”之间的（“使用者 = 劳动者”之间的）利益调整来解决。“自己的事情就是自己的事情”这一点，乍看上去，这好像是重视自治、自律的立场，但这里的自治和自律，并不是具有普遍性的“市民社会”的自治和自律，而是每个特殊领域的自治和自律。

专业人士从专业角度进行讨论有很大的意义。但是，意图避开和“民法 = 市民社会”衔接的做法，只能是对“民法 = 市民社会”的不信任。

3. 为什么会分歧？——对变化的不安

以上的讨论中，并不是不能理解他们对修改的僵硬化的关切。如前文看到的，这一次民法（债权法）修改中，现状维持的力量发挥了很强的作用，但进而，还有一点也可以说是维持现状的一个例子，即完全没有重新探讨民法典的体系编排问题。当然，现行潘德克吞体系是否要根本地进行修改也存在不同意见。然而,债权总则和合同总则的统合、有偿合同与无偿合同的整理、意思能力规定的设置等,对这些基本已形成共识的问题,也没有做实质的讨论。

某种意义上,这是很奇妙的事情。因为,如果考虑代表"第三法制改革期"的其他立法——公司法、保险法、信托法、破产法、公司更生法——修改的时候,法律的编排在根本上被重新检讨,那么对民法做同样的修改也应该存在可能性。当然,这一次的修改不是全面修改,也有重新探讨编排的一面(如同作为单行法的"公司法""保险法"那样,能够制定"合同法"。比较法研究上也有瑞士债务法这个例子)。再有,这些是"特别法",或许作为"私法一般法"的民法(定义α)不能同样地来考虑。

直接来看,不同于上述依政策课题被推进的诸多修改,民法修改中立案当局(并不限于法务省)主张现状维持的力量占了上风。但在背后作为对其间接的支撑,必须指出的是,想要维持现状的力量在现有的法律家阶层中还发挥着作用。

四、即便这样,还有希望?——将未建成(Unbuilt)可视化

对判例的不信任,对消费者的警戒,对"民法=市民社会"的担心,对变化的不安,当下近一百二十年尘封的潘多拉盒子终于被打开,似乎呈现出的全是负面的要素,但并非没有剩下希望。

民法修改刚刚开始。即便从法制审议会的审议开始起算,这一次债权法从修改到法案提出也需要6年(从将修改债权法的构想上报法务省到新法施行来计算的话,前后达13年)。然而,这也不过是开端。接下来,在民法修改的第一阶段中,虽然没有取得充分的成果,但这一次的修改包含着和未来的市民社会相衔接的东西。

比如"押金""格式条款"相关的规定,前者是将迄今为止的判例明文化的规定,后者是将通说观点做了相当程度的退步。即便这样,"民法=市民社会"还是承认了这些规定本身就具有意义。以相关规定为线索,判例和学说肯定会形成更充实的法理。

设置"组合""使用借贷"相关的规定也值得注意。我们创设出各种

各样目的的团体关系。“组合”就是这一目的的法律手段之一，这对广义的市民社会[经济社会、非营利领域（范围、部分）、私生活领域]中的任一个都是有用的。再者，“使用借贷”规定的设置，表明非营利领域、私生活领域中“无偿的东西”的存在意义。实际上，“无偿的东西”和经济社会也并非毫无关系的，对这一点在这里就不再展开。

进言之，法案中放进去了“契约自由原则”。这种做法本身是理所当然的，但如果立足于“包含裁判外行为规范的民法“这一观点的话，宣示这一原则的做法其意义绝对不小。“合同的当事人，在法令的限制内，可以自由地决定契约的内容（提案第 521 条第 2 款）。”这是如下原则的具体内容：承认并鼓励市民自主地缔结社会关系；同时，通过法令划定自由的外延，并且据此呈现的社会关系的形状由市民社会来塑形。

那么，承接剩余的希望，将“民法 = 市民社会”培育开来，为此应该如何做？一言以蔽之，由立法播下的一粒麦子，判例、学说和市民社会有必要共同来培育。新法的规定有可能遭到判例、学说、实务的批判，从比较法上来看也是广为人知的现象。比如，在日本如果我们回头看贷款行业规制法的立法历史，这一点也是很容易被理解的。然而，以新法的规定为出发点，有时候判例、学说、实务也担负着生成新规范的任务。比如，战后的财产分配制度的发展就是例证。

这一次的民法（债权法）修改中，也可以确认不少实际没有实现但已经播下“种子”的例子。今后，有必要做的是，唤起人们注意“沉睡的种子”的存在，并采取可能的措施和对策使其发芽。这是否能实现，是未来“民法 = 市民社会”的试金石。而且，要将其实现就需要培养优秀的法律家和优秀的市民，这一点自不待言。

日本债权法修改的理念与交易社会

道垣内弘人* 周江洪**

目　　次

一、引言

日本目前正在修改债权法，在这个研究会中，也曾有不少报告涉及这一内容。目前，修改草案已提交国会，但尚未得到最终通过。

这次债法修改中，就单个的具体制度来说，存在一些非常有意思的地方。但今天，我在这里想就债法修改与日本社会之间的关系谈一点感想。

当然，仅仅是“日本社会”的表述，过于模糊，让人摸不着头脑。为

* 作者：东京大学法学政治学研究科教授。
** 译者：浙江大学光华法学院教授。

此,大致可以将其分成“市民社会”与“交易社会”两个视角来观察。当然,也可以将“市民社会”理解成“作为从封建社会中解放出来的、获得自由平等的独立个体的市民组成的社会”。由于自由交易是市民经济生活的根本,“市民社会”与“交易社会”并不是对立的概念。我这里只是使用其大致的含义,即“普通人的视角”和“企业的视角”这一模糊的概念。

而关于“市民”的视角,在本届研究会中,由大村教授来作报告。我则尝试从“企业的视角”和“商业交易的视角”来考察一下债法修改与社会之间的关系。

二、交易社会所期望的民法

(一)英美法中的“可预见性”

民法既处理婚姻、继承等事务,也处理一般的自然人之间的交易。而且,除存在商法等特别规则的情况之外,民法也适用于企业之间的交易。从企业交易的视角来看,对民法的要求首先是可预见性。也就是说,需要达到的程度是,可以明确知晓某一特定事由的发生会引起某一特定的结果。若非如此,法院的自由裁量就会被广泛地肯定。如果是这样,可预见性就会降低,对企业来说,风险核算的难度就会提高。然而,若过于拘泥可预见性也可能会导致在具体个案中很难得出符合实际情况的合理结论。

从应然的交易法观点来看,在英格兰,即使是现在,仍然将可预见性置于绝对重要的地位。例如,金钱债务的支付,即使只是迟了1天或者即使只是1英镑发生迟延,解除条款或者期限利益丧失条款也会没有任何限制地启动。英格兰法的这一态度可能会因其过于僵化而遭受批评,但在提升交易可预见性这一层意义上说,它是有一定的价值的。也正因为如此,即使在当下,在大规模国际贸易中,英格兰法仍然屡屡被作为准据法被选定。

与此相对,继受英格兰法的美国法,对其僵化性做了一些修正,在契约解除和债务履行领域,逐渐发展出了经过修正的法理。修正后的法理认为,要肯定契约解除,须存在根本违约(实质性债务不履行,material breach of contract);关于债务履行,若存在实际履行(实质性履行,substantial performance),此后就只是进行金钱赔偿方面的调整。美国法的这一态度,作为导出实质合理性的法理,可以得到充分肯定。然而,即使是这样,必须留意的是,通过确定“根本违约”“实际履行”等概念,也使产生纠纷时的“讨论焦点”(争议点)变得明确。成为争议对象的,是债务不履行究竟属于实质性的还是非实质性的(其违约是根本的还是非根本的),需要围绕该“实质性”(根本性)提出各式各样的主张和证据。虽然在结果上较英格兰法其可预见性降低,但在就什么产生争议这一点上,也同样确保了一定的可预见性。

上述观察,也同样适用于契约条款的解释和制定法中条文的解释。英格兰的法院,无论是制定法条文的解释还是契约条款的解释,原则上不考虑实质合理性。而美国的法院,虽然表现出若干不同的态度,但法院介入的程度也并不是那么深。

(二)日本法中的“可预见性”

那么,日本法又如何呢?

首先,法院和学者一直在从事着对条文语句进行解释的工作。当制定了法典但该法典又没有进行频繁修改时,这一状况也是理所当然的。原因在于,条文语句虽然保持以前原样,但必须使该条文的适用适应法典制定后的社会变化。当然,判例法理的发展,对于知悉其发展内容的人来说,也并不是十分困难的事。只要在理解法条时将判例等囊括进去即可。

然而,在现代社会中,法律并不是仅仅频繁使用法律并从事实务的人得以理解就可以了。确保法律的透明度,也就是说,应以易于让人了解的方式向外部展示日本法所处的状况。这不仅对确保日本法的可信赖性非常重要,就国内来说,对法的民主性控制也是很有必要的。

其次,“讨论焦点”(争议点)不明确的地方很多。例如,现行民法第466条第2款①但书中的“善意”,通过解释对该条予以修正后,就成了

① 日本民法典第466条(债权的可让与性)第2款规定:“前款规定,在当事人表示相反的意思时,不予之用。但其意思表示不能对抗善意的第三人。”(译者注——本文所援引的现行日本民法典中文翻译,均参考渠涛编译:《最新日本民法》,法律出版社2006年版。以下亦同。)

“善意无重过失”的含义。若仅仅是如此,“讨论焦点”(争议点)本身也是明确的,只要就是否“善意无重过失”作出争讼即可。但是,法的修正,往往根据诚信原则(日本民法第1条第2款)进行。若是如此,“讨论焦点”(争议点)就会变得不明确。当然,何种情形违反诚信原则,也存在需要予以明确的场合。但依诚信原则予以修正,其性质上多源于该案件中的事实的特殊性。什么样的具体情况起决定性作用并使法条得以修正,或者是将来有可能得以修正,很难明确。

(三)日本债法的态度

那么日本债法的修改,如果是试图改变规则本身,跟上面所说的也就关系不大。实际上,在学者层面,就特定的情形应当改变规则的观点也很强烈。实际上学者想要做的并不是规则的改变,而是重新恢复失去的可预见性。但这一点并没有得到充分实现。

下面就举若干例子说明这一点。具体方法是,以考察其原因为基础,对债法修改与日本交易社会之间的关系进行常识性的探讨。

三、债权法修改的实际情况

(一)判例法理的确立

日本民法典制定后,随着判例法理的发展,仅仅从条文语句本身已经很难让人理解其真正的内容。因为,有些由判例确立的法理已经通过明文规定予以承认,已经改变了日本法中过去存在的上述问题,也就是说,这一目标在很大程度上已经得到实现。

第一,例如,对现行民法第93条(内心保留)的修改。该条规定:“意思表示,不因表意人明知其出于非真意所为而妨碍其效力。但相对人明知或可知表意人的真意时,其意思表示无效。”

与此相关的是,现行民法第94条(虚伪表示)规定:“与相对人串通做出的虚伪意思表示,无效(第一项)。前款规定的意思表示无效,不能对抗善意第三人(第二项)。”

也就是说,同样关于无效,第93条规定与第94条规定并不相同。第93条但书规定的无效,即内心保留的无效,并不存在保护第三人的规定,即并不存在保护以该意思表示形成法律关系为前提而介入新的法律关系中的第三人的规定。另外,第94条第1款规定的无效,即虚伪表示的无效,存在保护第三人的规定。两者并不一致。

关于这点,最高裁判所1969年的判例[最判1969年(昭和44年)11月14日民集23卷11号第2023页]认为,意思表示依民法第93条但书无效的情形,依该意思表示所形成的法律关系为前提介入到新的法律关系中的第三人,亦可类推民法第94条第2款得到保护。通过该判例法理的发展,规则发生了变化。

为此,在债法修改草案中,就民法第93条增加了第2款,即"依前款但书规定的意思表示无效,不能对抗善意的第三人"。

这就是将仅从条文表面无法了解的判例法理予以明确规定,以增加其可预见性的例子。

第二,用同样的方法将已确立的判例法理予以明文规定的有很多。例如,民法修改草案第109条第2款同时适用于现行民法第109条和第110条、②民法修改草案第112条第2款同时适用于现行民法第112条和第110条,③通过这样的修改,将表见代理相对人保护的判例法理予以明文规定。包括民法修改草案第124条第1款、④第130条第2款、⑤

② 新设的第109条第2款规定:"对第三人表示已授予他人代理权的人,依前款规定就该他人在其代理权范围内同第三人之间所为的行为负其责任的情形,该他人同第三人为该代理权范围之外的行为时,若第三人有正当理由相信该他人存在代理权的,就该行为负其责任。"(译者注)

③ 修改草案第112条在其第2款规定:"授予他人代理权的人,在代理权消灭后,在其代理权范围内该他人同第三人之间所为的行为依前款规定负有责任之情形,该他人同第三人为该代理权范围之外的行为时,若第三人有正当理由相信该他人存在代理权的,就该行为负其责任。"(译者注)

④ 修改草案第124条第1款规定:"可撤销行为的追认,若非在作为撤销原因的状况消灭之后且知其享有撤销权之后所为,不发生效力。"(译者注)

⑤ 修改草案第130条新设第2款规定:"因条件成就受有利益的当事人不当促成该条件成就的,相对人可以视为该条件未成就。"(译者注)

第413条、[6]第415条第1款、[7]第422条第2款、[8]第424条第3款、[9]第466条第2款、[10]第3款[11]等在内,这样的修改总共有50处以上。

(二)如何将判例法理成文化

然而,尽管大家基本上一致认为应当将判例法理作明文规定,但在如何具体规定的方法上存在争议。

被称为"动机错误"的类型规定,就是其中一例。

现行民法第95条规定:"意思表示,在法律行为的要素中有错误时,无效。但表意人有重大过失时,表意人自己不能主张其无效。"

所谓的"动机错误",其范围内由"存在法律行为的要素错误"这一语句的解释而定。针对这一点,发展出了判例法理。然而,这一法理仅从条文本身是很难了解到的。因此,大家都在想方设法地将该判例法理予以明文规定。最后,民法修改草案规定:"表意人就构成法律行为基础的情势的认识存在与真实相反的错误……若该情势构成法律行为的基础这一点被表示出来的,可以撤销该意思表示。"

---

⑥ 修改草案第413条规定:"1.债权人拒绝接受债务的履行或不能接受的情形,若该债务的标的为特定物的交付时,债务人自为履行的提供时起至交付为止,以与自己的财产同一的注意保存该物即可。2.因债权人拒绝接受债务的履行或不能接受而增加的履行费用的,由债权人负担其增加部分。"(译者注)

⑦ 修改草案第415条第1款规定:"债务人未依债务之本旨为履行时,或者债务的履行不能的,债权人可以就因此发生的损害请求赔偿。但是,依契约及其他债务发生原因以及交易上的一般社会观念,该债务的不履行缘于不可归责于债务人的事由的,不在此限。"(译者注)

⑧ 修改草案第422条第2款,新设了"代偿请求权"的规定,即"债务人因与不能履行债务同一的原因取得债务标的物的代偿权利或利益的,债权人可以在其所受损害的额度内请求债务人将该权利的移转或请求该利益的偿还"。(译者注)

⑨ 关于债权人撤销权,修改草案第424条第3款规定:"限于基于第1款规定的行为之前的原因已发生的债权,债权人可以行使该款规定的请求(以下简称债权人撤销权)。"(译者注)

⑩ 修改草案第466条第2款规定:"当事人作出禁止债权的让与、或者限制债权的让与的意思表示(以下简称限制让与的意思表示)的,不妨碍债权让与的效力。"(译者注)

⑪ 修改草案第466条第3款规定:"前款规定之情形,对于知道或者因重大过失不知已作出限制让与的意思表示的受让人及其他第三人,债务人可以拒绝该债务的履行,且可以以已向出让人清偿及其他债务消灭事由对抗该第三人。"(译者注)

但在2013年2月的中间试拟稿阶段,又出现了以下述方式将判例法理明文规定:"表意人对构成意思表示前提的事项的认识,构成法律行为的内容时……"

在判例中,确实也存在"若动机被表示出来,该动机错误构成民法第95条错误"的判例。但关于定期存款解约的情形,1972年的判例[最判1972年(昭和47年)5月19日民集26卷4号第723页]认为,表示了"为了支付买卖价款"时,关于买卖契约是否存在的错误并不构成民法第95条的错误。该判例认为:"如同支付的动机一样,不管是否向Y作了表示,都不构成上述定期存款的解约及委托支付这一法律行为的要素。"其理由在于,这是与定期存款解约这一法律行为完全没有关系的事项。同时,也有相反的判例:即使不存在表示——对前提的重要误解也构成民法第95条的错误[最判1962年(昭和37年)11月27日判时321号第17页]。

从上述几个判例看,也可以认为,判断是否构成民法第95条中的"法律行为要素错误"的关键,不在于"表示"。但是,若是采纳中间试拟稿"构成法律行为的内容时"这样的表述,就会出现以下情况:某一事项,依各种状况加以综合判断后,被认为构成"法律行为的内容",进而被认定为构成错误。对于商业交易来说,这一状况可能会导致不妥当的结果。当然,即使用"表示"这一表述,也会存在虽然不存在明示"表示",但依各种状况被认为存在默示的"表示"的情形。但无论如何,与"法律行为的内容"这一表述相比,后者被形式化处理的可能性会更高,也可能更加有助于交易关系的稳定。考虑到这一点,我们还是采用了"表示"的表述。

如果想让上述内容得到更加容易的理解,有以下表述可供参考。如在企业与消费者之间的交易中,消费者一方可能会主张存在错误。若按照中间试拟稿的规则,消费者一方会列举出各种情况,然后主张"该事项构成'法律行为的内容'"。这样一来,对于企业来说将会造成一种负担。若采用形式性的"表示"这一表述,只要做到"不存在'表示',因此不构成(错误)"即可。

但如上所述,即使用"表示"的条文表述,也会存在虽然不存在明示的“表示”，但依各种状况被认为存在默示的“表示”的情形。归根结底，根据不同的状况，此等法律行为中，什么被认为是重要的以及当事人认为什么是重要的，这才是问题的关键。民法修改草案似乎将形式意义上的“表示”作为关键点，但从这层意义上来说，也可以说，真正的“讨论焦点”（争议点）并没有得到彻底的明确。

（三）更为严重的问题

更为严重的问题是，（民法修改草案中）还有不少地方最终选择了对“讨论焦点”（争议点）不予明确的方案。

第一，例如，关于暴利行为的规制，中间试拟稿曾提出的方案是，“利用相对人的窘迫、经验不足、知识不足以及相对人难以合理判断是否从事法律行为的其他情势，取得明显过大之利益或者给相对人造成明显过大之不利益的法律行为无效”。

早期的判例法理[大判1934年（昭和9年）5月1日民集13卷875页]就认为，“利用他人的窘迫轻率或没有经验获得明显不当之利益为目的的法律行为，属于以违反善良风俗之事项为标的的行为，无效”。在该1934年判例以后，也出现了各式各样的裁判例，但它们都承认特定的暴利行为无效。

但将该判例法理予以明文规定，遭到了来自经济界的强烈反对。其理由是，法律行为确实存在因构成暴利行为而无效的情况，但若将其明文规定，可以预见到会出现大量的诉讼。甚至更有意见认为，将一直以来根据诚信原则或公序良俗规范等一般条款予以处理的情形抽取出一部分予以明文规定，会导致此等条款丧失一般条款的作用，并不妥当。

关于“引起大量诉讼”这一点，用一句话来说只能是那些不知道判例法理的人，就让他们保持不了解的状态好了。而后者所说的一般条款的性质，若真是能这样说的话，民法条文只要诚信原则一条就够了。因此，后者也完全不能成为理由。

第二，现行民法第434条规定：“对连带债务人中的一人的履行请求，对其他连带债务人也发生效力。”

对于该条规定，以前就存在如下意见：该条所针对的是连带债务人相互熟悉、共同负担债务的情形,对于那些相互之间不存在这种关系的债务人也连带责任,是非常奇怪的。为此,为了确保其具体的妥当性,判例及学说利用不真正连带债务这一概念,广泛地认可了在一些情形下不适用连带债务的条文。

民法修改草案为此删去了第434条,对于连带债务,即使对连带债务人中的一人存在履行请求,其效力并不及于其他连带债务人。

如此一来,则出现了相反的情况,在连带债务人相互熟悉、共同负担债务的情形下,会出现奇特的结论。当债权人向其中一人作出请求时,债权人的原意应该是已向全体债务人作出了请求。为解决这一问题,在法制审议会民法(债权相关)分会审议讨论时,也有人提出了另一种方案。即连带债务人之间存在“共同合作关系”(协动关系)的情形,对其中一人的请求构成对全体债务人的请求。这一提案,也是为了能够明确前述“讨论焦点”(争议点)。

然而,该提案中“共同合作关系”(协动关系)的表述,虽新奇,却没有统一的判断标准。也就是说,是否存在“共同合作关系”(协动关系),无法明确界定。基于这样的原因,该方案在讨论初期就被否定了。但这一批评并没有充分理解法律条文概念的意义,即只是又“创造出了‘讨论焦点’(争议点)”。在民法中,当然也存在并不明确界定,而是根据案情本身加以具体判断的“正当的理由”“过失”等诸多概念,其关键点在于设置是否存在“正当的理由”、是否存在“过失”这一“讨论焦点”(争议点)。上述提案中,重要的是设定了是否存在“共同合作关系”(协动关系)这一“讨论焦点”(争议点)。

(四)裁判方面的态度

至此介绍的是经济界的态度。然而在某种意义上,法院在许多场合中也表明了与经济界同样的意见。

虽说是同样方向的意见,但阐述此等意见的理由并不相同。

到目前为止,法院在模糊的条文背景下,以其广泛的自由裁量权,在考虑各种情势后作出判断。然而,若明确了概念、列举了判断要素或是设定了“讨论焦点”(争议点),法院裁量的自由度就会下降。原因在于,其自身是在考量各种要素的基础上作出实质合理的判断,所考量的要素并不限于判决书中列举的要素，也并不限于条文语句中明确出现的要素，而是任凭其自身判断。

四、从债权法修改中看日本社会

（一）经济界和裁判方面的契合

关于这次债法修改，关注点可能容易集中到一些外在的变化。诸如风险负担规则的废止、解除与债务人的归责事由相分离、债权人撤销权的效果从不及于债务人转变为及于债务人等变化。

但这些变化的现实意义，实际上并没有这么大。对笔者来说，与这些变化相比，更感兴趣的是债权法修改过程中所看到的人们的行动及其态度。在债权法修改过程中所看到的是，立法者不喜欢明确的态度。

经济界考虑的是，这与消费者保护相关联，会引起诉讼的增加，对自己不利。而法院担心的是，这些可能会导致自身裁量权的缩小。经济界并不会以缺乏可预见性为由反对法院的裁量，反而是期待和信赖法院合理妥当地行使裁量权。

（二）明确内容的重要性

或许，对法院的这样的信赖，支撑了目前的日本社会顺畅运作。而且关于消费者保护，在民法之外，消费者局进行了各种各样的立法，或许交由其解决也未尝不可。但明确法的内容，对于国民来说是理所当然的。对其他各国来说，也是非常重要的。然而，这一点并未能引起法学界充分的共鸣。综上，这就是这次的债法修改与交易社会之间的关系。

论民法典透明度的实现及其障碍

周江洪*

目　　次

一、引言

十八届四中全会提出“编纂民法典”，标志着“渐行渐远”①的中国民法典事业被重新激活。《中共中央关于全面推进依法治国若干重大问题的决定》也同时指出，要科学立法和民主立法。不可否认的是，新

* 作者：国家“2011 计划”司法文明协同创新中心、浙江大学光华法学院教授。本文系国家社科基金重点项目“民法典编纂中的服务合同立法研究”（15AFX016）、教育部新世纪优秀人才支持计划、“国家特支计划”青年拔尖人才的成果之一。

① 柳经纬：《渐行渐远的民法典》，载《比较法研究》2012 年第 1 期。

中国数次民法法典化运动未获成功，既有社会经济条件等原因，[②]也有民法典立法技术的科学化等方面的原因。在新一轮的民法典编纂事业中，又当如何实现这一目标，以编纂一部21世纪的民法典？对此，民法学界给予了快速积极的回应，近期发表了大量关于民法典编纂的学术论文，如《清华法学》2014年第6期“民法典编纂的愿景与构想”、《中外法学》2014年第6期“走向中国民法典”学术研讨会专题、《比较法研究》2015年第3期关于民法典的专题研讨等，都从各个角度阐释了如何建构一部伟大的民法典。其实，世界范围内，虽然曾经存在解法典化的过程，但目前来说，则大有“再法典化”的回归态势。我们的民法典编纂，也是这一潮流中的一环。如何在世界范围内的“民法典竞争”或“规则竞争”中脱颖而出，亦是我们民法典面临的挑战之一。

无论何种民法典编纂模式，都需要面临法典的语言风格问题和条文表达问题，[③]在民法的性质上，不仅要保证非专家的普通人得以理解，还要对未来的规范形成保持一定的开放性。[④] 其实质是民法典的透明度[⑤]和专业性问题。无论是法国民法典的再法典化进程，还是日本民法典百年后的修改及最新修改动向，都有一句非常“蛊惑人心”的口号：使民法典通俗易懂。无论是日本式的“让普通老百姓易于理解”（日本债法修改过程中的口号之一），[⑥]还是法国式的“致力于法的单纯化与明确化”（法国法典化高等委员会设立的目标之一），其所指向的都是法典的透明度问题。而瑞士民法典立法当初，也明确表明以法典的通俗化为其追求。欧洲私法统一过程中，欧洲示范民法典草案学者建议稿在

---

② 张新宝、张红：《中国民法百年变迁》，载《中国社会科学》2011年第6期。

③ 耿林：《民法典的规范表达研究》，载《清华法学》2014年第6期。

④ 参见：[日]中田裕康“民法の体系”收录于内田貴、大村敦志编《ジュリスト增刊·民法の争点》第5页（有斐閣，2007年）。

⑤ 透明度原则是世界贸易组织的重要原则之一，目的在于保证贸易环境的稳定性与可预见性，主要包括贸易政策措施的公布和通知。本文借鉴该概念，指的是民法典的易于理解、易于查找进而实现民法规范的清晰度和可预见性。

⑥ [日]星野英一“日本民法典の全面改正”载《ジュリスト》第1339号（2007年8月）；[日]鎌田薫等“基本法のゆくえ——歴史的変革期を迎える日本の法制度”载《NBL》第1041号（2015年1月）。

语言风格上也尽量追求“普及性和可理解性”。[7] 另外,虽然大陆法系的现代法学方法深受德国的形式逻辑体系影响,[8]但德国民法典所推崇的专业性,也受到了不少学者的批评,认为该模式将管理法律知识和信息的使命排他地赋予了精心挑选的知识精英们。[9] 在德国债务法现代化法案的草案阶段,对以概括性的一般条款规定缔约过失责任,也有学者批评该立法方式,认为“虽然对于具有相当程度民法知识的人来说,查阅关于缔约过失相关论述的注释书得以了解,但对于普通人来说,并未能消解其理解困难”。[10] 也正因如此,民法典的透明度问题,甚至被认为是法的民主问题。我国不少学者极力主张的民法典语言应通俗易懂,其所指向的也是法的透明度问题。而改革开放以后的民事立法,简明和通俗实际上是我国立法机关从改革开放的法制建设初期到20世纪90年代后期一直坚持的一项重要立法原则。[11] 同样的,如何尽可能地实现民事规范的透明度,也是本轮民法典编纂过程中的重要任务之一。

二、法典透明度的现实要求

以日本民法典为例,经过百年以上的解释论发展和判例法形成,仅阅读条文本身已无法了解规范本身的含义,存在大量民法典未予规定、但经由判例发展而来的规范。要准确理解民法,法典、判例和解说书缺一不可。[12] 对民法学者和实务专家来说,这一点尚可以接受,但对普通

---

⑦ 欧洲民法典研究组、欧盟现行私法研究组编著:《欧洲私法的原则、定义与示范规则:欧洲示范民法典草案》(全译本,第1~3卷),高圣平等译,法律出版社2014年版,第18页。

⑧ 唐晓晴编著:《民法一般论题与〈澳门民法典〉总则》(上册),社会科学文献出版社2014年版,第43页。

⑨ 王轶:《民法典的规范配置》,载《烟台大学学报》2005年第3期。

⑩ [日]山城一真“契約交涉段階の法的責任”收录于瀬川信久编著《債権法改正の論点とこれからの検討課題》第149页(商事法務,2014年)。

⑪ 张新宝:《民法典制定的若干技术层面问题》,载《法学杂志》2004年第2期。

⑫ [日]奥田昌道“インタビュー:債権関係規定の見直し——要綱仮案を読んで”(聞き手:松岡久和),载《法律時報》第86卷12号,第6页(2014年11月)。

人来说,这本身就难以理解。而且,在民法典立法当初,就因为法律用语本身的专业性,使日本民法典的用词创造出了与日常用语隔绝的世界,法典的通俗易懂性在当初就受到不少限制。⑬ 不仅如此,在民法典之外,大量的特别立法涌现,民法典面临形骸化的危机,大量的民商事纠纷裁判不再援引民法规范,而由特别法来调整,民法典适用范围日渐缩小,民法典面临法律适用上的"版图危机"。虽然可以通过将所有的民事规则纳入民法典来解决"版图危机"问题,但作为民法典社会哲学基础的价值本身,日渐丧失其统一性,亦会因此面临"思想的危机"。⑭

因我国大陆目前尚无民法典,不至于陷入民法典的版图危机中,但民事立法的日益破碎化、情景化和部门化现象也非常突出。⑮ 尤其是特别法的泛滥对民法体系的冲击,与民法典国家面临着同样的问题。我国不仅存在大量的特别法,且各特别法之间的协调性问题日益凸显。诸如惩罚性赔偿制度的体系化问题,⑯连专家学者也会面临解释的障碍,遑论普通人。而大量的司法解释,其在制定上具有浓重的经验主义色彩,且制定程序相对简单,同时最高人民法院制定了大量司法解释⑰更是加剧了"找法"的困难,法的不透明度问题日益严重。以《最高人民法院公报》近期刊载的案例为例,针对同一份协议书,在本约还是预约的合同类型判断上,一二审法院都援引《合同法司法解释(二)》第1条认定当事人之间成立了房屋买卖关系的本约;而最高院再审则援引《买卖合同司法解释》第2条认为当事人之间成立了房屋买卖关系的预约。⑱ 在某些法律问题上对裁判专家而言都会出现如此大的分歧,更遑

---

⑬ [日]小柳春一郎"民法典の誕生"收录于広中俊雄、星野英一编《民法典の百年Ⅰ:全般的観察》第38页(有斐閣,1998年)。

⑭ [日]森田修"<民法典>という問題の性格——債務法改正作業の「文脈化」のために"载《ジュリスト》第1319号(2006年9月)。

⑮ 薛军:《当我们说民法典,我们是在说什么》,载《中外法学》2014年第6期。

⑯ 朱广新:《惩罚性赔偿制度的演进与适用》,载《中国社会科学》2014年第3期。

⑰ 朱广新:《超越经验主义立法:编纂民法典》,载《中外法学》2014年第6期。

⑱ 《成都讯捷通讯连锁有限公司与四川蜀都实业有限责任公司、四川友利投资控股股份有限公司房屋买卖合同纠纷案》[最高院(2013)民提字第90号],载《最高人民法院公报》2015年第1期。

论普通交易主体在面对不同司法解释时的迷茫。

对于欠缺透明度的法律规范而言,不要说民法规范的行为规范功能,[19]连要保证法律的裁判规范功能,也会变得十分困难。不仅如此,目前立法中的总则分则体系,对普通人来说,也加剧了找法的困难性。以合同的法律适用来说,不仅要涉及与消费者合同相关的消费者权益保护法、与旅游合同相关的旅游法等特别法,还会涉及合同法分则的典型合同的规定;同时亦会面临合同法总则、债法总则及民法总则法律行为编的约束,上述种种构成了一个复杂的总分体系。对于习惯这一体系的专家学者而言,也许并不是十分困难,但对于从事交易的市场参与者而言,如何有效理解这一体系,存在一定的困难。因为要寻找一个具体问题的法律规定,往往要瞻前顾后,同时查阅许多地方。[20] 而我国民法典的规范配置,在任意性规范、强制性规范、倡导性规范等诸多规范的

---

⑲ 虽然我国通说认为民法规范兼具行为规范与裁判规范双重性质,但亦有不少学者认为,民法典既然是社会生活的记载与表达,基本不具有引导行为人如何行为的功能,仅具有裁判法功能(参见谢鸿飞:《中国民法典的生活世界、价值体系和立法表达》,载《清华法学》2014 年第 6 期),或是认为,民法中的任意规范并不要求当事人遵循,不宜归入行为规范之列;而民法强制规范,则基本不做积极行为之指令,仅具有消极行为规范性质(朱庆育:《私法自治与民法规范:凯尔森规范理论的修正性运用》,载《中外法学》2012 年第 3 期)。苏永钦教授也明确指出,民法典建构中,应遵循人性规则,把民法变成典型的"裁判者法"(苏永钦:《现代民法典的体系定位与建构规则》,载《交大法学》2010 年第 1 卷;另参见苏永钦:《寻找新民法》,北京大学出版社 2011 年版,第 74 页以下)。但笔者认为,即使主要发挥裁判规范的功能,也会在一定程度上反射于生活世界,影响人们对法的运行的预测,进而反射性地影响到人们的行为,发挥着行为引导的作用。即使是大量的任意性规范,如各典型合同中的内容条款,《合同法》多有设定,其一方面是对社会生活的记载与表达;另一方面也在一定程度上向社会"推荐"合同内容条款,在交易实践中,其仍然发挥着设定依据框架功能、形成合同内容功能及创造补充功能等积极作用,并不能轻易否定民法规范对社会的行为指引功能。即使主张民法典规范为裁判规范的学者,也不否认几乎所有的法律规范都会在不同程度上对行为构成影响,任意规范也会影响行为取向,且任意规范所确立的权利义务模型代表了社会交往的典型样式,在未被排除或改变时规制当事人的行为,拘束力可潜隐于当事人意志之下,构成"隐性行为规范"。(朱庆育:《私法自治与民法规范:凯尔森规范理论的修正性运用》,载《中外法学》2012 年第 3 期,第 471 页。)

⑳ [德]迪特尔·梅迪库斯:《德国民法总论》,邵建东译,法律出版社 2000 年版,第 34 页。

配置方面存在不妥之处，致使裁判适用本身也存在诸多难点问题，更是加剧了民法规范的不透明性。[21]

此外，案例和学说的发展也会在一定程度上加剧民法的不透明性。例如，虽然目前发布的指导性案例鲜有规范创造型的指导性案例，但作为各级法院应当援引的案例，其未来也可能会通过案例创设特定的规范。而在司法实践中，因民事案件通常不得拒绝审判，法院在某种程度上不得不借助学说对现有的规范作出漏洞补充或扩张解释。例如，代物清偿、第三人积极侵害债权等诸多实务问题，虽然从法学专家角度，可能得以从各种规范中尽可能解释其具体的规范依据，但从普通人的视角而言，通常不能从现有的明文规定中直接找到明确的裁判依据。也就是说，民法解释学的发展，虽然得以为裁判提供规范依据，但同时亦面临“解释之迷雾”，致使普通人无法准确把握法条的含义。

三、法典透明度目标的实现障碍

如前所述，随着特别法和司法解释的泛滥以及司法实践和学说的发展，我国民法亦面临着法律知识获取困难、条文理解困难、规范过于细分化和欠缺体系性、相关规定解释具有矛盾性等诸多困难，如何保证法典的易于理解和易于查找，确保法的可预见性，也同样是我们编纂民法典时不得不考虑的问题。但是，又当如何保证民法典的透明度呢？通常来说，可以考虑的主要有以下几点：首先可以想到的是定义规定和例示规定；其次是简洁平实、通俗易懂的法条用语；再次是尽可能地将相关特别法、司法解释和判例法理纳入民法典；最后是改变目前立法倾向中的总分体系。

然而，这些措施是否得以保证法的透明性问题以及是否具有可行性问题，本身亦存在争议。以定义规定和例示规定为例，美国统一商法典等诸多英美法系的“标准法典”或“示范法”，都提供了大量的定义或例示规定。我国合同法就每类典型合同也都设置了定义规定。这些规定都为“示范立法”或法的适用提供了较为明确的标准，也使得市民社

[21] 王轶：《民法典的规范配置》，载《烟台大学学报》2005年第3期。

会参与者或市场参与者得以较为清楚地了解其所遵循的规范。但与此同时,诸如侵权责任法第2条第2款(关于“民事权益”的规定)一样的定义和例示规定,既列举了绝对权,亦在某种程度上列举了成员权、具有相对性的权利等诸多权利,且并未对“权益”的“益”作出列举,致使普通人并不能理解其所宣称的“权益”究竟何指;即使对专家学者而言,亦因此不得不对债权、一般人格权、自由、其他人格利益或财产利益等是否涵摄在内作出个别探讨,且众说纷纭。该定义或例示规定并未能提高法的透明度。

再以法典用语的通俗易懂性为例。法国民法典是这方面的典型代表。但即使是通俗易懂的表述,也并不一定总是能保证法的透明度。实际上,就民法典或民事法律的规定而言,有些规定的含义虽然一目了然,甚至是朗朗上口,但也并非一定能保证法的透明性或透明度。例如,现行民事法律中规定的“公共政策”“公共利益”“诚实信用”“平等”等诸多原则性用语在我国现实生活用语中亦比比皆是,但一旦用于民法领域,其具体的含义射程等,恰恰是最为疑难的专业领域之一。即使通俗易懂如法国民法典,也会因用语的不正确而导致理解困难。[22] 不仅如此,现代交易形式层出不穷,为建构能适应现代交易相关纠纷解决的基本规则,民法典亦不得不保持一定程度上的抽象性和专业性。例如,涉及多数债权人债务人之间关系的连带责任、按份责任,代位清偿中的求偿权关系、意思表示错误等等诸多领域,不用说要对普通人实现通俗易懂,即使对专家学者而言,要完全弄清楚其构成等,亦并不容易。相反,在一定领域保持其抽象性和专业性,不仅有助于实现法律规范的准确性,亦有助于保持法律规范的弹性,以适应社会的变化。甚至有学者认为,若立法者对自治理念有足够的尊重,就不会指望通过法典来改变民众生活,而倾向于将其定位为裁判法;而以管制为目标的立法通常会

---

[22] 参见:[日]小柳春一郎“民法典の誕生”收录于広中俊雄、星野英一編《民法典の百年Ⅰ:全般的観察》,第38页(有斐閣,1998年)。该论文指出,《法国民法典》第778条中的“acte”的用词,一方面表示的是“行为”之意,另一方面表示的又是“证书”之意,同一用词在同一法条中也出现两种不同的理解。

选择通俗化的风格。[23] 在这里，民法典的专业化被视为实现民法私法自治功能的必要要求。[24]

事实上，在日本民法典立法当初，日本旧民法曾以启蒙期的法典为范本规定了大量的例子和定义，但在民法典论争过程中，此等规定恰恰被法典延期派视为法典的缺点之一。即"因并未设置概括性规定，只是针对不同的场合做个别规定，致使其过于繁杂且缺漏之处颇多""定义规定、引例规定等过多，法典的体裁尽失"等弊端，被法典延期派视为日本旧民法的重大缺点。[25] 为此，日本现行民法代之以相对较为抽象的规定，将抽象规定的适用交由判例和学说去发展。

当然，对于特别法、司法解释和判例法理的发展引起的法典透明度难题，为提高法的透明度，理论上应尽可能将其纳入民法典。但不少特别法较之民事基本法，有其特殊的价值考量，例如消费者、商人、劳动者等诸多群体相关的立法，各自有不同的价值考量，将其强行纳入民法典，本身有可能冲击民法的价值序列问题，会面临不少立法技术难题。日本债法修改过程中，也有不少学者反思，面对消费者保护等问题，是建构反映具有多样化价值的市民社会的实际情形的法典，还是仅限于建构自由平等的价值一元论的民法典，是债法修改过程中不得不考虑的问题。[26] 苏永钦教授更是认为，将所有的特别法纳入民法典并不可取，无法产生体系效益，"民法典模式"应该采取水平切割模式，而德国

---

[23] 朱庆育：《法典理性与民法总则：以中国大陆民法典编纂为思考对象》，载《中外法学》2010 年第 4 期，第 488 ~ 490 页。

[24] 当然，也有学者认为恰恰是法典的通俗易懂性增强了个人自律的条件保障［参见：［日］山田八千子"法哲学的視座からみた債権法改正の動向"载《法律時報》第 82 卷 10 号，第 34 页（2010 年 9 月）］。该作者认为，以专家为对象的法律将国民视为统治的客体，而"易于国民理解"方向上的法律修改，则是将国民作为统治的主体加以把握；因此，虽然其通俗易懂性所产出的利益可能不及对法曹及企业法务界造成的冲击，但其所发出的以国民为统治主体的信号仍然可以给日本债法修改的必要性提供一定的正当化根据。

[25] 参见：［日］小柳春一郎"民法典の誕生"收录于広中俊雄、星野英一编《民法典の百年 I：全般的観察》，第 14 页（有斐閣，1998 年）。

[26] 参见：［日］原惠美"民法学の見方と味方の変化"载《法学セミナー》第 699 号，第 19 页（2013 年 4 月）。

五编制民法典的双重普通特别法则为此提供了典范;民法典应该是最普通的普通法。[27] 而司法解释,更是我国法律生活中的重要现象之一,如何将其纳入民法典,亦面临不少困难。以物权法为例,担保法、担保法司法解释与物权法之间的整合,很难说物权法实现了完全的整合。侵权责任法也面临着同样的问题。侵权责任法出台后,人身损害赔偿司法解释等诸多规定与侵权责任法相应条文之间的适用关系,也一直是困扰司法实践的难题之一。对于判例法理而言,将其纳入民法典本身,亦应当保持审慎的态度。原因在于,判决乃是就当下面临的具体案件本身所作出,即使其阐述或创设了一般的法规范,在何种程度上得以脱离案情本身将其抽象化或一般化,需慎重考量其具体的射程而定。[28] 更何况,有不少判决所展现的法理本身,亦可能处于流动状态,尚未能形成一般的判例法理,不加区别地将判例法理条文化,亦会面临一些问题。[29]

因此,要真正实现法的透明度,其难度不小。在某种程度上来说,法的透明度问题,或者是法的通俗易懂性,仅仅是一个动听的口号而已。在日本债法修改过程中,虽然要求实现法的"易于理解性",但从学者草案开始,该目标的实现程度就备受质疑;[30]而从目前公布的民法修改草案来看,亦仅限于判例法理的条文化方面,部分地实现了这一目标;而更多的规定,则是面向专家的专业取向型规定,并没有在专业术语的通俗化方面作出更多努力。[31] 奥田先生甚至认为,"召集了各界人马,如此认真地进行了审议讨论,却全部变成了面向专家的规定",这无

㉗ 苏永钦:《现代民法典的体系定位与建构规则》,载《交大法学》2010 年第 1 卷。

㉘ 周江洪:《作为民法学方法的案例研究进路》,载《法学研究》2013 年第 6 期。

㉙ 当然,从法典化与判例之间的关系来看,这里也可能存在另一种可能。对于流动化的判例法理,一方面为了保持法的开放性,可不将其法典化;但另一方面,流动化的判例法理多源于对相关判例理解的分歧,为解决此等分歧,恰恰需要立法予以澄清,而不应该是回避。

㉚ [日]吉田邦彦"近時の「民法(債権法)改正」目的・趣旨の再検討と法解釈方法論"载《法律時報》第 82 卷第 12 号第 77 页(2010 年 11 月)。

㉛ 参见:《民法の一部を改正する法律案》(2015 年 3 月 31 日国会提出法案),载 http://www.moj.go.jp/MINJI/minji07_00175.html,最后访问时间:2015 年 7 月 5 日。

疑是对法务大臣“咨问”中所要求的“让普通老百姓容易明白”的目标的“背叛”。[32]

四、专业性基础上的法典透明度优化

法典的透明度问题,因法典所设想的潜在阅读对象不同,其解决方案也会趋于不同。从阅读对象的角度而言,民法典的阅读对象,既有专业的法律专家,也有非法律专家的其他行业从业人员及市民社会参与者。因此,法定的透明度也存在双重意义上的透明度:首先是对于专业人员的透明度;其次则是对于非专业人员的透明度。

法典对于专业人员的透明度集中体现在法典的专业性方面。从裁判规范角度言,法的准确性、稳定性和适度的开放性是法典的追求之一,因此保持一定的专业性甚为必要。也就是说,为了做到既保持民法典的确定性和可预见性,又不失去必要的开放性和灵活性,立法者在制定民法典时应适当地适用抽象、概括和不完全确定的法律概念,以制定出能够涵摄尽可能多的生活关系的一般条款。[33] 更何况,若在立法技术上作适当改进,专业性的要求也并不一定必然损害法的透明度。齐特尔曼就曾对根据事实构建和根据效果构建民法体系作出比较,认为后者可以更容易、更快地帮助寻找到某类事实在法律上是如何处理的答案。[34] 而在文本措辞上,若采用“首先仅对特别情况设立规则,然后通过推论规则扩张到所有他想涉及的案型领域”,也可以使法律变得形象、直观,尤其是对非法律人。[35]

当然,就专业性而言,法的适用至关重要。从法的适用角度而言,要件事实论、请求权基础的思考方式,成为规范起草过程中不可忽视的

---

[32] 参见:[日]奥田昌道“インタビュー:債権関係規定の見直し——要綱仮案を読んで”(聞き手:松岡久和),载《法律時報》第86卷12号第9页(2014年11月)。

[33] 陈卫佐:《现代民法典编纂的沿革、困境与出路》,载《中国法学》2014年第5期。

[34] [德]恩斯特·齐特尔曼:《民法总则的价值》,王洪亮译,收录于田士永校,载张双根等主编:《中德私法研究》(第10卷),北京大学出版社2014年版,第75页。

[35] [德]恩斯特·齐特尔曼:《民法总则的价值》,王洪亮译,收录于田士永校,载张双根等主编:《中德私法研究》(第10卷),北京大学出版社2014年版,第81页。

重要视角之一。规范要件、要件事实、证明责任分配和举证责任规则的多层次规范化表达,引领了整个民法裁判过程,要件事实、证明责任分配在实体法上的明晰化,对于法律适用的准确性和统一性,其重要性不言而喻。日本亦有学者批评实体法上要件规定方式不够精确影响了民事裁判中的判断构成,应注重民法与民事诉讼的结合。㊱ 崔建远教授也明确指出,民法本身应当尽可能地体现出主张和证明等举证责任的分配问题。㊲ 若在立法阶段未能很好地解决民法各规范的构成,未能就其请求权的法律效果及积极要件、消极要件作出明示,必将给今后的解释论带来诸多障碍,进而影响民法的裁判功能的发挥。㊳ 而在举证责任相关规则设计时,则应当注重举证责任倒置规则与推定规则的不同,㊴在规范表达上应采取准确的表述方式。而请求权基础的思考方式,近年来在法解释学领域亦已成为"时髦"话语,请求权在私法救济体系中的枢纽地位和请求权基础的多元性,㊵决定了实体法的立法层面厘清请求权基础对于法典适用过程的引领作用。若无清晰的请求权基础规范构成,就无法实现"目光在规范要件和案件事实之间的交互流转",进而影响法的适用。此种立法技术有助于促进法律的安定及可预见性,㊶反过来也可以提高法典的透明度。不仅如此,虽然通俗化和透明度并不妨碍法官造法,㊷但面向专家的立法,法典更容易保持一定的专业性和稳定性,也有助于民法典生效后的"后立法时代"的民法解释学的连续性

㊱ 参见:[日]伊藤滋夫、山崎敏彦《ケースブック要件事実・事実認定》第16~20页(有斐閣,2002年)。

㊲ 崔建远:《编纂民法典必须摆正几对关系》,载《清华法学》2014年第6期。

㊳ 参见:[日]吉川慎一"民法と要件事実"收录于内田貴、大村敦志編《ジュリスト增刊・民法の争点》第52~53页(有斐閣,2007年)。

㊴ 方新军:《注重民法典外部体系的编纂技术》,载《中国社会科学报》2015年3月4日,第7版。

㊵ 朱庆育:《民法总论》,北京大学出版社2013年版,第538页。

㊶ 王泽鉴:《民法总则》(增订新版),新学林出版股份有限公司、三民书局等2014年,第27页。

㊷ 例如,法国民法典素以通俗化著称,但1890~1950年这段期间仍然是法国民法判例的"辉煌时代"。参见石佳友:《民法典与法官裁量权》,载《法学家》2007年第6期。

和稳定性，为裁判提供稳定的法理，也有助于司法机构在学说的互动下通过判例法理的革新来实现民法自身的成长和成熟。与此相关的是，在法典起草过程中，尽可能地将规范所蕴含的法理通过草案理由说明的方式加以呈现，这也是民法解释学未来发展的重要理论源泉之一。[43]

这里要强调的是，要实现民法典在专业性层面的透明度，须充分发挥法学家的作用。虽然在法国民法典起草当初，大学教授被革命者排斥，拿破仑所任命的法典起草者，均为司法官或律师，并没有大学教授参与其中。但进入20世纪以后，越来越多的教授参与法国各种法典的起草或准备工作。负责日本债法修改的法务省债法修改审议会，其多数成员也是学者。但与此同时，若没有合适的讨论程序，即使法学家参与其中，法学家的作用亦不能充分发挥。以日本债法修改为例，学者提出的许多重要提案在各阶段的草案中一个接一个地消失，以至于大村敦志教授认为日本债法目前的修改是法学家的失败，是法学家的"连战连败"。[44] 他认为，法制审议会默认的"全体协调主义"是造成这一结果的根本原因之一。也就是说，代表利害关系团体的委员和干事，与学者委员或干事存在很大的不同，其背后代表着特定团体的利益，不论其个人的信条如何，亦不得不遵循团体的决定。如此一来，在审议过程中，作为利害关系团体代表的委员及干事们，作为使者型委员或代理人型委员，很少改变其各自的主张和意见；而学者委员或干事，并非代言特定学会的意见，随着审议的进行，为达成全体一致的目标，不少场合都改变了各自的主张和意见；而对于难以达成一致意见的地方，则不得不放弃修改方案。如此一来，审议会就变成了利益协调

[43] 在此基础上，法院才得以考虑立法过程以及立法记录中所渗透的立法者意图和立法事实[参见：[日]高見勝利"「より良き立法」へのプロジェクト—ハート・サックス"THE LEGAL PROCESS"再読"载《ジュリスト》第1369号(2008年12月)]。

[44] [日]大村敦志"『UNBLIT』の民法学——債権法改正『連戦連敗』の後で"，中日民商法研究会第13届(2014年)大会主题报告，该论文中译本(渠遥译)将在《中日民商法研究》(第十四卷)刊出。

的舞台,而不是审议和讨论的舞台。㊺ 日本债法修改过程中的这一现象,亦值得我们重视,否则,学者在民法典编纂中的作用会大打折扣。在这点上,薛军教授对民法典编纂过程中的自然人参与制与机构参与制的比较分析后提出的观点具有重要的参考意义。也就是说,民法典编纂起草委员会中不适宜采纳机构参与制,而应该委托于具体的自然人。㊻ 这样一来,至少可以部分避免日本债法修改草案起草过程中的上述弊端。

如上所述,专业性至少保证了法典对于法律专家的透明问题,也可以在一定程度上保证民法规范的可预见性,以促进法典整体的透明性。但要实现法典的透明性,特别是对于普通人而言,要实现法典的易于理解和易于查找,专业性本身尚不充分,有必要就此做出特别考量。即使认为民法规范主要发挥裁判规范功能,也有必要在专业性的基础上尽可能地实现法的通俗易懂和易于查找。原因在于,我国人民陪审员制度的存在使裁判的作出并不限于经过法律专业训练的专家,并不能因其裁判规范功能而否定这一层面的法典透明度的必要性。而且,即使是以技术性、专业性为特征的德国民法典,在其起草当初也并非完全排斥对于普通人的透明度。其起草方针中明确要求"条文化时,既要与学者的秘密语言保持距离,也要与有可能导致冲淡技术层面的明确性、严格性的日常语言化保持距离",应追求"高度简洁

㊺ 日本债法修改过程中的这一特殊现象,或许缘于日本民法典起草当初的传统。当年,梅谦次郎、富井政章、穗积陈重作为起草委员起草法典时,为了能够有效地说服其他委员,三人均"一致对外",而不是采用多数决的方式[参见:[日]金山直樹"法典調査規程と民法典の編纂——透明性の高い立法プロセス"载《ジュリスト》第1331号(2007年4月)]。虽然该模式在当年发挥了重要作用,但也有不少学者也在反思多数决的重要性,认为在债法修改方案起草过程中并不适合采取一致决[参见:[日]七戸克彦"法典調査会の構成メンバー——その人選に関する「政策評価」"载《ジュリスト》第1331号(2007年4月)],或者是认为应当采取措施发挥专家的主导作用,以专家为中心组成审议会,而各行各业的代表,仅作为听取意见的对象等[[日]小粥太郎"債権法改正を論ずる——要綱案の决定を受けて:債権讓渡"载《法律時報》第86卷第12号(2014年11月)]。

㊻ 薛军:《中国民法典编纂的组织体制问题:结合意大利经验的讨论》,载《比较法研究》2015年第3期。

和首尾一致的通常人得以理解的、经过字斟句酌的法律用语”。[47]

要实现法典这一层面的透明度，至少可以从以下几方面做出努力：首先，现行民事法律规定的体系化。体系化和法典化本身就是透明度提升的表现之一。目前为止，我国的民事立法进程采取了单行法各个突破、规范群分别进化的起草方式。在这一过程中，作为完整体系构成部分相关制度，被各单行法分割，相关制度的理解，非还原至体系层面，无法理解相关条文的具体含义。[48] 民法典编纂本身，就是这一体系还原的过程，有助于实现民事规范的易于查找和易于了解，同时也有助于相关规定的体系性理解。

其次，应当对长年积累的司法经验和学说作出梳理，将已趋于稳定的通说和经验纳入法典，以避免不了解司法实践和学说就无法了解规范的含义。这也是各国民法典立法或修改过程中重要的工作内容之一。日本债法修改草案中最为重要的内容之一就是将已确立的判例法理明文规定，以增加其可预见性。从目前公布的草案内容来看，包括代偿请求权、表见代理等在内，至少有50多处都是将已确立的判例法理纳入修改后的民法典。我们国家也通过司法解释、案例指导、最高人民法院公报案例等诸多途径，积累了大量的司法经验，也有必要对此予以明文规定。例如，关于《合同法》第52条第5项规定的“法律和行政法规的强制性规定”，以司法解释为代表的司法实践及学说对其作了相当程度的限缩，可以作为实践中形成的法理纳入民法典。为实现该层面的透明度，需要我们对现有的司法实践和学说作出重述，以准确把握何者为稳定的通说，何者仍处于形成中的法理。同时，对民法典颁布前的司法解释作出梳理和清理，或纳入民法典或予以保留，均需适当地说明，以尽可能避免普通大众不得不查阅大量的司法解释才能明白民法规范的含义。而民法典通过以后，则应当适当

---

[47] 参见：[日]児玉寛“「法律であっても拘束力のないもの」あるいは序説(1)：民法典ノート②”载《龍谷法学》第47卷第2号，第182页(2014年10月)。

[48] 周江洪：《前民法典时代的孳息归属问题研究》，载《浙江社会科学》2011年第5期。

保持司法解释的“谦抑”。[49]

最后,适当增加定义规定,改进条文的表述方式。如前所述,定义规定本身虽不能完全实现法典的透明性,但完全放弃定义规定也并不合理。特别是法典本身创造的、日常生活中并不常见的用语,作适当的定义将有助于法典的受众了解相关的含义。当然,这里有必要注意的是,若法律用语本身的含义与该用语的日常含义明显不同时,虽然也可以采用定义的方式明示其含义,但也会因此有损法典的可阅读性。可以考虑的另一方法是直接用描述的方法予以解决。如“善意”“恶意”等民法用语虽然与日常生活用语的含义相差甚大,民法典中也并不一定非要加以定义,而可以采取“不知或不应知”“知或应知”等描述加以替代即可,而其“善意”“恶意”等抽象用语则交由学说或教科书去归纳。其实,对于一些专业术语来说,也可以采用这种替代描述的方法予以解决,以提高法的透明度。例如,以复代理为例,对于民法初学者或未修习法律的普通人来说,可能并不清楚其具体含义,若在条文中采用此等概念,可能会引起理解困难。在这点上,《民法通则》的规定方式值得我们借鉴。在该法第68条中并未直接采用复代理的概念,但通过条文的描述规定了复代理相关的规范。当然,替代性描述会导致法律条文过于冗长,必要时,可以将相关条文分割成若干句加以描述,其可理解性会进一步改善。当然,除了用定义或描述的方法增加透明度之外,也可以适当保留一些不予明确界定的术语,特别是法律效果构成要件方面的相关术语。例如,在民法当中,也存在并不明确界定、而是根据案情本身加以具体判断的“合理”“过失”等诸多概念。这些术语的存在,也使得产生纠纷时的争议焦点变得明确。成为争议对象的,是其行为是否合理、是否存在过失等,当事人围绕该争议焦点提出各式各样的主张和证据。虽然其偏于模糊,但是,在就什么产生争议这一点上,也同样确保了一定的可预见性和透明度。但无论如何,再模糊的界定,也应当避免诸如“有关”“相关”这样的描述,因为其无法确保争议焦

---

[49] 《立法法》第104条肯定了司法解释的地位,但该条对此也作出了约束性的规定。随着民法典编纂的推进,民法典颁布实施前的司法解释该如何处理,将是司法实践中重要的课题之一。

点的明确性。

五、结语

无论如何，我国民法典的编纂应遵循科学立法和民主立法。在这一过程中，充分发挥专家学者的作用，是科学立法的重要保障之一。透明度问题，与法的民主性密切相关。当然，在民法典编纂的具体过程中，面对法典透明度这一富有魅力的口号，既要保持一定的清醒认识，同时也不能完全排斥。透明度问题，其实质上有两层含义：一是对于法律专家的透明度，二是对于普通大众的透明度。

真正的问题并不在于专业还是通俗，而是在于如何用精准的语言表达。[50] 编纂民法典，首先应注重专业层面的透明度。从裁判规范的角度入手，采取专家面向的立法取向，以保证规范的准确性和裁判规范功能的发挥；正如学者所言，如果一部民法典要成为"大众的民法典"，它首先必须是"专家的民法典"。[51] 正如意大利比较法学者萨科的论断一样，立法者要使其意志得到尊重，需要特定的条件。该学者曾以意大利民法的发展为例，认为意大利学者通过将法律中的新条文与旧的德国学理相结合重构了1942年后的意大利民法典，进而认为立法者要使其意志获得尊重，要么如同宪法一样被高举至一个极高的社会地位并因此而被神圣化；要么使该规范的制定符合法官的文化背景，或者创造出一个在文化准备上能够理解该规范的法官团体。[52] 我们的民法典，也同样如此，应当在裁判规范所追求的专业性的基础上实现其透明度，只有如此，民法典立法者的意志才会因其适用而得到尊重。

但是，强调专业层面的透明度问题，并不排斥普通人视角的非专业角度的透明度。在专业性的基础上，考虑到民法典作为市民社会生活的基本范式，从行为指引和减少交易成本角度入手，尽可能地实现通俗

---

[50] 谢鸿飞：《中国民法典的生活世界、价值体系和立法表达》，载《清华法学》2014年第6期。

[51] 张新宝：《民法典制定的若干技术层面问题》，载《法学杂志》2004年第2期。

[52] ［意］罗道尔夫·萨科：《比较法导论》，费安玲、刘家安、贾婉婷译，商务印书馆2014年版，第91～92页。

易懂并易于查找,以实现第二层含义上的透明度。为避免法律专家被人诟病,在起草民法典时至少应该有意识地在这方面作出努力,而不是简单地以民法典的专业性予以搪塞。实际上,在探讨法律规范之所以出现理解困难的原因时,除了规制对象本身的复杂性等诸多原因之外,有学者也提到了法律专家的原因。其中,法律规范的理解困难,甚至被认为是法律专业人员的"共谋""无能"或"过于自信"。"共谋"说认为,充斥着专业术语和晦涩难懂表述的法典,不仅有助于提升其专业门槛,也有助于提高法律及法律工作者的权威,同时也是法律从业人员的"饭碗"所在——其理解困难将有助于法律工作者的集团利益的维护。"无能"说认为,不少规范的真实含义,法律专家本身也不是十分了解,只能起草出模糊的规定;或者是虽然知晓规范的主旨含义,但并未受过法律起草的专业训练,没有能力起草易于理解的清晰规定。而"过于自信"说则认为,法律专家的能力就在于法律文书的起草,法律专家完全有能力起草出妥当的规定,没有必要就规范的易于理解性等作出特别的考虑。因其过于自信未加以特别关注法典的易于理解性,致使法典晦涩难懂。[53] 总之,为避免陷入这样的误解,我们所追求的民法典透明度,并不仅仅是对于法律专家的透明度。在民法典编纂过程中,也至少应该存在这样的意识。

---

[53] 参见:[日]松尾浩也、塩野宏編《立法の平易化》第238~239页(信山社,1997年)(樋口範雄 執筆)。

关于人格权保护的法律体系性思考
——以民法的扩张与限缩为视角*

渠 涛**

目 次

一、引言

孔子云:“学而不思则罔,思而不学则殆。”

我自学习民法以来一直在思考一个问题:民法是不是太大了。

早年开始学习法律的时候,一看课表最先发现的问题就是,这民法

* 本文为社科基金项目(13AFX014)的阶段性成果之一。

** 作者:中国社会会科学院法学研究所研究员,北京理工大学珠海学院民商法律学院特聘教授。

的课怎么这么多?!别的部门法上个一两个学期就结束了,可民法让人感觉是没完没了。

当我开始研习民法之后才知道,民法的内容的确太多了。

后来我又发现,这个“大民法”肯定会被别的部门法讨厌。只说一点,每个大学的法学院有什么好事的时候要投票,数民法的教师数量最多,因此可能导致民法的意志就是法学院的意志。不说别的,评职称投票,民法专业的人可能就会占很大的便宜!这能不被别的部门法的学者讨厌吗?!

再后来,我就想,是不是应该把民法拆分一下,不要弄成现在的“大民法”,至少不能再行扩大,而是应该限缩了。

中共十八届四中全会《中共中央关于全面推进依法治国若干重大问题的决定》中明确提出“编纂民法典”之后,具体立法工作逐步展开,目前民法学界围绕人格权的制度设计存在不同见解,分歧的焦点主要有三个,即人格权制度是否独立成编、人格权是否法定、一般人格权制度是否必要,而最为重要的应该是集中在人格权制度是否应该在民法典中作为独立的一编来设置。

但是,本文的目的,并不是要对民法典中如何就人格权立法这一问题本身展开讨论,而是对各部门法中与人格权相关的现行制度进行一次梳理。主要是想以人格权的保护与救济为主题,学习一些民法以外的各部门法与此相关的知识,以反思民法的射程范围到底应该有多大?简单地说就是,通过学习,反思一下民法到底应该管什么事,不应该管什么事?

为此,本人设定了这样一种问题意识,这就是,生命、健康、姓名(包括商号)、名誉(包括商誉)、隐私(信息等)以及遗体处置、祭祀等与人格相关的权利保护与权利救济制度,不仅在民法中存在如何建构的问题,在其他法部门中理当也存在程度不同的相关问题,更重要的应该是各部门法之间在制度设计上的协调问题。因此,在整个法律体系中如何综合考虑人格权保护与救济的制度设计,便是一个需要深入研究的课题。

正是基于这种问题意识,以下将从两个方面——先以公法规制的角度看现行法是如何用公权力对私权进行保护的;再从私法调整的角度看现行法是如何对私权利之间的进行调整的，陈述自己最近对民法典立法研究中的一点感悟，以求方家指正。

二、感悟一——民法的扩张与限缩

(一)历史上的扩张与限缩

1. 扩张

回顾历史，我们同时观察到了民法扩张与限缩。《法国民法典》制定时，将关于整个与市民社会相关的内容都放到了一起，导致民法这一部门法出现畸形的扩张，成立了一个最庞大的部门法。因此可以说，造成如今民法如此庞大的“大民法”的“罪魁祸首”就是《法国民法典》。所以各个国家、学校研究民法的老师、研究人员是最多的，而这又是因为工作量大所决定的。

《法国民法典》制定时，法国还是农业经济为主的社会。19世纪后半叶，人类步入了以工业经济为主的社会。在工业经济社会的背景下制定的《德国民法典》，在《法国民法典》的基础上对民法作了更进一步地扩张。它把整个民事法律搭建成了一个从小概念到中概念到大概念的潘德克吞平台，并且概念通过解释可以产生更多的概念，形成了一个可以无限扩张的体系来应对新的社会问题。正是由于《法国民法典》以及后来《德国民法典》的扩张，才显示出民法的无穷威力和对社会无穷大的作用。这是它积极的一面，当然是应该予以肯定的。

2. 限缩

在看到民法扩张的同时，我们在历史上也看到民法的限缩。民法限缩的表现有两种。一种以《日本民法典》为代表的源于客观条件的限缩。明治维新以后，日本急于废除“治外法权”，并提出“脱亚入欧”的国策以摆脱殖民地、半殖民地的地位。在此背景下，明治维新后的日本统治者急于制定《日本民法典》，但该法典的制定是外力推动的结果，从民族情感上而言，日本上流社会是不情愿的(详见日本的法典论争)。《日本民法典》的条文数是在那个时代的民法典里最少的(共1044条)。虽然后来通过修改又增加了一些，但其他国家的民法典在修改过程中增加的更多。因此，《日本民法典》相对而言比较简单，内容相对比较少。

另一种民法的限缩以《瑞士民法典》为代表的主观限缩。《瑞士民法典》是历史长期积淀的产物。大家都知道瑞士债务法是最有名的,后来因为顺应历史潮流还有其他一些原因形成了《瑞士民法典》,而且它的债法还是独立出来的。所以基于历史传统上的原因,《瑞士民法典》也很小。①

(二)当下时代民法的扩张与限缩

在当下这个时代,到底应该怎么看民法的扩张与限缩呢?其实从20世纪中期开始,一些传统的采用市场经济体制的国家就开始琢磨新型的民法典应该是什么样子的了,同时他们也考虑到民法应该修改了。尤其是第二次世界大战后,新的国际秩序的形成导致了部分国家的外部关系,尤其是国家的内部关系产生了非常大的变化,这种变化自然会要求民法典本身以变化来应对。于是,一些新型的民法典逐渐被制定出来。如《意大利民法典》,接着是《葡萄牙民法典》《荷兰民法典》等。《意大利民法典》是将传统的民法典进一步扩张了,最直观的体现就是在条文数上。比《意大利民法典》更厉害的就是《荷兰民法典》的大规模修改,好像现在还没有完成,因为内容太庞大了。这是民法的绝对扩张。②

我们一直说一个国家不可能没有宪法,一个社会不可能没有民法,宪法是国家的基本法,民法是社会的基本法。那么,中国在面对民法扩张的世界潮流中,应当如何选择?目前,中国的民法学界的情况是主张扩张观点一边倒,好像还没有人说到民法需要限缩。

问题是,民法典到底应该包括什么样的内容?是不是应该将消费者合同、劳动合同、知识产权法,甚至商法总则等都放到民法里面去?

关于消费者合同,我们仔细想一想,它与一般的合同最大的区别在哪?就是在于主体市场地位不平等。因为主体市场地位不平等,所以

① 如果综合计算瑞士民法典的条文数应该是,“民法典977条+补充规定61条+债务法1186条=2224条”,但是瑞士债务法虽然名目上属于其民法典的第五编,但从条文的单独排列,以及形成的历史看,实际上仍可以看作一部独立的法律或法典。因此,一般界定瑞士民法典的条文数应该是977条。

② 荷兰民法典自1947年开始修改,直至2011年第十编(国际私法)出台,而原计划的第九编(工业产权与知识产权)至今没有面世。

才给消费者更多的保护,因此它不是一个一般合同法概念可以囊括进去的。正因如此,《德国民法典》虽然把“消费者合同”这个名词纳入民法典之中,并将一些简单的规则也纳入进来。但并没有把整个的关于消费者合同的制度都纳进来。因为消费者合同本身涉及的行政管理规范特别多。

关于劳动合同,这个就更不用说了。劳动合同本来是传统民法上的雇佣合同。随着工业社会的发展,考虑到雇佣合同不足以保证劳动者的权利和权益,所以才把它从民法中独立出来成为劳动合同,以强化对劳动者的保护。劳动合同好不容易从民法中剥离出去了,劳动者好不容易得到更好的保护了,现在又要拿回来,这不是退步吗?

还有知识产权法。它调整的对象有著作、商标、专利等各种各样的知识产权类型,已经成为了一个独立的复杂的知识产权体系,如果民法学者认为非得将其纳入到民法典里面来不可,那么研究知识产权学者恐怕是不会同意的。

民法学者往往说我们民法博大精深,民法无所不包,要不懂得民法就不要学法律了。如果人家反问,民法学者除了民法以外对行政法和刑法懂得多少?我个人认为像苏永钦教授那样既通晓行政法又通晓民法的学者在世界上应属凤毛麟角。理性地说,就我国的民法学者而言,不仅同时了解行政法和刑法的人几乎没有,而且就不太接触法律实务的民法学者而言,对民诉法的内容也应该是知之甚少。再如,不正当竞争,让我们民法学者来讲一讲、聊一聊它跟民法怎么连接;刑法怎么跟民法连接;民法怎么跟行政法连接,恐怕像我这样的一般民法学者根本说不清楚。因此,我认为诸如“民法霸权主义”“民法帝国主义”这类的评价或者批判应该引起民法学人反思。强调自己学科的重要性是必要的,但需要有度。

的确,随着时代发展市民之间的法律关系再不像过去那样简单,而是越来越复杂,但值得思考的是:第一,在一本过厚的法典中分门别类地将各种内容放入,与将各种内容分门别类分册成典之间究竟会有多大的区别?第二,制定一部所有的法律关系无所不包的巨大法典是可能的吗?对第二个问题,我认为答案是肯定的,但应该分门别类、各司其职、相互协调。民法的体系需要完整和协调,民法与整体的法体系当然更需要完整和协调,因为法体系整体本身必须完整和协调。因此,民法体系中的协调十分必要,各部门法之间的协调分工则更为重要。

反观历史和当下,中国自改革开放以来以法治为前提大兴法制(法律制度)建设。直至今日,随着大量法律的出台,人们更为困惑的问题不再是没有法律,而是法制度之间的重复和龃龉。因此,当民法典立法的时候,必须考虑这种协调关系。

三、感悟二——法律体系上的预防与救济

考虑协调关系的一个重要视角是,整体法律体系上预防与救济哪个更重要?从法律上讲,应该说任何一个都重要,缺一不可,预防与救济应当并举。民法学者在以往的研究中也注意到这个问题。[③] 但是,预防与救济之间的配重关系应该在各部门法中有不同的比例(职责分工)。

研究私法,尤其是研究民法的人一般会强调民法对私权利的保护。民法上的私权利独立出来,其主要目的就在于不让私权利受到公权力侵害。拿破仑时代是这样的,德国法时代也是这样的,现在也是这样的。

但是,到了今天,对于这个私权利不受公权力侵害的理念,恐怕就要仔细想一想了,因为,在强调"私权利不受公权力侵害"的同时还不要忘记"私法上的权利还是有需要公权力保护"的。因为,私权利保护仅仅靠私法是不够的,因为私法能起到保护作用的更多的是救济,缺少的是预防。

民法制度里,能够在具体侵害行为发生前请求他人为一定预防性行为的只有物权请求权,或者叫停止侵害(传统民法上叫损害防止请求权)。但它是只有在发生损害切身利益之虞时,在特定的法领域内才可

③ 例如,王利明教授在以往的研究成果中就提到过民法上预防和救济的关系。参见:王利明:《我国侵权责任法的体系构建——以救济法为中心的思考》,载《中国法学》2008年第4期。

以承认，并设置有严格的适用要件，即并不是在任何情形下都可以适用的。因为在没有发生损害时候说“不许这样”是限制了别人的自由，是违背传统民法原则的。

四、感悟三——设想

（一）以行政取缔性法规预防可预见的民事权利侵害

我们是不是应该考虑，有一些可以预见的多发性损害或者是有较大发生可能性的大规模损害，交由行政法作取缔性规定来处理。以互联网相关问题的法律规制为例，如互联网金融、网购、互联网侵权等，光靠民法可以解决吗？不可以。它必须要行政公权力介入并进行监控、监管，确保互联网良性发展。通过行政性取缔性法规，事先对网络运营商进行有效的管理规制，形成良好的行业自律意识。同时，行政机关在互联网运营过程中对其进行监督，并在适当的情形下提出警告，甚至在更必要的时候处罚、取缔它。这些并不是民法可以做到的，必须依靠行政公权力的介入。

（二）以民法规范救济不可预见的民事权利侵害

民法能做到什么呢？权利，如名誉权，受到了侵害、贬损，我们只能请求损害赔偿。这是民事侵权救济的基本原理。《民法通则》中规定有停止侵害请求权，但是这种停止侵害的请求权实际上非常苍白无力。因为等法院对被害人的请求作出判决时，可能侵害早就已经发生完了。有人说，我们《民法通则》还规定有消除影响请求权。但如果有人受到名誉上的侵害，最好是得到赔偿之后就结束，可别再要求去消除影响。因为影响会“越消越大”，往往会是，本来是没几个人知道的事，而因消除影响让更多的人都知道了。所以，我认为，这是一个无用的条款，中国民法学界津津乐道的这条条款实际上并无用处。所以我觉得，不可预见民事权利侵害，才是民法事后救济的主要对象。

在人格权保护的事先预防与事后救济两者之间，我认为事先预防更重要。否则，对权利的保护如果总是事后救济，将会导致侵权诉讼频发、浪费诉讼资源。旷日持久的民法诉讼背后需要巨大的社会成本。从预防与救济这两方面来看，民法只能做事后救济。因此，未来民法典关于民事权利保护的中心任务是要构建周全、迅捷的民事权利救济体系。要实现这一目标,民事法律规范又要与民事诉讼法、证据制度等的相关制度相协调。因此,该体系的构建也不是民法完全可以解决的。为此,未来的民法典应当在民事权利救济的相关制度上清楚确定责任分担。这应该是民法要重点关注的事情。

(三)以刑法刑罚规范发挥警示与震慑作用——与民法行为规范的关系

再看一看民法行为规范与刑法的刑罚规范的关系。我想,我们要清楚的认识到民间普通民众的法律意识绝对不是只靠民法的行为规范就可以完善和提高的,必须伴随着刑法的惩罚以及行政处罚。对此,可能有人会说:民法也有惩罚性赔偿,不见得就一定得依靠刑罚。同时,民法不仅是裁判规范,还有行为规范,也有警示、引导作用。但民法里能够真正起到警示作用的主要是损害赔偿,而它无法与刑罚,以及行政处罚相提并论。另外可能还有人认为,其实两者的差别不大,只要民众都是有良知的人。是的,前提是人人都有良知,如果是这样,则如一句笑谈所言:"那还要警察干什么?"换言之,还要法律做什么?

五、结语

我们对民法在法律体系中的位置应该有一个充分的、清醒的认识。民法确实是一个博大精深的体系,长治久安当然离不开社会稳定,社会稳定当然需要民法,但社会稳定不能只靠民法。跨学科、跨部门法的交流、研究是非常重要的,这样才能建立一个很好的民法的体系,乃至包括民法在内的整体法律体系。因此,我们应该清楚地认识到法律是一个体系,民法只是这个体系中的一部分,它需要与其他相关部门法——特别要包括公法——之间的联动,以期在整个法律体系内建立立体化的权利保护机制。④

---

④ 相关方面的研究可参见王利明:《建立和完善多元化的受害人救济机制》,载《中国法学》2009 年第 4 期。

当下最时髦的词就是“创新”。但自古罗马以降，民法学从来都不是一个单纯追求创新的学问，而更多体现为对于传统制度的阐释、发扬与传承。⑤ 因此，民法的发展不在于为创新而创新，尤其在制度和体例上更不要刻意追求标新立异。特别是，不能认为我们采用了某种民法体例或制度，而别的国家没有，就能彰显我们国家对于民法发展的“创新”。因为，这样的评价标准，在世界上尤其是在世界的民法学界是不会被认可的。

如果说民法有创新，那么民法的创新应当在于回应新的社会现实问题解决的需要。只有解决了新出现社会现实问题，才能在实现问题解决的意义上实现民法的创新与发展。所以，民法的演进与发展，从来都不是为了创新而创新，而是为解决现实问题而创新。并且这一创新，应当在原有的民法制度与体例上，脚踏实地，经过精心的制度设计，才能称之为“创新”。唯有如此，才能体现民法创新的现实意义，并确保创新的科学性。

---

⑤ 德国法学家耶林曾经说过：“罗马帝国曾三次征服世界，第一次以武力，第二次以宗教（基督教），第三次以法律。武力因罗马帝国的灭亡而消失，宗教随着人民思想觉悟的提高、科学的发展而缩小了影响，唯有法律征服世界是最为持久的征服。”因此，古罗马法对于当代世界民法制度的发展演变有着深远的影响。在某种意义上，不论是就民法体例，还是就民法相关具体制度构造而言，当代主要的民法发展都是对罗马法的阐释、发扬与传承。大陆法系影响下的法国法系和德国法系自不待言，即使以判例法为中心的英美法系，都非常注重罗马法的传承与发扬。

中国民法典的编成与总则编立法

王　晨[*]　高庆凯[**]

目　次

一、引言

为全面推进依法治国，中共十八届四中全会（2014 年 10 月）决定编纂民法典。中华人民共和国的民法典编纂迄今为止共经历了四次，但都没有完成。这一次中共中央的决定，意味着开启了代表中华民族高度文明的中国民法典的第五次编纂。全国人民代表大会常务委员会为贯彻中共十八届四中全会的方针，迅速调整立法计划，确立了 2018 年 3

* 作者：大阪市立大学教授。
** 译者：中南财经政法大学法学院副教授。

月前的任期内编纂民法典这一计划。

中华人民共和国的实质民法已经制定,有作为民事基本法的 1986 年《民法通则》和婚姻法、收养法、继承法、合同法、物权法、担保法、侵权责任法、涉外民事关系适用法等民事单行法,但形式上的民法典的编纂仍未完成。从历史上来看,有关民法典的编别、内容、范围的争论也构成一个阻碍。

本文以中国民法典编别的论争以及重启的民法典编纂中的总则编立法为中心,来考察中国民法典的制定过程中向传统的回归和革新。

二、民法典编纂过程中潘德克吞体系的构建与脱构建

(一)作为中国民法典传统的潘德克吞体系

近代民法第一次引进中国,是清末 1911 年《大清民律草案》(总则、债权、物权、亲属、继承)。中华民国民法典(1929～1931 年)继续采用总则、债权、物权、亲属、继承这一德国式的编别,采民商法合一主义,也受到瑞士民法的影响。在此,作为中国民法典传统的潘德克吞体系得以形成,它和现代中国民法典编纂相衔接。

(二)现代中国民法的潘德克吞体系

现代中国的民法典编纂进行了 4 次,分别是 20 世纪 50 年代(1954～1957 年)、20 世纪 60 年代(1962～1964 年)、20 世纪 80 年代(1980～1982 年)、20 世纪 90 年代(1998 年至今)。在这一编纂过程中,潘德克吞体系在中华人民共和国民法典编纂史中尽管有变化但也存活下来。

比如,20 世纪 80 年代起草的新中国民法典第 3 次草案(意见征收二稿、1981 年 4 月),采用六编体系,第一编总则、第二编财产所有权、第三编合同、第四编权利侵害的损害责任、第五编智力成果权、第六编财产继承权。该草案和 20 世纪 60 年代新中国第 2 次民法典草案相比,可以明确地看出向德国民法概念体系的回归。其象征的关键词是,设定民法总则编、使用法律行为的概念等。中国民法在改革开放的年代谋求向传统的复归。

(三)从潘德克吞体系的背离

但是,1982 年 5 月制定的《中华人民共和国民法草案》(第四稿),

可以看出该草案与德国民法概念体系的背离。民法草案由八编构成,分别是,第一编民法的任务与基本原则、第二编民事主体、第三编财产所有权、第四编契约、第五编智力成果权、第六编财产继承权、第七编民事责任、第八编其他规定。第一编、第二编以及第八编,相当于民法总则编的内容,第四编、第七编,相当于债权编的内容。受1964年俄罗斯共和国民法典的影响,第五编放进去了智力成果权。《民法草案》中,总则编、法律行为、债权的概念消失,明确规定国家为第三民事主体。继20世纪60年代新中国第二次民法典草案之后,此次民法典起草与其说是潘德克吞方式,毋宁可以读出其倾向于法学阶梯式。

1982年5月之后,中国民事立法方针发生了重大变化。方向转变为,先制定民事单行法,待民法典编纂的条件成熟之后再制定民法典。这一变化是从之前的"一揽子"式的法典编纂主义转向个别立法至上主义。从潘德克吞体系的脱离也促进了个别立法至上主义,最终,民法典第4次编纂遭遇挫折。

(四)从法典编纂式到法典汇编式

20世纪90年代开始的新中国民法典第4次编纂是在中国确立了实行社会主义市场经济这一社会背景下进行的。2002年10月,现行的民事法律与物权法草案的基础上,在全国人民代表大会法工委主任顾昂然的主导下出台了民法典草案。2002年9月民法典草案中的合同编、亲属编、继承编、知识产权编草案被拿掉,现行法的合同法、婚姻法、养子法、继承法原封不动地被编入民法典草案中。正式的民法草案采9编体例,总则、物权法、合同法、人格权法、婚姻法、收养法、继承法、侵权责任法以及涉外民事关系的法律适用法。债权总则的内容和现行合同法总则的大部分重复,因此不设置债权总论。债权发生原因的无因管理、不当得利,放在了民法总则中。"合同法""侵权责任法",独立成编。另外,知识产权的一般规定放入了民法总则的民事权利部分,没有设置独立的知识产权编。

如此,民法典编纂从法典编纂式转变为法典汇编式(分论是集结了民事单行法的形式)。制定开放的民法典这一英美模式(顾昂然、江平意见)突然被采用。此前采个别立法至上主义的结果,导致作为相对耗时短的立法方式英美式编纂自然地浮出水面。日本有观点认为,“中国民法典制定过程的重心从潘德克吞体系向统合个别法的实用主义民法转移”。

这绝不能说是偶然的事情,能看出其背后隐藏着从体系向功能转变21世纪的民法形象(民法总则·通则+个别法领域)。这一法典汇编式的理论模式用一关键词来表达就是“保留多样性的统合”(北川善太郎)。乍看上去,能听到法典主义者批评其是懒惰想法,但个别立法至上主义持续20年的结果,从制度发展的路径依存性来看,这也是一个可能的选择。实际上,2003年12月以后,个别立法至上主义延续,通过了2007年3月物权法、2009年12月侵权责任法、2010年10月涉外民事关系的法律适用法。中国民法典的编纂过程中的个别立法至上主义,作为经验主义的立法,遭到了法典主义者的集中炮轰,但是从历史法学来看,我认为其有自身的法律合理性。

三、民法典草案的编纂过程中的论证

(一)中国民法典的编排

对于中国民法典的体系,存在3个构想,即潘德克吞式的编纂、邦联式编纂、罗马式编纂。各自虽然不是完整形式,但形成了中国民法典草案建议稿(2002年社科院法学所梁慧星领导小组)和中国民法典草案建议稿(2003年中国人民大学王利明领导的小组),中国民法典草案(2002年人大法工委),绿色民法典草案(2004年厦门大学徐国栋领导的小组)。这三个民法典草案的设想的共同特征在于,采用“民商合一”的立法模式,消费者保护的规定当在民法典中。并且,潘德克吞方式的痕迹也或淡或浓的残存在这四个草案中。

(二)潘德克吞式编纂(德国式)

其中最忠实于潘德克吞体系的是,社科院法学所的梁慧星建议稿。采第一编总则、第二编物权、第三编债权总则、第四编合同、第五编侵权行为、第六编亲属、第七编继承的体例安排。梁慧星建议稿,在总则的设置、严格区分物权和债权等方面,忠实地遵守着潘德克吞体系的原理。但是,为了解决因市场经济以及科学技术发展而带来的债权法膨胀等问题,参考了荷兰民法典的经验,将债权编分成债权总则、合同、侵权行为3编。对于人格权,承认其重要性的同时,从人格权和民事主体资格的密切关联性出发将其规定于民法总则的自然人之处。立足于中国民法典传统的潘德克吞体系基础之上的梁慧星建议稿的设想,在学界得到了广泛支持。

(三)"邦联式"(英美式)编纂

"邦联式"(英美式)编纂的具体构想,是将已经制定的民法通则、合同法、担保法、继承法、婚姻法以及物权法合起来做一个法典。各个法之间具有相对独立性,是"邦联式"编纂的特征。

"邦联式"(英美式)编纂,除去民法通则的编纂部分的话,周边的个别法,毋宁具有民法的"汇编"这一反法典主义的性格,它具有与现代的脱法典化、再法典化的动向相通的部分。中国政法大学江平教授是主张制定开放式民法典这一英美式编纂的代表学者,持这一想法的多是英美留学、意大利留学背景的人。进入21世纪之后,在制定21世纪型的民法典这一国际潮流的影响下,这一观点在一部分年轻学者中扩展开来。但是,现阶段,松散式的编纂在学界仅仅是少数说,法制官员更倾向于功能一体性的民法典构造。

接近该设想而实现的草案,可以举出"从潘德克吞体系向统合个别法领域的实用主义民法典"的中国民法典2002年草案。该草案中债权总则编消失,学界对此强烈批判。对取消债权总则持赞成态度的英美式编纂者(江平)主要基于如下的两个理由:第一,不能迷信德国法的潘德克吞体系;第二,债权总则实际上是合同总则。与此相对,主张德国式编纂的学者梁慧星认为:第一,设置债权总则编,是从民法典的科学性和体系性的必要性出发,不能说是对德国法体系的迷信;第二,制定合同法当时,为了弥补民法通则上的债权总论的内容之不足,不得已把债权总则的部分内容规定在了合同总则中,现在应将债权总则相关的内容放回到民法典的债权总则中,不应该再留在合同法中。

2002年的民法典草案不同于学者的多数意见,去除了债权总则,将债权作为民法典的基本概念规定在民法总则第6章民事权利中。但是,在草案中只有简单的规定,作为法案的构成方面还存在有待讨论的事项。从已经制定了合同法这一中国法的传统来看，制定合同为中心的债务法，是作为 21 世纪的民法典应该讨论的方向。日本民法（债权法）修改过程中，也有设想“将债权总则解体和合同总则合在一起”等想法，我觉得为避免过度的阶层化，这一设想有参考价值。另外，要解决法典编纂上的技术难题，2007 年柬埔寨王国民法典的整体编排也可以参考。

中国人民法学的王利明民法典草案建议稿，以潘德克吞体系为基础，参考了英美法系的法学传统，采用了如下的结构：第一编总则、第二编人格权、第三编婚姻家庭、第四编继承、第五编物权、第六编债权总则、第七编合同、第八编侵权行为。看这一编排的话，其特征主要体现在人法较之物法规定在前、人格权独立成编、保留债权总则、将侵权行为法作为最后的兜底性的权利救济规范。

(四)罗马式(法国式)编纂

罗马式（法国式）编纂，原则上，民法典的结构安排采三分法模式，人、财产以及财产取得的方法。绿色民法典草案对其加以改良，具体构想是：序编（预备性规定、人、客体、法律事实及法律行为、代理、民事世界中的时间、基本术语的定义），第一编人身关系法（第一分编自然人法、第二分编法人法、第三分编婚姻家庭法、第四分编继承法），第二编财产关系法（第五分编物权法、第六分编知识产权法、第七分编债权总论，第八分编债权分论），附编国际私法的结构。绿色民法典草案不设总则而设置了规定基本原理和基本概念等的序编、将人法与物法分开，具有回归罗马法传统的特征。

虽然强调绿色民法典是法国式的编纂，但序编的结构和概念、分编的结构和内容中，都浓厚地留存着潘德克吞体系的痕迹。比如，法律行为等抽象概念的使用、物权债权的严格区分、亲属编与继承编的划分等。因此，可以说，绿色民法典草案是法学阶梯式和潘德克吞式的结合。该民法典草案将人法放在物法之前，赞誉它是尊重人的理想民法典，但是其不符合中国民法的潘德克吞式（德国式）的传统，所以在法学界和实务界只是属于少数说。

不过，法学阶梯式和潘德克吞式的融合，是 21 世纪再法典化时代的有力选项(荷兰、魁北克民新民法典等)。日本民法(债权法)修改过程中,可以看到从非潘德克吞式的视角改造民法典结构的主张(大村敦志)。比如建议:第一,缩小总则(将其变成通则);第二,人与家族规定在同一编中;第三,法律行为规定的大部分移至债权编;第四,消灭时效和取得时效分开在债权编和物权编里;第五,债权编中不设置总则,等等。

四、现代民法法典化中的总则编立法

(一)"中华人民共和国民法草案·总则编"(2002年)

全国人大法工委现在重新启动民法典编纂,决定先起草民法总则编。学者小组的民法总则编建议稿短时间内也公开了好几个。其中官方色彩浓厚的总则建议稿可以举出中国法学会主编的《中华人民共和国民法典·民法总则专家建议稿(意见征求稿)》(2015年4月)。但是,该建议稿在中国民法典编纂过程中,会有多大的影响力现在还很难判断。

不能忽略的是对于中华人民共和国民法草案(法工委2002年12月版),中国的回归近代的法典主义者对这一将个别法粗略统合的民法典草案评价比较低。但21世纪的中国民法学界、法实务部门的法典悲观主义(脱法典化)的声音,也可能使其迎来复兴。在此之际,民法总则编的结构,可以充分考虑以2002年的《中华人民共和国民法草案·总则编》为基础。也就是说,与其说是民法总则的编纂,不如说是《民法通则》的重新编排。不管怎么说,如何来编排民法总则,对民法典编纂来说是个重大问题。

(二)大总则

总揽诸建议稿就会明白,未来的中国民法典总则将会是一个大的总则。这种做法,和部分先进国家中所能看到的总则解体现象(日本、柬埔寨等)呈相反的方向。可以说,这能够看出对于现代中国的民法学来说潘德克吞模式的体系思考(回避规定的欠缺和重复)更有魅力。

但是,如果考虑到30多年持续下来的个别立法至上主义这一立法传统以及制定贴近一般国民的法典的话,应该避免因民法典编纂而导致强化总则和分则的阶层化。比如,日本民法(债权法)修改过程中,存在争论法律行为相关规定设置的问题。中国应该避开将既有的合同总则法解体、法律行为有关规定放置在民法总则中集中规定的做法。同样的问题是时效(诉讼时效、取得时效)相关规定如何设置。时效放在总则中的必然性并不高。总之,必须考虑民法典上的阶层逻辑构造和功能一体性的平衡。也就是说,不仅仅是扩充总则这一构造上的视角,也应该将考虑了民法制度功能性的总则之重新编排纳入视野。我们有必要从潘德克吞型的总则思考之束缚中获得自立。

五、结语

全国人大法工委现在正在致力于民法总则编的立法。其后预计会进入整合民法典各编的工作阶段。以2018年3月为目标,将制定的单行法加以统合,预计将制定出同德国民法典相比肩的中国民法典。在此之际,应该不拘泥于潘德克吞体系,也要考虑其和法学阶梯式、英美式编纂的融合。是否能够把握好民法典的阶层式的逻辑结构和功能上的一体性的均衡,是接下来的一大课题。

另外,为制定一个可持续的民法典,北川善太郎所提倡的模式("民法总则+个别法")也不失是一个选项。不过,是否能够做到保留多样性(个别法域)的同时来巧妙地统合(民法通则),是接下来的中国民法典编纂的课题。今天都在谈论法典时代的终结,期待着保留多样性的统合的21世纪中国民法典的诞生。

【资料】

《民法通则》(全国人民代表大会,1986年)

第一章　基本原则

第二章　公民(自然人)

第三章　法人

第四章　民法法律行为与代理

第五章　民事权利(财产所有权以及财产所有权相关的财产权、债权、知识产权、人格权)

第六章　民事责任

第七章　诉讼时效
第八章　涉外民事关系的法律适用
第九章　附则

《中华人民共和国民法草案》(法制工作委员会,2002年12月)

第一编　总则
第一章　一般规定
第二章　自然人
第三章　法人
第四章　民事法律行为
　　第一节　一般规定
　　第二节　意思表示
　　第三节　民事法律行为的效力
第五章　代理
第六章　民事权利(物权、债权、知识产权、人格权)
第七章　民事责任
第八章　时效(诉讼时效、取得时效)
第九章　期间
第二编　物权法
第三编　合同法
第四编　人格权法
第五编　婚姻法
第六编　养子法
第七编　继承法
第八编　侵权责任法
第九编　涉外民事关系法律适用法

柬埔寨民法典(2007年)

第一编　总则(通则)
第二编　人
第一章　自然人
　　……

　　第二节　人格权
第二章　法人
第三编　物权(物权债权二分论)
第一章　总则
第二章　所有权
　　……
　　第四节　所有权的取得(包括取得时效)
　　……
第四编　债务
第一章　总则
　　第一节　债务的发生原因及诸概念的定义
　　……
　　第三节　条件、期限、期间
第二章　意思表示及合同
　　……
　　第四节　代理
　　……
第三章　合同的履行
第四章　对合同违反的救济
第五章　危险负担
第六章　对第三人债务的效力(合同债权以外也应对)
第七章　债务的消灭
第八章　消灭时效
第五编　各种合同、侵权行为等(包括无因管理、不当得利)
第六编　债务担保(物的担保、人的担保)
第七编　亲属
第八编　继承
第九编　最终条款

《中国民法典草案建议稿　总则编》(梁慧星主编,2013年11月)
第一章　一般规定
第二章　自然人

……

第二节　人格权

……

第三章　法人、非法人团体

第四章　权利客体

第五章　法律行为

第一节　一般规定

第二节　意思表示

第三节　意思表示的无效和撤销

第四节　附条件法律行为与附期限法律行为

第五节　法律行为的解释

第六章　代理

第七章　诉讼时效

第八章　期日、期间

《中华人民共和国民法典　民法总则专家建议稿(意见征收稿)》

(中国法学会,2015 年 4 月)

第一章　一般规定

第二章　自然人

第三章　法人

第四章　其他组织

第五章　民事权利客体

第六章　法律行为

第一节　一般规定

第二节　意思表示

第三节　意思表示的解释

第四节　法律行为的效力

第五节　条件与期限

第七章　代理

第八章　时效(诉讼时效、取得时效)

第九章　民事权利的行使和保护

第十章　附则

《中华人民共和国民法　总则编建议稿》(杨立新主编,2015年5月)

第一章　一般规定

第二章　自然人

第三章　法人及非法人团体

第四章　权利客体

第五章　民事权利与义务(人格权、物权、债权、知识产权、其他财产权)

第六章　法律行为

第七章　代理

第八章　民事责任

第九章　时间与时效

第十章　附则

(主要参考资料)

何勤华等编:《新中国民法典总揽》,法律出版社2003年版。

[日]北川善太郎:“民法的近未来模式”,载《射虎法学杂志》54卷1号(2004年)。

[日]北川善太郎:“中国民法典的体系和债权”,载《人大法律评论》2003年卷。

徐国栋:《中国民法典起草思路论战》,中国政法大学出版社2001年版。

徐国栋主编:《绿色民法典草案》,社会科学文献出版社2004年版。

王利明:《我国民法典重大疑难研究问题之研究》,法律出版社2006年版。

张礼洪、高富平主编:《民法法典化、解法典化和反法典化》,中国政法大学出版社2008年版。

[日]大村敦志:《民法读解·总则编》,有斐阁2009年版。

[日]大村敦志:《关于民法修改的总论性诸问题的意见》,2010年。

[日]大村敦志:《思考民法修改》,岩波书店2011年版。

民法(债权法)修改检讨委员会编:《详解　债权法修改的基本方针I》(商事法务,2009年)。

[日]山本敬三:《民法典的编成与规定的配置》,2010年。

[日]内田贵:《民法修改——合同规则百年不遇的变化》,筑摩书店2011年版。

[日]加藤雅信:《民法(债权法)修改——民法典向何处去》,日本评论社

2011 年版。

王晨:《围绕中国民法典编成的论争》,载 JCA 杂志 661 号 2012 年以及所引参考资料。

梁慧星:《为中国民法典斗争》,法律出版社 2012 年版。

梁慧星主编:《中国民法典草案建议稿附理由》,法律出版社 2013 年版。

苏永琴:《寻找新民法》,北京大学出版社 2012 年版。

龙卫球、王文杰主编:《两岸民商法前沿》(第 2 辑),中国法制出版社 2013 年版。

[日]岩谷十郎等编:《法典为何》,庆应义塾大学出版会 2014 年版。

易继明:《历史视域中的私法统一与民法典的未来》,载《中国社会科学》2014 年第 5 期。

杨立新:《我国民法总则法律行为效力规则统一论》,载《法学》2015 年第 5 期。

民法典如何组织社会

谢鸿飞*

目　　次

非常感谢中日民商法学会、浙江大学法学院的邀请,也非常感谢渠涛老师给我发言的机会。

我的发言主题是《民法典如何组织社会》。首先我解释一下“社会”这一概念。我使用的是“国家—社会”二分法意义上的社会,而不是“国家—市场—社会”三分法意义上的社会。而且,我关注的重点是市场经济领域以外的社会。

我的发言分为三部分:

一、民法典法人立法的功能定位

中国民法典法人立法的功能应定位为“社会的基本组织法”。具体

* 作者:中国社会科学院法学研究所研究员。

而言,包括两方面:一是为所有法人类型的一般规则;二是提炼各种社团法人和财团法人类型的法人的公因式,为各种法人的特别立法,尤其是非营利法人立法提供基本规范。

从这个角度出发,传统民法典法人立法的最大问题就在于:它以营利法人为主要规范对象,忽视了非营利法人的制度建构。理由主要是:其一,它将法人作为民事权利、民事义务主体,而且基本上是财产权的主体。其二,在民法典中,法人的活动主要是通过法律行为获得财产权利,并对其活动产生的侵权损害承担责任。

民法典法人立法之所以要定位为社会的基本组织法,理由主要是:

1. 法人是和自然人并列的社会行动者,民法典又是社会的基本法,当然应对法人的主体资格作出一般规定。如果民法典不对法人作出一般规定,而是由特别法律规定,那么民法典作为社会基本法的地位就将受到冲击。

2. 自然人有结社权。人民的主权不能完全委授代表机关行使,自然人并没有将组织和管理社会的权力交给国家,而是保留了参与社会管理、监督国家的权力。

在中国,民法典法人立法定位为社会的基本组织法,还有特殊意义。这主要体现在如下三个方面:

1. 中国正在从政治和社会不分的状态,转向了政治与社会分离状态。在社会组织方面,中国也正从"单位"体制走向"法人"制度。但是,目前,中国社会的自我组织和自我管理能力依然相对薄弱。因此,中国多次提出要实现"社会管理体制创新"的任务。

2. 随着市场经济的发展,中国也出现了"市场支配整个社会"、以经济利益为个人生活中心的社会现象,公民对公共事务的参与意愿不强烈,机会也不多。另外,学术界也过多强调公民的"消极自由",忽视"积极自由"。在这种情形,中国亟须发展非营利组织,在国家和个人之间建立有效的沟通体制,鼓励更多公民参与公共事务,建立用社会权力制约国家权力滥用的有效机制,促使国家和社会合作,提供更多的公共资源。

3. 目前中国企业法相对比较完善,但缺乏非营利法人的专门立法,只有法律效力层级不高的行政法规和部门规章。民法典如能为非营利法人提供一般性规定,将促进非营利法人特别立法的发展。

日本民法典在修改后,关于法人的规定仅剩下5条,即"法人成立"(第33条)、"法人的能力"(第34条)、"外国法人"(第35条)、"登记"(第36条)、"外国法人"(第37条)。这些简约的规定难以构成法人制度最一般的规定。它虽然避免了立法重复,但不可能使民法典成为市民社会的组织法。因此,中国目前不太可能,也不宜采取这样的立法模式。

二、民法典法人立法的两个观念

(一)自由与管制

国家对法人尤其是非营利法人的警惕,由来已久。一是因为法人的力量远远超过了单个自然人。二是因为法人组织的领导人并非民选。中国对企业法人的设立已经相当宽容,但对非营利法人的设立依然规定了相当苛刻的条件,即首先依据法人所属领域,获得主管机关的许可,然后再取得民政登记部门的许可。所以,中国的非营利组织很多是"半官方"组织,并不能真正代表社会,也不能有效起到沟通国家和社会的作用。

目前,中国提出了"政(政治)社(社会)分开"的目标,有关非营利法人的法律也正在酝酿修改,但争议比较大。在这种情形,民法典应废除非营利法人设立的双重许可制度,改采登记主义,同时赋予登记机关审查非营利目的的权力。

(二)拟制与实在

目前主流学说认为,法人性质的学说争议没有意义。德国、日本和中国很多学者都持此种观点。这是因为各国对法人的规定都采取了实用主义态度,忽视了体系化建构。但是,民法典同时不加区分地采用拟制说与实在说的立法,难免会造成体系混乱。另外,随着法人在社会中的作用越来越突出,一些新问题又激发了法人性质学说的讨论,比如法人是否享有宪法上的言论自由权,是否享有一般人格权等。在美国,法院就往往寻求实在说和拟制说解决这些问题。

传统上,拟制说以公司为原型,造成了法律对法人的过度控制,戕害了个人联合他人的天然意愿。实在说以历史上的共同体为原型,保障了个人结社的自治权,但始终没有力地论证团体意思的存在。

中国民法典的法人立法应采用实在说作为法典体系化的学说基础。但是,为了强调国家对法人的管控,可以在法人成立方面采取登记生效主义,将其作为实在说的例外。

实在说对民法典的制度设计也有一定的影响,比如:

(1)法人应和自然人享有同样的权利能力,除非法人的组织体性质不适合享有的自然人的权利。法人的权利能力也不受目的范围的限制。法人超越目的范围的行为,可以适用表见代理的规范或违反法律的法律行为无效的规范分别处理。

(2)法人应享有人格权和一般人格权。

首先,法人的名称权不应作为财产权,因为非营利法人的名称权难以用财产权解释。

其次,法人应享有名誉权。通过法人没有精神损害赔偿请求权,反推法人不具有名誉权的观点是错误的。法人不享有精神损害赔偿请求权,是因为它没有血肉之躯,但是法人的名誉被侵害,也会导致其社会评价降低。如果排除法人的名誉权,可能导致法人在遇到名誉侵害时,都无法请求停止侵害。

最后,法人至少应享有一般人格权中的人格平等的权利。《德意志联邦基本法》第19条第3款规定,法人享有宪法权利。美国判例甚至承认了非营利法人的言论自由权。中国目前没有宪法法院,宪法和民法的关系比较特殊,民法典确认,至少是为法人享有一般人格权留下解释空间是有意义的。如国家在购买商品和服务时,对中小企业采取了歧视政策,显然侵害了法人的平等权。

三、民法典法人的分类

《民法通则》规定了机关法人、事业单位法人、企业法人和社会团体法人。虽然没有采取“单位”这一名称,但和当时国家的单位编制分类标准是一致的。这种分类已经不适合中国目前的情况,这是学界的共识。但是,对民法典对法人如何分类,目前依然存在很大的争议,主要集中在以下两个问题上：

1. 公法人与私法人

民法典是否应将法人首先区分为公法人与私法人，有肯定说和否定说两种意见。肯定说认为，法律区分为公法和私法，公法上有法人，民法上也有法人，公法人也从事民事活动，所以法人应首先区分为公法人和私法人。但正因为公法人只能由公法创设，所以民法典不应规定公法人。

《民法通则》中的机关法人、事业单位法人和大多数社会团体法人，其实都是公法人，民法典应放弃对它们的规定。

中国公法人中的一个比较特殊的问题是国有企业。目前尽管绝大多数国有企业都已经进行了公司化改造，但依然有一个疑难问题没有解决：是不是所有的国有公司都是私法人？比如国家电网公司承担了"普遍服务义务"，即为所有自然人提供供电的法定义务，这种义务本来是国家对自然人应当承担的行政给付义务，现在却由公司来承担。此外，它还承担了用电安全的义务，但它到用电企业检查用电情况时，却经常被用电企业拒绝。如果法律将国家电网公司规定为私法人，就会遇到这些不好解释的问题。因此，国家电网公司这种自然垄断企业、或其他公共事业、涉及国家安全的企业，都应作为公法人，而不是私法人。

2. 社团法人与财团法人

私法人的分类到底是采取社团法人与财团法人的分类，还是采取营利法人和非营利法人的分类，中国学界也存在争议。我认为，"财团法人—社团法人"的分类标准更优。理由是：

(1)"财团法人—社团法人"的分类以法人的结构和运行上的差异为标准，是一种技术性标准，而"营利法人—非营利法人"是从法人目的事业做出的分类。民法典作为技术性规范，不适合对营利与非营利的目的做出实质性判断。

(2)"财团法人—社团法人"的分类完全可以涵盖所有的营利法人非营利法人。

(3)"财团法人—社团法人"的分类更方便立法。这一分类可以针对社团法人和财团法人各自的特点，规定各自的组织结构和权力分配规则。如果采用“营利法人—非营利法人”的分类,民法典的立法难度就会加大:一是因为营利法人已经有大量的特别法,民法典的任何规定都是重复规定;二是“非营利法人”包括社团和财团,很难抽象出两者的共性规定,而且对它们的调控也是由特别立法作出的,民法典不适合规定。

民法专题研究

《日本民法修改法案》对错误制度的修改及其对我国的立法启示

郑芙蓉*

目　　次

一、引言

（一）背景

2015年2月10日，日本法制审议会民法分会在经过了99次会议、5年多的研讨之后，终于形成了《日本民法修改纲要案》①（以下简称《纲

* 作者：广岛修道大学法学部副教授。

① 《日本民法修改纲要案》的形成过程，参见：[日]松冈久和：《民法修改草案的概要——从中间试案到暂定纲要案》，载渠涛主编：《中日民商法研究》（第十四卷），法律出版社2015年版；郑芙蓉：《日本债权人代位权制度在债权法修改中的最新动向及对我国的立法启示》，载渠涛主编：《中日民商法研究》（第十四卷），法律出版社2015年版。

要案》)。2月24日,经过向法务大臣答申[②]之后,《纲要案》于3月31日作为《日本民法修改法案》[③](以下简称《修改法案》),被正式提交给国会,众议院现在正在对其进行审议。如果在本次国会(第189次国会)期间该《修改法案》被顺利通过的话,那么新民法最迟将于2018年被正式施行。[④] 日本现行民法制定、颁布于1896年,120年之后的首次大修改即将成为现实。虽然,由于分歧的存在,与当初的立法计划相比,《修改法案》有些不尽如人意,但是值得肯定的是《修改法案》积极吸收了判例法·学说中那些已经达成共识的规范,使120年来游离于日本民法典之外的众多隐形规范终于可以被看见。《修改法案》是对日本民法120年发展的大总结,它对我国民法典立法的重大借鉴作用不言而喻。

(二)本文的目的

本文的目的在于介绍和描述《修改法案》中的错误制度的内容及形成过程,并把它与我国现行法和中国法学会民法典编纂项目领导小组撰写的《中华人民共和国民法典·民法总则专家建议稿》[⑤](以下简称《民法总则专家建议稿》)对错误制度的规定加以比较,探讨《修改法案》对我国可能产生的立法启示。本文的结构如下:第一部分首先描述日本现行民法中的错误制度的内容及判例法·学说对它的发展,第二部分介绍《修改法案》对错误制度的规定及它的形成过程,第三部分在以上的基础上,分析我国现行法和《民法总则专家建议稿》中的错误制度的问题点,对我国错误制度的设计提出合理的建议。

---

② 答申是指就上级机关的询问陈述意见。在日本,在需要修改法律或制定新法时,法务大臣首先会以咨询的形式委托法制审议会开始立法调查,法制审议会从专业的角度进行调查和研究之后,以答申的方式向法务大臣提交《纲要案》,法务省在此基础上再形成《修改法案》,最后提交国会进行审议。

③ 《日本民法修改法案》的内容,参见:[日]潮见佳男:《民法(债权部分)修改法案的概要》,金融财政事情研究会2015年版。

④ 《修改法案》附则第1条规定,《修改法案》将于公布之日起3年之内施行。

⑤ 《民法总则专家建议稿》的具体内容,参见:http://www.civillaw.com.cn/zt/t/?29169。

（三）用语的说明

在本文中将用到以下一些法律用语，为了避免重复，在这里加以统一说明。根据日本法的一般理解，⑥错误一般包括两种，一种是表示错误，另一种是动机错误。表示错误指由于表示上的错误，表意人没能作出与自己内心效果意思相符的意思表示。根据产生错误的原因的不同，表示错误又可以分为表示行为上的错误和表示含义上的错误。表示行为上的错误是指，表意人为意思表示时，使用了并没有打算使用的表示手段，比如写错、说错等。表示含义上的错误是指，表意人为意思表示时，虽然使用了预想的表示手段，但却误解了该表示手段所具有的含义，比如 1 打是 12 个，但是表意人却以为是 10 个，他按照这个错误的理解作出了意思表示。与此相对，动机错误是指表意人虽然作出了与自己内心效果意思相同的意思表示，但他的内心效果意思是基于对某种事实的错误认识而产生的。根据产生错误的原因的不同，动机错误又可以分为性质认识上的错误和原因认识上的错误。性质认识上的错误是指表意人对人或物的属性发生了错误的认识，并在这种错误认识的基础上作出了意思表示。比如，以为自己购买的绘画作品是真品而出高价购买，但是事实上该作品是赝品。原因认识上的错误是指表意人对作出意思表示的原因发生了错误的认识，并在这种错误认识的基础上作出了意思表示。比如，表意人以为不会被征收赠与税而把自己的不动产赠与了他人，但是结果却被征收了赠与税。

二、现行《日本民法》对错误的规定及判例法·学说对它的发展

现行《日本民法》第 95 条 法律行为的要素发生错误时，意思表示无效。但是表意人有重大过失时，表意人不得主张意思表示无效

---

⑥ 参见：［日］四宫和夫、能见善久：《民法总则》（第 8 版），弘文堂 2010 年版，第 213 页；［日］内田贵：《民法 I 总则·物权总论》（第 4 版），东京大学出版会 2008 年版，第 65 页；［日］山本敬三：《民法讲义I》（第 3 版），有斐阁 2011 年版，第 179 页；［日］佐久间毅等：《民法的基础 1》（第 3 版），有斐阁 2008 年版，第 144 页。

首先,让我们先来确认一下现行法对错误的规定。现行《日本民法》第95条规定,"法律行为的要素发生错误时,意思表示无效。但是表意人有重大过失时,表意人不得主张意思表示无效"。根据这一条文,①就法律行为的要素发生错误,②表意人没有重大过失,当这两个要件被同时满足时,会发生③意思表示无效这一法律效果。然而由于该条的规定过于简洁,就如何理解①②③,存在很多争议。

就要件①来讲,存在的问题有:(1)第95条的错误具体指何种错误?其中是否既包括表示错误也包括动机错误?区分表示错误和动机错误是否有意义?(2)法律行为的要素具体指什么?怎么样判断表意人是否就法律行为的要素发生了错误?就要件②来讲,存在的问题有:(3)是否存在即使表意人有重大过失也可以主张错误无效的例外情形?就法律效果③来讲,存在的问题有:(4)仅表意人可以主张错误无效?,还是任何人都可以主张错误无效?(5)错误无效的主张是否可以对抗善意的第三人?(6)当错误无效被认定时,表意人是否有必要向相对人承担损害赔偿责任?下面分项具体说明判例和学说对这些问题的看法。

(一)是否应该区别表示错误和动机错误?

针对问题(1),判例认为由于表示错误与动机错误的构造不同,所以有必要对二者加以区别,第95条的错误主要指表示错误,动机错误只有在满足了特殊要件之后才可以适用第95条,而所谓的特殊要件是指"动机被表示出来,并成为了意思表示的内容"。⑦ 对这个特殊要件应该怎样理解,严格地来说,存在两种立场:一种是重视表示说,即认为只要动机被表示出来,就构成了意思表示的内容;另一种是重视内容化说,即认为判断一个动机是不是构成了意思表示的内容,不能只看动机

⑦ 指导性判例有:日本大审院大正3(1914)年12月15日判决,载《民录》20辑1101页;日本大审院大正6(1917)年2月24日判决,载《民录》23辑284页。中文介绍请参见:班天可:《日本民法中的错误论——兼析法律的经济分析在民法解释中的界限》,载《私法》2012年第1期。其他的判例有:日本最高裁判所昭和29(1954)年11月26日判决,载《民集》8卷11号2087页;日本最高裁判所昭和47(1972)年5月19日判决,载《民集》26卷4号723页;日本最高裁判所昭和47(1972)年5月19日判决,载《民集》26卷4号723页;日本最高裁判所平成1(1989)年9月14日判决,载《判例时报》1336号93页。

是不是被表示出来了,还应该看该动机是不是被相对人所了解和同意。战前判例采用的是重视内容化说,战后,受到传统二元说的影响判例转而采用了重视表示说,但是战后判例中按照重视内容化说进行判断的例子[8]依然存在,所以事实上很难对判例的立场进行统一的解释。这一点在立法过程中也被反映了出来,由于对判例的理解上的分歧,动机错误无效的要件一变再变,成了第95条修改过程中最大的一个论点。

在学说上,对这一问题的争论也很多。最先登场的传统二元说,[9]它的立场基本上与判例相同。该说认为表示错误和动机错误在结构上不同,有必要将二者区分,第95条的错误主要指表示错误,只有当动机被表示出来并成为了意思表示的内容时,动机错误才可以适用第95条。这样处理的原因是,在表示错误的情形下,由于表示上的错误,表意人没能作出与自己内心效果意思相符的意思表示。根据意思自治原则,有必要把表意人从他所为的意思表示中解放出来,所以应该承认表示错误无效。但是在动机错误的情形下,表意人作出了与自己内心效果意思相同的意思表示,虽然在形成内心效果意思时表意人对某种事实有错误的认识,但是这种错误相对人一般无法知晓,所以为了保护交易安全,原则上不应该承认动机错误无效。但是当动机错误被表示出来,并成为了意思表示的内容时,由于相对人已经知晓,所以即使适用第95条承认动机错误无效,对相对人也不会有太大的危害,因此可以例外地承认动机错误无效。

在传统二元说之后登场的是传统的一元说,[10]它批判了判例和传

---

⑧ 日本最高裁判所昭和37(1962)年12月25日判决,载《讼月》9卷1号38页。

⑨ 参见:[日]富井政章:《民法原论第一卷》,有斐阁1903年版,第361页;[日]鸠山秀夫:《法律行为乃至时效》,严松堂1921年版,第145页;[日]我妻荣:《新订民法总则》,岩波书店1965年版,第297页。

⑩ 参见:[日]舟桥谆一:《意思表示的错误——第95条的理论和判例》,载九州大学法文学部《十周年纪念论文集》,岩波书店1937年版,第593页;[日]川岛武宜:《意思欠缺与动机错误》,载《民法解释学的诸问题》,弘文堂1949年版,第200页;[日]野村丰弘:《意思表示的错误——以法国法为参考的要件论(1)~(7)》,载《法学协会杂志》92卷10号~93卷6号,第74页(1975年~1976年);[日]小林一俊:《关于错误无效的要素的考察(1)~(4)》,载《亚细亚法学》14卷1号~16卷1、2号(1979年~1982年)。

统二元说的立场,但却吸收了传统二元说中的信赖主义的原理。该说认为区别表示错误和动机错误非常困难,并且从保护交易安全的需求上来看表示错误和动机错误之间并没有什么差别,因此主张不区分表示错误和动机错误,二者都应该包含在第95条的错误之中。但是这样解释第95条的话,有可能会损害相对人的利益,所以该说认为在判断错误的意思表示是不是无效时除了应该满足第95条的要件以外,还应该增加相对人的认识可能性这一要件,即如果相对人认识或者可能认识到表意人的错误的话,说明相对人的正当信赖是不存在的,那么就可以承认错误无效。但如果相对人没有认识或者没可能认识到表意人的错误的话,说明相对人的正当信赖是存在的,那么就不能承认错误无效。

与以上的信赖主义相对,近年来,试图通过合意主义的原理来重新构建第95条的学说陆续登场。首先是新二元说。⑪ 该说与传统二元说一样,认为表示错误和动机错误的结构不同,有必要区分二者,但是与传统二元说不同的是,该说认为第95条的错误仅仅指表示错误,动机错误应该完全被排除在外。这是因为所谓动机错误是指表意人没能正确收集信息形成正确的意思表示的情形,这种收集信息失败的风险本来就应该由表意人自己承担,所以不应该适用第95条。当然通过保证,条件等方式当表意人与相对人达成合意时,表意人也可以将这种风险转嫁给相对人,但这已经不是第95条的问题了,而是合意效力、瑕疵担保、契约责任等的问题了,所以也不应该适用第95条。

受新二元说中的合意主义的影响,试图用合意主义来解释第95条的一元说,即新一元说⑫也登上了舞台。该说和传统一元说一样认为不应该区分表示错误和动机错误,二者都应该包含在第95条的错误

⑪ 参见:[日]高森八四郎:《错误无效的意义》,载《关西法学》24卷1·2号,第237页(1974年);[日]矶村保:《错误的诸问题》,载林良平等编:《民法I》,有信堂1987年版,第41页;等等。

⑫ 参见:[日]森田宏树:《合意的瑕疵的构造及其扩张理论(1)》,载《NBL》482号,第24页(1991年);鹿野菜穗子:《连带保证合同与要素的错误》,载《ジュリスト》994号,第98页(1992年);四宫·能见·前揭注⑥第190页;等等。

之中，但是与传统一元说不同的是，该说认为动机错误之所以可以适用第95条，其原因在于，动机被表示出来并成为意思表示的内容时，该动机已经在表意人和相对人之间达成了合意，所以当该动机发生错误时，表意人可以将没能正确收集信息形成正确意思表示的这种风险转嫁给相对人。

（二）法律行为的要素指什么？怎样判断？

针对问题（2），判例认为“要素”指“意思表示的内容的主要部分”，“就法律行为的要素发生了错误”就是指“就意思表示的内容的主要部分发生了错误”。换句话说，也就是表意人犯的错误必须是重大错误。那么如何认定表意人犯的是不是重大错误呢？判例认为需要从主观因果性和客观重要性这两个方面进行判断。⑬ 主观因果性是指如果没有这个错误的话，表意人不会作出那样的意思表示，也就是说，这个错误对表意人来讲必须是重大的。但是仅仅满足这个条件还不够，因为如果只要表意人认为该错误是重大的就可以使意思表示无效的话，那么就会严重危害交易安全。所以还必须同时满足客观重要性，即如果没有这个错误的话，普通人也不会作出那样的意思表示，这个错误对普通人来讲也必须是非常重大的，只有这样，错误无效的主张才可以被肯定。判例的这种立场不仅合理的保护了表意人，也保护了交易安全，得到了学说的普遍支持。

（三）是否应该肯定有重大过失的表意人可以主张错误无效的例外情形？

第95条但书存在的理由是，因为意思表示无效会给相对人带来严重的后果，所以如果表意人由于自己的过失陷入错误的话，就不应该再牺牲相对人去保护表意人，有重大过失的表意人不得向相对人主张错误无效。但是，在这种场合下，如果由于各种原因相对人不值得被保护的话，那么有没有必要肯定有重大过失的表意人的无效主张呢？针对问题（3），判例的立场不明确，学说对此则普遍持肯定态度，但是就何种

---

⑬ 日本大审院大正3（1914）年12月15日判决，载《民录》20辑1101页；日本大审院大正7（1918）年10月3日判决，载《民录》24辑1852页等。

场合是相对人不值得被保护的情形存在争议。被讨论的情形主要有:第一,相对人已经知道表意人陷入错误的情形;第二,相对人由于重大过失没有察觉出表意人陷入错误的情形;第三,相对人和表意人陷入同一错误的情形;第四,表意人的错误由相对人引起的情形。其中争议最大的是第四个情形。

(四)仅表意人可以主张错误无效吗?还是任何人都可以主张错误无效?

无效是一种自始、确定不发生效力的状态,从理论上来讲任何人都应该可以主张无效,但是判例却认为第95条是保护表意人的条文,原则上只有发生错误的表意人可以主张无效。[14] 由于判例的这种理解,第95条的"无效"又被称为"被撤销化了的无效"。在学说上,传统的见解虽然曾经认为任何人都可以主张错误无效,但是现在,与判例一样,通说也认为只有表意人才可以主张错误无效。[15] 不仅如此,学者还进一步主张应该承认表意人对错误的意思表示进行追认,以及应该通过类推适用撤销权的规定(现行日本民法第126条)[16]来限制表意人的主张期间。[17] 另外,近年来,学者起草的立法提案也大多站在了错误可撤销的立场。[18] 所以,可以说第95条法律效果的"撤销化"已经成为了一个不可逆转的趋势。

(五)错误无效的主张是否可以对抗善意第三人?

问题(5)的争议主要存在于学说之中。由于第95条中没有保护第三人的规定,因此当第三人以错误的意思表示为基础作出新的法律行为时,就产生了表意人的无效主张是否可以对抗第三人这样的问题。

---

[14] 日本最高裁判所昭和40(1965)年9月10日判决,载《民集》19卷6号1512页。

[15] 四宫·能见·前揭注⑥第228页,内田·前揭注⑥第73页。

[16] 日本民法第126条撤销权从可追认之时起5年之内没有被行使的,因时效而消灭。从行为之时起20年之内没有被行使的,也产生同一效果。

[17] 参见:[日]石田穰:《民法总则》,悠悠社1992年版,第347页。

[18] 民法(债权法)修改研讨委员会编:《详解债权法修改的基本方针I》,商事法务2009年版,第104页;民法修改研究会编:《民法修改国民·法曹·学界有志案》,日本评论社2009年版,第124页。

第 96 条第 3 款类推适用肯定说[19]认为，欺诈是表意人因他人的欺诈行为而陷入错误的一种状态，而错误是表意人因自己的过失而陷入错误的一种状态，在表意人产生了错误这一点上两者之间有相通之处，因此错误制度中的第三人保护的问题应该类推适用欺诈制度中的第三人保护的规定（第 96 条第 3 款），即认为错误表意人的无效主张不能对抗善意的第三人。与此相对，第 96 条第 3 款类推适用否定说[20]却认为，第 96 条的欺诈不要求表意人的错误必须是重大错误，也不要求表意人没有重大过失，对表意人的要求很低，为了防止危害交易安全，所以第 96 条第 3 款才设置了欺诈撤销不能对抗善意第三人这样的规定。但是第 95 条的错误不仅要求表意人的错误必须是重大错误，还要求表意人必须没有重大过失，对表意人的要求很高，所以危害交易安全的可能性比较小，并且立法者认为满足第 95 条要件的表意人应当优先受到保护，因此完全没有必要去类推适用欺诈中的第三人保护的规定（第 96 条第 3 款）。这两个学说之中，第 96 条第 3 款类推适用肯定说是多数说，第 96 条第 3 款类推适用否定说是少数说。另外，在第 96 条第 3 款类推适用肯定说中，由于对第三人的要件的要求不同，其又被分为善意无过失说和善意说。

（六）当错误无效被认定时，表意人是否有必要向相对人承担损害赔偿责任？

问题（6）的争议也主要存在于学说之中。以往的学说认为，既然第 95 条没有作出特别的规定，就不存在让表意人承担损害赔偿责任的可能性。但是现在，学说却普遍认为，如果表意人由于自己一方的错误导致了合同无效，危害了相对人的信赖，给相对人带来了损失，那么就应该向相对人承担契约缔结上的过失责任或者侵权行为责任。

---

⑲ 我妻·前揭注⑨第 303 页；[日]几代通：《民法总则》（第 2 版），青林书院 1984 年版，第 277 页。

⑳ 石田·前揭注⑰第 351 页；[日]武川幸嗣：《法律行为被撤销时的第三人保护的法律构成序说——以民法 96 条 3 款的意义和法理为中心》，载《庆应义塾大学法学研究》69 卷 1 号，第 543 页（1996 年）。

三、《日本民法修改法案》对错误的规定

针对以上现行法的这些问题,《修改法案》又是如何取舍,经过怎样的过程,最终作出了怎样的规定呢?下面从要件和效果两个方面对《修改法案》的内容加以介绍。

> **《日本民法修改法案》第95条**
>
> ①意思表示发生下列种类的错误时,如果从法律行为的目的和交易上的一般社会观念来看该错误是重大的,可以撤销该意思表示。
>
> 一与意思表示相对应的意思不存在时的错误。
>
> 二表意人在对成为法律行为的基础的事情的认识上发生了与事实不符的错误。
>
> ②依据前款第二项撤销意思表示时,只有当该事情是法律行为的基础的这一事实事先被表示出来时,才可以撤销。
>
> ③因表意人的重大过失发生的错误,除了下列情形以外,不可以依据第一款撤销意思表示。
>
> 一相对人知道了表意人的错误,或者由于重大过失没能知道表意人的错误的情形。
>
> 二相对人和表意人陷入同一错误的情形。
>
> ④依照第1款的规定撤销意思表示时,不能以此对抗善意无过失的第三人。

(一)要件

在要件方面,与现行法相比,《修改法案》作出的重大修改主要有以下三点。

1. 区分了表示错误和动机错误

从新第95条第1款可以看出,《修改法案》区别规定了两种不同类型的错误:一种是新第95条第1款第1项的"与意思表示相对应的意思不存在时的错误",即我们前面所提到的表示错误;另一种是新第95条第1款第2项的"表意人在对成为法律行为的基础的事情的认识上发生了与事实不符的错误",即我们前面所提到的动机错误。区分表示错误和动机错误的方案在《中间试案》中首先被提出,之后一直被坚持了下来。对二者加以区分的理由是:第一,由于表示错误和动机错误的构造不同,有必要对二者加以区分;第二,二元说的立场与判例的立场一

致,而传统一元说所主张的认识可能性的要件与判例的立场不同,在处理方式上与实务之间存在差距。[21]

那么表示错误的要件和动机错误的要件又分别是什么呢?依据新第95条的规定,表示错误和动机错误的共通要件为①该错误从法律行为的目的和交易上的一般社会观念来看是重大的,这一要件与现行法第95条中的"就法律行为的要素发生错误"的要件相对,有关这一要件的具体修改内容将在下面的2中介绍。②该错误不是因表意人的重大过失产生的,这一要件与现行法第95条中"表意人没有重大过失"的要件相对,关于这一要件的具体修改内容将在下面的3中介绍。而动机错误的附加要件,即除了①②之外,作为动机错误还不得不满足的另一个要件是③发生错误的事情是法律行为基础的这一事实必须事先被表示出来。

由于动机错误是整个第95条修改的争论中心,下面分别对动机错误的具体内容进行分析。

(1)动机错误的定义

"表意人在对成为法律行为的基础的事情的认识上发生了与事实不符的错误"这一概念最终被作为了动机错误的定义加以规定。这一用语的确立经过了如下的过程:在第一阶段,《中间论点整理》使用了动机错误这一用语,[22]但是由于在对动机错误概念的理解上存在广义和狭义两种解释,所以在第二阶段,《中间试案》放弃了动机错误这一抽象用语,而采用了"对标的物的性质、状态等其他成为意思表示的前提的事项发生的错误"这种表达方式,[23]之后又经过了多次摸索,在第三阶段,《纲要案》和《修改法案》最终使用了"在对成为法律行为的基础的事情的认识上发生了与事实不符的错误"这一用语。至于为什么要采用这一用语,审议会的解释是,为了更好地将动机错误与表示错误之间的差别表示出来。[24] 那么,什么是成为法律行为的基础的事情呢?审议会对

---

[21] 《民法(债权法相关部分)修改中间试案的补充说明》第16页。

[22] 《民法(债权法相关部分)修改的中间论点整理》第91页。

[23] 《民法(债权法相关部分)修改中间试案的补充说明》第13页。

[24] 部会资料83-2《民法(债权法相关部分)修改的暂定纲要案(案)》第2页。

此进行了举例说明,比如表意人以为不会被征收过多的交易所得税而处分了自己的财产,结果却被征收了许多交易所得税,在这个例子中,会不会被征收过多的交易所得税就是成为法律行为的基础的事情。由于在对这一事情的认识上,表意人发生了与事实不符的错误,表意人可以主张动机错误的可撤销。[25]

(2)动机错误的附加要件

如何规定动机错误的附加要件,由于对判例的理解的不同,针对上述③的要件,在立法过程中产生了激烈的争论。大体来讲有两种立场。第一种是重视表示说,该说认为只要动机被表示出来了,表意人就可以主张动机错误可撤销。第二种是重视内容化说,该说认为动机是否被表示出来并不必要,只要该动机成为了法律行为的内容,表意人就可以主张动机错误可撤销。这两种学说的差异主要存在于证明责任上。在重视表示说下,表意人只要证明该动机已经被表示出来就足够了。而在重视内容化说下,表意人除了应该证明该动机已经被表示出来,还应该证明该动机已经获得了相对方的认可。《中间试案》采纳了重视内容化说,但是遭到了实务界的反对。之后,虽然修改了多次,但是依然难以取得共识,由于两种学说的争论过于激烈,中途一度甚至开始考虑放弃修改第95条。[26] 经过了多个来回的攻守,在最后阶段《修改法案》最终决定放弃明文规定重视内容化说这种做法,仅规定动机必须要表示出来,而把动机要不要成为法律行为的内容留给了学说去解释。[27] 那么,针对学说所提倡的重视内容化说,实务界主要有哪些反对意见呢? 主要来说有以下三点:第一,判例并没有要求相对人必须认可表意人的动机,重视内容化说与判例的立场不符;第二,如果表意人除了应该证明动机被表示出来之外,还应该证明相对人已经认可的话,对表意人来说负担太重;第三,动机被表示出来,但却不被相对人认可的例子是少数的极端例子,因此仅把动机表示出来作为动机错误的附

㉕ 部会资料83-2《民法(债权法相关部分)修改的暂定纲要案(案)》第2页。

㉖ 部会资料79B《民法(债权法相关部分)修改纲要案的研讨(15)》第1页。

㉗ 潮见·前揭注③第9页。

加要件即可。[28]

(3)因不实告示产生的动机错误

关于动机错误,还有一个不得不提的重要内容,那就是关于要不要把"因不实告知产生的动机错误"作为动机错误中的一种特殊类型加以规定的争论。现行日本消费者契约法第4条第1款第1项规定,消费者的动机错误由经营者的不实告知引起时,消费者可以撤销该意思表示。近年来,有学者主张,因不实告知产生的动机错误是一个普遍的问题,而且对这种动机错误加以保护的必要性很高,所以不应该把这一规定局限在消费者契约法,而应该在一般法的民法中对它加以规定。[29] 这种观点最终被《中间试案》采纳,《中间试案》在一般的动机错误之外,还规定了"因不实告知产生的动机错误"这一类型,并且规定如果表意人的动机错误是由于相对人的不实告知造成的,那么即使该动机没能成为法律行为的内容,表意人也可以向相对人主张错误可撤销。[30] 但是这一立场,在征求意见的阶段,遭到了反对,主要的反对意见有以下几点:第一,在情报的量上,由于消费者和经营者之间存在差距,所以有必要从政策上保护消费者,因此消费者契约法规定了因不实告知产生的动机错误这种类型,但是民法是一般法,双方的地位是对等的,因此完全没有必要规定这种特殊的动机错误类型;第二,因不实告知产生的动机错误中有很多种情况,其中不乏相对人在无过失的情形下提供了不实告知的情况,如果仅仅由于自己提供了不实告知,法律行为就被撤销的话,对相对人来说过于残酷;第三,因不实告知产生的动机错误用一般动机错误的规律去调整就够了,完全没有必要把它作为一种特殊类型加以规定。[31] 最终,《纲要案》和《修改法案》放弃了在民法典中规定"因不实告知产生的动机错误"。

---

[28] 部会资料79B《民法(债权法相关部分)修改纲要案的整理性研讨(15)》第3页。

[29] 参见:[日]山本敬三:《民法修改与错误法的改正——自律保障型规制与它的现代化》,载《法曹时报》63卷10号,第2327页(2011年)。

[30] 《民法(债权法相关部分)修改中间试案的补充说明》第13页、第19页以下。

[31] 部会资料66B《民法(债权法相关部分)修改纲要案的整理性研讨(3)》第3页以下。

2. 明确了“就法律行为的要素发生错误”的意义

《修改法案》对要件第二个大的修改是明确了现行法的“就法律行为的要素发生错误”的意义。如果错误不论大小表意人都可以主张无效或者撤销的话,那么就会损害相对人的利益,因此有必要通过对错误进行限制来调整表意人和相对人的关系。但是如何对错误进行限制有很多种方法,现行日本法的做法是通过对错误发生的部分进行规定来调整表意人和相对人的关系,但是由于如何判断一个部分是不是法律行为的要素是一件非常抽象而且困难的事情,所以在实践中的判例采取了通过对错误本身进行评价的方式来调整表意人和相对人的关系,《修改法案》也沿袭了判例法的这一做法,规定只要“该错误从法律行为的目的和交易上的一般社会观念来看是重大的”,表意人就可以主张撤销。在表现方式上虽然《修改法案》与判例法的“主观因果性和客观重要性”的表述不同,但是二者的实质内容是一样的。具体说来就是,在判断一个错误是不是符合“从法律行为的目的和交易上的一般社会观念来看是重大的”这一要件,首先要考虑该法律行为的原有目的是什么,然后再结合交易上的一般社会观念来判断表意人所犯的该错误是不是重大的。[32]

3. 肯定了有重大过失的表意人主张错误可撤销的例外情形

《修改法案》对现行法的“表意人没有重大过失”这一要件的修改内容如下。首先,《修改法案》沿袭了现行法,规定了有重大过失的表意人不能主张错误可撤销,然后在此基础之上,《修改法案》采纳了学说上的见解,新规定了两种有重大过失的表意人可以主张错误可撤销的例外情形,一种是相对人是恶意或者有重大过失的情形(第95条第3款第1项),另一种是相对人和表意人陷入同一错误的情形(第95条第3款第2项)。新增加这两种例外情形的理由是,在这些情形下,由于相对人存在恶意、重大过失或者错误,所以在他们身上不存在需要被保护的正当利益,因此即使表意人是有重大过失的,也可以认可表意人的撤销主张。[33] 与此相

㉜ 潮见·前揭注③第8页。

㉝ 《民法(债权法相关部分)修改中间试案的补充说明》第24页。

对，学说中所主张的另一个例外情形，[34]即表意人的错误由相对人引起的情形，则由于以下的原因而没有被《中间试案》《纲要案》《修改法案》规定。具体来讲就是，因相对人的不实告知而引起错误的里面有很多种情况，既有相对人恶意不实告知从而引起表意人错误的情况，也有相对人在有重大过失的情况下不实告知从而引起表意人错误的情况，还有相对人在轻过失的情况下不实告知从而引起表意人错误的情况。前两种情形可以适用第95条第3款第1项，没有必要另行规定这一例外情形。而在第三种情形下，由于表意人本身有重大过失，和表意人相比有轻过失的相对人更应该被保护，因此也没有必要另行规定这一例外情形。[35]

（二）效果

与要件上的激烈争论相比，由于法律效果的问题在立法前就已经基本达成了共识，所以这里的争论缓和很多。与现行法相比，《修改法案》在法律效果方面作出的重大修改主要有以下三点。

1. 变“无效”为“可撤销”

在《中间论点整理》的阶段，曾经有人主张“撤销权的行使期间是有期限的，所以如果把无效修改成可撤销的话，会对表意人不利，因此应该维持错误无效”。针对这一意见，大多数的学者认为，所谓的无效主张的不受限制只是理论上的说法，如果表意人知道自己可以主张无效但却不及时主张时，是可以通过信义原则或者权利失效的原则否认表意人的主张，所以即使把错误的法律效果变更为可撤销，缩短表意人的主张期限也没有什么太大的问题。[36] 之后，后者的主张取得了大家的共识，从《中间试案》到《修改法案》，错误可撤销这一态度一直被贯彻始终。变更错误无效为错误可撤销的理由是：第一，判例认为原则上只有发生错误的表意人可以主张无效，规定错误可撤销的做法与判例的立场一致；第二，由于欺诈的法律效果是可撤销，如果维持错误无效的话，会使因自己的过失陷入错误的表意人（第95条的表意人）得到比因他人的欺诈

---

[34] 研讨委员会试案的提案，具体内容请参照民法（债权法）修改研讨委员会编·前揭注⑱第118页。

[35] 《民法（债权法相关部分）修改中间试案的补充说明》第24页。

[36] 部会资料12-2《民法（债权法相关部分）修改的研讨事项（7）详细版》第34页。

而陷入错误的表意人(第96条的表意人)更多的保护,这样有失公平。㊲

2. 明文规定错误可撤销的主张不能对抗善意无过失的第三人

《修改法案》采纳了学说中的多数说(第96条第3款类推适用肯定说)的见解,明文规定了"因错误撤销意思表示时,不能以此对抗善意无过失的第三人"。不仅如此,在戏谑表示的条文里,《修改法案》也新增加了"因戏谑表示意思表示无效的,不能以此对抗善意的第三人"(第93条第2款)这样的规定。在立法之前,学者就主张,意思表示无效或者被撤销时,该如何保护第三人,保护什么样的第三人是一个共通的问题,应该从整体上考虑,可以按照意思表示无效或者可撤销的具体原因对第三人的保护要件作出调整,但是不应该以意思表示无效或者可撤销的原因为理由而厚此薄彼,㊳这一见解最终被采纳。现行《日本民法》在虚伪表示和欺诈的条文中设置了保护第三人的规定,而在戏谑表示和错误的条文中没有设置保护第三人的规定,鉴于此,《修改法案》在戏谑表示和错误的规定中新增加了保护第三人的条款。那么,为什么错误可撤销是不能对抗善意无过失的第三人,而不是像戏谑表示一样,是不能对抗善意的第三人呢?其原因有两个。第一,因为使表意人不能对抗第三人就意味着表意人要丧失自己的权利,对表意人来讲这是一件极其重大的事情,为了使这一效果合理化,就要求第三人的信赖是必须是正当的,也就是说,需要第三人是善意无过失的。但是也存在例外。在戏谑表示和虚伪表示这两种情形下,由于表意人故意作出了违心的意思表示,比起表意人更应该优先保护第三人,因此在这两种情形下,第三人的保护要件被降低到善意。而在错误的情形下,由于表意人对自己的错误并不知情,所以第三人的善意无过失这一要件得以被坚持。第二,通过无过失的要件,可以根据案件柔软地去判断第三人是不是应该被保护,可以得出更加合理的结果。㊴

3. 不明文规定表意人的损害赔偿责任

关于法律效果需要指出的第三个内容是,《修改法案》没有明文规

㊲ 《民法(债权法相关部分)修改中间试案的补充说明》第15页。

㊳ 民法(债权法)修改研讨委员会编·前揭注⑱第96页。

㊴ 《民法(债权法相关部分)修改中间试案的补充说明》第25页。

定表意人的损害赔偿责任。在第一阶段,《中间论点整理》曾经把是否明文规定表意人的损害赔偿责任列为探讨事项,但是第二阶段的《中间试案》删除了该事项,之后不明文规定表意人的损害赔偿责任的立场一直被贯彻下来,《修改法案》中也没有这样的规定。这是因为,大多数的学者认为相对人因表意人的错误遭受损失时,相对人依据契约缔结上的过失责任或者侵权行为责任向表意人请求损害赔偿就可以了,除非是像德国民法第 122 条一样承认错误表意人的无过失责任,否则没有必要在错误制度中特殊地规定表意人的损害赔偿责任。[40]

四、我国《民法总则》的立法方向

研究其他国家法律的最终目的在于完善和构建我国的立法。下面探讨一下《日本民法修改法案》对我国可能产生的立法启示。首先确认一下我国现行法对错误制度的规定及其问题点。

(一)我国现行法对错误制度的规定及问题点

《民法通则》第 59 条

下列民事行为,一方有权请求人民法院或者仲裁机关予以变更或者撤销。

(一)行为人对行为的内容有重大误解的。

(二)显失公平的。

被撤销的民事行为从行为开始起无效。

《民法通则》第 61 条

民事行为被确认为无效或者被撤销后,当事人因该行为取得的财产,应当返还给受损失的一方。有过错的一方应当赔偿对方因此所受的损失,双方都有过错的,应当各自承担相应的责任。

双方恶意串通,实施民事行为损害国家的、集体的或者第三人的利益的,应当追缴双方取得的财产,收归国家、集体所有或者返还第三人。

《最高人民法院关于贯彻执行〈中华人民共和国民法通则〉若干问题的意见》第 71 条

行为人因对行为的性质、对方当事人、标的物的品种、质量、规格和数量等错误认识,使行为的后果与自己的意思相悖,并造成较大损失的,可以认定为重大误解。

---

[40] 参见:[日]矶村保:《错误撤销》,载《法律时报》2014 年第 86 卷 12 号,第 46 页。

以上是我国现行民法通则及其相关司法解释对错误制度的规定,另外合同法第54条和第58条也有关于错误制度的规定,由于合同法的内容与民法通则第59条和第61条相似,在此加以省略。从以上的规定可以看出,我国的错误制度有以下几个特点。

1. 不区分表示错误和动机错误

我国现行法没有区分表示错误和动机错误,《民法通则的司法解释》虽然对构成重大误解的错误对象进行了列举,但是问题是"对方当事人、标的物的品种、质量、规格和数量"这些对象既可以成为表示错误的对象,也可以成为动机错误的对象。比如,表意人本欲购买钧瓷却误表示为景瓷的,构成表示错误,但是购买人误以为是景瓷而购买,后来发现是钧瓷的,则构成动机错误。表示错误和动机错误的区别不在于错误对象的不同,而在于错误发生的阶段不同。将来的立法如果选择区分表示错误和动机错误的立场的话,则应该从这一角度对它们加以定义。

2. 在重大误解的认定上要求给表意人造成了重大损失

根据《民法通则的司法解释》的规定,判断一个错误是不是重大误解时,必须从以下两个方面考虑:第一,对什么部分发生了误解,对"对方当事人、标的物的品种、质量、规格和数量"发生的误解构成重大误解,但是对法律行为中的无关紧要的细节发生的误解则不是重大误解。第二,该误解是不是给表意人造成较大损失,如果当事人就"对方当事人、标的物的品种、质量、规格和数量"发生了误解,但是当事人并没有因此而遭受较大损失的话,该误解不构成重大误解。将重大不利后果作为判断重大误解的标准是中国错误制度的一大特点,这一做法里面包含着英美衡平法的思想。重大错误的判断标准反映着一国家对错误制度的根本认识,鉴于大陆法系国家都无这种规定,今后应该从为什么需要规定这一标准,应该怎样判断这一标准等方面去考察。

3. 没有规定表意人有重大过失时,是否可以主张撤销或者变更

关于表意人的主观状态,有两种立法例,一种是不以表意人的无重大过失为要件,即只要表意人有重大错误,即可以主张撤销合同,代表例是德国法。另一种是以无重大过失为要件,即如果表意人有重大过

失的话，即使表意人的错误是重大错误，也不能主张撤销合同，代表例是日本法。我国现行法对表意人有重大过失时是否可以主张撤销或者变更没有规定，看似我国与德国法的立场相同，但是需要注意的是德国法在第 122 条规定了撤销权人的无过失损害赔偿责任，而我国司法解释规定的是撤销权人的有过失损害赔偿责任，今后应该在留意这个区别的基础上综合地去考察要不要规定表意人有重大过失时是否可以主张撤销或者变更。

4. 错误的法律效果为可撤销和可变更

依照我国现行法的规定，重大误解可以产生两个可选择的法律效果，即撤销或者变更。综观各国的法律，除了《欧洲合同法原则》（第 4：105 条第 3 款）以外，规定重大误解可以产生变更这一法律效果的国家很少，规定重大误解可以产生撤销和变更这两个可选择的法律效果的国家更是不存在。《民法通则》的规定源于何处？规定两个可选择的法律效果有没有必要？《民法通则》的可变更的要件和《欧洲合同法原则》的可变更的要件有什么不同？为什么多数国家没有规定重大误解的可变更的法律效果，它有哪些弊端？今后需要从这些方面来加以考察。

5. 没有规定错误可撤销是否可以对抗第三人

我国现行法没有关于错误可撤销是否可以对抗第三人的规定，但是不能因此就说在错误可撤销的情况下，交易安全完全得不到保护。因为我国物权法第 106 条规定了既适用于动产，也适用于不动产的善意取得制度，如果是撤销之后第三人出现的话，通过适用物权法第 106 条就可以保护第三人。但是如果是撤销之前第三人出现的话，由于条文的欠缺，第三人将无法得到保护，从这个角度来讲是有必要设置错误可撤销不能对抗第三人这样的规定的。今后应该从规定的必要性以及新规定和物权法第 106 条的关系上来考察这个问题。

6. 撤销权的行使必须通过法院或者仲裁机关

我国现行法规定因重大误解撤销或者变更法律行为时需要向人民法院或者仲裁机关请求。而大陆法系的国家多规定撤销以意思表示向相对人为之，是不以诉讼方式为必要的。《民法通则》要求必须以诉讼的方式行使撤销权的理由何在，在司法实践中这一点是如何被实施的，它有什么弊端,今后需要通过收集大量的案例来对这个问题加以分析。

(二)《民法总则专家建议稿》对"错误"规定的设计

全国人大常委会法制工作委员会已经重新启动了民法典的编纂工作,决定首先进行民法总则的起草。中国法学会民法典编纂项目领导小组撰写的《民法总则专家建议稿》于2015年4月被公开,开始面向全国征集意见。针对我国现行法上的错误制度,《民法总则专家建议稿》的立法方案如下。

《民法总则专家建议稿》第145条

基于认识错误或者表示错误进行的法律行为,行为人有权请求人民法院或者仲裁机构变更或者撤销。

从上面的规定可以看出,《民法总则专家建议稿》虽然在区分表示错误和动机错误上有所突破,但是,在其他方面基本上沿袭了民法通则的规定。上述现行法的问题依然存在,我国错误制度的立法任务依然任重而道远。

(三)《日本民法修改法案》对我国的立法启示

经过以上的分析,我认为《修改法案》对我国的立法启示有以下几点:

1. 立法思路上的启示

通过修改,日本法从原来的仅维护表意人的自由意思的立场转变为在维护表意人的自由意思的同时,兼顾相对人、第三人信赖的立场。保护相对人信赖的例子主要体现在,《修改法案》区分了表示错误和动机错误,并为动机错误设置了附加要件。保护第三人信赖的例子主要体现在,《修改法案》明文规定了错误撤销的主张不能对抗善意无过失的第三人。而且,《修改法案》在维护表意人的自由意思方面也显得更加周到细致,这体现在《修改法案》肯定了有重大过失的表意人不得主张错误可撤销的同时,还规定了有重大过失的表意人可以主张错误可撤销的例外情形。而反观我国的《民法总则专家建议稿》,却依然停留在仅考虑维护表意人的自由意思上面,在立法思路方面,日本法对我国有借鉴作用。

2. 要件上的启示

《修改法案》区分了表示错误和动机错误，分别规定了二者的要件。表示错误与动机错误的产生构造不同，决定了它们的要件必然不同。如果在法条中不能对它们明确地加以定义的话，就无法判断表意人的错误是什么，会对救济表意人不利。而反观我国的《民法总则专家建议稿》，它虽然对二者进行了区分，但是并没有规定认识错误应该满足什么要件，表示错误应该满足什么要件，使这一条文形同虚设。《修改法案》在重大错误的要件方面，在表意人无重大过失的要件方面，在动机错误表示的要件方面，都对我国有借鉴作用。

3. 法律效果上的启示

《修改法案》明文规定了错误撤销不能对抗善意无过失的第三人。上面谈到，由于我国物权法第 106 条规定了适用范围广泛的善意取得制度，所以规定错误撤销不能对抗第三人的必要性被大大降低，但是并不是说没有需要。关注这一规定在司法实践中的运用，将对我国的立法起到借鉴作用。

日本民法(债权关系)修改中对个人保证人的保护问题

王冷然[*]

目　　次

一、引言

2015年3月31日,日本的"修改民法的一部分的法律案"(以下简称"修改法案")被提交到第189次国会上,民法(债权关系)的修改法案终于问世了。[①] 该修改法案,就个人保证人的保护,新增设了一些规定,而且在向国会提交修改法案时"为了寻求保证人的保护,完备有关保证

* 作者:德岛大学综合科学部准教授。

① 修改法案的内容以及法案的提出理由,参见:日本法务省网页:http://www.moj.go.jp/content/001142181.pdf,http://www.moj.go.jp/content/001142183.pdf。

债务的规定"被列入理由之一。虽然没有像格式条款那样变化激烈,但有关个人保证人的保护方法引起很多讨论,成为备受瞩目的一个话题。

本文就个人保证人的保护问题,以"有关民法(债权关系)修改的中间试案"(以下简称中间试案)中提出的方案为起点,对从"有关民法(债权关系)修改的纲要暂定案"(以下简称纲要暂定案)到"有关民法(债权关系)修改的纲要案"(以下简称纲要案)为止的规定内容的变化进行细查,来探讨一下修改法案上所规定的个人保证人的保护方法的意义及其问题点。

二、有关个人保证人保护规定的修改经过

(一)个人保证人受保护的必要性②

保证合同作为人的担保,经常是在债务人无法提供物的担保却又需要贷款时,作为加强自己的信用的手段而被利用,在实际业务上有着重要的意义。但是,个人作保证人时,大多数是由于与主债务人有着个人的情谊关系,而且因为保证债务的附属性带来的最终可能不会负担债务的履行这样的保证债务的未必性而草率地成为保证人,并且在很多情况下作保证人是无偿的。正因个人保证具有这样的情谊性、未必性、无偿性、轻率性等性质,所以个人保证人最终被要求履行预料外的巨大数额的保证债务,从而陷入生活破裂,以至于自杀的事例也是层出不穷,成为日本的一个社会问题。③ 另外,日本的现行民法,在2004 年修改时新设了保证合同的书面要件(民法第 446 条第 2 款)和贷款等最高额保证合同应该规定的事项(民法第 465 条第 2 款、第465 条第 5 款)等规定,但除此之外对个人保证人没有设立保护规定。

---

② 关于个人保证的问题性以及保护的必要性,请参见:[日]山野目章夫"個人保証における保証人保護の課題と展望(在个人保证上有关保护保证人的课题与展望)"载《现代消費者法》19 号,第 4 页(2013 年);[日]山本敬三"保証契約の適正化と契約規制の法理"收录于[日]新井誠、山本敬三编《ドイツ法の継受と現代日本法 ゲルハルド・リース教授退官記念論文集(德国法的继受与现代日本法 GerhaldRies 教授退休纪念论文集)》第 423 页以下(日本評論社,2009 年)。

③ 参见:[日] 日本弁護士連合会消費者問題対策委員会編《保証被害救済の実践と裁判例(保证受害救济的实践与裁判例)》(民事法研究会,2013 年)。

保护个人保证人的必要性在经济实务上也得到了认识,2006 年日本中小企业厅原则上禁止信用保证协会所实行的信用保证制度要求经营者本人之外的第三人来作保证人;2011 年,日本金融厅修改了“针对主要银行的综合性监督指针”以及“针对中小地方金融机构的综合性监督指针”,要求确立以不要求经营者之外的第三人作连带保证人为原则的贷款惯例。接受这些监督指针,在经济实务上渐渐形成了不依靠经营者之外的第三人的个人保证这样的贷款惯例。

在这样的背景下,从 2009 年开始的民法(债权关系)修改的审议会,把对个人保证人的保护方案列入讨论事项,2013 年 2 月 26 日公布了“中间试案”,其中提出了四项个人保证人的保护方案,对此又进行了审议,2014 年 8 月 26 日决定了“纲要暂定案”,以此为基准,2015 年 2 月 10 日决定了“纲要案”,在同年 2 月 24 日举行的法制审议会第 174 次会议上,表决通过了以“纲要案”原案为内容的“民法(债权关系)修改纲要”。在报告给法务大臣后,同年 3 月 31 日作为“修改法案”被提交到第 189 次国会上。“修改法案”的内容和“纲要案”一样,所以本文以通过“纲要案”的审议,关于个人保证人的保护方法的认识的变化为中心来进行整理、论述。

(二) 中间试案上提出的个人保证人的保护方案和讨论课题④

中间试案在第 17 条的 6“保证人的保护方案的扩充”这一项目下,提出了以下的四项保护方案:①个人保证的限制,②合同缔结时的说明义务、信息提供义务,③关于主债务的履行情况的信息提供义务,④保证人的责任的限制。⑤

---

④ 关于到中间试案阶段的讨论的经过与概要以及问题点,参见:[日]齋藤由起“法制審議会における保証をめぐる議論の展開—個人保証人の保護に関する事項を中心に—(法制审议会上关于保证的讨论的展开——以有关保护个人保证人的事项为中心”载《现代消費者法》19 号,第 17 页以下(2013 年)。

⑤ 中间试案的内容以及对此的补充说明的内容,参见:日本法务省网页:http://www.moj.go.jp/shingi1/shingikai_saiken.html,以下对于网页的引用予以省略。

1. 关于"个人保证的限制"

关于"个人保证的限制",有人主张对一定类型的保证合同采取一律无效的见解,也有人主张以个人为保证人的保证合同一律无效的见解等,但是考虑到以经营者为保证人的必要性以及关于经营者的贷款等债务的保证经常出问题等情况,中间试案提出在经营者保证之外,以经营者的贷款等债务为主债务的个人保证合同和主债务的范围包括经营者的贷款等债务的个人最高额保证合同无效的方案。当初,对被排除在外的"经营者"的范围没有提出具体的方案。

之后,在对中间试案进行的征求意见中,因为有意见提出不应该禁止"经营者"之外的第三人出于自发意思而做保证人[法制审议会民法(债权关系)部会资料(以下简称"部会资料")71-4,第54、56页],⑥所以应该如何来看待"出于自发的意思而成为个人保证人"这个问题作为讨论课题被提到桌面上来了。像后面要阐述的那样,关于应该如何来对待"所谓的经营者的范围"和"出于自发的意思而成为个人保证人"这两个问题,经过几次的审议,在其过程中,对于"个人保证的限制"的看法最终发生了很大的变化。

2. 关于"合同缔结时的说明义务、信息提供义务"

现行法上,在缔结保证合同时,关于对保证人提供信息的义务及其内容等没有任何规定,所以基本上是根据诚实信用原则来判断。还有,由于没有提供信息或说明,或者提供了假信息,保证人对保证合同的内容产生了误解,因此而缔结了保证合同时保证合同有无效力,也只好根据错误和欺诈等意思表示的规定来作出判断。

2004年的民法修改时,参议院法务委员会也提出"为了使放贷款机构对保证人的说明义务能够有效实施应该采取必要措施"这样的附带表决,也为了使没有充分认识到自己的责任就缔结了保证合同的个人保证人最后不得不负担预料外的巨额的保证债务这样的事情不再发生,中间试案提出有关:①保证债务的性质,②连带保证的效果,③主债

⑥ 部会资料和各次审议会的会议记录的内容,参见:日本法务省网页:http://www.moj.go.jp/shingi1/shingikai_saiken.html,以下对于网页的引用予以省略。

务的内容,④受主债务人的委托而成为保证人时主债务人的信用状况,债权人对个人保证人必须进行说明,如果债权人没有说明时,保证人可以撤销该保证合同这样的方案。也就是说,如果债权人没有就被要求的事项进行说明的话,保证合同就会被撤销。

对此,征求意见中,有反对意见指出要求债权人负担有关主债务人的信息的提供义务没有合理性,债权人要充分掌握主债务人的财产情况很困难等(部会资料 74-1,第 63~64 页,第 69~70 页)。在之后的审议中,保证合同缔结时的信息提供义务、说明义务的主体和说明的内容均发生了变动。

3. 关于主债务的履行情况的情报提供义务

保证合同缔结后,保证人为了掌握自己的责任范围有必要了解主债务的履行情况,所以中间试案提出,债权人就①在保证人提出询问时就主债务的履行情况,②主债务的履行发生迟延时其事实,必须通知给保证人,债权人没有通知时,不能向保证人请求关系到迟延损害赔偿金的保证债务的履行这样的方案。

对此,征求意见中,有意见提出如果没有保证人的询问就不产生通知的义务的话,那么保证人的期限的利益也不能受到充分的保护;也有意见提出主债务一有履行的迟延就得通知保证人这对债权人来说负担过大(部会资料 74-1,第 74 页)。在之后的审议中,保证合同缔结后的信息提供义务的内容多少发生了一些变化。

4. 关于"保证人的责任的限制"

关于个人保证的纠纷有很多是因为保证债务的金额远远超过保证人的偿还能力,但是在现行法,依照保证人的经济实力,保证债务的金额属于过大的情况,虽然可以作为暴利行为以违反公序良俗为理由认定合同无效,但没有设立直接规定保证债务的效力的条文。为了限制个人保证人的责任范围,中间试案提出设立①由裁判所作出减免保证债务的制度,②否定依照保证人的经济实力被认为是过大的保证的效力的制度(比例原则)这样的方案。

对此,征求意见中,限制保证人的责任范围的正当的根据是什么,即使是限制,考虑什么样的要素进行多大程度的减免是妥当的,以什么样的标准来判断过大等疑问被提出(部会资料74-1,77页,78页,80页,81页)。之后,虽然进行了几次的审议,但最终"保证人的责任的限制"没有被规定到修改法案里。

(三)关于"个人保证的限制"的修改法案

中间试案所提出的"个人保证的限制"的讨论事项,到修改法案的阶段有了很大的变动。修改法案没有采用个人保证在原则上是无效的这一方针,而是要求个人做保证人时,制订公正证书是保证合同的生效要件(修改法案第465条6第1款),在此之上,规定了不适用该生效要件的"所谓的经营者"的范围(修改法案第465条9)。

规定"个人保证的限制"的修改法案的条文的构造,与已经提到的中间试案公布后所提出的应该如何考虑"出于自发意思的个人保证"以及应该如何确定"所谓的经营者"的范围这两个问题有关。以下,来看一下关于这两个问题的审议过程。

1.关于"出于自发意思的个人保证"的审议

中间试案对于经营者之外的第三人出于自发意思成为保证人的情况没有进行讨论,有意见提出,根据中小企业厅和金融厅的监督指针,预成为保证人的人自发的提出成为保证人时,作为例外可以认可第三人保证,如果完全断绝这样的做法的话,中小企业的贷款很可能受到阻碍。法制审议会民法(债权关系)部会(以下简称法制审议会)第80次会议(2013年11月19日)上提供的部会资料70A,采纳以采取适当的手段可以认定是出于自发意思的保证为条件,作为例外承认第三人保证这一方针,作为纲要案的讨论的原案提出以下的方案,即"采取确认保证人(法人除外)有自发的做保证的意思的手段之上,被确认有自发的做保证的意思的人所缔结的保证合同……可以认定为有效"(部会资料70A,第5页)。

在此,如何确认是不是"自发的意思"成了问题。根据部会资料70A的说明,确认的方法有两个。一个是让公证人参与保证合同的订立,制定公正证书的方法;另一个是在保证合同缔结后一定的期限内,保证人可以解除保证合同的方法(一种撤回权)。还有,关于公正证书的制订,预成为保证人的人在公证人的面前陈述自己理解了保证合同和连带保证合同的意思，主债务的内容等，然后公证人将其记录到公正证书里这样的加重要件也作为讨论对象被提出(部会资料70A,10~11页)。之后，该加重要件在修改法案的关于公正证书的制订方法中得以体现(修改法案第465条6第2款)。

不过，该会议上，有意见反对认可“出于自发意思的个人保证”；还有意见认为担心承认“出于自发意思的个人保证”会使个人保证的限制受到轻视；还有意见对利用公正证书来确保“自发的意思”提出疑问(法制审议会第80次会议记录,11~14页)。

之后在法制审议会第86次会议(2014年3月18日)上提供的部会资料76A,作为关于“个人保证的限制”的纲要案的讨论原案，再一次提出，原则上“所谓的经营者”之外的个人的保证不发生效力，作为例外可以认可个人保证的效力。作为可以例外认可的条件，没有使用“出于自发的意思”这一用语，而是要求在缔结保证合同之前，依照前面介绍的加重要件的方式来制订公正证书(部会资料76A,6~9页)。该案在法制审议会第88次会议(2014年5月20日)上提供的部会资料78A里也得到了认可。也就是说，在这个阶段，是按照个人保证(经营者除外)在原则上无效，而作为例外，由公正证书确认了保证的意思的情况下可以视为有效这一方针来进行审议的。

可是，在法制审议会第92次会议(2014年6月24日)上提出的纲要暂定案的讨论原案里，该例外转换成了原则。在该讨论原案里，个人保证(经营者除外)原则上不是无效，而是把公正证书的制订是个人保证(经营者除外)的生效要件作为原则(部会资料80-1,9~10页)。根据该讨论原案的补充说明，这样转换的理由是，在规定个人保证合同不生效这一原则后，作为例外，并列地规定经营者保证和制订公正证书的情况除外这样的规定方法被认为“不是很简明，从制定容易理解的规则这一观点来看也是不适当”，因此“为了明确公正证书的制订和保证合同的效力的关系，只要预成为保证人的人利用公正证书表示了履行保证债务的意思，该保证合同产生效力成了原则”(部会资料80-3,17页)。

之后，原则上公正证书的制订是个人保证(经营者除外)合同的生效要件这一方案被写进纲要暂定案和纲要案里，最后作为修改法案第465条6被制定为条文。

2. 关于"所谓的经营者的范围"的审议

在中间试案的阶段，对"所谓的经营者"之外的个人保证原则上无效这一提案没有多少不同意见，但是应该如何来确定"经营者的范围"成为问题，其中经营者的配偶是不是应该被包括在"经营者的范围"内成了备受瞩目的一个论点。

在中间试案的补充说明里提出确定经营者的范围的方法有两种见解。一个是有没有参与主债务人的经营这样的实质性判断标准，另一个是有没有持有该法人的债务人的过半数的代表权或表决权这样的形式上的判断标准。在法制审议会第73次会议（2013年6月18日）上提供的部会资料62，作为属于经营者的人，按照形式上的判断标准列举出法人的代表，理事，董事，执行干部或者相当于此者，合伙人，无限责任成员；按照实质性判断标准列举出全体成员或者持有全体股东的表决权的过半数的人，实质上支配主债务人的业务的人，除此之外还列举出以前的经营者，控股公司·关联公司的经营者，经营者的配偶及其他近亲属，这些人虽然对主债务人没有支配力，但作为保证人被认为是妥当的（部会资料62，1～3页）。以此案为原型，通过之后的审议，不受"个人保证的限制"所约束的"所谓的经营者"的范围发生了很大的变动。以下，把主债务人的配偶和其他的人分开来看一下审议过程。

（1）关于主债务人的配偶之外的人

主债务人是法人时，对法人的代表属于经营者是没有不同的意见的，但是对于其他的公司的董事和相关人员，应该以什么样的标准来判断则成为问题。

法制审议会第80次会议上讨论的纲要案的讨论原案里，按照实质性判断标准把"所谓的经营者"的范围限定在以下人员：①代表，②有执行业务权利的人，③无限责任成员，④被认为与有执行业务权利的人有同等以上的支配力的人（部会资料70A，5页）。

之后，在法制审议会第86次会议上提供的部会资料76A里，"所谓的经营者"的范围被进一步限定在以下的人员：①理事，董事，执行干部或者相当于此者,②全体成员或者持有全体股东的表决权的过半数的人。关于在纲要案讨论原案里所提出的“无限责任成员”,因为无法说无限责任成员的负责任的方法和保证人负责任的方法是相同的,所以从经营者的范围里剔除了无限责任成员。同样,关于“被认为与有执行业务权利的人有同等以上的支配力的人”,有批判说其内容不明确,以应该尽量排除不明确的概念为由,从经营者的范围里将其剔除了。与此相反,关于纲要案讨论原案里提出的“有执行业务权利的人”,考虑到没有执行业务权利的董事也会参与业务执行的决定,不仅是有执行业务权利的人,参与业务执行的决定的人也应该被包含在内,所以改写为“理事,董事,执行干部或者相当于此者”(部会资料 76A,6 ~9 页)。

关于主债务人的配偶之外的属于“所谓的经营者”公司的干部和相关人员的范围,部会资料 76A 所提出的方案经过法制审议会第 88 次会议、第 92 次会议、第 96 次会议的审议后被写入了纲要暂定案里。

在法制审议会第 97 次会议(2014 年 12 月 16 日)上提出的纲要案的原案里,“①理事,董事,执行干部或者相当于此者”部分照原样得到了维持,最后作为修改法案第 465 条 9 第 1 项被制定为条文。关于“②全体成员或者持有全体股东的表决权的过半数的人”部分,对其范围进一步进行了具体化,最后变成了修改法案第 465 条 9 第 2 项那样的内容。根据纲要案原案的补充说明,因为股份也有各式各样的种类,所以应该明确“全体股东的表决权”的范围,“对在股东大会上可以表决的全部事项不能行使表决权的股份的表决权”不包括在“全体股东的表决权”里。还有,不仅是直接持有表决权的过半数的人,间接持有表决权的过半数时实质上也可以评价为与主债务人是一样的,所以对“持有表决权的过半数的人”又做了更具体的规定(部会资料 84 -3,3 ~4 页)。

(2)关于主债务人的配偶

如前所述,在法制审议会第 80 次会议上讨论的纲要案的讨论原案里没有把主债务人的配偶及其他近亲属列入“所谓的经营者”的范围。不过,可以被评价为“与执行业务权利的人具有同等以上的支配力”时,配偶作为经营者保证也可以被认可。同样,在法制审议会第 88 次会议上提供的部会资料 76A,也没有把主债务人的配偶列入“所谓的经营者”的范围内。其理由是，不应该只因为是配偶的身份就把主债务人的配偶当成经营者来看待，而应该通过是否参与主债务人的业务的执行这样的实质性判断来决定。

但是，在法制审议会第 86 次会议上，以代表经济界的部会委员和干事为主提出意见主张，在主债务人是个体经营者时，应该在一定的条件下作为例外认可主债务人的配偶和共同经营者的保证。⑦ 接受这样的意见，在法制审议会第 88 次会议上提供的部会资料 78A，在部会资料 76A 所提出的人员之上把“主债务人是个人时与主债务人共同经营的人或者主债务人的配偶（仅限于从事于主债务人的事业的配偶）”追加到“所谓的经营者”的范围里（部会资料 78A，18 页，20 ~ 21 页）。在法制审议会第 88 次会议上，对于此追加部分，以民法学者的部会干事为中心，提出了强烈的反对意见。⑧

尽管有反对意见，法制审议会第 92 次会议上提出的纲要暂定案的原案，关于“所谓的经营者”的范围，照原样使用了部会资料 78A 的写法，规定主债务人的配偶（仅限于从事于主债务人的事业的配偶）作为经营者保证不受有关个人保证的限制（部会资料 80 – 1，9 ~ 10 页）。根据纲要暂定案的原案的补充说明，配偶不受有关个人保证的限制的理由有两个，一个是“限定在配偶是从事于主债务人的事业时，自己或者通过另一方配偶，即主债务人可以了解事业的情况，即便如此还是有做保证人的意思的话，尊重其决定是恰当的”；另一个是“主债务人是个体经营者时，经营和家庭生计没有分开的情况很多……法律上夫妻双方在经济上有很强的关联性已被认可，区分一方的配偶的财产和另一方配偶的财产是不合适的，所以有必要定型的认可主债务人的配偶成为保证人”（部会资料 80 – 3，19 页）。对于这样的说明，民法学者的部会

---

⑦ 意图把主债务人的配偶列入“经营者的范围”的理由是，经营者是个人经营者时经营和家庭生计放在一起不分开，在实务上有必要让配偶作保证人（法制审议会第 86 次会议会议记录第 15 ~ 18 页）。

⑧ 反对把配偶列入“经营者的范围”的主要理由是，配偶之所以做保证人是基于情谊性最强的，而且从世界范围来看作为个人保证人，配偶作个人保证人是个人保证里问题比较多的类型（法制审议会第 88 次会议会议记录 54 ~ 56 页）。

委员和干事提出了异议,再次表明反对把配偶列入经营者的范围。[9]

如上所述,关于在主债务人是个人时,主债务人的配偶应不应该被包括进"所谓的经营者"的范围,来自经济界的立法参与人和民法学者的立法参与人之间有着激烈的意见的对立。但是最终,在法制审议会第96次会议(2014年8月26日)上提出的纲要暂定案(案),为了明确"仅限于从事于主债务人的事业的配偶"这一限定,不是用括号把其放在"主债务人的配偶"的后面,而是去掉括号把这一限制放到"主债务人的配偶"的前面,仅做了一下这样的表述上的变动,认可了主债务人的配偶作为经营者保证不受有关个人保证的限制(部会资料83-2,22页)。这个方案被写入纲要暂定案和纲要案里,最后作为修改法案第465条9第3项被制定为条文。

(四)关于"合同缔结时的信息提供义务·说明义务"的修改法案

1. 关于信息提供义务的主体

中间试案提出方案指出,关于保证和连带保证的意义,主债务的内容,主债务人的信用情况,债权人应对受委托的保证人负有说明的义务,但是有反对意见认为,让债权人提供关于主债务人的信息没有合理性,债权人想充分掌握债务人的经济实力也很困难,所以在法制审议会第80次会议上提出的纲要案的讨论原案将合同缔结时的信息提供义务、说明义务的主体从债权人改为主债务人,信息提供义务的内容也从保证和连带保证的意义,主债务的内容改为主债务人的①收入以及现在的资产,②主债务之外有无其他的负担的债务,其数额以及履行情况,③该事业的具体的内容以及现在的收益情况,④关于主债务有无其他的担保以及其内容(部会资料70A,11页)。不把保证和连带保证的意义以及主债务的内容作为信息提供义务的内容的理由是,关于这些事项如果有误解,可以按照错误等意思表示的规定来否定合同的效力,所以没有必要把其列为信息提供的对象(部会资料70A,14页)。

---

⑨ 法制审议会第92次会议记录34~41页。并且,在该次会议上,有人提出了以下的意见,即"即使这次的方案内容成为纲要案暂定案,最后成为法律条文,也要期待判例会对配偶作保证人采取严厉的态度,学说也应该做其后盾。今后,努力使这项规定成为空文"[该次会议会议记录35页(道垣内干事的发言部分)]。

还有,"该事业的具体的内容以及现在的收益情况"在部会资料70A里被列为主债务人的信息提供义务的内容,但在法制审议会第86次会议上提供的部会资料76A里被删掉了。其理由是,主债务人很多情况下是为了整个的事业而贷款的,无法特定与该贷款相对应的"事业"的时候也有,保证人想得到信息是为了判断主债务人的还债的可能性,所以无法说特定事业的内容以及收益情况的信息对判断主债务人的还债可能性是必不可缺的(部会资料76A,9~10页)。

在缔结保证合同时的信息提供义务的主体是主债务人以及信息提供义务的内容是部会资料76A所提出的事项被写入纲要暂定案和纲要案里,最后作为修改法案第465条10第1款被制定为条文。

2. 关于违反信息提供义务的效果

关于违反保证合同缔结时的信息提供义务的效果,中间试案提出可以认可撤销保证合同。但是在法制审议会第80次会议上提供的部会资料70A提出方案,认为为了让债权人承担由不是保证合同的当事人的主债务人违反信息提供义务而产生的撤销保证合同的效果,应该和第三人欺诈的规定一样,只有在债权人知道或者能够知道主债务人没有履行说明义务或做了虚假的说明的事实的情况下,才可以认可撤销保证合同(部会资料76A,13页)。不过,在这个时候,还没有把保证人的误解和意思表示之间的因果关系作为撤销合同的要件。

但是,在法制审议会第80次会议上,有意见指出,如果采纳准用第三人欺诈的规定的构成的话,在保证人的误解和意思表示之间没有因果关系时不应该认可撤销合同。[10] 虽然也有意见反对需要因果关系的见解,[11]但在法制审议会第86次会议上提供的部会资料76A要求作为

---

⑩ 法制审议会第80次会议会议记录20~22页[山本(敬)干事,鹿野干事发言部分]。赋予撤销合同这一效果如果不要求有因果关系,只有误认是无法说明的,以细微的误认为理由就认可撤销合同有点儿过度等,作为需要有因果关系的理由而被列举出来。

⑪ 法制审议会第80次会议会议记录20~22页(道垣内干事发言部分)。不需要因果关系的理由是,本来债权人作为保证合同的当事人应该提供有关保证合同的信息,却把这一义务让主债务人来负担时,说明义务就成为保证合同的一种有效要件,如果没有说明的话,作为惩罚应该认可撤销合同。

撤销保证合同的要件,保证人的误解和由此而缔结的保证合同之间需要有因果关系(部会资料76A,9页)。因果关系是撤销保证合同的要件被写入纲要暂定案和纲要案里,最后作为修改法案第465条10第2款被制定为条文。

(五)关于"对主债务的履行情况债权人负有的情报提供义务"的修改法案

中间试案提出,保证合同缔结后,在个人保证人有询问时以及主债务的履行发生迟延时,债权人有把履行情况和迟延的事实通知给个人保证人的义务。但是有意见指出,保证人没有询问时就无法提供给保证人回避主债务人丧失期限的利益的机会;也有意见提出主债务一有履行的迟延就必须通知对债权人来说负担过大,所以就这两个问题进行了审议。

1.关于主债务的履行情况的信息提供义务

关于对主债务的履行情况债权人负有的信息提供义务,在法制审议会第86次会议上提供的部会资料76A提出,保证人有询问时,债权人的信息提供义务的范围是①关于主债务有没有不履行的情况,②已到履行期的本金,利息以及迟延损害赔偿金的数额(已支付的数额除外)。在法制审议会第92次会议上提供的部会资料80-1把信息提供义务的对象扩大到"关于主债务的本金以及有关主债务的利息,违约金,损害赔偿金以及其他的附属于主债务的所有事项有没有不履行的情况和其余额及履行期即将到来的事项的数额的信息"(部会资料80-1,11页)。其理由是,成为信息提供义务的对象的有没有不履行不仅是指主债务本身,还包括成为保证债务的对象和附属于此的其他问题。还有第86次会议上有意见指出除了履行期限已到来的债务的数额,也有必要提供余额的信息(部会资料80-3,20,21页)。关于该部分提出的方案被写入纲要暂定案和纲要案里,最后作为从修改法案第458条2被制定为条文。

2.关于"对丧失期限的利益债权人负有的信息提供义务"的修改法案

关于主债务人丧失期限的利益时债权人的信息提供义务,法制审议会第80次会议上提供的部会资料70A重新提出,限定在主债务人拥有分期偿还的期限的利益时,主债务人丧失期限的利益后债权人对保证人负有通知的义务这样的方案。在这个时候,对于债权人的通知期限没有提出具体的方案,在法制审议会第86次会议上提供的部会资料76B提出在主债务人丧失期限的利益时,债权人负有在2周内通知的义务。但是,在该会议上,对2周的通知期间有意见要求重新考虑,还有意见指出债权人不会立即得知债务人丧失了期限的利益。[12] 因此在法制审议会第88次会议上提供的部会资料78A把通知期间改为2个月,通知期间的起算点为"知道主债务人丧失了期限的利益时",并且提出债权人的信息提供义务不限于分期偿还的场合,在主债务人丧失期限的利益的所有情况下都适用。该部会资料提出的议案照原样被写入纲要暂定案和纲要案里,最后作为修改法案第458条2第1款被制定为条文。

还有,作为违反关于丧失期限的利益的信息提供义务的效果之一,部会资料70A提出保证人可以通过履行没履行的部分来恢复期限的利益。部会资料76B维持了在与保证人的关系上恢复期限的利益这一效果,但同时指出,如何来考虑在和保证人的关系上再次使其丧失期限的利益的方法等问题以及分别管理与主债务人和保证人的债权债务关系对债权人来说负担会变得很重等问题,而且提示了删除该部分的代替案(部会资料76B,2~3页)。在此之上,在部会资料78A里,作为债权人违反信息提供义务的效果,对从主债务人丧失期限的利益时起到通知了该事实为止产生的迟延损害赔偿金相关的保证债务,债权人不得向保证人请求履行而已,在与保证人的关系上期限的利益的恢复被从违反的效果里删掉了。该部分的议案照原样被写入纲要暂定案和纲要案里,最后作为修改法案第458条3第2款被制定为条文。

(六)关于"保证人的责任的限制"的修改法案

中间试案除提出经营者之外的个人保证原则上无效这一议案外,还提出在保证债务超出保证人的支付能力时,建立①由裁判所对保证债务进行减额的制度,②否定依照保证人的经济实力过大的保证的效

---

[12] 法制审议会第86次会议会议集录33页(佐成委员的发言部分)。

力的制度。这样的“保证人的责任的限制”的方案,被期待在个人保证原则上无效的情况下,作为不受个人保证的限制的经营者保证人的保护方法可以起到一定的作用。但在审议时,有意见认为保护经营者保证人本来应该从金融机构放弃债权时能不能认可免税偿还的观点来讨论;还有意见指出,关于为什么禁止过大的保证应从对保证人的意思的形成所产生的影响等观点来进行理论性考察,判断是不是过大的保证很困难,怎样来整理与破产的关系等(中间试案补充说明,232~233页)。

于是,在法制审议会第73次会议上提供的部会资料62里,作为讨论课题把由裁判所对保证债务进行减免和限制过大的保证的效力这样的制度的正当化根据、要件以及效果等提出来了。首先,关于由裁判所对保证债务进行减免,可以这样来说明,因为这是参照了有关身份保证法律第5条的规定,所以通过和该条文同样的根据可以得到正当化。但是有意见指出,身份保证的主债务发不发生还不确定,与此相比,保证的主债务的存在是确实的,所以身份保证法第5条的宗旨对一般的保证来说不一定适当。还有,即使能够得到正当化,在怎样的要件下来减免保证债务,以什么样的标准来判断减免金额,通过什么手续来进行减免等讨论课题也被同时提出(部会资料62,8页)。

其次,关于限制过大的保证的效力,这是以合同缔结时的合同内容的不当性为依据来否定保证合同的全部或一部分效力,不过单以债务过大为由一般是不能限制合同的效力的,如果只是对于保证债务可以以过大为由来限制合同的效力的话,需要依照保证的无偿性和轻率性等特殊性来进行说明,但是仅以这些特殊性为理由来限制合同的效力是不是很充分还是个问题。还有,如果是适用于经营者保证的话,会削减经营者保证的功效的问题以及以什么样的标准来判断“过大”,作为效果是全部无效还是一部分无效,如何来考虑与破产手续的关系等作为讨论课题也被同时提出(部会资料62,8~10页)。

接受以上的讨论课题,法制审议会第80次会议上提供的部会资料70B,作为实现把保证人的负担限定在合理的范围之内这一中间试案的目的的方法,提出了不对保证债务进行减额,而是限定保证人应该用来偿还保证债务的责任财产的范围这样的方案。该资料还提出了为了采用限定偿还保证债务的责任财产的范围这一方案而需要解决的以下问题:①用什么手续来明确保证人的总资产的内容,②在保证人对多数债权人负有保证债务时,各个的责任财产怎样来认定,③在保证人除了负担保证债务以外还负有其他债务时,对每个债务如何来分配责任财产。考虑这些问题的同时,如果想要通过公正的手续来明确保证人的总资产和总债务的内容,该手续就会很接近破产手续,这样的话在破产手续之外来设定这样的方案是否有意义,或者把这样的方案设定为只限定在保证人只对一个债权人负有保证债务,并且除此之外没有其他债务,不利用破产手续也能够达到经济上的再生这样的场合才产生作用的制度是否有意义也作为讨论课题被提出(部会资料 70B,2 ~3 页)。

在从中间试案起的第3次审议会的第86次审议会上提供的部会资料 76B,提出如果设立限制保证人的责任的规定的话,以下的问题将成为讨论课题:①接受责任财产限制的保证合同的范围,②判断责任财产限度的标准时点,③具体的责任财产的限度(特别是与破产手续开始时应该用来偿还债务的财产的关系),④确保掌握保证人所有的财产的正确性,⑤保证人负有多数保证债务时的处理办法,⑥破产手续开始后的处理方法等。对这些问题虽然提出了一些看法,但没有形成一个具体的方案。其后,在法制审议会第88次会议上提供的部会资料 78B 里,仅对前面的②的问题提出"保证人的责任限定在保证人请求缩减责任时保证人所持有的财产(自由财产以及禁止扣押的财产除外)的数额的范围内"这样的方案。但是,假使这样来特定判断保证人的责任财产的限度的标准时点,还必须解决部会资料 76B 所提出的问题,并且作为缩减责任在诉讼时以什么样的形式来争辩的问题也要解决,关于这些问题的审议最终没有形成一个具体的方案。在法制审议会第89次会议(2004年5月27日)上,决定不再继续审议这个论点了。[13]

如上所述,关于"保证人的责任的限制",中间试案之后,进行了5次的审议,但最终没有达成一个具体的方案,中途受挫,没有被列入纲要暂定案和纲要案里,最后没有能够成为修改法案的一个内容。

---

⑬ 法制审议会第89次会议会议记录8 ~9页(筒井干事的发言部分)。

三、关于保护个人保证人的修改法案的意义和问题点

(一)意义

如上问题的整理所述,在中间试案的阶段所提出的4个修改方案,“保证人的责任的限制”这一方案中途受挫,没有被放入修改法案里,但其他的3个方案最终作为修改法案被制定成条文(参照下表)。另外,还要留意,不是只要是个人保证人,就可以得到这样的保护,而是只有主债务是为了事业的目的而贷款的保证合同和主债务的范围包括为了事业的目的而贷款等的最高额保证合同上的保证人才是保护的对象。

修改法案分保证合同缔结前,缔结时,缔结后的三个阶段设定了个人保证人的保护方案。第一,在入口处,在现行法的书面要件之上,要求在缔结保证合同前制订公正证书,以此使保证人认识、理解保证的意思和责任的重大。通过要求这样的手续,可以期待在一定的程度上预防个人保证人出于情谊而轻率地缔结保证合同。第二,在缔结保证合同时,要求主债务人把有关其偿还能力的信息提供给个人保证人。通过这样的信息提供,个人保证人可以认识到自己的责任发生的可能性,能够防止轻易地缔结保证合同。第三,在缔结保证合同后,要求债权人把有关主债务的履行情况以及丧失期限的利益的信息提供给个人保证人。通过这样的信息提供,个人保证人可以把握自己有可能负担的债务的范围,能够考虑对策。

在现行法没有规定,也没有形成判例法理的情况下,设立新条文来保护个人保证人这样的尝试本身具有重大的意义这一点不存在多大的异议。并且,在民法典里包括性的设定有关个人保证人的规定的国家还很少的情况下,⑭这些修改法案作为具有国际先进性的条文应

---

⑭ 关于外国法上保护保证人的情况,参见:[日]藤澤治奈“諸外国における保証人保護法制(有关保护保证人的各外国的法制状况)”载《现代消費者法》(2012年)16号,第94页以下;以及在法制审议会第43次会议上提供的《諸外国における保証法制及び実務運用についての調査研究業務報告書(关于各外国的保证法制以及实务运用的调查研究业务报告书)》(该报告书可以在日本法务省的网页上阅览到)。

该得到评价：

保护个人保证人的方案	中间试案	修改法案
个人保证的限制	原则：个人保证无效 例外："所谓的经营者"保证有效	原则：公正证书的制订是个人保证的生效条件 例外："所谓的经营者"保证不适用这个条件
合同缔结时的信息提供义务	主体：债权人 内容：保证和连带保证的意思，主债务的内容等 违反的效果：撤销保证合同	主体：主债务人 内容：主债务人的财产，收支负债的情况等 违反的效果：债权人是恶意或者有过失，且保证人的误解和意思表示之间有因果关系时，可以撤销保证合同
合同缔结后的信息提供义务	主体：债权人 内容：①个人保证人有请求时，主债务的余额，②不管个人保证人是否有请求，主债务的迟延的事实 违反的效果：对于在义务没履行期间产生的迟延损害赔偿金有关的保证债务，不得请求履行	主体：债权人 内容：①保证人（包括法人）有请求时，主债务有没有不履行以及其余额，②不管个人保证人是否有请求，在主债务丧失期限的利益后2个月之内，主债务丧失期限的利益的事实 违反的效果：关于②，对于到通知为止的迟延损害赔偿金额相关的保证债务，不得请求履行
限制个人保证人的责任	①通过裁判所来对保证债务进行减额 ②否定过大的保证债务的效力	没有规定

(二)问题点

另外,有关保护个人保证人的修改法案也存在一些问题。修改法案没有采纳中间试案阶段的原则上经营者之外的个人保证无效的方针,而是在制订公正证书的条件下承认经营者之外的个人保证的效力。但是,付加公正证书这一手续上的加重条件会有多大的实际效果不通过实际实施很难知道,不过虽然2004年修改民法时引进了保证合同的书面条件,但从有关个人保证的问题并没有减少的事实来看,只通过手续上的要件,很难说会使个人在当保证人时变得比较慎重。

与此相关联,扩大了成为个人保证人的入口的修改法案,却没有在出口处预备任何保护措施这一点,被认为在保护个人保证人上不够充分。现在,从有关个人保证人问题的多数是因为最终负担不起债务而导致自己的生活破裂,以至于自杀等事情来看,缺少限制过大的保证债务的规定的话,可以认为个人保证人的保护会变得很靠不住。⑮确实,想像中间试案那样原则上使个人保证无效成为正当化,只是以政策上有保护个人保证人的必要性为根据不能说很充分。⑯ 作为代替案,以公正证书的制订为条件来限制个人保证有一定的合理性,但是如果扩大成为个人保证人的入口,作为出口的保护个人保证人的方案应该是需要的。⑰ 从审议过程可以知道,想把"保证人的责任的限制"明文化必须解决各式各样的问题,这绝不是一件容易的事情。但是,100年一次的大的法律修改,克服这个困难,站在世界的先端实现处理"过大的

---

⑮ 有意见指出,即使规定各种信息提供和说明义务,但因为和保证人受害没有直接针对关系,应该设立避免使保证人的状况变得过于残酷的规定,参见:[日]山野目,前揭文,第12页。

⑯ 从每个个人保证人的经济实力和理解力不同的观点出发,有见解认为在认定个人保证无效时,"只要满足一定的要件,留下可以治愈的情况是合理的",参见:[日]大澤慎太郎"保証人保護の問題(保护保证人的问题)"载法時84卷8号,第20页(2012年)。

⑰ 参见:[日]斎藤由起"過大な責任からの保証人の保護(从过大的责任来保护保证人)"ジュリ1417号,第79页以下(2011年)。

保证"[18]的立法可以说是众所期望的。

还有，关于"所谓的经营者"的范围，修改法案规定在主债务人是个人经营者时，从事于该事业的配偶作为经营者保证不受个人保证的限制。虽然可以通过对"从事于事业"的意思的解释来操作可以成为个人保证人的配偶的范围，[19]但是在现在配偶做保证人问题很多，而且从世界上来看为了解决配偶保证人的问题正在进行各种各样的尝试之中，作为新的立法，设立条文认可主债务人的配偶可以做保证人，这不能说是具有国际先进性的做法。可以理解参与立法的民法学者有很多表示反对的意见。

并且，本来合同缔结时的信息提供义务应该由合同当事人来负担，[20]

---

⑱ 现在，关于"过大的保证"，法国利用特别法进行禁止，参见：[日]能踏真規子"保証人の『過大な責任』-フランス保証法における比例原則（保证人的'过大的责任'——法国保证法上的比例原则）"收录于《名古屋大学法制論集》227号，第371页（2008年）；[日]大澤慎太郎"フランスにおける保証人の保護に関する法律の生成と展開(1)(2・完)（法国关于保护保证人的法律的形成与展开）"载《比較法学》42卷2号第47页、3号第25页（2009年）等；德国是作为违反公序良俗来处理[参见：[日]原田昌和"極端に巨額な保証債務の反良俗性(一)(二・完)（极端巨额的保证债务的反良俗性）"载《法学論叢》148卷2号第18页、149卷5号第46页（2000~2001年）；[日]斎藤由起"近親者保証の実質的機能と保証人の保護—ドイツ法の分析を中心に(一)、(二)、(三・完)（近亲者保证的实质功能与保护保证人——以对德国法的分析为中心）"载《北大法学論集》55卷1号第113页、2号第657页、3号第119页（2004年）等]。

⑲ 立法参与人之一的[日]潮見佳男在所著《民法（債権関係）改正法案の概要（民法（债权关系）修改法案的概要）》（きんざい，2015年）第129页，作出以下的说明。即"认可配偶保证是限定在'从事于主债务人的事业的人'，在此之上，根据对于个人保证的民法465条6（修改法案的条文——笔者注）的制约（制作公正证书的要件）是考虑到个人保证（尤其是近亲者保证）的情谊性而作出的这一点，符合3项后段（指有关主债务人的配偶的修改法案第465条9第3项后段——笔者注）的人可以限定在实质上应该和符合该条第1项、第2项、第3项前段的人同等看待的人上（只要有了第3项前段的规定，后段的关于配偶保证的部分成为空文）"。

⑳ 在法国，判例利用"来自沉默的欺骗"的理论认可在一定的条件下债权人负有向保证人提供信息的责任，参见：ピエール・クロック[CROCQ Pierre]（[日]平野裕之訳）"フランス法における保証人に対する情報提供義務-近時の状況及び将来の改革の展望——（法国法上的向保证人提供信息的义务——最近的状况以及将来的改革的展望）"载《慶應法学》2号，第189、195~199页（2005年）；イブ・ピコー（[日]斎藤由起訳）"フランスにおける個人保証人の保護（法国的个人保证人的保护）"载《阪大法学》63卷2号，第371、378~379页（2013年）等]。

但修改法案要求在保证合同缔结前由主债务人就其财产情况等信息提供给个人保证人。站在被保证的立场的主债务人,为了得到贷款能不能准确地把自己的信息提供给个人保证人没有任何保障。个人保证人也没有确认该信息真伪的手段,债权人如果能够发挥监督作用的话,个人保证人还有可能从新考虑是否应该缔结保证合同。但是,现在的修改法案没有设立债权人有确认主债务人提供的信息的真伪的义务的规定,并且参照第三人欺诈的规定要求撤销保证合同的要件是债权人恶意或者有过失和个人保证人的误解和意思表示之间有因果关系。这样的修改法案的条文是否能够有利于个人保证人的保护还留有很大的疑问。

四、结语

正因为保证制度作为从以前就渗透到我们生活中的制度而被灵活利用,所以由于保证债务变得过大会发生使保证人自身陷入生活破裂等问题,对这些问题有必要采取法律措施。为了回应这样的社会需要,日本的这次的民法修改设立了一些保护个人保证人的条文。虽然对于关键的过大的保证没有形成修改法案,制订的条文也有不充分的地方,但是新设定了以前没有的有关保护个人保证的条文这一点是前进了一步,作为立法活动值得评价。虽然如此,有了法律并不等于所有的社会问题都能够得到解决,如何来运用法律是很重要的。今后,关于个人保证新的民法典的规定成立时,通过对此的解释工作来补充条文的不足,致力于问题的解决将是法律工作人员应尽的职责。

【资料】

关于保护个人保证人的修改法案条文

(1)修改法案第465条6

以为了事业而负担的贷款等为主债务的保证合同或者主债务的范围包括为了事业而负担的贷款等债务的最高额保证合同,在合同缔结之前,如果预成为保证人的人没有在合同缔结日前1个月之内作成的公正证书里表明有履行保证债务的意思,该合同不发生效力。

*前款的公正证书,必须按照以下列举的方式订立。

一、预成为保证人的人,按照下面的(1)或者(2)所规定的合同的区分,向公证人口授该(1)或者(2)所规定的事项。

(1)保证合同[(2)所规定的合同除外]主债务的债权人以及债务人,主债务的本金,有关主债务的利息,违约金,损害赔偿及其他的附属于主债务的所有事项之规定的有无及其内容,主债务人不履行债务时,有履行其债务的全额的意思(预成为保证人的人打算和主债务人连带负担债务时,不管债权人对主债务人有无进行催告,主债务人能否履行债务,或者有没有其他的保证人,有履行主债务的全额的意思)。

(2)最高额保证合同主债务的债权人以及债务人,主债务的范围,最高额保证合同的最高限额,有无规定本金的确定日期及其内容,主债务人不履行债务时,对在最高限额的限度内本金确定日期或者第 465 条 4 第 1 款各项或第 2 款各项所规定的事由及到其他的应该确定本金的事由发生时应该产生的主债务的本金以及有关主债务的利息,违约金,损害赔偿及其他的附属于主债务的所有事项的全额,有履行的意思(预成为保证人的人打算和主债务人连带负担债务时,不管债权人对主债务人有无进行催告,主债务人能否履行债务,或者有没有其他的保证人,有履行主债务的全额的意思)。

二、公证人记录下预成为保证人的人的口授内容,并将其读给预成为保证人的人听,或者让其阅读。

三、预成为保证人的人在承认记录的正确性后,在证书上签名,盖章。但是,预成为保证人的人不能签名时,公证人将其事由备注后可以代替签名。

四、公证人备注该公正证书是按照前三项所规定的方式做成的,然后在证书上签名,盖章。

* 预成为保证人的人为法人时,不适用前两款的规定。

(2)修改法案第 465 条 9

预成为保证人的人是以下列举的人的保证合同时,不适用前三条的规定。

一、主债务人是法人时,其理事,董事,执行理事或者和这三种可以同样看待的人。

二、主债务人是法人时,以下列举的人:

(1)持有主债务人的全体股东的表决权(对于在股东大会上可以表决的全部事项不能够行使表决权的股份的表决权除外。以下,在该项同)的过半数的人;

(2)其他的股份公司持有主债务人的全体股东的表决权的过半数时,持有该其他股份公司的全体股东的表决权的过半数的人;

(3)其他的股份公司以及持有该其他股份公司的全体股东的表决权的过半数的人持有主债务人的全体股东的表决权的过半数时,持有该其他股份公司的全体股东的表决权的过半数的人;

(4)股份公司以外的法人是主债务人时和前三项所列举的人可以同样看待的人。

三、与主债务人(法人除外。以下在该项同。)共同从事经营的人或者现在从事于主债务人的事业的主债务人的配偶。

(3)修改法案第465条10

1.主债务人委托他人做以为了事业而负担的债务为主债务的保证人或者主债务的范围包括为了事业而负担的债务的最高额保证人时,对受委托的人应该提供有关以下列举的事项的信息。

一、财产以及收支的状况;

二、主债务以外负担的债务的有无及其数额和履行情况;

三、作为主债务的担保,有向他人提供,或者预提供的财物时,其宗旨以及其内容;

2.在主债务人没有提供有关前款各项所列举的事项的信息,或者由于提供了与事实不相符的信息,接受委托的人就该事项产生误解,因此而作出保证合同的要约或承诺的意思表示的情况下,债权人知道或者能够知道主债务人没有提供有关该事项的信息或者提供了与事实不符的信息时,保证人可以撤销保证合同。

3.保证人是法人时,不适用前两款的规定。

(4)修改法案第458条2

在保证人是受主债务人的委托而做保证的情况下,保证人有请求时,债权人必须立即向保证人提供有关主债务的本金以及关于主债务的利息,违约金,损害赔偿以及其他附属于主债务的所有的事项的不履行的有无和其余额以及其中履行期已到的金额的信息。

(5)修改法案第458条3

1.主债务有期限的利益的情况下,该利益丧失后,债权人必须在知道该利益丧失时起2个月之内将期限利益丧失一事通知给保证人。

2. 前款规定的期间内没有作出同款规定的通知时，对从主债务人丧失期限的利益时起到现在作出同款的通知时为止产生的迟延损害金（即使没有丧失期限的利益也会产生的迟延损害金除外）相关的保证债务，债权人不得向保证人提出履行的请求。

3. 保证人是法人时，不适用前两款的规定。

商　法

日本的海外子公司管理架构

平野温郎* 刘惠明**

目 次

一、引言——日本企业全球化集团化经营的进展

近年来,日本企业的海外据点设置再次加速。在以前有限的、局部地区的设立合资公司的基础上,从地域、行业两方面开展全球化,范围广泛的企业并购(M&A)飞速增长。着眼于世界市场,将重心转移到全球化集团化的企业集团也不少。以亚洲为例,在新加坡或泰国设立亚洲统括公司,管理地区子公司群而进行大规模经营的动向也很明显。

* 作者:东京大学研究生院法学政治学研究科教授。
** 译者:河海大学法学院教授。

在中国,将业已存在的投资性公司作为统括公司,对中国国内公司进行调整的日本企业集团也不少。这样的企业,以何为依托,如何构筑和运用子公司的管理体制呢?

二、海外子公司管理的目的及问题认识

(一)为进行适当管理而完善内部控制体制

海外据点(特别是关联子公司)的适当管理是日本企业经营中最重要的课题之一。其目的在于使其与国内子公司一样,使海外子公司实现定性定量的经营目标。因此,"构筑、推进不让妨碍企业价值的维持、扩大的风险发生,如果发生了能够立即发现、处理,将影响能控制到最小的架构"是有必要的。换言之,具体的管理目有以下几个方面:①预防不良事件,②防止不测的损失,③维持合规性体制。实现以上目的的"手段"就是所谓的内部控制(Internal Control)。无论是收购还是新设的子公司,无论子公司是如何设立而成的,都需要建立健全使内部控制有效发挥作用的体制。

内部控制被定义为:"为达成业务的有效性及效率性、财务报告的信赖性、遵守法律、保全资产这四个企业目的,由企业内部的所有人员实施的过程。"这个定义出现在美国虚假财务报告委员会发起人委员会(Committee of Sponsoring Organizations for the Treadway Commission, COSO)的报告书中,在日本企业相关者中已成为一个固定的通用概念。这个概念,当初是为了使注册会计师对财务报表审计的有效化、效率化而使用的概念,现在,已经成为确保和提高企业经营的合法性、适当性、效率性的综合性制度体制,成了公司治理的中心内容。

(二)海外子公司管理中内部控制体制的缺陷

企业集团中某一子公司发生不良事件,会对包含母公司在内的企业集团全体信用、信赖(reputation)造成损害。对企业价值造成巨大损害、海外子公司发生的巨大损失事件,其原因是子公司管理上存在多重漏洞。一般而言,日本企业并购失败的主要原因有高价、并购成果导出战略、路线不明确等经营战略问题。但是,从企业法务的视点来看,问

题主要集中在以下方面:①收购时不充分的尽职调查,②并购后整合(PAI)[①]的不彻底,③合规程序不完备、轻视合规或灵敏性不足,④战略性的集团治理政策(持续性的管理·培育架构、组织性的管理手法)的欠缺,⑤法务、合规部门力量不足和参与不足(特别是在制度上无法参与重要的意思决定及事件处理),等等。但是,这些问题,一般可以作为内部控制体制的缺陷问题来一并把握。

【失败事例】

“第一三共”收购失败

日本制药企业第一三共将2008年以五千亿日元收购的印度仿制药医药品子公司Ranbaxy Laboratories Limited(以下简称Ranbaxy)于2014年卖给了同国最大公司Sun Pharmaceutical Industries Ltd.(以下简称Sun Pharma)。当时的日本经济新闻(2014年4月7日)对该事件做了如下的报道。

“Ranbaxy公司因产品的质量问题而导致无法出口到最大的市场——美国。实际出卖后,仿制药的业务大幅缩小。日本制药大公司的海外子公司管理问题再次显现。合并后的Sun Pharma销售额约3800亿日元,成为世界第5位的仿制药制药企业。合并采取股份交换方式,第一三共派遣董事1人,虽然对Ranbaxy的出资比例为63.4%,但是对比Sun Pharma的出资比例降至约9%。通过Ranbaxy着手进行的世界范围内仿制药事业的扩大战略被迫转向。国内制药大公司自2005年以后推进海外药企的合并收购,但是,因企业文化、商业习惯的不同而进展困难。

本次事件应关注的问题点有:收购后仅仅3个月就收到了美国食品药品管理局(FDA)禁止两个工厂进口的命令(原因是收购之前的问

---

① 企业合并收购时一系列的整合作业称为Post-merger Integration(PMI),收购时称之为收购后整合(PAI),与PMI结合,有时被合称为交易后整合(Post-transaction Integration,PTT)。PMI、PAI是企业并购中的用语,比如新设的合资公司作为集团内企业,就有必要引进管理方法、建立健全内部控制体制,子公司无论在何处其管理均无差异。本文中,将新设公司也作为广义的PTI的对象,在此基础上把握PMI、PAI的概念。

题),而后,该问题随之扩大。作为生命线的FDA许可证的申请有虚假内容,被FDA认为违反GMP(Good Manufacturing Practice)规则和其他法令,2013年5月,向美国司法部(DOJ)等支付了1.5亿美元的罚金和3.5亿美元的和解金(含付给内部告发者的)。对制药企业而言,GMP是最重要的法律规制之一,尽管Ranbaxy的主要市场是美国,在收购前的尽职调查中未能发现虚假的合规体制,收购后的PAI也未能对应。可以看出,第一三共公司恰恰缺乏对新兴国家子公司管理方面的基本能力和内部控制体制。

(三)母公司"适当"干预的重要性

母公司与子公司本来是各自独立的法人,根据传统的有限责任法理,母公司对子公司的债务、责任、损失被隔断。但近年来,视母公司和子公司为一个企业集团,以企业集团内部控制上的问题为由,不仅是对子公司,对母公司(及其董事)的责任也进行追究的做法成为全球性的动向。

例如,最早规定[②]内部控制义务的美国《海外反腐败法》(FCPA)中的承继者责任问题。这部法律的主要目的是禁止对外国公务员等行贿,此外,要求企业集团确立应当抑制用于行贿的账外资产的形成、维持正确的会计记录、确保交易是基于正当的权限、保全资产的基础上,建立以美国会计基准而制作财务报表的保证体制。这就是所谓的会计条款、内部控制条款。[③] 在并购的情形下,被收购企业(子公司)因违反FCPA而被起诉,其结果是作为收购者的母公司的声誉受到损害,也会产生因巨额罚款而损害企业价值及参与董事承担个人责任的后果。如母公司是在美国证券法上的证券发行人(issuer)[④]的情况下,子公司收

---

② 参见:[日]铃木幸弘"海外事業展開を行う企業集団におけるコーポレート・ガバナンス"收录于[日]小林秀之、高桥均编『コーポレート・ガバナンスにおけるソフトローの役割』第105页(中央经济社,2013)。

③ 15 U. S. C. §78m.

④ 日本企业发行ADR在美国上市的情形下,就是发行人。ADR是指外国企业在美国市场上发行的证券,与持有股份是同样的效力。American Depositary Receipt的略称,日语称为"美国预托证书",是指"表示对外国企业、外国政府或者是美国企业的海外法人公司等发行的有价证券拥有所有权,以美元核算的记名可转让的凭证"。1928年,为让美国人便于投资外国股份而创设的。

购后持续违规，有依据上述会计条款的 Roll-up（责任溯及）规则认定母公司违规的风险。另外，就内部控制的关系而言，收购后发现子公司过去的违规行为，以及收购后漠视或忽视该违规行为而未采取适当的内部控制措施，子公司自身违反禁止直接行贿的条款，在作为收购者的母公司为证券发行人的情况下，因合规体制不完备而构成违反内部控制条款。这一点，作为管辖当局的 DOJ 在 2012 年 11 月公布的 FCPA 指导[5]中，将因尽职调查及 PAI 中的违规行为的发现、报告、早起更正，包括被收购公司（子公司）高管培训在内的合规程序的持续实施等，作为追诉免除或减免处罚的重要考虑因素。

另外，在欧盟，出现了强行推定母公司对全资子公司违反反垄断法的行为承担连带责任的判例，[6]因此，彻底的尽职调查及 PAI 中导入预防措施（停止参加行业团体会议、定期的反垄断法审查及培训等），并严格运用成为当务之急。

确立能够有效持续性地进行上述对应的保证体制，而不是完全交给子公司，作为企业集团内部控制的一环，母公司有必要适当地参与其中。

三、强化子公司管理的法制度的背景

（一）海外子公司管理是古老的新问题

日本的全球化企业集团，一直以来制定独自的关联公司管理规程及集团会计规程，即通过所谓的书面请示制度参与子公司的意思决定，通过派遣总公司要员等的方式确立了对海外子公司管理的实践方式。现在，对几乎所有的大企业来说，为了在经济全球化带来的企业间的激烈竞争中取胜，多个企业作为集团进行协作，迎来了所谓集团化经营的时代。正如后面所述，强化针对企业集团内部控制体制的法令已经实行，因此，有效且高效的海外子公司管理已经成为非常重要的经营课题。

---

⑤ http://www. justice. gov/sites/default/files/criminal-fraud/legacy/2015/01/16/guide. pdf.

⑥ Casen C－97/08P, Akzo Novel NV v. Commission, [2009] ECR I－8237.

(二)企业集团内部控制体制相关的公司法等的强化

在美国,对以ADR(American Depositary Receipts)Ⅱ、Ⅲ(美国预托证书等级2及3)在创业板或主板上市的企业来说,要适用因2001年的安然公司、2002年的世界通讯的财务造假事件而制定的美国企业改革法(Sarbanes-Oxley Act)。为对应这部SOX法,结果是日本企业也加强了内部控制。

在日本,2008年4月以后的会计年度开始适用的根据《金融商品交易法》而制定的《财务报告相关的内部控制制度》(J-SOX),以及2006年5月施行的公司法中,都规定了企业集团内部控制体制的建立义务,因此,在制度层面,有必要进行联合性的内部控制。就要求在企业集团中的子公司持续的强化管理,以上市企业为中心广泛地将关联公司的管理方针明文化。例如,拥有约300个海外合并决算对象的关联公司的综合商社,从2006年起实施“企业治理和内部控制原则”(通称“治理原”),对关联公司的适当管理作了如下明文规定:

①[初次管理责任]在关联公司自律经营原则的基础上,在总部设置各关联公司的主管者(通常是担当营业部部长来担任),进行初次管理。

②[联合经营体制的确立]把握关联公司的经营状况,建立和维持适当的联合经营体制。

③[内部控制的维持]行使出资人在法律或合同上的权利,要求关联公司经营者以适当的水平来完善、运用内部控制制度。

④[对经营的适当干预]行使出资人在法律或合同上的权利,要求关联公司提供事业报告、财务报告、审计报告等重要事项的报告;同时,对董事的选任免职、盈余处理等的决议事项,作为出资人向该关联公司的经营者进行适当的意见表示。

⑤[组织性控制]识别和测定关联公司存在的重要风险,为应对风险有组织地进行持续性的控制。

在制定法上,2015年5月1日开始施行的公司法修改中,将以前在公司法实施规则中规定的企业集团内部控制体制提升为公司法的条文,并作出了相关规定(公司法第348条第3款第4项、第362条第4款第6项)。此次修改实质上未对法条内容作实质性的变更,只是提升了企业集团内部控制体制在法律中的地位。[7] 具体规定如下：

"……董事(会)不能将下列重要事项或者其他重要的业务执行决定委托给董事处理。……四(六)完善确保董事(或执行官)执行职务符合法令及章程的体制，以及其他确保股份有限公司的业务和该股份公司及其子公司组成的企业集团的业务合理性的法务省令所确定的体制。

企业集团内部控制的具体内容在公司法实施规则(2015 年 2 月公布)中作了如下规定(第 98 条第 1 款、第 100 条第 1 款等)：

……法务省令规定的体制有如下事项。

一、关于董事职务执行的信息保存及管理的体制；

二、关于损失危险管理的规则及其他体制；

三、确保董事有效率地执行职务的体制；

四、确保公司的使用人的职务执行符合法令及章程的体制；

五、确保该股份有限公司和其母子公司形成的企业集团的业务合理性的体制。"

以上五项体制中，与海外子公司管理有直接关系的条款为第 5 项，但是，公司法的效力并非及于不是以日本公司法为准据法设立的"股份有限公司"的外国公司这样的海外子公司。然而，外国公司(海外子公司)受依据日本法设立的公司(本国母公司)的经营支配，有可能成为公司法上的子公司，[8]实务上也同样这么理解。

四、海外子公司管理的方法论

(一)有组织、有效率的管理手法的重要性

从上述治理原则及公司法的规定来看，子公司管理的要点在于"确保透明性"(能及时适当地获得信息)以及"完善维持适当的内部控制体制"，以此来提高关联公司业务执行的质量，使其踏入自律经营的轨道。这样的管理手法(架构、水准等)在全球化的企业集团内部该如何制定呢？对每个子公司进行具体的探讨虽然是可能的，特别是在针对海外

---

⑦ 参见[日]高桥均：《国际贸易法学会研究报告全球化企业与企业集团的内部控制系统》，载《国际商事法务》第 43 卷第 6 期，第 866 页(2015 年)。

⑧ 参见[日]江头宪治郎：《有限公司法》(第 6 版)，有斐阁 2015 年版，第 9 页。

子公司的情况下,有如下特有的问题:①物理上的距离问题(很难达到管理的目的),②文化、习惯的不同(不正行为等合规问题容易被轻视),③语言问题、信息不对称问题(管理上必要充分的信息无法及时收集)等,因此,设定明确的方针、架构、规则,以此为基础来进行综合管理就很重要。

但是,现实中,有的地区存在依赖当地、依赖某些人员、几乎不参与管理、实质上放任的情况。不过,也有不考虑管理对象子公司的地位及性质,一律适用针对母公司内各部门"微管理"的情况。这样的事例中,子公司的意思决定实质上是母公司作出的,即母公司决定了本来应该由子公司自主决定的日常经营活动。管理者方面对子公司过多直接的指挥命令或对细节的干涉,会导致母公司管理责任的扩大,以及可能的法律风险(另外,还有现场积极性下降的可能性)。

(二)设置架构——一体型、独立经营型

治理原则要求关联公司的主管者行使出资人在法律或合同上的权利,要求关联公司经营者以适当的水平来完善、运用内部控制制度。出资者的权利通常为公司法上的共益权,股东间协议等规定的少数股东权是典型的契约上的权利。为确保这些权利行使的架构构成子公司管理的基础,在设立或者收购后,应迅速地确立。

但是,虽然被称为海外子公司,就如冠以总公司商号的当地法人、从业务部门分离出来的分立的子公司,子公司虽然在法律上维持着与母公司相独立的法人格,但是有组织上是母公司业务部门的一部分,意思决定、人事、财务等方面实质是一体化经营(以下简称一体型)的形态,也有重视子公司独立经营(autonomy)(以下简称独立经营型)的形态。另外,有全资子公司、与其他公司的合资公司或者连合资都算不上的既存股东(例如公司所有人家族)、现有经营层是少数股东或残留的高管组成的情况,对以上几种公司的管理手法进行"一刀切"是不妥当的,在实际操作上也难以做到。

一体型的典型是,在综合商社的情形下,将特定的贸易、销售公司另行公司化;在生产厂家的情形下,例如,电梯事业部门中的新地区制造及销售部门,根据该国或地区的公司法分别成立制造及销售公司(现地法人),这实际上类似于分公司(branch)。为此,内部控制在母公司系统中同母公司的事业部门等处于并列地位，董事会仅是形式性的，子公司重要的意思决定原则上是母公司的主管者（担当营业本部部长）行使的情况比较多。另外，独立经营型公司的情形下，依据①法人格否认法理（theory of piercing the corporate veil）、⑨②代理理论（agent theory）、③承继者责任（successor liability）、⑩④环境法上的经营者责任（operators liability）⑪等，会招致母公司承担法律责任的风险，因此需要

---

⑨ 在日本，法人格否认法理的适用应该慎重。不构成滥用及形骸化，有实体的子公司（非 SPC 等）的情形下，法人格不会被否认是原则。但是，从保护员工的角度出发，母公司对全资子公司的活动实际统一支配管理的情形下，将两者视为同一经济体，有过解散的子公司对其员工承担的工资支付义务由母公司承担的判例［仙台地方裁判所昭和 45（1970）年 3 月 26 日判决］。另外，在英国和中国香港的集团公司相关的案件中，将母公司与子公司看作同一经济单位，有过采用信义原则（requirement of justice）揭开公司面纱的下级法院的判决，但是上级法院改判的事例比较少。没有明确的欺诈、不当，不能以信义原则作为理由来否认法人格（D. K. Srivastava 主编：《香港商业法律》（第四版），Sweet & Maxwell，2014，p. 420）。

⑩ 例如在美国法中，有依据该法理判令买主承担收购前卖主责任的情况。企业合并为概括承继，依法自动（automatically as a matter of law）转移相关责任。但是，收购的情形下，股份收购时，被收购公司的债务、责任仍然原样归于该公司，不移转给股东。在资产收购（asset acquisition）中，收购对象以外的债务或责任归属于卖主而非买主。总之，以买主不成为承继者为原则。但是，有时也有法院、相关部门从平衡的观点出发，作为该原则的例外，认为买主应该继承债务、责任。典型的事例为，在资产收购中，产品责任产生的债务（strict liability in tort for defects），以及依据 FCPA 而产生的责任。

⑪ 美国的综合环境保护补偿责任法（Comprehensive Environmental Response Compensation and Liability Act，CERCLA）规定，现在或过去的所有者（owner）、管理者（operator）原则上对因有害物质而受污染的设施（facility：工厂用地、工厂等）的净化或净化费用承担无过失责任。但该法律未对继承者是否承担过去的污染责任作明文规定。因此、根据收购者责任的法理、现在的所有者是否该承担责任成为争论的焦点。判例认为、对子公司进行资产收购时、原则上作为承继者的子公司应该对收购前的污染行为承担责任［*New York v. National Services Indus.*，*Inc.*，460 F. 3d 201（2006）］。例外的是被认定为善意收购的情况。为说明在收购时并不知道存在环境法上的责任，有必要对收购行为进行合理的尽职调查，该标准并不低。其次，即使作为母公司的自身问题，也有作为设施管理者而承担责任的场合。具体而言，例如母公司实际控制工厂的运营或积极参与的情况下，将会被认定为经营者责任而承担环境净化的责任。该经营者责任，不仅仅是根据法案规定的潜在责任者这一条文来认定母公司可能负担相关费用、其法理基础是法人格否认法理。因此，特别是独立型经营的情形下，有必要从环境法的角度来注意参与的现状。

设计一种有效与便捷相平衡的风险管理手法。也就是说,应该将母公司对子公司直接管理的风险最小化,同时将母公司作为出资者的意思决定与子公司的意思决定及执行明确分开(即使结果是同一内容),这是构建该管理体系的原则。

(三)独立经营型管理手法事例

例如,在某综合商社的美国本部、美国法人,区别于一体型管理手法,赋予子公司的经营层以较广泛的自由裁量权。另外,提示以美国通常的企业治理与内部控制制度为基础的独立的概括性的架构、要求以此为基础构筑内部控制体制。具体而言,以主要起监视(monitoring)与建议(coaching)作用的董事会(一般由3名董事组成)作为管理手法的核心,在董事会安排非常设的事业担当与监察担当的董事,同时,向现场派驻常设人员(officer或senior employee),以此来采取间接的管理手法。董事会决定公司的内部控制体制,派遣人员对子公司的经营层业务执行进行日常监督。

(四)内部控制的管理基准

那么,独立型子公司的内部控制的管理基准该如何设定呢?在日本,公益社团法人日本监事协会的海外监察研究会总结的《海外监察检查目录》已向社会公开,并以此为基础来实行统一的管理。根据该检查目录,法务、合规部门的具体管理行为有:规定集团及合同格式的整合、完善董事会定期开会制度及会议记录、完善内部通报制度等,控制环境的“形”的完善,以及检查这些项目是否在起作用。但是,这些并非实质性的管理行为,该检查目录也仅仅停留在抽象项目的列举上,具体如何实施才是适当的企业集团内部控制,还必须进行个别的探讨。

(五)对象范围的锁定

治理原则要求识别、测定关联公司存在的重要风险,并组织性地进行对应风险的持续性的控制。在法务、合规部门管辖范围内的管理基准确定的情形下,也有必要审查对象子公司是否可能(已经)存在何种法律风险,即有必要先锁定具体的管理对象(但是,在设立、收购后,有可能根据需要进行对象领域的扩充或调整、追加)。

该锁定大致有以下内容:①因商业模式、商品特性产生的风险,依据合资企业的合作方、企业并购的卖主、经营层等相关者的特性的考虑;②依据本公司、同行业其他公司过去的风险类型的考虑;③一般被认为是重大的风险领域,例如,可能受到严厉法律制裁的领域(违反防止腐败法、卡特尔等的违反反垄断法、所谓的依据超级基金法而可能承担的溯及性的无过失责任的环境问题、违反各种业务规制法、粉饰决算等)、可能发生大规模诉讼等的领域(产品责任等消费者保护相关的问题、知识产权关联问题、劳务问题等)、可能承担巨大成本或意外巨额损失的领域(企业年金问题、税务问题、重要长期合同、金融商品等非日常的交易管理等)、损害社会信用的领域(与反社会势力之间的关系问题、雇佣儿童及其他人权侵害等),从中可设想事件特有的检查对象。

例如文章开头所提到的 Ranbaxy 收购案,从印度这个地区的情况出发,很容易想到防止腐败法、劳务问题;从仿制药生产这样的业务模式、商品出发,则容易想到业务规制法、消费者保护法、知识产权关联问题或环境法等重点领域。而且,因为商品是面向美国消费者生产的,该国的法律执行严格、容易产生诉讼,应该对此进行探讨。

从以上讨论的视点来看,开展海外业务的企业集团的内部控制(合规)的"基准",除了日本要求的基准外,以相关法制及法律执行更为严格、可能有域外适用的欧美最优方法为基础,着重考虑对象子公司所在国的法律制度后再行决定。例如,考虑到可能适用美国禁止向外国公务员行贿的 FCPA 法,不仅是母公司,当地子公司的合规程序也应与母公司一样,将美国联邦量刑指南(United States Federal Sentencing Guidelines)和 FCPA 指引视为有效的内容来执行。子公司的流程(以及运用水平)不能满足以上内容时,应及时纠正错误并予以维持,这才能称为实质性的管理。

五、结语

在日本,将子公司的管理作为企业集团的内部控制体制的一个环节被大家探讨,体制化有所推进是近十年的事,海外子公司管理的成功现在成为企业集团最重要的经营课题之一,要求以此认识并加以应对。日本的法律制度也应立足于该认识而向前推进。今后,有必要通过实证研究提出问题并形成最优方案。

另外,中国的公司法还没有要求建立健全企业集团的内部控制体制,但相当多的企业在“走出去”的政策下,考虑拓展海外事业,因此,内部控制体制的建立与恰当的运用将成为日益紧迫的课题。

日本金融技术产业的法律课题

久保田隆*　刘惠明**

目　次

一、金融技术产业动向

继先行一步的英美国家之后，日本的 IT 领域也出现了金融新产业即金融技术产业 FinTech（Finance 和 Technology 的简称），该产业备受关注，并不断衍生出各种商业（见下图）。现在主要以 B2C 领域为中心在发展，就如银行的基础设施一样，在 B2C 领域已经装备的大型复杂的金融 IT 今后也有可能被交易成本较低的金融技术产业所代替。FinTech 具有可能革命性地改变既存商业模式的破坏者的一面，是非常有望成长的产业，各国政府在完善法律（如 2012 年美国制定 JOBS 法律

* 作者：早稻田大学法学学术院教授。
** 译者：河海大学法学院教授。

以活跃众筹市场,日本政府也于2014年修正了金融商品交易法以对应)、吸引企业(如英国、卢森堡就很积极)、财政支援(如2015年6月安倍政府成长战略中大幅增加对IT风险投资的资金支援)方面相互竞争,大型企业也积极予以支援、参与。例如,三菱东京UFJ银行在美国硅谷设立据点,面向FinTech商业模式的风投企业发起了创意比赛(FinTech Challenge 2015),乐天公司也召开了由领头企业组成的讨论会(乐天2015年会议),其他的还有Monex证券Answer、利库路特Air收银等活动,不断有大企业参与FinTech。

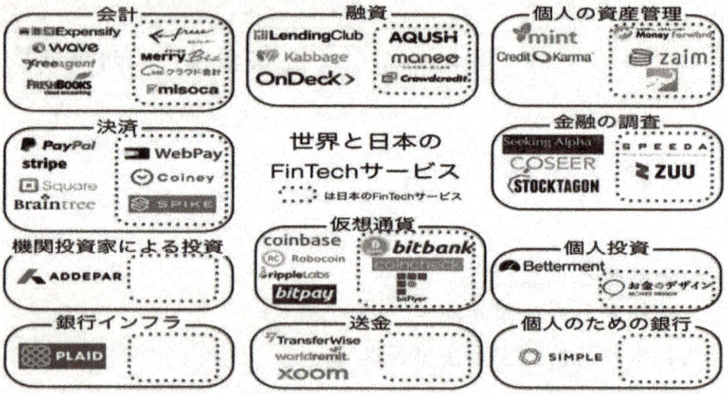

世界(英美)和日本的FinTech服务图(2014年)①

笔者于2015年5月15日在首尔证券交易所参加了英美日中韩的FinTech法制国际论坛得到了报告的机会,本文是对该报告概要的总结。首先介绍破坏者与法律相互冲突的相邻领域的案例(UBER,Airbnb)和FinTech的实例(Spike,Bitcoin),之后再介绍日本政府(金融厅、经济产业省、总务省)对FinTech产业的对应,指出法律上的课题。

二、破坏者与法的相互冲突

FinTech是新型经济成长的希望,还是既存产业与法制的威胁?很

① 图片来源:http://sugai-webpay.hatenablog.com/entry/2014/12/11/221355。

多人认为两者是对立的，FinTech 产业的发展只有在对个人信息保护、系统对应等的信赖性得到确保后才能初步确立。因此，为使其健康发展，有必要完善法律制度。但是，与既存业者的政治对立该如何逾越也很重要。另外，对 FinTech 产业技术，监管当局来不及跟踪，规制方面有技术性的困难。以下考察几个包括 FinTech 衍生的 IT 新产业的案例。

（一）UBER 和出租车行业・道路交通法

2009 年在美国兴起并迅速在全球展开的出租车配车、自动计费服务的 UBER，因为在没有持出租车许可证的一般司机和合乘搭车 UBENX 服务而博得很高的人气，美国加利福尼亚州从 2013 年开始对其合法化了，但在日本却被质疑违反道路交通法。2015 年 2 月 UBER 在福冈开始合乘搭车体验，国土交通省却下达了停止的命令。出租车界在对 UBER 的推出表示强烈反对的同时也有欢迎的意见。韩国因为业界的反对，UBER 未能进入。然而，2015 年 10 月，日本政府在国家战略特区中决定承认合乘搭车。

（二）Airbnb 和酒店产行业、旅馆业法

2008 年在美国兴起并在全球展开的住宿中介网站运营服务的 Airbnb，因只运营网页不提供住宿所以不属于旅馆业法调整的对象。但 Airbnb 介绍的住宿本身违反旅馆业法的可能性很高，如果被揭发的话，Airbnb 有可能会被认为是帮助犯。旅馆业界将政治家卷入其中，来反对 Airbnb 的推出，随着 2020 年东京奥林匹克运动会的临近，面向访日外国人的酒店价格大涨，新的服务模式将何去何从是一个政策性课题。2015 年 10 月，日本政府在国家战略特区中决定承认民宿，自 2016 年 1 月起在东京都大田区开始实施。

（三）免费结算的 SPIKE 与银行、政府

2013 年在日本起家，以新加坡为据点在国际上展开的结算服务的 SPIKE，向大宗业务客户收取费用的同时，对于小额（月销售不满 100 万日元）顾客实行免收包括银行卡结算费在内的手续费的免费商业模式，客户数迅速增加。堀江贵文在微博中指出：“信用卡结算的免费化仅仅是开始。从微观来看，古老构造构成的银行和信用卡公司网络如果用

最新的基础设施置换的话,即使零手续费免费服务模式也完全可以做到。但是,各国金融当局想死守货币发行权、征税权。通过网络全球化的金钱流通已变得很普遍,这明显消除了既存的以国家间货币汇率来决定的国际汇款所带来的巨大不便。从比特币狂想曲也可看出,金钱的现状已经发生了很大变化的今天,SPIKE 这样的服务开始的这一年,将来总有一天会让我们重新感慨。"②这是在暗示国家与金融技术产业存在对峙的可能性。

(四)国家权力未控制到的电子货币——比特币

未在任何货币当局管理下而有一定交易量的比特币,因 2014 年东京的 Mt. Gox 交易所的故障而备受关注。日本政府也在政府内阁决定(2014 年 3 月)中规定:①没有禁止对财产与服务提供以比特币接受报酬的法律,②其并不是货币或者有价证券(因此银行、证券公司在正业中不能处理,但有作为附随业务处理的余地。)而是物,有可能会成为纳税对象,暂时认定为合法。美国、中国、韩国等也认为在个人之间的交易行为是合法的。在确保其最低限度的健全性的同时,让比特币以及后来的 Ripple 等虚拟货币之间进行竞争,不让这种新经济发展的萌芽崩溃而是进行适当看护是世界各国的现状。美国纽约州 2015 年 6 月末完成了比特币规制法案的制定,导入了以许可制为基础的强硬规制。因为规制成本的增加,有 10 家公司表明将撤出该行业。假如这样的电子货币的流通力超过了既存的法币(如美元、人民币),就会损害各国的货币发行权。如果出现了捕捉困难的技术,就可能导致课税当局征税权的无力化,从这一点来看,比特币等的 FinTech 就拥有革命性的影响力。因此,比特币有被突然一律禁止的可能性。

实际上,俄罗斯正在准备禁止使用虚拟货币的法案。德国将虚拟货币视作金融产品并作为银行法的规制对象,法国则赋予可能经营兑换现金的虚拟货币机构作为金融中介机构并受金融当局的规制。美国、英国、加拿大等国则从洗钱对策的观点出发,对于虚拟货币的规制已有部分实施或探讨。仅从反洗钱对策来看,对虚拟货币加大管控与

② 参见:2014 年 4 月 15 日付けホリエモンブログ(http://horiemon.com/6813/)。

规制已经成为国际性动向:1. 2015年6月的G7国际首脑会议(德国·艾尔玛)就包含比特币等虚拟货币规制在内的对恐怖主义资金对策问题达成了合意。2. 与反洗钱相关的日、美、欧等政府间会议金融活动作业部会(FATF)通过了虚拟货币相关的风险对策方针,[③]从反洗钱政策(顾客保护、恐怖主义资金对策)的观点出发,要求各国导入对虚拟货币从业者的登记制度和许可制度(日本的应对将在后面陈述)。

三、日本政府的对应及法律课题

(一)虚拟货币的规制建立

迄今为止,在日本,从前文所述的政府内阁决定可以看出,相关的法律规制不完善且没有监管机构,只有产业团体[日本价值记录事业者协会(JADA)]的自主规制,就执业者向产业团体进行备案、使用者保护对策(向顾客的说明、安全对策、本人确认等)进行了规定。2015年8月4日,日本政府表明了将研究对虚拟货币进行规制的方针。

有报道[④]称,研究内容主要有以下两个方面:一方面,金融厅将成为监管机构,对可作现金交换的交易所导入许可制或登记制,要求分别管理顾客资金与公司资金,与财务省、警察厅合作在金融审议会上进行讨论,制定新法或者对既存的法律进行修改来进行对应。在这之前的8月1日比特币Mt. Gox交易所的社长被逮捕。社长一直都自称是受到外部黑客攻击而导致了系统漏洞,有人怀疑实际上是社长自己对系统进行违规操作将顾客的存放款挪用。另一方面,在比特币的所有者对Mt. Gox的破产管理人提起返还自己比特币的诉讼中,东京地方法院在8月5日以比特币不是有体物、不具有排他的支配的实态、不是所有权的对象为由驳回了所有者的起诉。综合比特币及虚拟货币发生的事件,从反洗钱、违规对策、使用者保护等的观点出发,今后要求建立、强化规制的动向可能会增加,如何确保与虚拟货币发展的平衡会变得很

---

③ FATF,"Guidance for a risk-based approach Virtual Currencies",June 2015,http://www.fatf-gafi.org/media/fatf/documents/reports/Guidance-RBA-Virtual-Currencies.pdf.

④ 参见:日本经济新闻2015年8月4日朝刊第3版以及SankeiBiz网页版同年8月5日记载,http://www.sankeibiz.jp/macro/news/150805/mca1508050500002-n1.htm。

重要。

(二)金融业参与IT产业

金融厅从金融集团的IT战略观点出发,正在研究像解释上承认虚拟商城的美国一样,允许对金融IT业的投资、收购,允许对电子商务企业(如亚马逊)的结算服务进行出资等,并使银行间的结算关联事务的受托简易化以削减成本。银行业以①与证券业等其他金融产业的围栏,②与不动产业等商业的围栏为前提而建立了制度,为增加收益机会允许银行产业进入其他金融产业,但不允许进入商业领域。在欧洲,银行与商业可以相互进入,但在美国是不可以相互进入的,日本在2000年以后,以"网络专业银行"(如索尼银行、乐天银行)形式使商业进入银行业变得容易,因不动产业者的反对,银行进入不动产业未得到认可。这次,以限定列举的方式扩大了银行子公司业务范围[银行法第16条2(1)],如果银行进入IT产业得到认可的话,将有必要重新探讨迄今为止对银行业的定位。

(三)众筹市场的扩大

2014年5月的金融商品交易法修订中,为了利用、促进投资型众筹,导入了如下规制:①放宽少额(募集总额不满一亿日元、人均投资额50万日元以下)投资型众筹从业者的准入条件,②排除利用网络进行投资劝诱的欺诈行为等。日本与美国不同,获得资金的被投资人并不公示信息,因此,众筹从业者作为项目的守门员进行管理、公示信息,对投资家的保护就显得重要。从业者一旦违规就被拒绝登记,就不能从事众筹业务(金融商品交易法第29条第4款),这点有必要十分注意。⑤

(四)电子结算法制的一般课题

与金融技术产业相关联的现行法有以下四个:第一,犯罪收益转移防止法(反洗钱规制),听从FATF劝告该法正在进行修订,但巴勒莫公约(联合国国际组织防止犯罪条约)的批准等未解决的课题还有很多,今后还需要继续进行法律修订。第二,出资法(存款规制)规定,未经登

---

⑤ 详见:Takashi Kubota, Chapter Ⅲ:IT Development and the Separation of Banking and Commerce:Comparative Perspective of the U. S. and Japan, Takashi Kubota Ed., Cyberlaw for Global E-Business, Information Science Reference, 2008。

记不得吸收不特定顾客的投资款，因此，规制成本作为问题的情形下，就很难孕育吸收顾客存款的电子结算业务。第三，银行法（外汇业务规制）规定，日本的外汇业务与吸收存款、信贷一样都是银行的独占业务，因此，银行之外的机构经营的电子结算业务会有因违法而受刑事处罚的风险。第四，资金结算法，对银行法规定的外汇业务规制有所缓和，如果进行申报、登记，满足资金保全义务、披露义务、取款义务的话，就有可能经营小额的电子结算业务。日本拟于 2015 年对法律进行重新修订，根据实务需要，每次的汇款额度（现在相当于 100 万日元以下）有望提高。

（五）各省厅垂直行政等的课题

一般人认为，金融科技产业成长的关键是完善确保安全与隐私的法律、便于资金筹措、完善与领先的欧美市场环境同样的环境。但是，因各省厅纵向垂直的行政弊端，全国统一有时还是很困难的。此外，欧美模式的规制不能说已是最好的，探寻最适合日本的规制才是最重要的。很期待以后能有适合的首创。

网络证券交易与适当性原则、说明义务

田泽元章[*]　蔡元庆[**]

目　次

一、引言

随着通信技术的发展,电脑以及智能手机等情报处理终端的普及,在交易领域的各个方面,网络交易都有了飞跃性的发展。在金融商品交易领域,目前,网上股票交易、外汇证据金交易(FX 交易)方面,都被个人投资者们广泛利用。

以往的证券交易,一般都是证券公司的职员劝诱顾客进行交易,即所谓的"对面交易"。不论是顾客到证券公司店面,还是证券公司的员工亲自上门,抑或通过电话联系顾客,都是有"人"介入的交易。股票等

* 作者:明治学院大学法学部教授。
** 译者:深圳大学法学院教授。

金融商品的劝诱、买卖中的适当性原则以及说明义务,都是默认以这种对面交易为背景制定的。

与之相对,网络交易的特征是没有券商职员介入交易合同的"非对面交易"。另外,很多网络交易,都是顾客看到广告而自己从事的行为,可以说是没有券商劝诱行为的交易。

本文以网络证券交易为出发点,针对(1)没有券商劝诱行为的交易与适当性原则,以及(2)非对面交易中券商说明义务的履行这两个问题,展开论述。[①]

二、适当性原则的射程——劝诱的意义与能动的顾客

(一)金融商品交易法第40条第1号中适当性原则的意义

根据《金融商品交易法》(以下简称金商法)第40条第1号,证券公司等金融商品交易企业(以下简称券商),负有不得实采取与顾客的知识、经验、财产状况以及签订金融商品交易合同目的等不适合的、欠缺投资者保护之劝诱的义务,即所谓的适当性原则。这个适当性原则应如何理解,学术界存在许多学说,[②]现在的多数说,基本沿用了1999年金融审议会第一部会所提出的观点。[③] 即适当性原则有广义和狭义两层含义,狭义的适当性原则指的是"对特定的利用者,无论尽到什么样的说明都不能对其买卖、劝诱某种商品的规则"。而广义的适当性原则则指"券商必须以适合消费者的知识、经验、财产力、投资目的的形式买卖、劝诱特殊商品的规则"。在梳理金融审议会的这个概念的基础上,一般认为金商法第40条第1号的规定,属于不同于狭义的适当性原则

---

① 本文是根据笔者发表于ジュリスト第1454号《(商事判例研究)无劝诱交易与适当性原则、非对面情形下说明义务的履行——网络股份信用交易账户的开设》(第95页以下)的文章而完成。

② 参见王冷然:《适当性原则与私法秩序》,信山社2010年版,第92页以下。

③ 金融审议会第一部会:《中间整理(第一次)》(1999年7月6日),第17页以下。

的“劝诱行为的禁止规范”。[④] 具体而言,对于那些对某种金融商品的构成以及风险,无论对其作出什么说明他都无法理解的人,还有对那些当金融商品的风险转化成损失后,不具有承担这些损失之财产的人,禁止券商劝诱其进行交易。

在金商法上,适当性原则作为券商的劝诱规则,是券商的义务。但违反适当性原则进行劝诱的券商,也只是成为监督部门行政处分的对象。但是,在判例[⑤]中,针对券商违反适当性原则对顾客进行劝诱,同时顾客基于这一劝诱进行交易后遭受损失的情况,法院认为券商对顾客负有民法上基于侵权行为的损害赔偿责任。这个适当性原则本身虽然是公法上的责任,但由于其可以成为违反义务者对顾客承担民法上侵权行为责任的基础,因此也可以说适当性原则在私法上具有投资者保护的功能。

如果这样解释,那么在网上看到广告,通过网页的界面签订金融商品交易合同(所谓网络合同)时,由于不存在券商的劝诱行为,也就不能再适用金商法第40条第1号的适当性原则。

在下级判例中,有基于这种思路的判决。[⑥] 该判决的事实是这样的:某位高龄者(72岁)实施了网上证券交易(信用交易)后,投资的股票的股价发生暴跌,证券公司请求其支付已经由证券公司负担的信用交易结算损失约2300万日元。对于证券公司的上述请求,老人认为证券公司违反适当性原则,没有履行说明义务,对自己存在侵权行为,由于自己对证券公司享有基于这个侵权行为而产生的损害赔偿债权,因此主张用这笔损害赔偿债权与证券公司垫付的资金相抵销。对券商没有实施劝诱行为的本案,法院并未将其作为金商法规定的适当性原则(狭义的适

---

④ 参见:[日]近藤光男、吉原和志、黑沼悦郎:《金融商品交易法入门》(第三版),商事法务2013年版,第229、236页等。此外,有学者认为:金商法第40条第1号中包含了狭义和广义两层含义的适当性原则,[日]芳贺良:《关于金融商品交易法的适当性原则的若干思考》,载冈山大学《法学会杂志》第56卷第3~4号,第711页。

⑤ 参见:日本最高法院平成17(2005)年7月14日判决,载《民事裁判集》第59卷第6号1323页。

⑥ 参见:日本大阪高等法院平成23(2011)年9月8日判决,载《金融法务事情》第1937号,第124页。

当性原则)的问题进行处理,而是作为说明义务的问题进行处理。

（二）劝诱与广告

在券商没有实施劝诱行为的上述案件中,虽然证券公司通过广告介绍网络股票交易手续费低,存在对顾客进行劝诱的一面,但不能忽略的前提是,对于那些根本不想进行股票信用交易的人而言,这样的劝诱会产生完全不同的效果。

互联网广告并不是劝诱的见解,作为一种普遍的观点可以说是合理的。金商法第40条第1号中的“劝诱”,指的是以引诱特定金融商品、交易为目的,以特定的人为对象实施的行为,区别于以多数人为对象的广告等(金商法第37条,金商业府令第72条)。⑦ 但是,以引诱特定金融商品、交易为目的进行推荐的广告,实际上已经有与劝诱相似的性质,另外,由于是否属于劝诱,要从个别事例,基于每个不同的事实关系进行实质判断,比如特定的网络交易通过网上的广告,以具有一定特性的顾客为对象进行引诱,并最终让其进入注册界面进行注册的行为,也存在将其理解为金商法第40条第1号中的劝诱的解释空间。⑧

虽然是一个行业规制而不是券商的行为规则,但针对没有登记的国外证券从业者通过网络进行的越境交易(金商法第58条之2,金商实施令第17条之3第2号イ)时所发布的广告,金融厅已经作出了该网上广告属于劝诱的行政解释。⑨ 不难看出,网上的劝诱与广告的区别非常模糊,考虑到网上交易的特质,可以说非常有必要作出一个新的解释。⑩

此外,由于没有劝诱行为,即使不适用金商法第40条第1号,对实施特定的金融商品交易时欠缺狭义的适当性的人,券商在签订该交易契约时,由于结合广义的适当性原则,无法明确其究竟作出什么说明才

⑦　参见:[日]松尾直彦:《金融商品交易法》(第2版),商事法务2013年版,第380、392页。

⑧　关于金融服务的电子交易等行为与监管的研究会:《金融服务的电子交易的发展与监管》,2000年4月18日;参见松尾直彦:《金融商品交易法》(第2版),商事法务2013年版,第380、393页。

⑨　参见金融厅:《面向金融商品交易业者的综合的监督指南》,X-1-2。

⑩　参见金融审议会第一部会:《关于各类投资者的工作委员会报告》,1999年7月6日公布,第47页。

算尽到说明义务,因此还是会存在违反说明义务,并基于侵权行为承担损害赔偿责任的可能性(参见本文第三部分、金商法第3条第2项、第5条以及诚实信用原则下的说明义务违反等)。

(三)能动的顾客和适当性原则

狭义的适当性原则,虽然是禁止对欠缺交易适当性的人实施劝诱的,针对券商的行为规则,但从根源上看,是通过排除交易适当性欠缺者从事交易,从而达到保护他们的目的。有观点认为,如果从这个排除不适格投资者规则的立法宗旨来看,没有受到劝诱的情况下自己申请交易的顾客(能动的顾客)也应适用适当性原则,因此应该禁止券商的交易。[11] 但是,批判的观点认为,这种观点侵害了顾客自己决定的自由,产生转嫁投资风险的道德风险。[12]

从私人自治的原则来看,虽然很难承认券商具有交易拒绝义务,但有观点认为对于针对该交易欠缺适当性的人,券商应负有对其欠缺适当性进行警告的义务。[13] 另有观点认为,券商对于与狭义的适当性欠缺者,以及狭义的适当性不能确认的人进行的交易,虽然没有拒绝的义务,但是可以拒绝。[14]

三、网上交易中说明义务的履行

(一)适当性原则与实际说明义务的关系

由于说明义务以顾客对自己的投资承担自我责任为前提,不管是

---

⑪ 参见:[日]上村达男:《证券公司的法的地位(上)》,载《商事法务》第1314号,第16页,缺乏财力的不适格者的情况亦是如此。[日]潮见佳男:《契约法理的现代化》,有斐阁2004年版,第122页。[日]川地宏行:《投资交易中的适当性原则与损害赔偿责任(2、完)》,载《法律论丛》第84卷第1号,第49页。

⑫ 王冷然:《适当性原则与私法秩序》,信山社2010年版,第372页;[日]松冈久和:《消费者法判例百选》,第135页。

⑬ 王冷然:《适当性原则与私法秩序》,信山社2010年版,第373页;[日]山本丰:《契约准备、交涉过程中的法理(2)——适当性原则、助言义务》,载《法学教室》第336号,第103页;另参见金融审议会第一部会:《关于各类投资者的工作委员会报告》,第57页。

⑭ 参见[日]松尾直彦等:《金融商品交易法的行为规范(下)》,载《商事法务》第1815号,第6页。

否有劝诱行为,券商都负有说明义务。金融商品交易法以及金融商品买卖法上的说明义务,都不以券商实施劝诱为前提。

以往的判例,基于诚实信用原则,认为券商有就金融商品、交易的风险进行说明的义务,认为违反该义务将承担基于侵权行为的损害赔偿责任。而且,法院在认定是否违反说明义务时,常常要考虑该顾客的某些特性(知识、经验、财产状况以及投资意向等)是否适当。[15] 根据这些判例,2006 年修正金商法第 3 条第 2 项,作为履行说明义务的方法及程度的解释基准,采用了广义适当性原则的思想,事实上,如果违反适当性原则,产生基于违反说明义务的民事效力(损害赔偿责任)。[16] 同年成立的金融商品交易法,以券商义务的形式,实际上规定了同样的说明义务(金商法第 37 条之 3;金商业府令第 117 条第 1 项第 1 号)。

在这个意义上,投资交易的适当性欠缺者通过互联网进行交易的情况下,其之所以可以受到保护,不是以券商违反适当性原则(狭义的适当性原则),而是通过券商违反说明义务(广义的适当性原则)产生损害赔偿这种形式。

(二)说明义务的履行

由于说明的方法以及程度,法律并没有规定,原则上采用任何一种方法都行,但是考虑到在对面交易时需要采用书面说明,因此有必要采取一些可以得到顾客理解的措施。通过网络进行的非对面交易时,(1)让顾客阅读并确认的页面上显示出来的说明事项的内容;(2)设置在顾客有疑问时能够合理地对应的体制;(3)针对提问频率较高的问题,应该登载在"Q&A"中,这些实务上措施都是必要的。[17] 比如,顾客读

---

[15] 参见:[日]松尾直彦、池田和世:《新金融商品买卖法的逐条解说》,金融财政事情研究会 2008 年版,第 39 页以下。

[16] 参见:[日]池田和世:《金融商品买卖法的改正概要》,载《金融法务事情》第 1779 号,第 54 页。

[17] 金融厅:《要点的概要及金融厅就上述要点的出发点》,2007 年 7 月 31 日,第 389 页以下、672 页以下。另参见关于金融服务的电子交易等行为与监管的研究会:《金融服务的电子交易的发展与监管》,第 19 页。

了页面上显示出来的说明事项,并在理解上述事项的基础上通过点击相关选项等方法,由于顾客确认自己已经理解,可以认为已经履行了说明义务。⑱ 实际上已经有了采取这种态度的判例。⑲

说明义务,重视是否依据了顾客的理解方法、程度这一实质面,并结合个别事件中具体的情况进行实质判断。因此,针对上述(3),如果只是在形式上履行了,还不能说已经合法地尽到了说明义务。相反,即使(2)和(3)欠缺的情况下,也不能当然地说违反了说明义务。比如,对于顾客提问,由于券商的回答内容对该顾客而言是不妥当的,可以说是违反了说明义务。具有仅仅阅读说明事项就可以理解其内容之知识、经验的人,即使券商在其HP中的"Q&A"中没有登载,也不能说就违反了说明义务。此外,如果顾客一开始就理解了交易的内涵、风险,那么即使券商存在违反说明义务的情形,那么该义务违反行为也与损失之间不存在因果关系。

(三)顾客的虚假回答、申告

明明顾客没有充分理解说明事项,比如有可能因为想从事股票信用交易,就点击了"理解了说明事项"之类的回答选项,这是不论在对面交易还是网上交易中都会存在的问题。期待契约当事人之间可以相互告知真实的信息,这在对面交易和网上交易都是相同的。判例中,法院认为,顾客在通过互联网开设股票信用交易账户时,将自己已经理解信用交易的内容以及风险的回答发送给券商的情况下,作为券商,只要不存在应该怀疑该顾客回答的正确性等特殊事由,并相信顾客的回答,就可以认为券商已经尽到了对顾客的必要说明义务。⑳

上述方式同样适用于顾客申告财产等特定事项的情况,如果不能发现顾客在申告时存在特别不自然、不合理的情况,券商通过面谈或者

---

⑱ 参见:金融厅:《面向金融商品交易业者的综合的监督指南》,Ⅲ-2-3-4(1)④。

⑲ 日本大阪高等法院平成21(2009)年9月8日判决,载《金融法务事情》第1937号124页。

⑳ 日本东京地方法院平成21(2009)年5月14日判决,载《判例时报》第2050号114页。

电话进行确认后，就不再有需要另外确认交易适当性的义务。[21]

这样的话，就会存在特定的网上交易中缺乏交易适当性的人，对自己的信息以及理解说明事项上，通过网络对券商发送虚假信息的，并进行交易的情况。这时，对于这些人，即使其基于交易而受到损失，券商也不需要承担基于侵权行为的损害赔偿责任。

与对面交易相比，网上交易中彻底发现顾客的虚假回答、虚假申告，是非常困难的，也正是如此，牺牲网上交易的便捷性，而要求券商课必须积极履行确认义务并不是妥当的。

---

[21] 日本东京地方法院平成21(2009)年5月14日判决，载《判例时报》第2050号114页。

简论日本股份公司的种类股份制度

王作全*

目　　次

一、引言——终于登场的中国种类股份

(一)种类股份及其中国《公司法》的基本态度

种类股份亦称为类别股份,属于公司法针对股份有限公司(以下简称股份公司)股东人数众多且需求多样化,作为发行人的股份公司又希望根据市场竞争需要灵活配置资源等的需求所设计的股份多种类化的一种制度,整体而言,属于股份公司股份制度的重要

* 作者:青海师范大学法学与社会学学院教授。

组成部分。①

中国现行《公司法》，从1993年年底颁布以来，期间尽管经历了1999年、2004年、2005年以及2013年的修正以及修订，②但都对股份公司的种类股份制度未作出具体规定，只是授权国务院就股份公司的种类股份可作出另行规定而已。如《公司法》第131条规定，"国务院可以对公司发行本法规定以外的其他种类股份，另行作出规定"。③

（二）中国对种类股份的谨慎态度及其实践

尽管1993年年底颁布的中国《公司法》就对国务院做出了上述意义上的授权，④但国务院仍然对股份公司发行种类股份采取了比较谨慎的态度。从1993年年底颁布的《公司法》算起，在经历了20年后的2013年11月30日终于发布了《国务院关于开展优先股试点的指导意见》（以下简称《指导意见》，由三部分共16条构成），并责成由中国证券监督管理委员会（以下简称中国证监会）根据公司法、证券法以及本指导意见，制定并发布优先股试点的具体规定。根据国务院的这一授权性安排，中国证券会于2014年3月21日发布了《优先股试点管理办法》（以下简称《试点办法》，由9章共70条构成）。另据介绍，首批选择了中国农业银行、中国银行、浦发银行以及兴业银行四家发展较稳定的银行进行了试点。截至2014年年底四家银行共成功完成了1000亿元

---

① 比如，《国务院关于开展优先股试点的指导意见》（2013年11月30日发布）的序言就明确指出，"开展优先股试点，有利于进一步深化企业股份制改革，为发行人提供灵活的直接融资工具，优化企业财务结构，推动企业兼并重组；有利于丰富证券品种，为投资者提供多元化的投资渠道，提高直接融资比重，促进资本市场稳定发展"。

② 在中国当下的法律术语中，法律个别条款的变动被称为修正，而较大幅度的内容变动被称为修订。就《公司法》而言，因1999年、2004年以及2013年的修改只涉及个别条款的变动，故称为修正，而2005年的修改属于大幅度的内容变动，因而叫作修订。

③ 实际上，中国现行《公司法》除了对记名股票与无记名股票做出了规定外，几乎不涉及其他种类股份。严格来讲，股票的记名与无记名并不是真正意义上的种类股份。所以，可以说，中国现行《公司法》并未对种类股份作出规定。

④ 2005年修改前《公司法》第135条规定，"国务院可以对公司发行本法规定的股票以外的其他种类股票，另行作出规定"。

优先股的首期发行任务。⑤

从国务院的《指导意见》和中国证监会的《试点办法》的规定来看,中国经过20年的探索和准备,所推出的种类股份仅限于内容较复杂的优先股,应该说发达国家公司法所规定的优先股存在一定的差异,其主要内容如下。

1.概念

中国所推出的优先股,是指依照《公司法》,在所规定的普通种类股份之外,另行规定的其他种类股份。其股份持有人优先于普通股东分配公司的利润和剩余财产,但参与公司决策管理等权利受到限制。⑥

2.可发行主体、优先股类型及相关限制

能够发现优先股的只能是上市公司和非上市的公众公司。前者可进行公开发行和非公开发行,后者只能进行非公开发行(《指导意见》第8条、《试点办法》第3条)。

通过公司章程规定,可发行参加型优先股和有限积累型优先股。所谓有限积累型优先股是指其股息只能积累至下一会计年度的优先股(《试点办法》第9条、第11条第2款)。

所设置的限制有:一是试点期间不允许发行在股息分配和剩余财产分配上具有不同优先顺序的优先股,但允许发行在其他条件上具有不同设置的优先股。意味着全面推开后也可发行在股息和剩余财产分配上其优先顺序不同的优先股(《指导意见》第1条第2款、《试点办法》第6条第1款)。二是所发行的优先股不得超过公司已发行普通股份总数的50%,且以此所筹集的资金总额不得超过发行前净资产的50%,但已回购、转换的优先股不纳入计算(《指导意见》第9条、《试点办法》第23条)。三是不管是上市公司还是非上市公众公司,除商业银行外都不得发行可转换为普通股的优先股(《试点办法》第33条、第42条)。⑦ 四是

---

⑤ 参见唐斌、薛成容:《"优先股"试点:观察与思考》,载《当代金融家》2015年第4期。

⑥ 参见《指导意见》第1条、《试点办法》第2条的规定。

⑦ 按照《试点办法》的规定,商业银行可根据商业银行资本监管规则发行附条件的强制转换为普通股的优先股。参见该办法第33条"但书"的规定。

上市公司非公开发行优先股和非上市公众公司非公开发行优先股，只能向不超过200人的规章所规定的合格投资者发行，且相同条款优先股的发行对象累计不得超过200人。尽管公开发行的优先股可在证券交易所交易，上市公司非公开发行的优先股可在证券交易所转让，非上市公众公司非公开发行的优先股可在全国中小企业股份转让系统转让，但交易或者转让的相对人只能是所规定的合格投资者，且交易或者转让后的投资者仍然不多超过200人（《指导意见》第11条，《试点办法》第34条、第43条、第47条、第48条）。⑧

3. 优先股股东的表决权

除规章规定的特别决议事项外，优先股股东不出席股东大会，所持优先股不享有表决权。但公司累计3个会计年度或连续2个会计年度未按约定支付优先股股息的，优先股将恢复表决权。下列事项不仅需要普通股股东（含表决权恢复的优先股股东）所持表决权的2/3以上通过的决议，同时需要出席会议的优先股股东（不含表决权恢复的优先股股东）所持表决权的2/3以上通过的决议，确立了某种意义上的种类股东决议制度。这些事项是：（1）修改公司章程中与优先股相关的内容；（2）一次或累计减少公司注册资本超过10%；（3）公司合并、分立、解散或变更公司形式；（4）发行优先股；（5）公司章程规定的其他事项（《指导意见》第5条、第6条，《试点办法》第10条）。

4. 对优先股的期望功能

可以作为并购重组的支付手段发行优先股，上市公司既可以非公开发行的优先股作为支付手段向公司特定股东回购普通股份，并以减少注册资本为目的，以非公开发行的优先股作为支付手段向公司特定

---

⑧ 《试点办法》第65条规定的合格投资者包括：（1）经有关金融监管部门批准设立的金融机构，包括商业银行、证券公司、基金管理公司、信托公司和保险公司；（2）上述金融机构面向投资者发行的理财产品；（3）实收资本或实收股本总额不低于人民币500万元的企业法人；（4）实缴出资额总额不低于人民币500万元的合伙企业；（5）合格境外机构投资者（QFII）、人民币合格境外机构投资者（RQFII）、符合国务院相关部门规定的境外战略投资者；（6）除发行人董事、高级管理人员及其配偶以外的，名下各类证券账户、资金账户、资产管理账户的资产总额不低于人民币500万元的个人投资者；（7）经中国证监会认可的其他合格投资者。

股东回购普通股份,而且还可以公开发行的优先股作为支付手段,以减少注册资本为目的回购普通股份。还可以优先股为支付手段而购买资产。另外,上市公司的收购要约也适用于被收购公司的优先股股东,只不过需要对优先股股东提出不同于普通股的收购条件而已(《指导意见》第13条、《试点办法》第54~58条)。

5. 对上市公司公开发行优先股的特别规定

一是上市公司公开发行优先股应当符合以下情形之一:(1)其普通股为上证50指数成分股;⑨(2)以公开发行优先股作为支付手段收购或者吸收合并其他上市公司;(3)以减少注册资本为目的回购普通股的,可以公开发行优先股作为支付手段,或者在回购方案实施完毕后,可公开发行不超过回购减资总额的优先股(《试点办法》第26条)。二是上市公司公开发行优先股须在公司章程中对下列事项作出规定:(1)采取固定股息率;(2)在有可分配税后利润的情况下必须向优先股股东分配股息;(3)未向优先股股东足额派发股息的差额部分应当累计到下一会计年度;(4)优先股股东按照约定的股息率分配股息后,不再同普通股股东一起参加剩余利润的分配。但商业银行发行优先股用以补充资本的,可就上述的(2)和(3)项作出不同约定(《试点办法》第28条)。三是上市公司发行优先股(含非公开发行)可实行一次性申请核准分期发行的制度,但首次发行必须在中国证监会核准之日起6个月内进行,且发行量不得少于发行总数的50%,其余须在24个月内发行完毕(《试行办法》第40条)。

(三)小结

从上述的优先股发行制度安排来看,一是对种类股份的理解比较狭窄,只停留在普通股与优先股的区别上,这种做法很难体现种类股份制度的宗旨(满足股东的多样需求和公司多手段融资的需求);二是对种类股份仍然采取十分谨慎的态度,表现在对可发行主体、发行条件、股份的可变换性、可发行总数以及可认购人资格等作出了种种限制性

⑨ 上证50指数成分股是指根据其股份在上海证券交易所交易的规模、质量以及交易的流动性等所选出的在上海证券市场最具影响力的50家大型企业的股份。也就是说,只有这50家企业内的企业可发行优先股是上市公司发行优先股的条件之一。

规定，与种类股份制度满足股东多样需求和发行人多手段融资，并能实现股份多样化的宗旨保持了一定的距离；三是从发行人须确定股息率，并只要存在可分配税后利润必须分配股息，以及原则上禁止可转换为普通股等制度设计来看，过于强调优先股的债权性质，将其设计成更利于上市公司融资的一种金融工具，而忽视了优先股的股权性质和对股东权益的保护，不利于调动股东投资的积极性。⑩

相比较而言，经历了百余年历史积累的日本公司法，在十分明确的制度宗旨指引下，设计了内容十分丰富的种类股份制度，极大地促进了股份证券市场的多样化发展，是公认的种类股份制度最为发达的国家之一。掌握其主要内容，或许对我国种类股份制度的建立健全具有重要借鉴意义。

二、与现实需求紧密相关的日本种类股份制度

考虑到作为股份公司成员的股东，同样存在各种经济利益以及支配公司的需求，公司自身也存在能够进行灵活融资的需求。⑪ 所以，日本公司法作为制度安排认可公司就一定事项⑫可发行权利内容等不同的股份。按照日本公司法第 108 条第 1 款的规定，股份公司可就下列事项发行其权利内容等不同的股份。这些事项是：(1)利润分配；(2)剩余财产分配；(3)在股东大会可行使表决权的事项；(4)通过转让取得相关股份时需要公司的同意；(5)股东可向公司请求取得相关股份；(6)公司

⑩　正因如此，有学者对进一步改进和完善银行优先股发行提出如下建议：一是可考虑推进优先股的市场化、常规化发行；二是重视投资者教育，准确认识银行优先股资本属性；三是充分揭示风险，推动银行优先股定价向合理水平回归；四是进一步促进投资者多元化，鼓励第一大股东认购。详见唐斌、薛成容：《“优先股”试点：观察与思考》，载《当代金融家》2015 年第 4 期。

⑪　普遍认为，种类股份制度，实际上是日本公司法为股份公司通过股份实现融资以及公司支配关系多样化所设计的制度体系。参见［日］神田秀树：《公司法》（第 16 版），弘文堂 2014 年版，第 73 页。

⑫　需要注意的是，按照日本公司法的制度设计，公司是否要发行种类股份完全属于公司的自治行为，但对何种事项公司可对股东的权利作出不同规定，应该说在日本实现了严格的法定化。详见日本公司法第 108 条第 1 款的规定。

可以一定事由发生为条件取得相关股份;(7)公司可通过股东大会决议取得全部相关种类股份;(8)在股东大会、董事会决议的全部事项中,除了这些机关的决议外还需要由相关种类股东组成的种类股东大会(以下简称种类股东大会)决议的事项;(9)在种类股东大会上任免董事、监事。其中,按照日本公司法的规定,不允许指名委员会等设置公司和公开公司发行上述(9)所述的这类种类股份。

简单地说,在日本,种类股份就是根据这些事项股东行使不同权利所形成的股份种类,这种通过章程规定要发行其权利内容不同的2种以上股份的公司也就成了日本公司法所定义的"种类股份发行公司"。[13] 以此形成了日本公司法上的种类股份制度。

从制度的历史沿革来看,尽管日本从1899年(明治32年)颁布实施的现行商法开始就已经规定了种类股份制度,但除了上市公司只利用了有关利润分配以及剩余财产分配的优先股(无表决权)制度外,在漫长了的历史发展中种类股份制度几乎没有得到很好地发展和普及。只是到了20世纪末21世纪初,由于在公司制度的实际运行中,出现了如下的客观需求,才促使种类股份制度得到一定的发展,逐步形成上述日本公司法上的种类股份制度。简要地说,对建立种类股份制度的现实需求,主要来自于以下三个方面:一是上市公司出现了"特定业绩联动股份"等新的股份形态,需要法律作出明确规定;二是作为防范公司敌对收购对策的附拒绝权种类股份等备受关注,需要法律给出的必要回应;三是风险投资创业企业等封闭型公司对不按持股数配置董事等的经营者特别选任权有着强烈需求,从支持中小企业发展的角度,需要法律给予必要的关注。正是基于对上述这些客观需要的认识和判断,日本通过2001年、2002年的商法修改以及2005年的新公司法制定,对商法上早已存在的有关种类股份的规定进行了较大幅度的修改和整理,逐步建立了现行日本公司法上的股份种类制度。

还需要注意的是,由于各类股份的权利内容不同,各种类股东间的

---

[13] 《日本公司法》第2款第13项规定:"所谓种类股份发行公司,是指就利润分配以及本法第108条第1款所列事项发行权利内容不同的2种以上种类股份的股份公司。"

权利就会出现差异,但公司只能作为一个整体运行。所以,就有必要设置专门的制度用来调整股东间的权利差异,保证公司正常运行,成为各类股东权利的集合体。再说,由于种类股份的存在,不管制度如何设计,都很难避免因某类股份权利内容的调整会给其他种类股份的股东造成损害的风险。日本公司法为了有效调整种类股份制度下股东间的权利关系,同时防范种类股东造成损害,所建立的主要制度就是所谓的种类股东大会制度。[14] 日本公司法所建立的种类股东大会制度,简单地说,就是公司要实施某些与种类股东权利相关的行为等时,需要取得种类股东大会决议的制度。其最大特点在于对这些行为或者事项,原则上实现了严格的法定化,并考虑到公司经营发展所需要的灵活性等,有条件地赋予了公司通过章程规定的方式可排除种类股东大会决议的自治权。

三、股东权利内容各异的日本种类股份

日本公司法为了建立既能满足股东多元需求又能保证发行公司灵活融资的种类股份制度,精细地设计了如下股东权利内容各不相同的种类股份。

(一)就利润以及剩余财产分配其权利内容不同的种类股份——优先股份、劣后股份及普通股份

日本公司法规定,公司通过章程规定就利润以及剩余财产分配发行权利内容不同的股份(见该法第108条第1款第1、2项)。其中,比其他股份的股东享有优先接受利润等分配权利的股份就叫作优先股份,相反,股东不享有这种权利,而只能在其他股份之后接受利润等分配的股份就是劣后股份,也称为后配股份,[15]其处于标准状态的股份

---

⑭　但日本的公司法学者对公司法建立这项制度的必要性,有的学者侧重强调该制度对股东间权利调整的功能,而有的学者则强调了制度防范种类股东利益受损的作用。前者参见:[日]神田秀树:《公司法》(第16版),弘文堂2014年版,第76页。后者参见:[日]龙田节:《公司法大要》,有斐阁2007年版,第281页等。

⑮　据介绍,这些种类股份中的劣后股份,在公司进行重建时往往由与公司处在特别关系地位中的当事人接受,此外,在政府与民间共同出资的公司中,政府股份往往采取劣后股份的形式。详见:[日]江头宪治郎:《股份公司法》(第5版),有斐阁2014年版,第139页注(1)。

就是普通股份。[16]

从发行程序来看,日本公司法明确规定,股份公司要发行这种意义上的种类股份尤其是优先股份时,须通过章程对利润以及剩余财产分配的内容,即给这类股东要交付的财产、剩余财产价额的决定方法以及进行利润分配的条件以及可发行种类股份的总数等作出规定。另外,种类股份的内容以及可发行种类股份总数属于登记事项,[17]须按法律规定进行登录。还须在股东名册、转账账户簿、申请募集股份时的通知以及股票上对两者或者其中一项进行记载。[18]

此外,公司章程还需要对利润分配中属于参加型以及非参加型、累积型以及非累积型、优先权的存续期间以及有关剩余财产分配中优先额度等作出规定。以此又可将优先股份划分为参加型与非参加型优先股份、累计型与非累计型优先股份。为了保证公司能够更加灵活地发行优先股份,日本公司法还对发行该类种类股份的决策机制作出了灵活规定。[19]

需要注意的是,在优先股份和普通股份并存的情况下,即便公司章程上没有相应的规定,公司对(1)股份合并以及分割;(2)股份以及新股预约权的无偿配置;(3)募集股东配股权股份以及新股预约权;(4)公司合并、吸收分立、新设分立、股份交换以及股份移转这四种情形,可因股份种类而进行不同处理。[20] 否则,因已发行股份总数的增减使某种类股

---

⑯ 比如,就利润分配可优先接受其分配,而对剩余财产分配只能在其他股份之后接受分配等,将这种在某方面享有优先分配权而在另一方面又处在劣后地位上的股份叫作"混合股份"。[日]前田庸:《公司法入门》(第12版),王作全译,北京大学出版社2012年版,第75页注释①。

⑰ 详见:日本公司法第108条第2款第1项以及第911条第3款第7项等的规定。

⑱ 详见:日本公司法第121条第2项、第203条第1款第4项以及《公司债券、股份等转账法》第129条第3款第2项的规定。

⑲ 详见:日本公司法第108条第3款的规定。另外,根据日本公司法第416条第4款、第399条之13第5、6款的规定,在董事会设置公司时由股东大会或者董事会决定,在指名委员会等设置公司时甚至可委托给执行官作出决定等。

⑳ 有关这四种情形的相关规定,详见:日本公司法第180条第2款第3项、第183条第2款第3项、第186条第1款第3项、第202条第1款第1项、第241条第1款第1项、第278条第1款第4项、第749条第2款、第751条第2款、第753条第3款、第768条第2款、第770条第2款、第773条第3款等的规定。

份的股东遭受损害。比如,将优先股份与普通股份按照相同比例合并时,优先股的利润优先分配总额就会减少,优先股股东就会遭受损害。

还有一种叫做“利润分配与子公司业绩联动股份”,不少学者将其归类为与利润以及剩余财产分配相关的其他种类股份,但存在争论。[21]

更需要注意的是,2005 年日本制定现行公司法时,废除了实施几十年的《有限公司法》,将日本大量存在的有限责任公司作为股份公司的一种形态,实现了有限责任公司与股份公司在新公司法框架内的统一。为了保障既存的有限责任公司也能在股份公司制度下的存续和发展,日本现行公司法大胆地继受了旧有限公司法的制度,结合种类股份制度,创设了在利润以及剩余财产分配、表决权行使方面更加独特的一类种类股份。由于这类种类股份与股东是谁这种属人性密切相关,所以多被称为“属人性种类股份”。[22] 具体而言,日本公司法明确规定,公司为非公开公司,即全部股份转让受限公司时,就股东接受利润分配的权利、接受剩余财产分配的权利以及在股东大会上的表决权这三项权利,可通过章程规定的方式对不同股东采取不同待遇。[23]

(二)就股东大会决议事项可否行使表决权的种类股份——表决权受限股份

根据日本公司法第 108 条第 1 款第 3 项的规定,公司通过章程规定的方式就股东大会可行使表决权的事项做出不同规定,从而形成就这些事项表决权内容各异的股份。比如,公司可通过章程规定,某类股份对股东大会所有决议事项均可行使表决权,这类股份就成了“表决权行

[21] 有观点认为这种股份尽管也是一种种类股份,但存在当子公司利润分配为零时,其他股东照样能够得到利润分配等的情况,所以这种与子公司等业绩联动股份并不是有关利润分配的优先股份。详见:[日]江头宪治郎:《股份公司法》(第 5 版),有斐阁 2014 年版,第 144 页注(12)。

[22] 日本多数学者将这种特殊的种类股份制度一般称为“有关股份转让受限公司的属人性规定”,或者“有关股份转让受限公司的属人性对待”,都强调了这种制度安排与传统股份公司法注重“股份平等”的不同做法。详见:[日]前田庸:《公司法入门》(第 12 版),王作全译,北京大学出版社 2012 年版,第 70 页;[日]江头宪治郎:《股份公司法》(第五版),有斐阁 2014 年版,第 167 页等。

[23] 详见《日本公司法》第 109 条第 2 款以及第 105 条第 1 款的规定。

使普通股份”,而其他种类股份对所有决议事项都不享有表决权,这类股份就会成了“完全无表决权股份”,或者规定仅对一定事项享有表决权等。将“完全无表决权”股份以及仅对某些事项享有表决权的股份统称为“表决权受限股份”。

作为该类种类股份发行的程序,日本公司法规定,公司须通过章程对(1)在股东大会上可行使表决权的事项,(2)对相关种类股份规定了行使表决权的条件时该条件,(3)可发行种类股份的总数等,作出明确规定(见该法第108条第2款本文以及本款第3项的规定)。

需要注意的是,对于上市公司能否适用公司法有关表决权受限股份制度的问题,尽管有立法论认为如果认可就会造成强化经营者支配公司的结果,但在现实中对上市公司的这类股份,同样存在股份时价降低时希望相应地提高利润分配率的投资需求。所以,日本公司法最终选择了包括上市公司的所有股份公司都适用该项制度的判断。只是从需要防范公司经营者以及少数“表决权普通股份”的股东等利用该制度控制公司现象的出现,日本公司法对以上市公司为代表的公开公司做出了必要规制。即日本公司法规定,在公开公司的情况下,当表决权受限股份数超过已发行股份总数的1/2时,公司必须立即采取将其降至1/2以下的措施(第115条)。㉔

(三)就通过转让取得股份是否设置限制的种类股份——转让受限股份

根据日本公司法的规定,股份公司通过章程规定的方式,就本公司股份通过转让取得时需要征得该公司的同意,㉕从该角度可发行与公司其他股份内容不同的股份,公司以这种方式所发行的股份,即其转让需要取得

㉔ 详见[日]前田庸:《公司法入门》(第12版),王作全译,北京大学出版社2012年版,第78页。

㉕ 需要注意的是,按照《日本公司法》的制度设计,不是对股份转让本身表达是否同意,而是对通过转让取得股份并成为公司股东是否同意的意见表达。所以,有观点就明确指出,“股份移转行为的效力,与公司是否同意无关,不得否认。只是通过转让的股份取得者可否向公司主张作为股东的地位这一点上需要公司的同意。如果未取得这种同意,公司就可正当拒绝其的名义变更请求”。[日]近藤光男:《最新股份公司法》(第7版),中央经济社2014年版,第62页。

该公司同意的股份就是转让受限股份。[26] 换言之,日本公司法允许将转让受限股份或者就股份转让是否受限的差异作为股份的种类进行处理。

其实,通过章程规定的方式限制股份转让的制度,日本商法早在1966年(昭和41年)通过修改就建立了该项制度。与当时商法的制度相比,现行公司法不仅将转让受限股份作为股份的一种类别进行对待,而且明确规定,仅对所发行股份的部分股份未设置转让限制的公司仍然是公开公司,以这种方式进一步明确了相关的法律关系。在日本,股份公司只有将所有股份都规定为转让受限股份时才能成为该法所说股份转让受限公司。所以,需要关注的是仅对部分股份转让设置限制使其成为转让受限股份时所遇到的特殊问题。

一是公司发行种类股份后拟设置股份转让的限制时,按照日本公司法的规定,除了履行通常的章程变更程序外,[27]还需要取得设置转让受限的种类股份,以及与有可能交付该种类股份的附取得请求权股份、附取得条件股份相关的种类股东大会的决议。[28] 对于这种情况下的反对股东以及拟取得这类股份的新股预约权人,日本公司法赋予了股份回购请求权,以此加强对股东权以及相关权利人权利的法律保护力度。

二是仅对所发行的部分股份设定转让限制的公司仍属于日本公司法所规定的公开公司(第2条第5项)。所以,对于发行该类股份时的股份募集事项,原则上(公司章程排除种类股东大会决议程序)由董事会行使决定权。

总之,转让受限股份的转让,在多数情况下对控制公司具有重大影响,到底应由公司的何种机关掌握该决定权限对利益相关者来说比较重要。所以,如果希望与该种类股份相关的种类股东大会通过决议进行决定的,有必要在章程中作出明确规定。[29]

㉖ 见《日本公司法》第107条第1款第1项、第108条第1款第4项的规定。

㉗ 有关章程变更程序等,见日本公司法第466条、第309条第2款第11项等的规定。

㉘ 详见《日本公司法》第111条第2款、第324条第3款第1项的规定。

㉙ 只不过在赋予转让受限股东接受募集股份配股权利的方式进行募集时,不需要种类股东大会的决议,可由董事会作出决议(第202条第3款第3、5项)。如果就是这种情况下也想让转让受限股东表达其意思,需要将这类股份设定为附拒绝权种类股份(第108条第1款第8项、第323条)。详见[日]江头宪治郎:《股份公司法》(第5版),有斐阁2014年版,第149页注(16)。

(四)股东是否享有请求公司取得其股份权利的种类股份——附取得请求权股份

日本公司法规定,股份公司可发行以股东向公司请求取得自己所持有的股份为内容,从而其权利内容不同于公司其他股份的股份,即附取得请求权股份,而且公司可将其所有股份确定为内容相同的这种股份(意味着也可将部分股份作为这种股份)。即公司通过章程规定的方式所发行的赋予股东取得请求权的股份就是所谓的附取得请求权股份。[30]

从日本商法的相关制度沿革来看,在2005年现行公司法制定前的商法中,就有"偿还股份"以及"附转换预约权股份"两种与这里所说的附取得请求权股份相类似的制度。"偿还股份"也被称为"义务偿还股份",即是一种股东可请求公司购买或者以公司利益注销的股份。当股东进行请求时,公司需向股东交付现金。而"附转换预约权股份"是一种股东请求转换时向股东交付其他种类股份的股份。2005年制定的现行日本公司法对商法已有的这两种股份制度进行了较好的整合,取消了二者间存在的上述区别等,将二者统一为现行的"附取得请求权股份"制度了。

从发行程序以及发行效果来看,公司发行这类股份时,须在章程规定如下事项:(1)股东可请求公司取得该类股份的意思,(2)公司取得该类股份作为1股对价交付给股东的对价内容、数额或者其计算方法,[31](3)股东可向公司进行请求的期间。同时,日本公司法对公司发行这类种类股份的财源做出了必要的规制。即该法明确规定,如果公司在这种情况下作为对价的内容属于该公司其他种类股份以外的财产,并且该对价财产的账簿价额超过了请求日公司的可分配额时,与章程的规定如何无关,股东不得向公司请求该类股份的取得。[32]

---

[30] 有关附取得请求权股份的基本规定,见日本公司法第108条第1款第5项、第107条第1款第2项的规定。

[31] 按照《日本公司法》的规定,该对价的标的物可以是公司债券、新股预约权、附新股预约权公司债券以及现金等。当然也可以是该公司的其他种类股份,详见该第107条第2款、第108条第2款等的规定。

[32] 见《日本公司法》第166条第1款"但书"的规定。另参照该法第465条第1款第4项的规定。

从股东行使该请求权的法律效果来看，该类请求权属于典型的形成权。[33] 所以，公司须在股东请求日取得所请求股份，从而构成公司取得自己股份的一种重要形态。而根据公司交付的对价物，请求股东在该请求日就会成为公司债券权利人、新股预约权人、附新股预约权公司债券权利人或者股东等。[34]

（五）公司享有强制取得权的种类股份——附取得条款股份

简单来说，与上述的附取得请求权股份不同，这是一种以一定事由发生为条件，不是股东而是公司享有股份取得权的股份，故也将其称为"强制取得股份"。[35] 从日本公司法的规定来看，公司在有条件可强制取得相关股份的这一点上，可发行与其他股份权利内容不同的股份，并且将所有股份都可作为权利内容相同的附取得条款股份进行发行（意味着也可将部分股份作为这类种类股份）。这种通过章程规定以一定事由发生为条件公司可取得自己股份的方式所发行的股份就是所谓的附取得条件股份。[36]

实际上，在2005年制定现行公司法前的商法中，作为偿还股份的一种，存在被称为"强制偿还股份"和公司享有转换权的"附强制转换条款股份"的制度。[37] 在制定现行公司法时，将前者理解为以现金为对价的附取得条款股份，而将后者理解为以交付公司其他股份为对价的附取得条款股份，以此理解进行了必要的整合，将二者在现行公司法中统一规定为"附取得条款股份"制度了。[38]

按照日本公司法的规定，股份公司发行该类股份时，须在章程上对

---

[33] 参见［日］神田秀树：《公司法》（第16版），弘文堂2014年版，第80页；［日］江头宪治郎：《股份公司法》（第五版），有斐阁2014年版，第152页。

[34] 详见《日本公司法》第1167条第2款以及公司债券、股份等的转账法第156条第2、3款的规定。

[35] 参见［日］神田秀树：《公司法》（第16版），弘文堂2014年版，第80页。

[36] 《日本公司法》有关这类种类股份的基本规定，详见该法第108条第1款第6项、第107条第1款第3项以及第2条第19项、第168～170条的规定。

[37] 有关"强制偿股份"的规定，见2005年修改前商法第222条第1款第4项等的规定，有关"附强制转换条件股份"的规定，见该法第222条之8～10等的规定。

[38] 参见［日］神田秀树：《公司法》（第16版），弘文堂2014年版，第81页。

下列事项作出规定。(1)在一定事由发生之日公司取得该股份的意思以及该事由;(2)如果在上述日期只取得部分股份时,该意思以及所要取得的该部分股份的决定方法;(3)公司作为在上述日期取得股份时作为1股的对价交付给该股东的对价内容、数额或者算定方法。另外,这类种类股份属于赋予公司强制取得权的股份,因而法律并不要求股东大会的决议,也未规定保护股东利益的股份回购请求权等的救济措施。所以,公司以设立时的原始章程规定的方式进行时另当别论,如果对已发行股份在章程上要作这种规定,或者对这种规定要进行变更时,不仅须履行通常的章程变更的法定程序,而且须取得持有这类股份的全体股东的同意。㊴

另外,这类股份属于公司享有强制性取得权的股份,公司通过章程等所规定的作为取得条件的"一定事由"(含一定日期的到来),对于相关股东作出投资判断等极为重要。所以,日本公司法为了保障相关股东的知情权,对公司的通知或者公告义务作出了明确规定。㊵

从公司行使权利取得该类股份的效果看,公司在上述的"一定事由发生日"取得对象股份,并构成自己股份取得的一种形态。而对象股份的股东就会根据公司交付的对价物而成为公司债券权利人、新股预约权人、附新股预约权公司债券权利人(债权人兼新股预约权人)或者股东。此外,日本公司法同样对附取得条款股份的取得规定了财源限制。

(六)通过股东大会特别决议公司享有强制取得权的种类股份——附全部取得条款股份

按照日本公司法的规定,所谓附全部取得条款股份,是指公司通过章程规定公司可通过股东大会的特别决议取得其全部股份的种类股份就叫做附全部取得条件种类股份。公司要发行该类股份时,须在章程上规定下列事项:1. 该类股份的可发行总数,2. 取得对价的决定方法,

---

㊴ 章程变更的法定正常程序,见日本公司法第466条、第309条第2款第11项的规定。有关相关股份全体股东同意的规定,见该法第110条、第111条第1款的规定。

㊵ 上述有关保障股东等知情权的公司的通知以及公告义务的规定,详见《日本公司法》第170条第3款、第4款,第168条,第169条,第219条第1款第4项等的规定。

3. 如规定了相关股东大会能否进行决议的条件时该条件。[41]

对于日本现行公司法创立该种类股份制度的宗旨，一般认为在现行日本公司法制定以前，就存在以公司处在破产状态为要件的所谓的“100%减资”概念，是一种谋求公司得以重整的手段。具体做法是，当公司业绩恶化处于破产状态时，对于股东而言公司价值几乎变为了“零”。这时公司往往会注销既存的所有股份，实现100%减资。同时针对投资基金以及金融机构等发行新股，以此募集公司资本，实现公司重整。但在日本公司法制定前，日本商法并未对此作出明文规定。所以，在当时情况下，濒临破产的公司要想进行所谓的“100%减资”，一般的解释是，利用公司更生程序以及民事再生程序等方式进行时须要取得全体股东的同意，[42]显然欠缺其灵活性而存在极大不便。制定现行日本公司法时，考虑到这种现实必要性，通过上述“附全部取得条款股份”制度的创立，以股东多数决议的方式将上述含义的“100%减资”变为了有法律依据并增强了可操作性的制度。[43]

另外，由于日本公司法所创立的“附全部取得条款股份”制度并不以公司濒临破产状态为要件，所以，从该项制度的现实利用情况看，普遍认为附全部取得条款种类股份制度在公司公开收购中，特别在所谓的“MBO(managemaent boyout)”方式的公司收购中，[44]作为剔除残存少

---

[41] 《日本公司法》有关该种类股份的主要规定，见该法第108条第1款第7项、第2款第7项以及第171~173条之2的规定。

[42] 参见《日本公司更生法》第174条之2、第214条，《日本民事再生法》第154条第3款、第161条、第166条以及第183条的规定。

[43] 参见[日]神田秀树：《公司法》(第16版)，弘文堂2014年版，第85页、第86页注1；[日]近藤光男：《最新股份公司法》(第7版)，中央经济社2014年版，第68页。

[44] 所谓的“MBO(managemaent boyout)”方式的公司收购，亦称为“经理人收购”，多指上市公司的经理人等，通过从有实力的投资基金以及金融机构获得资金，并以公开购买股票方式获取公司支配权后，让该公司退出证券交易市场，实现该公司的非市场化，再用若干年时间竭力提高公司的市场价值，通过重新上市，实现公司再次市场化的一种战略经营手段。参见[日]神田秀树：《公司法》(第16版)，弘文堂2014年版，第86页注2。另外，从日本有关“MBO”的相关案例看，公司利用“MBO”时，公司的经营者(含监事)负有保证公司价值公正变动的义务(提高公司价值)，否则须承担违反善管注意义务的责任。参见[日]近藤光男：《最新股份公司法》(第7版)，中央经济社2014年版，第70页。

数股东的手段被利用的情况较多。具体而言,在公司的公开收购事案中,公开收购人通过公开购买股份的方式取得对象公司的支配权后,将对象公司的已发行股份通过章程规定(包括变更)的方式变为该类种类股份,之后再以股东大会特别决议的方式让该对象公司取得该种类股份,以此方式剔除公开收购者以外的残存少数股东,实现将对象公司完全子公司化的目的。[45] 此外,公司拟将已发行的其他种类股份变更为附全部取得条款种类股时,除了履行通常的章程变更程序外,还须取得相关种类股东大会的决议。[46] 公司根据需要取得该类股份时,须履行如下程序:一是将有关文件置于公司本部,供股东阅览;二是按照章程规定的决定方法决定取得价额;三是董事在股东大会履行取得该种类股份的必要理由说明义务的基础上,股东大会对下列事项作出特别决议:(1)取得对价的内容、数额或者算定方法;(2)有关对股东进行取得对价分配的事项;(3)取得日。[47]

由于附全部取得条款股份制度的具体实施,不仅直接涉及被剔除的残存少数股东的利益,也存在对特别决议投了反对票的股东的利益。所以日本公司法通过规定事前与事后公示制度、公司的通知与公告义务以及反对股东的股份回购请求权等方式加强了对相关股东利益的保护力度。

(七)依据章程需要种类股东大会决议的种类股份——附拒绝权种类股份

日本公司法规定,股份公司可通过章程规定,股东大会的决议事项在普通股东大会的决议外如果未取得相关种类股东大会的决议就不能发生效力。公司依据章程的这种规定所发行的、与其他股份权利内容不同的股份就是这类种类股份。由于从本质等于给该类种类股份的股东赋予了某种意义的拒绝权,故将这类股份称为"附拒绝权种

---

[45] [日]江头宪治郎:《股份公司法》(第5版),有斐阁2014年版,第159页。

[46] 详见《日本公司法》第466条、第309条第2款第11项、第111条第2款等的规定。

[47] 这些程序,详见《日本公司法》第171条第1、3款、第171条之2、第172条第2、3款、第309条第2款第3项的规定。

类股份”。[48] 加之这类种类股份制度具有被作为敌对收购防止手段利用的价值,所以也被称为“黄金股”。[49]

按照日本公司法的规定,股份公司发行附拒绝权种类股份时,须通过章程规定如下事项:(1)在股东大会等的决议外还需要相关种类股东大会决议的事项;(2)规定了需要种类股东大会决议的条件时该条件;(3)可发行种类股份总数。

对于附拒绝权股份制度的利用价值,学者们普遍认为应该是一项对合资公司、风险投资创业企业等具有广泛使用价值的制度。比如,在这些公司企业的情况下,可将代表董事的选任、股份以及公司债券的发行以及合资投资契约书的记载事项等,可通过章程规定为需要该类种类股东大会决议的事项,即可以拒绝的事项。另外,认为公司经营层等也可将该项制度作为防范敌对收购对策加以利用。

(八)由种类股东大会任免董事、监事的种类股份——董事、监事任免种类股份

按照日本公司法的规定,全部股份转让受限公司可通过章程规定由相关种类股东大会任免董事、监事。公司根据章程的这类规定所发行的就董事、监事的任免其权利内容不同的股份就是所谓的董事、监事任免种类股份。另外,根据日本公司法的规定,当股份公司发行了这类种类股份时,一般都会以各种类股东大会为单位任免董事以及监事,原则上公司的普通股东大会不再任免董事以及监事(见该法第 347 条以

---

[48] 有关附拒绝权种类股份的基本规定,见《日本公司法》第 108 条第 1 款第 8 项、第 2 款第 8 项以及第 323 条的规定。其中,第 323 条本文就明确规定,“在种类股份发行公司时,作为某类股份的权利内容,如果规定对股东大会等理应决议的事项,除了该股东大会等的决议外还需要由该种类股份的股东组成的种类股东大会的决议的,公司如果不按照章程的这类规定,在股东大会、董事会或者清算人会的决议外取得由该种类股份股东组成的种类股东大会的决议的,有关这类事项的决议就不发生效力”。

[49] 参见[日]前田庸:《公司法入门》(第 12 版),王作全译,北京大学出版社 2012 年版,第 85 页;[日]近藤光男:《最新股份公司法》(第 7 版),中央经济社 2014 年版,第 71 页。

及第329条第1款的规定)。[50]

需要注意的是,以这种方式选任的董事等对公司所要承担的义务、责任以及任免决议的形成要件、种类股东大会的召集程序等,与普通股东大会的情形相同。[51]

对于创设该项种类股份制度的由来,有观点认为,日本是在仿照美国制度的基础上,通过2002年(平成14年)商法修改对此项制度做出了明确规定,2005年制定的日本公司法继受了该项制度。[52] 因为从公司制度的现实发展看,特别是在风险投资人以及合资经营公司的情况下,不仅存在着风险投资人需要向投资对象公司输送代表自己的董事等的必要,而且合资经营公司的各出资方也需要根据自己的投资比例以及对公司业务的干预程度输送董事等的强烈需求。在现实操作中,在投资人(股东)间往往已存在此类内容的投资契约等。日本公司法就是为了适应这种需要,并为业已存在的该类投资契约等提供法律制度保障而导入了该项种类股份制度。[53]

股份公司拟发行该种类股份时,须在通过章程对下列事项作出规定:(1)由相关种类股东大会任免董事或者监事之意思以及可任免的董事、监事数;(2)如果决定就可任免的全部或者部分董事、监事与其他种类股东共同进行的,该其他种类股东持有的股份种类以及共同任免的董事数等;(3)对前两项事项规定了变更条件时该条件以及该条件成就时变更后的该两项事项;(4)其他法务省令规定的事项;[54](5)可发行种

---

[50] 比如,某股份转让受限公司可通过章程作出如下规定,即公司共发行10万股,其中A种类股份5万股,B种类股份3万股份,C种类股份2万股。并规定公司共设5名董事,由A种类股份的股东选任3名,B种类股份的股东选任2名,C种类股份的股东不选任董事,等等。详见[日]前田庸:《公司法入门》(第12版),王作全译,北京大学出版社2012年版,第87页。

[51] 详见日本公司法第347条第1款等的规定。

[52] 详见[日]江头宪治郎:《股份公司法》(第五版),有斐阁2014年版,第165页。

[53] 详见[日]近藤光男:《最新股份公司法》(第七版),中央经济社2014年版,第71页。

[54] 主要指的是通过这种方式选任独立董事以及独立监事时的必要事项。详见《公司法施行规制》第19条的规定。

类股份的总数。[55]

此外，对于董事等出现缺员的情形，日本公司法作为对策明确规定，出现这种情形公司又无法按章程有关董事等任免种类股份制度的规定补选缺员董事等时（比如因股份流转某种类股份不复存在等），章程的这类规定就会被视为废止（见该法第 112 条的规定）。还有，如上所述，该类种类股份制度主要是针对全部股份转让受限公司所创立的制度，所以，日本公司法同时规定，已在章程上规定发行这类股份的公司，一旦为了将公司调整为公开公司而变更章程时，以上述方式选任的董事等的任期，在该章程变更生效时届满。[56]

对于日本公司法为何禁止全部股份转让受限公司以外的公司，尤其是指名委员会等设置公司以及公开公司发行这类任免董事等的种类股份的问题，[57]学者们认为，在指名委员会等设置公司的情况下，按照日本公司法第 404 条第 1 款的规定，由该指名委员会享有对董事等选任、解任议案内容的决定权，显然这与由种类股东大会任免董事等的种类股份制度是相互矛盾的。而在公开公司的情况下，如果允许发行这类种类股份，就有可能出现一小部分股东垄断董事任免等的风险。[58]

四、结语

种类股份制度的宗旨就在于满足股东日益多样化的需求以及股份公司灵活融资且可多手段整合资源的需求。为充分实现种类股份制度的这一重要宗旨，股份公司的股份必须实现多种类化。如上所述，划分种类股份的标准就是股东对所持股份享有的权利。换言之，对所持股份享有的权利不同，股东所持股份也就被划分为不同的种类。以此标

---

[55] 详见《日本公司法》第 108 条第 2 款本文、第 2 款第 9 项等的规定。

[56] 详见《日本公司法》第 332 条第 7 款第 3 项、第 336 条第 4 款的规定。

[57] 详见《日本公司法》第 108 条第 1 款“但书”的规定，即该“但书”明确规定，“指名委员会等设置公司以及公开公司，不得发行对下列第 9 号所列事项作出规定的种类股份”。

[58] 参见［日］近藤光男：《最新股份公司法》（第 7 版），中央经济社 2014 年版，第 72 页；［日］前田庸：《公司法入门》（第 12 版），王作全译，北京大学出版社 2012 年版，第 86 页。

准,综上所述,日本公司法就规定了股东权利各不相同的优先股、表决权受限股、转让受限股份、附取得请求权股、附取得条款股、附全部取得条款股、附拒绝权股以及董事、监事任免股等,充分体现了种类股份制度的宗旨。我国将要建立的种类股份制度,在进一步明确种类股份制度宗旨的基础上,也应该依据股份所彰显的股东权利,对股份公司的股份做出多种类设计,以此满足投资者以及证券发行者的多样需求。

此外,股份公司的股份实现多种类化后,协调好不同种类股份股东间的利益,保护好不同种类股份股东的权利,对于维护种类股份制度的有序发展,充分实现种类股份制度的宗旨具有重要意义。从发达国家的成功做法来看,建立完善的种类股东大会制度和信息披露制度是关键。我国将要推进的种类股份制度建设,也有必要以建立完善的种类股东大会制度和信息披露制度为重点,同时全面构建协调各种类股东间利益,保护各种类股东权利的制度,以此推动种类股份制度的健康发展。

典当行与网贷平台合作模式的法律规制

郭娅丽*

目　　次

一、问题的提出

2007年国内第一家P2P网贷平台——拍拍贷成立之后，网贷平台以其低廉的交易成本、快捷的融资服务、突破地域限制等优势同时获得了融资者和投资者的青睐。然而，商业创新的速度远远超过人们的最初设计，部分P2P网贷平台以自身提供担保或者通过第三方担保增信，从提供居间信息中介平台逐步发展成为信用中介平台，引起人们对于

* 作者：北京联合大学应用文理学院法律系教授。本文为"人才强校计划人才资助项目(BPHR2015A01)"成果。

非法集资的质疑。也有的P2P网贷平台则另辟蹊径,利用小贷公司合法的放贷资质,由网贷平台寻找合适的投资人,通过债权转让的形式,将其贷款债权转让给投资人,从而实现了资金的无限循环。2015年7月18日央行等十部委发布了《关于促进互联网金融健康发展的指导意见》(银发〔2015〕221号)(以下简称《2015互联网金融指导意见》),明确规定"网络小额贷款是指互联网企业通过其控制的小额贷款公司,利用互联网向客户提供的小额贷款",表明P2P网贷平台与小贷公司的合作模式得到了立法的认可。典当行与小贷公司同属非存款类放贷组织,①与小贷公司相比,现行立法框架下典当行所受的融资限制有过之而无不及,因此,典当行试图搭上P2P网贷平台的便车,通过阶段性债权转让的方式盘活典当行的运营资金,为典当行的融资打开一个"麦克米伦缺口"。然而,"典当行+互联网"的创新实践却遭遇到诸多质疑,基于典当行自身合法的放贷资质和当物担保的特点,如何规范、促进、引导典当行业的健康发展,控制该种合作模式中的风险,保护投资人的合法利益,本文拟作一探讨。

二、典当行与网贷平台合作模式的本质及其风险

根据《典当管理办法》(2005)和《典当监管规定》(2012)的规定,现行立法对典当行的融资予以较多的限制,主要包括:(1)不得集资、吸收存款或者变相吸收存款;②(2)不得从商业银行以外的单位和个人借款;(3)不得与其他典当行拆借或者变相拆借资金;(4)不得超过规定限额从商业银行贷款;(5)不得对外投资;③(6)禁止转当。④ 因此,典当行的后续融资渠道只有股东增资或者向商业银行贷款两种方式,而商业银行

① 《非存款类放贷组织条例(征求意见稿)》(国务院法制办2015年8月12日发布)第3条规定:本条例所称非存款类放贷组织,是指在工商行政管理部门注册登记,并经省级人民政府监督管理部门批准取得经营放贷业务许可,经营放贷业务但不吸收公众存款的机构。

② 《典当管理办法》第26条第1款第3项。

③ 《典当管理办法》第28条。

④ 《典当管理办法》第32条。

贷款不仅额度受到限制，同时还受到某些政策的挤压，⑤进一步压缩了典当行的生存空间。P2P 网络借贷平台的发展，为典当行创新融资渠道提供了新的思路，广州等地纷纷开展了网贷平台与典当行合作的尝试。

(一)典当行与网贷平台合作模式简述

典当行与网贷平台合作交易流程大致如下：第一，债权的形成。存在典当行已确定息费的业务，即典当行与当户签订合同，当物已办理担保手续，典当行已签发当票；第二，居间服务协议的签订。网贷平台与典当行签订居间协议，委托网贷平台为典当行寻找符合条件的投资人，前者按照约定获得一定比例的佣金；第三，债权的分拆。典当行将当票载明的本金、息费打包生成某一产品，网贷平台将该债权分拆；第四，债权的双向匹配。网贷平台确定一定的收益率在平台上发布寻找投资人，实现典当行与投资人之间的债权债务匹配；第五，债权的转让。典当行将包含本金息费的债权转让给投资人，投资人受让该债权后，典当行将获得资金，当户的融资需求得到满足；当户在约定的当期内归还，则投资人的投资获得收益回报，形成了闭合的资金循环。如下图所示：

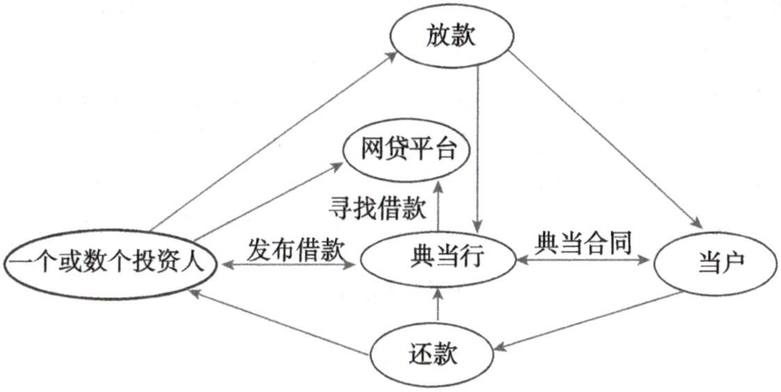

⑤ 中国银监会办公厅《关于防范外部风险传染的通知》(银监办发〔2013〕131 号)规定：银行业金融机构应根据信用评级情况，实行分级授信，对信用等级较高的机构可根据法规上限给予较高的授信额度，随着信用等级降低，授信额度逐级递减。严禁向典当行和非融资性担保机构提供授信。

(二)典当行与网贷平台合作模式的本质是债权转让

典当行与网贷平台合作模式中,典当行将债权转让给投资人,形成债权转让法律关系。根据《合同法》第81条⑥以及《物权法》第192条⑦规定,典当行(债权人)转让主权利(主债权)时应当将从权利(当物的担保权)一并转让,受让人(投资人)在获得主债权的同时,取得与债权人有关的从权利(当物的担保权等)。该种合作模式中,典当行充分利用自身合法的放贷资质和当物担保的特点,网贷平台作为典当行与投资人之间的媒介,将债权细分给更多的投资人,其本质是将债权作为融资的有效手段,通过债权转让规避了典当行不得吸收存款的禁止性规定,充分发挥互联网匹配需求的优势,实现了二者资金供给与资金需求的有效对接。这种模式突破了典当行资本金制约的限制,扩大了典当行的资金规模,实现了资金的无限循环。

(三)典当行与网贷平台合作模式的多重法律风险

典当行与网贷平台合作模式的初衷在于实现典当行和投资人的双赢,但是该种模式运行中至少存在以下法律风险:第一,投资人的不特定性,可能被认定为非法集资罪;第二,若当户不能在约定的期限内归还资金,投资人将面临债权不能得到偿还的风险,典当行的资金链条断裂,债权转让融资无法实现;第三,当物的优先受偿权如何行使;第四,典当行与网贷平台如何承担责任等。这些风险的控制和化解将直接决定该种合作模式的命运,从典当行的特点和功能出发,从法理上论证该种合作模式的合法性,建构控制和化解风险的法律制度尤为必要。

三、典当行与网贷平台合作模式的合法性探微

如上所述,债权由于其天然的流动性更适于充当财产运动和资源配置的媒介,典当行与网贷平台合作的本质正是典当行利用债权融资

---

⑥ 《合同法》第81条规定:债权人转让权利的,受让人取得与债权有关的从权利,但该从权利专属于债权人自身的除外。

⑦ 《物权法》第192条规定:抵押权不得与债权分离而单独转让或者作为其他债权的担保。债权转让的,担保该债权的抵押权一并转让,但法律另有规定或者当事人另有约定的除外。

的手段，在频繁交易的市场经济社会，“债权已不是取得对物权和物利用的手段，它本身就是法律生活的目的。经济价值不是暂时静止地存在于物权，而是从一个债权向另一个债权不停地移动”。[⑧] 典当行利用债权融资提前变现了债权，满足了迫切的资金需求，网贷平台通过分拆债权包进行双向匹配收益，投资人通过受让债权创造了新的财富，使债权在流动中增值。由此看来，典当行与网贷平台合作模式从经济角度观察应是多赢的结果，“法律是经济关系要求的反映”，即使从法律角度考察，该种合作模式亦体现出合法性的趋势。

（一）网络小额贷款合法化为典当行与 P2P 网络平台合作模式的合法化提供了基础

2013 年之后 P2P 网贷平台呈现井喷之势，针对陆续出现的平台倒闭事件所引发的风险，国家不断加强对互联网金融的引导规范。《2015 互联网金融指导意见》明确指出，个体网络借贷（P2P 网络借贷）机构为信息中介性质，主要为借贷双方直接借贷提供信息服务；而网络小额贷款是指互联网企业通过其控制的小额贷款公司，利用互联网向客户提供的小额贷款。2015 年《最高人民法院关于审理民间借贷案件适用法律若干问题的决定》（以下简称《2015 民间借贷司法解释》）第 22 条区分不同情况规定了网络贷款平台的法律地位和法律责任。[⑨] 以上两个法律文件认可了网络借贷平台作为信息中介的合法地位，网络小额贷款作为与之并列的一种模式，并未特别作出解释。有学者认为：“拾财贷等的主要运营模式是由与其有合作关系的小贷公司先贷款给经过小贷公司审核认可的中小企业，而后小贷公司通过拾财贷平台将债权分拆转让给网上的投资者。在此过程中如贷款出现逾期，小贷公司有回

---

⑧ ［日］我妻荣：《债权在近代法中的优越地位》，王书江、张雷译，中国大百科全书出版社 1999 年版，第 6～7 页。

⑨ 《2015 民间借贷司法解释》第 22 条规定：借贷双方通过网络贷款平台形成借贷关系，网络贷款平台的提供者仅提供媒介服务，当事人请求其承担担保责任的，人民法院不予支持。网络贷款平台的提供者通过网页、广告或者其他媒介明示或者有其他证据证明其为借贷提供担保，出借人请求网络贷款平台的提供者承担担保责任的，人民法院应予支持。

购债权的义务,担保公司和小贷公司股东还需承担连带保证责任。就其实质而言……巧妙地通过债权转让这一《合同法》规定的制度、又利用小贷公司的放款资格,避免了直接踩踏非法集资红线。”[10]可见,网络小额贷款是对P2P网贷平台变型的债权转让模式的进一步创新和发展,典当行与小贷公司同属非存款类放贷机构,面临同样的融资困境,典当行与网贷平台合作模式中,典当行充分利用自身合法的放贷资质,通过债权转让这一制度,利用债权融资应得到法律和政策的认可。

(二)典当行合法的放贷资质和直接融资的立法趋势正面回应了非法集资的质疑

所谓非法集资罪,是指违反国家金融管理法律规定,向社会公众(包括单位和个人)吸收资金的行为。我国刑法中非法集资罪并非一个独立的罪名,包括三个具体罪名:集资诈骗罪、非法吸收公众存款罪、变相吸收公众存款罪。集资诈骗罪是指虚构项目资金需求,以项目融资需求为名,行理财产品、赚取其中利差为实,典当行转让的债权是当户真实的资金需求,集资诈骗这一罪名即可排除。认定非法吸收公众存款罪的标准主要有三个:未经有关部门批准;向社会不特定对象吸收资金;承诺给予回报。[11] 这里“承诺给予回报”作为判断非法吸收公众存款罪的标准不妥。在商业交易中,等价有偿是基本原则,承诺还本付息或给予回报无可厚非。需要澄清的是典当行通过债权转让获得的资金不等同于商业银行的存款:银行存款的还本付息与《存款保险条例》的保障机制,决定了存款当事人确定的合理期待是固定回报承诺,而对于受让典当行债权的投资人而言,在约定还本付息的期限届至时,投资人的

[10] 陆琪:《P2P时代的债权转让法律问题》,载《中国法律》2014年第3期。

[11] 《最高人民法院关于审理非法集资刑事案件具体应用法律若干问题的解释》(2011年1月1日实施)第1条规定:“违反国家金融管理法律规定,向社会公众(包括单位和个人)吸收资金的行为,同时具备下列四个条件的,除刑法另有规定的以外,应当认定为刑法第一百七十六条规定的‘非法吸收公众存款或者变相吸收公众存款’:(一)未经有关部门依法批准或者借用合法经营的形式吸收资金;(二)通过媒体、推介会、传单、手机短信等途径向社会公开宣传;(三)承诺在一定期限内以货币、实物、股权等方式还本付息或者给付回报;(四)向社会公众即社会不特定对象吸收资金。未向社会公开宣传,在亲友或者单位内部针对特定对象吸收资金的,不属于非法吸收或者变相吸收公众存款。”

合理期待是分享投资收益的承诺。[12] 将对典当行的借贷等同于银行存款,显然不妥。

质疑该种模式涉嫌非法集资的焦点问题在于向"社会不特定对象"吸收存款,有两点值得探讨:第一,债权转让是回笼贷款资金的方式,与普通企业通过转让债权获得资金循环运转并无本质区别。区别在于典当行与P2P合作模式的本质是通过债权转让实现资本金的无限放大效应,而典当行将回笼的资金再放贷,因其具有放贷资质,属于其合法的经营范围。所以质疑为"借用合法经营的形式吸收资金"似有不妥。第二,按照最高人民法院司法解释,认定非法吸收公众存款中的"社会不特定对象"是指单位非法吸收或者变相吸收公众存款对象150人以上的;从金额来说是指非法吸收或者变相吸收公众存款数额在100万元以上的,或给存款人造成直接经济损失数额在50万元以上的。[13] 笔者认为,司法解释的目的在于防范系统性风险产生的社会危害,而人数多少、是否特定,并非系统性风险的根源所在,关键在于投资人是否预知风险并具备承担风险的能力,若每个投资人即使投资失败,也不影响其正常的生活,系统性风险则无从谈起。

该模式类似于英国法中的借贷型众筹,其基本出发点是认可该种融资模式,但必须加强风险监管。2014年3月英国金融行为监管局正式发布《关于通过互联网众筹及通过其他媒介发行非易于变现证券的监管方法》(以下简称众筹监管规则),对借贷型网络众筹建立了平台最低审慎资本标准、客户资金保护规则、信息披露制度、信息报告制度、合同解除权(后悔权)、平台倒闭后借贷管理安排与争端解决机制七项基本监管规则,其中信息披露制度是借贷类众筹监管的核心规则。[14] 我国

---

[12] 关于金融中介机构与资金供给者之间的合约的分类,参见:Robert Charles Clark, The Soundnessof Financial Intermediaries, 86 Yale Law Journall (1976); Robert Charles Clark, The Federal Income Taxation of Financial Intermediaries, 84 Yale Law Journal 1603 (1975)。转引自:彭冰:《非法集资活动规制研究》,载《中国法学》2008年第4期。

[13] 参见《最高人民法院关于审理非法集资刑事案件具体应用法律若干问题的解释》(2011年1月1日实施)第3条。

[14] 王钢、钱皓:《英国借贷类众筹监管规则及对我国P2P监管的启示》,载《金融时报》2014年6月16日。

《2015互联网金融指导意见》已经认可网络小额贷款,《非存款类放贷组织条例》(征求意见稿)(2015年8月12日国务院发布)也包含了认可典当行发行债券的内容,如第19条规定:“非存款类放贷组织应当主要运用自有资金从事放贷业务,也可以通过发行债券、向股东或银行业金融机构借款、资产证券化等方式融入资金从事放贷业务”;第24条规定:“非存款类放贷组织的贷款资产可以转让。”未来这一条例的实施,将为典当行与网贷平台合作模式提供立法依据,结束非法集资的质疑。

(三)转当及同业拆借的行业惯例为债权转让融资提供了法史依据

所谓转当,是指典当双方当事人将当票上所载明的权利义务转让的行为。其中,典当行转让权利的行为为债权转让,当户转让义务的行为为债务转让,这是一个问题的两个侧面。记载双方权利义务的当票具有有价证券的所有特征,我国古代允许当票作为有价证券流通转让,典当行可以在原典当期限届满之前变现获得当金,盘活当票的财产权利性质,有利于弥补典当行的资金不足,同时减少绝当后典当行变现的成本,因此我国古代典当行一直认可转当为典当行业惯例。现行《典当管理办法》对典当行的融资作出严格监管,规定当票不得转让,但是逐步放宽典当行融资渠道是未来的立法趋势,有例为证:最高人民法院《2015民间借贷司法解释》对生产经营型企业为解决资金困难或生产急需而进行的企业间借贷行为予以认可,同时指出生产经营型企业从事经常性放贷业务,必然严重扰乱金融秩序,有可能导致该企业的性质发生变异,质变为未经金融监管部门批准从事放贷业务的金融机构,客观上损害社会公共利益。[15] 上述规定有条件解禁普通企业间借贷的措施为专门从事放贷的典当行同业拆借预留了空间。从我国典当行的历史发展看,典当行相互之间调剂资金余缺、弥补联行头寸较为普遍。2013年6月国务院法制办《典当行管理条例》(征求意见稿)讨论过程中对典当行的同业拆借专家也予以认可。

无论从历史还是从现实出发,拓宽典当行融资渠道是大势所趋,典

---

⑮ 罗书臻:《规范民间借贷统一裁判标准——杜万华就〈最高人民法院关于审理民间借贷案件适用法律若干问题的规定〉答记者问》,载《人民法院报》2015年8月8日,第1版。

当行与 P2P 合作模式仅是当前互联网技术发展过程中金融与技术融合的产物，“随着人们对债权价值认识的加深和融资需求的增强，债权融资呈现出一种从简单到复杂、从特定人之间的行为到社会性行为的发展态势，与此相适应，债权融资的法律确认也表现为一个从偶然到必然、从分散到集中、从粗疏到细致的发展过程”。⑯ 从债权融资的效率性需求出发，不仅当前的债权转让模式得到法律确认，典当行贷款债权的转让、打散、信用升级和证券化也将成为现实。

四、典当行与网贷平台合作模式的风险控制

著名的日本民法学家我妻荣先生在《债权在近代法中的优越地位》中指出：“从经济角度观察，债权是否容易转让，债权转让是否有法律障碍并非决定因素，保障受让人安全地位的法律规定才是决定性因素。”⑰ 因此，典当行与网贷平台合作的债权转让模式中，对受让人（投资人）的利益保护是解决的核心问题，作为一种金融交易行为，有必要从两个方面设计风险控制的法律制度。

（一）以直接融资的思路确立监管的原则和方法

典当行与网贷平台合作的债权转让模式，目的是解决典当行资金不足的问题。在社会公众及监管层质疑该模式涉嫌非法集资的问题时，我们不妨探寻一下这些企业集资的基本动因。不难发现，根本原因在于避开商业银行严格的贷款条件，以多数人的闲置资金供给少数人的资金需求，是互联网技术的发展为民间融资“金融脱媒”提供了可能并成为现实。监管层适用非法吸收公众存款罪或者变相吸收公众存款罪的做法，实质上是以间接融资的手段处理直接融资问题。⑱ 典当行通过与网贷平台的合作解决自身融资的行为，更类似于借贷型众筹，应采用直接融资的监管思路，确定底线监管原则，采取加强信息披露制度的方法。

---

⑯ 许多奇：《债权融资法律问题研究》，法律出版社 2005 年版，第 44 页。

⑰ [日]我妻荣：《债权在近代法中的优越地位》，王书江、张雷译，中国大百科全书出版社 1999 年版，第 21 页。

⑱ 彭冰：《非法集资活动规制研究》，载《中国法学》2008 年第 4 期。

坚持底线监管原则。典当行与网贷平台的合作属于非正规金融,且主要服务于中小微企业的融资,为了防止典当行通过债权转让实现资金循环可能导致的无限膨胀,确保典当行以自有资本承担风险的能力,实行最低限度的审慎监管,必须严格遵守《典当管理办法》关于资本充足率的要求。[19] 此外,基于典当行的特点,在坚守"不得吸收公众存款""不得发放信用贷款"两条底线的前提下,放开融资渠道,是拓宽典当行生存空间的有益措施。

加强信息披露制度。各国对直接融资的监管主要通过证券法律实现,如美国《证券法》认定P2P网贷平台向贷款人发行、出售收益凭证的行为属于证券交易行为,颁布了《初创期企业推动法案》(以下简称美国众筹法案);[20]英国颁布了众筹监管规则。尽管两国对P2P网贷监管要点有所不同,但是都较为重视信息披露,而证券法的核心正是强制性的信息披露制度。借鉴众筹监管规则对网络借贷型众筹要求具体披露的内容,在典当行与P2P合作模式中,信息披露制度至少应包括:首先,贷款业务信息。应披露典当行该笔贷款总额、利率(收益率)、期限、当物的基本情况、违约责任、网贷平台倒闭的处置措施、争议解决机制等。其次,网贷平台的信息。包括业务许可证、成本和收费、主要风险、客户资金保障措施等。[21] 再次,收益和风险提示信息。P2P平台宣传收益时必须包括清楚和显著的相关风险描述,不得隐藏重要信息和警告,不得作不恰当的比较。禁止直接将借贷投资收益率与存款利率进行比较,或在比较时,充分并显著地揭示两者之间不同风险特征。[22] 最后,业绩表现信息。披露典当行、网贷平台近五年的年度报告、业绩预测等。这些信息中,根据重要性程度可以分为三类:收益和风险提示是

---

[19] 参见:《典当管理办法》第44条。

[20] 刘明:《美国〈众筹法案〉中集资门户法律制度的构建及其启示》,载《现代法学》2015年第1期。

[21] 周正清:《英美P2P网络借贷监管改革对我国的启示》,载《金融发展评论》2015年第1期。

[22] 王钢、钱皓:《英国借贷类众筹监管规则及对我国P2P监管的启示》,载《金融时报》2014年6月16日。

最重要的信息，直接决定投资人的投资目的是否达成；违约责任等是次重要信息，是投资者权衡是否退出的决定性因素；其他为非重要信息。

（二）以交易自由的理念设计规避金融风险的具体制度

典当行与网贷平台合作进行债权转让，各方当事人之间是一种平等主体之间的商事交易行为，遵循意思自治、风险自负、交易自由原则。但是，该种交易毕竟是一种金融交易行为，为了预防未来可能发生的金融风险，应规定债权转让交易模式的内容和程序，引导企业规范运作。具体如下：

设定两个限制，包括：其一，期限限制。P2P 网贷平台债权转让模式中，最具争议的是期限错配和金融错配实现了信用转换，债权人和债务人难以匹配，从而扩大了金融风险。为了避免这种风险，典当行的某项债权通过网贷平台转让时，可以将典当行多项业务的债权分拆或合并后进行转让，即金额允许错配，但是债权转让的期限必须限定在典当合同的当期内（《典当管理办法》规定当期为 6 个月，期满可以续当），同一当期范围内的典当业务通过 P2P 网贷平台将其分拆，形成一个个独立的债权产品，典当行所享有的债权转让给确定的投资人。投资人受让典当行的债权后成为债权人，当户为债务人，债权人和债务人明确。如果当户到期不偿还债务，典当行应协助投资人将当物处置，确保当期内实现投资人的优先受偿权。其二，投资人投资比例限制。根据最高人民法院 2010 年发布的《关于审理非法集资刑事案件具体应用法律若干问题的解释》（以下简称《非法集资司法解释 2010 年》）第 3 条第 1 款规定，对非法吸收公众存款罪规定了起刑点的数额标准和人数标准，典当行适用单位数额 100 万元以上，对象人数限制为 150 人以上。[23] 如前所述，典当行发行债券呈现合法化趋势，典当行吸收资金的数额不仅不应

---

[23] 《非法集资司法解释 2010 年》第 3 条规定，非法吸收公众存款，具有下列情形之一的，应当依法追究刑事责任：（1）个人非法吸收或者变相吸收公众存款，数额在 20 万元以上的，单位非法吸收或者变相吸收公众存款，数额在 100 万元以上的；（2）个人非法吸收或者变相吸收公众存款对象 30 人以上的，单位非法吸收或者变相吸收公众存款对象 150 人以上的……

作出限制,相反吸收更多的资金拓宽其融资渠道符合立法意旨。至于投资人的人数,从风险分散出发,也不应作出限制。典当行与P2P网贷平台合作的风险控制应指向另一端——投资人的利益保护,完善合格投资者制度。众筹监管规则坚持既提供投资自由又提供适度保护的原则,通过投资者限制、适当性检测、信息披露、消费者保护等制度给我们很多启示。[24] 我国发生的P2P网贷平台跑路事件中,平台没有尽到告知和审查义务,对投资人的投资无比例限制;投资者多为自然人,缺乏对风险的预测和承受能力,投资失败直接影响其基本生存,进一步放大了风险的危害性。英国规定在众筹平台(或其他渠道)提供该类投资的企业应当只对特定类型投资者发行,特定类型投资者包括五种,其中第五种为“在该类产品中投资不超过其可投资资产净值10%的零售客户”,这一规定强制要求投资者分散投资的同时也分散了风险。我国立法从引导投资理念出发,对投资人(受让人)每年在P2P网贷中的总投资额度也要作出一定限制,如要求投资总额不超过年收入和家庭净资产的1/3等。

明确连带责任。在这种合作模式中,为了强化对投资人(受让人)的利益保护,应要求相关的当事人承担连带责任,具体包括三种:其一,典当行之间的连带责任。如上所述,将同一当期内的数笔典当行业务合并后,难以区分当户提供的当物具体对应担保的是哪一笔债权,无法决定处置哪个当物,如何确定优先受偿权的顺序,投资人的利益将无法得到保障,因此要求它们共同承担连带责任,以确保清偿到期债权。其二,典当行与网贷平台的连带责任。依据最高人民法院《2015民间借贷司法解释》第22条规定,网络贷款平台仅提供媒介服务,不承担担保责任,典当行与网络贷款平台合作模式中,应属于这种情况;但是,网络借款平台通过网页、广告或者其他媒介明示或者有其他证据证明其为借贷提供担保,而典当行明知该承诺并未提出异议的,典当行应与网络借贷平台共同承担连带责任。其三,网贷平台股东、实际控制人与典当行承担连带责任。网贷平台和典当行的合作模式中,有的网贷平台的实

---

[24] 张雨露:《英国投资型众筹监管规则综述》,载《互联网金融与法律》2014年第6期。

际控制人为典当行的股东、实际控制人，如果有确切证据证明确实损害债权人利益，则可根据公司人格否认理论，要求股东、实际控制人与典当行共同承担连带责任。

建立登记公告制度。要点有三：其一，债权转让采通知主义。根据民法理论，债权转让的生效条件大致有三种模式，自由主义、同意主义和通知主义。由于债权转让并未给债务人带来不利的负担，因此无须征得债务人的同意，通知债务人即可生效，我国《合同法》采取通知主义模式。[25] 其二，转让通知的主体和方式。既可以是转让人，也可以是受让人，由于受让债权人数众多，加之涉及的债务人比较分散，通知的方式采取登记公告制度能够高效率地解决这一难题。我国温州地区已经进行了相关的实践，2014 年 3 月 1 日起施行的《温州市民间融资管理条例》[26]规定，从事资金撮合业务的民间融资信息服务的企业在工商局登记之日起 15 日内，持营业执照副本向温州市地方金融管理部门备案。典当行与网贷平台合作模式中，网贷平台从事的是资金撮合的业务，应向地方金融管理部门备案，由网贷平台在其首页进行公告，从而更好地起到通知的效果。其三，债权转让登记的效力采登记对抗主义。商事登记的效力有登记生效主义和登记对抗主义，登记生效主义侧重安全价值，登记对抗主义则更侧重效率价值。在典当行与网贷平台合作模式中，交易安全价值通过强制性信息披露制度来保障，效力认定则采取登记对抗主义更有利于提高交易效率。

五、结论

典当行与网贷平台合作模式中的本质是债权转让，是典当行通过债权融资的一种方式。该模式具有合法化趋势，要解决的核心问题是

---

[25] 《合同法》第 79 条规定：债权人转让权利的，应当通知债务人，未经通知，该转让对债务人不发生效力。债权人转让权利的通知不得撤销，但经受让人同意的除外。

[26] 《温州市民间融资管理条例》第 8 条规定：温州市辖区内设立的从事资金撮合、理财产品推介等业务的民间融资信息服务企业（含外地民间融资信息服务企业在温州市辖区内设立的分支机构，下同）应当在工商行政管理部门注册登记之日起十五日内，持营业执照副本向温州市地方金融管理部门备案。

完善对受让人的利益保护制度,一是以直接融资的思路确立监管的原则和方法,二是以交易自由的理念设计规避风险的具体制度。或许二者的合作模式只是现代科学技术发展过程中的昙花一现,但是促进投资交易,拓宽融资渠道,实现普惠金融,符合现代金融法制改革的发展趋势。

浅析互联网保险的法律风险

李伟群*　寺岛美贵子**

目　次

一、引言

2015 年 3 月 5 日，第十二届全国人民代表大会第三次会议上，李克强总理提出制订“互联网 +”行动计划，由此“互联网 +”的提法达到了一个前所未有的高度，它不仅正在全面应用到第三产业，形成了诸如互联网金融、互联网交通、互联网医疗、互联网教育等新生态，而且正在向第一和第二产业渗透。

保险业是较早主动采用网络营销模式的金融业态。1997 年 11 月 28 日，我国保险信息网诞生，产生了第一张互联网销售的新华人寿保险

* 作者：华东政法大学教授。
** 作者：华东政法大学博士生，日本律师。

单,从而拉开了我国保险业进军互联网的序幕。[①] 近两年,保险业与互联网开始探索深度融合,呈现市场主体集中进入、业务规模迅速扩张的发展趋势。

2011 年至 2013 年,国内经营互联网保险业务的公司从 28 家上升到 60 家,年均增长达 46%;规模保费从 32 亿元增长到 291 亿元,三年间增幅总体达到 810%,年均增长率达 202%;投保客户数从 816 万人增长到 5437 万人,增幅达 566%。2014 年前三个季度,中国保险业实现互联网保险业务收入 622 亿元,超过 2013 年全年的 195%,增长势头迅猛。[②] 2013 年,保监会还批准设立由"阿里、腾讯、平安"为主要股东的第一家专业互联网保险公司——众安在线,这是第一家通过网络实现承保、咨询、理赔、退保、投诉等业务全流程管理的保险公司。

2014 年 8 月出台的《国务院关于加快发展现代保险服务业的若干意见》(以下简称"新国十条"),第 7 条明确提出支持保险公司积极运用网络、云计算、大数据、移动互联网等新技术促进保险业销售渠道和服务模式创新,为互联网保险未来的发展指明了方向。因此,互联网保险迎来政策的利好消息,再加上其方便、实用、低价、险种另类新颖等原因,受到消费者尤其是年轻群体的青睐,其发展势头一发不可阻挡。

然而,互联网没有改变保险的根本属性,伴随着互联网保险的发展,互联网保险的特有风险也显现出来,一些新型风险可能与传统风险产生叠加效应,给互联网保险带来潜在的风险和问题。例如,互联网保险主体法律关系、互联网保险合同的效力以及互联网保险免责条款的提示和说明等各个问题。可见,互联网已成为保险机构销售和服务的新兴渠道,但也存在销售行为触及监管边界、服务体系滞后和风险管控不足等风险和问题。

因此,为了规范互联网保险业务经营行为,保护保险消费者合法权益,促进互联网保险业务健康发展,2015 年 7 月 22 日,我国保监会公布了首份针对互联网金融领域的监管文件——《互联网保险业务监管暂

---

① 陈晨:《互联网保险的法律风险》,载《上海保险》2014 年第 12 期。

② 卢晓平:《前三季互联网保险业务收入 622 亿》,载《上海证券报》2014 年 11 月 25 日。

行办法》(以下简称《暂行办法》)。随着《暂行办法》的颁发,填补了我国现行《保险法》对互联网保险监管方面规定的空白,从而结束了我国互联网保险无法的时代。《暂行办法》的实施,对保险公司来说既是一次重大的机遇,也是规范约束其开展网络保险业务的重要一环,更是给互联网保险业的强劲而又健康地发展注入了一股新的活力。本文将对照《暂行办法》部分条款规定,就互联网保险中投保形成的电子保单在实际操作过程中存在一些问题,在保险合同签订的流通环节中存有法律风险如何防范,展开相应的研究和进行评析。

二、互联网保险面临的法律风险

网络保险的核心内容是网络保险合同的订立。由于该保险合同的订立是通过电子商务平台完成的,因此在实务中因网络投保引起的保险纠纷往往存在主体多,法律关系复杂。网络保险合同法律关系的认定、保险利益原则的适用、相关说明义务的履行方面,在此逐一展开讨论。

(一)规范保险机构与第三方网络平台法律关系

第一,何为互联网保险,迄今为止未有任何法律法规对此正面界定。这次保监会颁布的互联网保险监管办法首度开宗明义对此进行定义。《暂行办法》第1条第1款规定:所称互联网保险业务,是指保险机构依托互联网和移动通信等技术,通过自营网络平台、第三方网络平台等订立保险合同、提供保险服务的业务。这里所称第三方网络平台,是指除自营网络平台外,在互联网保险业务活动中,为保险消费者和保险机构提供网络技术支持辅助服务的网络平台(同条第3款规定)。

根据该条规定,网络保险业务包含投保人、保险人、自营网络平台或者第三方网络平台三个主体参与。各主体之间以合同方式建立二重法律关系。其中,投保人与保险人之间形成保险合同法律关系。保险人与第三方网络平台构成委托代理法律关系。前者,我国现行《保险法》已有非常具体而又明确的规定对此进行规范。可是,对于后者之间的法律关系的规范,长期以来一直缺失相关的法律法规,处于无法可依状态,故相伴而来的法律风险较大。

第二,我们可以看到最近几年来我国通过第三方网络平台的保费销售上升势头较快,成为一种新的发展趋势。2014年,57%的互联网保费是由官网实现的,而43%则由第三方网络平台实现。③ 由此可见,第三方网络平台与保险公司的关系是互补的,保险公司可以自由选择第三方网络平台,为互联网保险的发展提供了更多的可能性。

与此相对,制定规范保险人与第三方网络平台之间法律关系的相关规则显得尤为必要且非常迫切。为此,《暂行办法》顺应这一客观形势发展之需,在第10条中明确规定了"保险机构应将保险监管规定及有关要求告知合作单位,并留存告知记录。保险机构与第三方网络平台应签署合作协议,明确约定双方权利义务,确保分工清晰、责任明确。因第三方网络平台原因导致保险消费者或者保险机构合法权益受到损害的,第三方网络平台应承担赔偿责任"。该条要求保险公司与第三方网络平台订立合同过程中,要明确两者之间的权利义务和责任划归,从而可以有效避免因权责不清而导致法律纠纷。笔者认为,该条的设定可圈可点。

第三,近年来伴随着互联网金融热的快速升温引发互联网保险一拥而上,很多第三方网络平台上的保险产品并不规范。例如,投保人购买线上产品时接触到的都是一些平面信息,实际购买后发现产品的内容与平面消息介绍的信息相去甚远。④ 对于此类因第三方网络平台原因导致保险消费者或者保险机构合法权益受到损害的,第三方网络平台要承担赔偿责任。

此外,如果第三方网络平台提供者在网上夸大宣传保险产品功能,做出更有利于消费者承诺的,应当履行该部分的承诺,以严格规范网络销售行为的合法性和正当性,杜绝夸大宣传和虚假承诺。当然,保险公司也要认真审核第三方网络平台的宣传内容的真实性准确性和合规性等重要内容。换言之,当第三方网络平台为保险机构提供宣传服务的,

---

③ 梁小婵:《互联网保险监管是第三方平台的"紧箍咒"吗?》,载《南方都市报》2015年8月4日。

④ 专家深度解读《互联网保险业务监督暂行办法》,载 http://insurance.cngold.org/c/2015-08-05/c3463040.html,访问时间:2015年8月15日。

宣传内容应经保险公司审核，以确保宣传内容符合有关监管规定。保险公司对宣传内容的真实性、准确性和合规性承担相应责任（第11条第3款）。

第四，在保费支付方面，《暂行办法》第13条规定："投保人交付的保险费应直接转账支付至保险机构的保费收入专用账户，第三方网络平台不得代收保险费并进行转支付。保费收入专用账户包括保险机构依法在第三方支付平台开设的专用账户。"之前，保险公司与第三方网络平台之间签订的委托代理合同中，保费的资金归属问题一直是个悬而未决的老问题。通常，互联网保险第三方平台客户习惯于将保费支付给网络平台的。意即投保人往往通过网上支付的办法下达保费支付指令后，相应的数据也就自然地进入第三方网络平台账户，其所有权也转移到网络平台。

而从法律上来看，货币是一种特殊的动产，其特殊性表现在，货币是一种特殊的种类物，在交易上可以互相替换。货币的占有与所有是同一的，简称为"占有即所有"。这一规则具体体现为，货币占有的取得就视为货币所有权的取得，货币占有的丧失即视为货币所有权的丧失。由此可见，事实上，第三方网络平台实际代收并管理、控制着投保人的保费。

鉴于此，保险公司为了维护自己的利益，在与第三方网络平台签订委托代理合同中需要明确约定，为保险公司在第三方网络平台中设立独立的交易账户，并明确该账户内的资金为保险公司所有，不得挪用、转支付和限定保费划转的时间。⑤ 这些具体的"君子约定事项"不仅较繁琐，即便有了这些约定，第三方网络平台方在资金管理方面违约的话，极易引发不必要的法律纠纷，牵制了保险公司的不少精力。

此次的《暂行办法》明确要求第三方网络平台为保险公司设立保费收入专用账户，网络平台不得代收保费和转支付，由此明确了资金的归属问题。其优势有二：一方面充分考虑了第三方网络平台实际现状，约束保费资金管理的同时，也考虑到互联网保险第三方平台客户支付习

---

⑤　陈晨：《互联网保险的法律风险》，载《上海保险》2014年第12期。

惯和用户体验,对保险公司开展互联网第三方平台业务有利。另一方面在支付保费时,可以提醒广大投保人注意并核对对方收款账户的名称是否为保险机构的名称,从而有利于防止假冒平台不法骗取保费骗保。⑥

当然该规定还明确指出,保费收入专用账户包括保险机构依法在第三方支付平台开设的专用账户。如果保险公司与第三方支付平台签订委托收取保费代理合同的,也应该要求第三方支付平台为保险公司开设保费收入专用账户,确认该账户上资金为保险公司所有,要求第三方支付平台对其项下资金安全管理承担责任,从而规避了可能发生的法律纠纷。

(二)欠缺保险利益的法律风险

1. 互联网思维就是创新思维。互联网特有的共享、开放等属性给了保险公司极大地产品创新空间。可是,部分保险公司为了吸引大众的眼球,推出的互联网了一些稀奇古怪的保险产品。例如,"雾霾险""高温险""摇号险""怀孕险""脱光(光棍)险""中秋赏月险""世界杯遗憾险"等不一而足。可谓放眼互联网,刹那间江湖遍地都是险。

然而,这些奇葩险的最大问题是投保人对于保险标的不具有法律上承认的利益。保险利益原则的使用可以有效防止和遏止投机行为的发生。因为保险合同是投机性合同(射幸合同),保险金的给付以保险合同中约定的保险事故的发生为条件,具有一定的投机性,其与赌博相类似。保险利益原则用于杜绝利用保险进行赌博,防止出现道德风险。⑦

以上这些奇葩险,正是违反了保险法特有的基本原则——保险利益原则,所以说它们与保险"八竿子都打不到一块儿"。为此,笔者认为,以互联网思维引领互联网保险创新发展中,我们要坚决抵制某些保险公司滥用互联网保险创新的机制,推出与保险利益原则相悖的离奇的保险产品,防范保险领域中有人借创新之名,行赌博之实的法律风险之发生。

2. 保险利益是保险合同生效的依据。我国《保险法》第 12 条规定,

---

⑥ 专家深度解读《互联网保险业务监督暂行办法》,载 http://insurance.cngold.org/c/2015-08-05/c3463040.html,访问时间:2015 年 8 月 15 日。

⑦ 贾林青:《保险法》,中国人民大学出版社 2006 年版,第 69 页。

"人身保险的投保人在保险合同订立时，对被保险人应当具有保险利益"。可见保险利益构成人身保险合同的效力要件，其目的在于保护被保护人的合法利益和防止道德风险。接着第34条规定，"以死亡为给付保险金条件的合同，未经被保险人同意并认可保险金额的，合同无效。按照以死亡为给付保险金条件的合同所签发的保险单，未经被保险人书面同意，不得转让或者质押"。

可见，该条对于危险性最高的"死亡险"通过同意主义的方式构筑起防范道德风险的防火墙。然而在传统的投保方式下，要求被保险人到场，通过签名来行使同意权。可是网络投保中，只要投保人知道被投保人的身份证号码等信息，即使没有被保险人参与也能由投保人单独完成投保。[8] 那么，在这种情形下保险公司无法核实投保人与被保险人之间有无保险利益，尤其是对于以被保险人死亡为给付保险金条件的保险合同中，根本无法核实被保险人是否同意。显然，这有可能会诱发严重的道德风险，甚至导致保险欺诈。为了填补这一漏洞，笔者认为，目前我国社会道德面貌不佳，道德信仰危机较为普遍性地存在。在此背景下，网络投保并非适用所有保险产品，否则容易诱发较高的法律风险，对此应抱警惕之心。在推广、普及互联网保险大潮中，即便保险公司欲尝试推出人身保险和意外伤害险（旅游、交通）的网上投保，也要严格控制保险金的额度，其赔付金额不宜定得过高，这样才可以有效地避免投保人、受益人做出逆选择的道德风险。

（三）基于免责条款说明义务的不清晰而生的法律风险

尽管互联网保险与传统保险在交易模式、交易环境上有所区别，但本质相同。故现行适用传统保险的法规及相关司法解释中关于免责条款的规定也适用于网络保险。然而互联网的特殊性使得保险合同免责条款的效力认定上显得比较特殊。在传统保险领域，保险公司就保险免责条款是否已尽了提示、明确说明义务一项？如何举证说明已尽了此项义务？这一问题，已经变成引发保险合同纠纷的主要"是非之地"。

---

⑧　邢嘉栋：《自助式电子保单相关问题研究》，收录于谢宪主编：《保险法评论》（第四卷），法律出版社2012年版，第109页。

更何况,网络保险的方式与传统保险人以投保单、保险单为基础的提示和明确说明毕竟存在差异,法律上如何予以承认,成为一个不可回避的实际问题。

为此,2013年6月8日实施的最高人民法院《关于适用〈中华人民共和国保险法〉若干问题的解释(二)》第12条规定,通过网络、电话方式订立的保险合同,保险人以网页、音频、视频等形式对免除保险人责任条款予以提示和明确说明的,人民法院可以认定其履行了提示和明确说明义务。

可是,实践中,部分保险公司设计的网上投保流程中,投保人如实填写相关信息履行告知义务,点击下一步后,并非主动地弹出保险条款页面,而是先出现投保人声明页面,引导投保人直接选择"同意"进入下一步。当投保人欲了解条款内容时,需点击条款页面的链接键才可知晓。显然,这一方式与《保险法》第17条规定的要求保险人主动对免除保险人责任条款承担提示和明确说明义务的方式不符,免责条款不具有效力。因为法律规定这些义务应该是保险公司主动履行的,而非基于投保人请求才被动产生的。此外,如果网页中的保险人免责条款未采用特殊字体、颜色或者符号特别标识进行提示的,应认为保险人未尽提示义务,该免责条款不产生效力。⑨

当然,伴随着互联网保险的快速发展进程中,难免会发生各类新问题。而基于免责条款的明确说明义务而生的法律风险就是其中一例。然而,为了进一步有效规避这些法律风险,最近刚颁布的《暂行办法》第8条第2款第7项中明确规定互联网保险产品的销售页面上应包含下列内容:(1)保险产品名称(条款名称和宣传名称)及批复文号、备案编号或报备文件编号;(2)保险条款、费率,其中应突出提示和说明免除保险公司责任的条款……

在这一规定的款项中,强调了保险条款中关于免除保险公司责任的条款应置于互联网产品的销售页面,并且还应突出提示和说明该免

⑨ 奚晓明主编:《关于保险法司法解释(二)理解与适用》,人民法院出版社2013年版,第296页。

责条款。笔者认为,由于该条文的设定,为直接排除网络投保中因免责条款的明确说明义务不清晰而引发的法律风险起到了十分重要的作用。该条文的内容清晰、要义明确,颇值赞许。

三、结语

在当今"互联网+"的大潮中,网络投保作为一种新生事物,在我国得到迅速发展。不过,网络仅是渠道,保险才是本质。保险不管采用什么渠道,无论怎么创新,最终还要回归到保障本身。互联网渠道是保险行业的新思路、新改革,但其带来的各种新问题也不容忽视。[10] 其中,在规范互联网保险的发展中,如何防范网络保险的法律风险乃是当务之急的工作。这就需要我国的立法部门和行政监管部门逐步制定和推出健全的法律和法规。

笔者认为,从长远来看,我们应该通过修改现行《保险法》,增补互联网保险合同法方面的具体规定。从近期来看,保监会应该尽快出台互联网保险的监管法规。近日,备受瞩目的《互联网保险业务监管暂行办法》终于正式落地。《暂行办法》针对互联网保险业务的各个重点环节提出了一系列详尽的规范要求,大幅度放开了准入许可,建立了退出机制,充分体现了监管部门支持互联网保险业务、鼓励创新、防范风险、健康发展的基本态度。

其中,《暂行办法》中的对于加强对第三方平台的监管、设立保费收入专用账户、明确免责条款应置于互联网产品的销售页面,且还应突出提示和说明该免责条款等相关规定。这些具体的规定,给当下的互联网保险的快速发展起到保驾护航的作用,对于有效防范网络保险的法律风险十分的重要,因此其积极意义不言而喻。笔者建议,保险理论界和司法实务界应该进一步加强对于网络保险的理论研究,在规范性、安全性、效率性方面提出完善意见,以引导、促进互联网保险朝着更加健康、稳健的方向不断发展。

---

⑩ 何澄玉:《互联网保险保单效力相关法律问题研究》,载《浙江省2014年保险法学学术年会论文集》。

悼念五十岚清先生专辑

沉痛悼念
五十岚清先生

五十岚清

(1925.5.12~2015.9.13)

五十岚清先生生平简历

1925 年 5 月 12 日	于新潟県新潟市本町通出生
1944 年 9 月	新潟高等学校文科乙类毕业
1944 年 10 月	东京帝国大学法学部政治学科入学
1956 年 4 月	转入东京大学法学部法律学科
1948 年 3 月	东京大学法学部法律学科毕业
1948 年 4 月	进入东京大学大学特别研究生课程、受山田晟教授指导研习德国法
1950 年 3 月	东京大学大学院特别研究生前期课程修了(硕士毕业)
1950 年 4 月	北海道大学法経学部助(副)教授
1953 年 8 月	北海道大学法学部助(副)教授(法学部独立)
1959 年 4 月	北海道大学法学部教授,开设比较法讲座
1961 年 4 月	北海道大学评议员,协议员(至 1965 年)
1961 年 10 月	获法学博士(東京大学)学位
1966 年 1 月	北海道大学法学部部长,北海道大学大学院法学研究科科长,北海道大学评议员、协议员,北海道大学大学院委员会委员(以上各职均至 1968 年)
1968 年 1 月	日本学术会议第二部会委员(至 1974 年)
1968 年 5 月	美国访学(至 1968 年 6 月)
1969 年 3 月	文部省在外研究员赴西德汉堡马可比较私法研究所研究员(至 1970 年 3 月)
1976 年 7 月	应邀出席西德马可外国・国际私法研究所创立 50 周年纪念研讨会
1978 年 2 月	文部省学术审议会专门委员(科学研究费分科会)(至 1980 年 1 月)

1982 年 6 月　札幌律师会惩戒委员会委员(长期)

1984 年 4 月　西德哥廷根大学客座教授(至同年 12 月)

1989 年 3 月 31 日　北海道大学退官(退出教官职位)

1989 年 4 月　札幌大学法学部教授(至 1996 年 3 月)

2005 年 4 月　北海学園大学法科大学院(至 2008 年 3 月)

2015 年 9 月 13 日　逝世,享年 90 岁

曾担任过的国内客座教授:北海道大学(経済・文・教育・医等学部)、北海道学芸大学(札幌分校)、名古屋大学法学部、東北大学法学部、新潟大学法文学部、大阪市立大学、带广畜産大学、熊本大学法学部、札幌学院大学、北海学园大学等。

五十岚清教授研究业绩*

（至北海道大学退休）

著　作

1968 年

《比較法入門》(改訂版昭和四七年),日本評論社

《名誉とプライバシー》[有斐閣双書](合著),有斐閣

1969 年

《契約と事情変更》[北大法学部叢書第4巻],有斐閣

1971 年

《山田晟先生還暦記念・概観ドイツ〈德国〉法》(合著、主编),東大出版会

1975 年

《民法学の基礎知識(1)(2)(3)》(共編),有斐閣

1976 年

《比較民法学の諸問題》(第二刷昭和五九年),一粒社

《民法講義1総則》(共著),有斐閣

1977 年

《口述債権総論》[有斐閣選書](共著),有斐閣

《比較法学の歴史と理論》,一粒社

《損害賠償の法律入門》[有斐閣新書](共著),有斐閣

1978 年

《契約の法律入門》[有斐閣新書](共著),有斐閣

1979 年

《法学講義》[有斐閣大学双書](共著),有斐閣

《民法第一巻総則・不法行為》[有斐閣新書](共著)(改訂版昭和六三

* 关于五十岚清先生的学术业绩,我们只找到了他在北海道大学退休之时为止的资料[参见:小川浩三“五十嵐清教授の経歴と業績”载《北大法学论集》第39卷(5~6下),第729~759页]正如本单元中各位日本学者撰文介绍,先生到临终一刻都没有停止耕耘,但先生在北海道大学退休后资料尚无具体统计。

年),有斐閣

《法学入門》(第十五刷昭和六三年),一粒社

1983 年

《法律論文の考え方・書き方》(共編),有斐閣

1984 年

《民法と比較法》,一粒社

1986 年

《民法 I(総則)法学ガイド3》[別冊法セミ](共編著),日本評論社

论 文

1950 年

遺留分制度の比較法的研究,载《法学協会雑誌》第六八巻五号、六号,第九巻二号、三号(有斐阁)

1951 年

ドイツ法における離婚原因の変遷,载《比較法研究》第二号

1952 年

三つの比較法,载《比較法研究》第七号,收录于《比較法入門》

判例より見た農地調整法第九条,载《北大法学会論集》第三巻

1955 年

私法学界の現状(日本法学界の展望),载《日本法学の課題と展望》(理論社)

1956 年

北海道における農家相続の実態・第一集(共著),北海道大学法学部相続調査研究会

1957 年

私法の一般理論としての行為基礎論,载《私法》第一八号

不動産賃借権の譲渡・転貸の自由性について(共同執筆),载《北大法学会論集》第八巻一、二号,第三、四号

ドイツにおける家事裁判制度,载《家族問題と家族法》第七巻(酒井書店)

1958 年

家族条項——家族の保護・男女同権・母子保護——(共同執筆),载《ジュリスト》第一五三号、一五五号

抵当権の物上代位，载《民法演習 2 物権》(有斐閣)

英法におけるフラストレイション法理について——事情変更の原則に関する比較法的研究、その一——，载《北大法学会論集》第九巻二号，收录于《契約と事情変更》

1959 年

カール・エンギツシの「法学的思考入門」，载《法哲学年報一九五八・法と裁判》(有斐閣)

夫婦財産制，载《家族法大系 II 婚姻》(有斐閣)收录于《比較民法学の諸問題》

穀庇担保と比較法，载《民商法雑誌》第四一巻三号、六号，收录于《比較民法学の諸問題》

1960 年

フランス法系における不予見理論について——事情変更の原則に関する比較法的研究、その二——，载《北大法学部一〇周年記念・法学政治学論集》(有斐閣)，收录于《契約と事情変更》

ボン基本法と契約の自由，载《北大法学会論集》第十卷、松岡教授退職記念特輯，收录于《比較民法学の諸問題》

西ドイツ民法学の現況、附・ドイツ私法学者の経歴と業績，载《北大法学会論集》第十一巻一号

学会回顧一九六〇年外国法，载《法律時報》第三二巻一四号

1961 年

ドイツ法における行為基礎論の発展——事情変更の原則に関する比較法的研究、その三——，载《北大法学会論集》第十一巻四号，收录于《契約と事情変更》

西ドイツにおける私生活の私法的保護——一般的人格権理論の発展——(共同執筆)，载《北大法学会論集》第二巻四号

学界回顧一九六一年外国法，载《法律時報》第三十三巻十三号

1962 年

札幌身分法研究会、遺産分割に関する諸問題 V(共著)，载《判例タイムズ》第一二六号，收录于《小山昇他編・遺産分割の研究》(判例タイムズ社、昭和四八年)

紹介・ドイツ私法，载《比較法研究》第二十三号

不動産の取引および利用と事情変更の原則,载《民事研修》第六十三号

西ドイツにおける私生活の私法的保護——一般的人格権理論の発展——(共同執筆),载于戒能通孝、伊藤正己所編《プライバシー研究》(日本評論新社)

翻訳フリッツ・シュヴインド、オーストリア連邦共和国婚姻法,载于宮崎孝治郎編《新比較婚姻法 IV》(勁草書房)

契約と事情変更の原則,载《契約法大系 I 契約総論》(有斐閣)收录于《契約と事情変更》

学界回顧一九六二年外国法,载《法律時報》第三十四巻十二号

Comparative Law,载"The Japan Annual of Law and Politics"No. 10. 1962

1963 年

社会主義諸国家における夫婦財産制の諸問題,载《スラヴ研究》第七号,收录于《比較民法学の諸問題》

伊藤正己「プライバシーの権利」(書評),载《法律時報》第三十五巻四号

人格権の比較法的研究(共著)

Comparative Study on the Right of Privacy,载《比較法研究》第二十四号

紹介・ドイツ私法,载《比較法研究》第二十四号

大陸法と英米,载《法学セミナー》第八十七号,收录于《比較法入門》

法律学の道しるべ——比較法,载《ジュリスト臨時増刊・法学案内》,收录于《比較法入門》

学界回顧一九六三年外国法,载《法律時報》第三十五巻十三号

1964 年

Comparative Law. 1961 - 1962. 载"The Japan Annual of Law and Politics" No. 12. 1964

紹介・ドイツ私法一九六二 - 一九六三,载《比較法研究二五号》

ファシズムと法学者——ナチス私法学の功罪を中心に——,载《北大法学論集一四巻三・四号・宮崎教授退職記念特輯》,收录于《比較民法学の諸問題》

1965 年

刑法理論と民法理論ーーその関係についての一考察,载《ジュリスト=》第二三号,收录于《比較民法学の諸問題》

比較法の理論と方法——戦後におけるその発展——,载《法律時報》第三

七巻第五号收录于《比較法入門》

現代大陸法における法源の機能——立法と判例の関係についての一考察,載《法哲学年報一九六四・法源論》(有斐閣),收录于《比較法入門》

紹介・ドイツ私法一九六三——九六四,載《比較法研究》第二六号

Neuere Entwicklung in den Syudien der Rechtsvergleichung in Japan,載"The Japan Annual of Law and Politics"No. 13. 1965

人格権の侵害、第七一七条、第七一八条(注釈),載加藤一郎編《注釈民法》(19)債権(10)不法行為》(有斐閣)

「ロシア共和国民法典」日译(1)(共訳),載《北大法学論集》第一六巻第一号

法系論序説,載《北大法学論集》第十六巻第二・三合併号・神谷教授追悼記念特集,收录于《比較法入門》

1966 年

比較法学と日本の法学,載伊藤正己編《外国法と日本法》(岩波講座「現代法」第一四巻),收录于《比較法入門》

比較法学と日本の法学,載《比較法研究》第二七号

紹介・ドイツ私法一九六四——九六五,載《比較法研究》第二七号

地代借賃の増減請求(改正借地借家法の論点別検討),載《法律時報》第三八巻第十号

「ロシア共和国民法典」邦訳(2)(共訳),載《北大法学論》第集十七巻第一号

契約と事情変更(注釈),載谷口知平編《注釈民法》(13)債権(4)契約総則(有斐閣),收录于《契約と事情変更》

1967 年

判例、立法と民事裁判,載《判例タイムズ》第二〇一号

資本主義法と社会主義法——その比較方法論上の問題点,載《法律時報》第三九巻第六号,收录于《比較法入門》

「ロシア共和国民法典」日译(3)(共訳),載《北大法学論集》第十七巻四号

紹介・ドイツ私法一九六五——九六六,載《比較法研究》第二八号

法律学の動き・独仏法,載《ジュリスト年鑑一九六七年版》

資本主義法と社会主義法——その比較の可能性と有用性につい

て——,载《法学セミナー》第一三七号

借地人の変わったときとまた貸(共同執筆),鈴木禄弥、高島良一編《借地の法律相談》(有斐閣)

Impossibility and Frustration in Sales Contracts.(共著),载"42 Washington Law Review"445,日译版本收录于《契約と事情変更》

ドイツ法における行為基礎論の諸相,载《菊井先生献呈論集・裁判と法上》(有斐閣),收录于《契約と事情変更》

時効の停止、取得時効前注 VI(英米法)(注釈),载川島武宜編《注釈民法》(5)《総則》(5)(有斐閣)

1968 年

事情変更の原則,载谷口知平、加藤一郎編《新民法演習 3 債権総論》(有斐閣)

「ロシア共和国民法典」邦訳(4)(共訳),载《北大法学論集》第十八巻三号

幾代通編《注釈民法》(16)雇傭・請負・委任・寄託(書評),载《民商法雑誌》第五七巻第六号

「ロシア共和国民法典」邦訳(5)(共訳),载《北大法学論集》第十八巻第四号

資本主義法と社会主義法、総論,载《比較法研究》第二九号

紹介・ドイツ私法一九六六—一九六七,载《比較法研究》第二九号

所有権の取得(注釈),载川島武宜編《注釈民法》(7)《物権》(2)(有斐閣)

1969 年

テクノロジーとプライバシー,载《ジュリスト》第四一三号《特集 民法学の現代的課題》,收录于《比較民法学の諸問題》

鈴木禄弥「抵当制度の研究」(書評),载《民商法雑誌》第五九巻第六号

「ロシア共和国民法典」邦訳(6)(共訳),载《北大法学論集》第一九巻第三号

アメリカにおける比較法の研究および教育の現状について,载《北大法学論集》第一九巻四号,收录于《比較法学の歴史と理論》

紹介・ドイツ私法一九六七—一九六八,载《比較法研究》第三十号

継続的契約とその特色,载《民法基本問題一百五十講 II 債権》(一粒社)

交通事故の損害補償についての一つの提案, Eike von Hippel,

"Schadensausgleich bei Verkehrsungällen",1968の書評(書評),载《判例タイムズ》二三六号,收录于《比較民法学の諸問題》

The Global Reception of Foreign Laws in Japan.(リポート),载《比較法国際アカデミー一九七〇年会議》(ペスカラ)

不予見理論,载《別冊ジュリスト》第二五号、フランス判例百選

1970 年

ドイツにおける比較法の発展(一、二、三・完),载《北大法学論集》第二十巻第四号、第二一巻第一号、二号,收录于《比較法学の歴史と理論》

西ドイツにおける製造者責任法の現状,载《ジュリスト》第四四六号,收录于《比較民法学の諸問題》

紹介・ドイツ私法一九六八—一九六九年,载《比較法研究》第三一号

人格権侵害と差止請求——「エロス+虐殺」事件を契機として(共同執筆),载《判例評論》第一三九号(《判例時報》第五九九号)

1971 年

表現の自由と人格権の保護,载《法学セミナー》第一八〇号

ドイツにおけるOstrechtsgorschungの発展と現状,载《スラヴ研究》第五号,收录于《比較法学の歴史と理論》

「ロシア共和国相続法」日译(共訳),载《北大法学論集》第二一巻第四号

紹介・ドイツ連邦共和国(西ドイツ)私法,载《比較法研究》第三二号

「ロシア共和国民法典」邦訳(7)(共訳),载《北大法学論集》第二二巻第二号

ドイツにおける不法行為法の発展——危険責任を中心に——,载《山田晟先生還暦記念・概観ドイツ法》(東大出版会)

1972 年

現代相続法の動向,载山畠正男、泉久雄編《演習民法》(親族相続)(青林書院新社),收录于《比較民法学の諸問題》、《演習民法(相続)》

遺留分制度,载山畠正男、泉久雄編《演習民法》(親族相続)(青林書院新社),收录于《比較民法学の諸問題》、《演習民法(相続)》

「ロシア共和国民法典」邦訳(8)(共訳),载《北大法学論集》第二二巻第四号

紹介・ドイツ連邦共和国(西ドイツ)私法,载《比較法研究》第三三号

イェーリング,载川島武宜編《法社会学講座 1》(岩波書店)

利益法学,载川島武宜編《法社会学講座1》(岩波書店)

ポスト、コーラー,载川島武宜編《法社会学講座1》(岩波書店)

星野英一「民法論集第一巻」(書評),载《民商法雑誌》第六六巻第二号

事情変更の原則と不当利得——ウィントシャイトの前提論を中心に一一,载《谷口知平教授還暦記念・不当利得・事務管理の研究》(有斐閣)

1973年

広中俊雄「民法論集」(書評),载《法律時報》第四五巻第五号

紹介・ドイツ連邦共和国私法,载《比較法研究》三四号

「ロシア共和国民法典」邦訳(9)(共訳),载《北大法学論集》第二三巻第四号

Trancmission of Decedent's Estate. —Japanese Law. (National Reports)(未公开发表)

現代比較私法学の諸問題 Ius Privatum Gentium, Festschrift für Max Rheinstein zum 70. Geburtstag. 1969の紹介をかねて——比較法研究ノート(一),载《北大法学論集》第二四巻第一号,收录于《比較法学の歴史と理論》

1974年

ナチス私法判例における一般条項の機能——リューテルスの所説について——Ruthers, Die unbegrenzte Auslegung, 1968の紹介,载《於保不二雄先生還暦記念・民法学の基礎的課題 中》(有斐閣),收录于《比較民法学の諸問題》

山田晟「ドイツ法概論I、II」(書評),载《民商法雑誌》第六九巻第五号

自動車事故による損害の補償(共著),载《比較法研究》第三五号

A Symposium: The Remedy of the Victims of the Automobile Accidents. (tr. by K. Sono),载《比較法研究》第三五号

紹介・ドイツ連邦共和国私法,载《比較法研究》第三五号

伊藤正己「名誉・プライバシー」(書評),载《法律時報》第四六巻第五号

西ドイツにおける離婚法改正の動向,载《ケース研究》第一四二号,收录于《比較民法学の諸問題》

損害賠償、不法行為・危険責任,载山田晟、村上淳一編《ドイツ法講義》(青林書院新社)

法系論再説(一、二)——比較法研究ノート(二),载《北大法学論集》第二五巻第一号、三号,收录于《比較法学の歴史と理論》

The Importance of Comparative Law in Legal Education. —The Japanese

Experiences, Yesterday and Today. (tr. by K. Sono), 载《北大法学論集》第二五卷第一号

紹介・西ドイツ私法一九七〇——一九七三,载《比較法研究》第三六号

1975 年

K・ツヴァイゲルト、ケッツ著、大木雅夫译《比較法概論原論》(書評),载《民商法雑誌》第七一卷第五号,收录于《比較法学の歴史と理論》

保証債務,载鈴木禄弥、清水誠編《民法新教科書 4 金融法》(有斐閣)

事情変更の原則の再検討,载《法学教室(第二期)》第八号

Comparative Law. 1972 - 1974. 载"The Japan Annual of Law and Politics" No. 23. 1975

東西契約法の比較——D・A・レーバーの所説について,载《スラヴ研究》第二十号

紹介・西ドイツ私法一九七一——一九七四,载《比較法研究》第三七号

1976 年

竹田稔「名誉・プライバシー・企業秘密侵害保護の法律実務」(書評),载《法律時報》第四八卷第十一号

錯誤、行為基礎の喪失、事情変更の原則,载奥田昌道等編《民法学 1 総論の重要問題》(有斐閣双書)

1977 年

権利の濫用,载石田喜久夫編《判例と学説 2 民法 I》(日本評論社)

工作物責任論,载《法律時報》臨時増刊《現代と災害》

比較法教育,载《比較法研究》第三八号

紹介・西ドイツ私法一九七四,载《比較法研究》第三八号

比較法教育論,载《北海学園大学法学部一〇周年記念論文集・法学政治学の課題》(日本評論社),收录于《比較法学の歴史と理論》

行政法における事情変更の原則——ドイツ連邦憲法裁判所一九七三年一月三〇日判決(BVerfGE34, 216)をめぐって,载《北大法学論集》第二七卷第三・四合併号《今村成和先生献呈特集》

碧海純一・伊藤正己・村上淳一編「法学史」(書評),载《法学セミナー》第二七一号

受領遅滞と契約解除,载森島昭夫編《判例と学説 3 民法 II》(日本評論社)

紹介・西ドイツ私法一九七五——一九七六,载《比較法研究》第三九号

死者の人格権——「事故のてんまつ」「落日燃ゆ」両事件を機縁として,载《ジュリスト》第六五三号

Die Budeutung der Rechtsvergleichung bei der Juristenausbildung: Die japanische Erfahrungen, gestern und heute, in: Recht in Japan. Heft 2.

Alfred Metzner Verlag, Frankfurt a. M.

1978 年

法における弱者の保護——環境保護を中心に(マックス・プランク比較私法研究所創立五〇周年記念シンポジウムより),载《民商法雑誌》第七八卷、臨時増刊号(1)《末川先生追悼論集 法と権利 1》

事情変更の原則と行為基礎論,载《ジュリスト増刊・民法の争点》

フラストレイションと不当利得,载《別冊ジュリスト》六〇号《英米判例百選 II 私法》

紹介・西ドイツ私法一九七五——九七七,载《比較法研究》四〇号

昭和五四 1979 年

ドイツにおけるナポレオン法典の継受——Fehrenbach, Traditonale Gesellshaft und revolutionäres Recht: die Einfüherung des Code Napoléon in den Rheinbundstaaten Göttingen, 1974の紹介,载《北大法学論集》第二九卷第三、四合併号《矢田教授退官記念特集》

斎藤博「人格権法の研究」(書評),载《民商法雑誌》第八〇卷第五号

紹介・西ドイツ私法一九七七——九七八,载《比較法研究》第四一号

1980 年

判例、立法と民事裁判——再論,载判例タイムズ第四百号

売買——手附・売主の担保責任,载谷口知平、加藤一郎編《新版民法演習 4 債権各論》(有斐閣)

紹介・西ドイツ私法一九七八——九七九,载《比較法研究》第四十二号

家族問題と家族法の将来——世界的動向にふれて,载《別冊判例タイムズ》第八号《家族法の理論と実務》

1981 年

比較法教育論(武汉大学法律系姚梅镇译),载《国外法学》一九八一/一

法の解釈と比較法,载《北大法学論集》第三十一卷第三、四合併号 上卷《小山教授退官記念特集》,收录于《民法と比較法》

笹倉秀夫「近代ドイツの国家と法学」(書評),载《法制史研究》三〇号

地震と民法七一七条,载日本土地法学会編《東京地震、復興と法律問題》(有斐閣)

Comparative Law. 1975 – 1980. 载“The Japan Annual of Law and Politics” No. 29. 1981

不完全履行・積極的債権侵害(特集/入門論争民法学・債権法［その一］),载《法学セミナー》三二〇号

紹介・西ドイツ私法一九七九——一九八〇,载《比較法研究》第四三号

比較法学と民事立法学,载《法律時報》臨時増刊《民事立法学》,收录于《民法と比較法》

不動産の取引および利用と事情変更の原則(続),载《民事研修》第二九七号

1982 年

がんの告知・治療をめぐる法律問題,载小林博、方波見康雄編《がんとの対話》(春秋社)

紹介・西ドイツ私法一九八〇——一九八一,载《比較法研究》第四四号

1983 年

薬害補償制度に対する一つの批判,载《PLニュース》No. 15(武田薬品工業株式会社医薬事業部、医薬情報部)

白羽祐三「現代契約法の理論」(書評),载《民商法雑誌》第八八巻第一号

比較法と法社会学の関係についての覚書,载《野田良之先生古稀記念・東西法文化の比較と交流》(有斐閣),收录于《民法と比較法》

紹介・ドイツ私法一九八一——一九八二,载《比較法研究》第四五号

1984 年

新潟地震(災害と法/実態調査レポート1),载《法律時報》第五六巻第五号

社会体制の相違と比較法——パルテルスの新著を中心として,载《札幌学院法学》

諸外国における消費者(保護)法(3)——西ドイツ,载加藤一郎、竹内昭夫編《消費者法講座Ⅰ総論》(日本評論社)

紹介・西ドイツ私法一九八二——一九八三,载《比較法研究》第四六号

1985 年

延命利益は法の保護に値するか——ガンと法の関係の一側面,载《志法》(北大法学部法律相談室雑誌)第五号

紹介・西ドイツ私法一九八三—一九八四,载《比較法研究》第四七号

ナチス民族法典の性格,载《北大法学論集》第三六卷第一、二合併号《富田教授追悼記念特集》

1986 年

広渡清吾「法律からの自由と逃避」(書評),载《法律時報》第五八卷第九号

人格権の侵害と差止請求権,载《ジュリスト》第八六七号

紹介・西ドイツ私法一九八四—一九八五,载《比較法研究》四八号

1987 年

紹介・西ドイツ私法一九八四—一九八六,载《比較法研究》第四九号

法系論と日本法,载《法哲学年報一九八六・東西法文化》(有斐閣)

韓日国際離婚法上の若干の問題,载《柊隠金基善博士古稀記念論文集・現代財産法の諸問題》(韓国法文社)

1988 年

ノンフィクションの自由とプライバシーの保護——「逆転」事件第一審判決をめぐって,载《法律時報》第六〇卷第五号

紹介・西ドイツ私法一九八六—一九八七,载《比較法研究》第五〇号

韓日国際寓婚法上判要井刈問題(延基榮訳),载《判例月報》二一九号前述论文的韩语翻译)

判例评论・解说

1951 年

民法旧八五一条一号(新八〇二条一号)の意義——養子縁組の無効と民法九三条但書——(最判昭二三・一二・二三　民集二/一四/四九三)(共同執筆),载《判例研究》第二卷第七号,收录于《判例民事法》第二五卷

子の監護権と人身保護請求——不法に始められた拘束と人身保護法の適用のない場合——(最判昭二四・一・一八　民集三/一/一〇)(共同執筆),载《判例研究》第三卷第一号,收录于《判例民事法》第二五卷

裁判所が親族会招集の日時を誤って告知した場合において親族会員の一人が別に日時を定めて招集した親族会の決議の効力,(最判昭二四・八・九　民集三/九/三一七)(共同執筆),载《判例研究》第三卷第三号,收录于《判例民事法》第二五卷

1952 年

借家法第一条ノ二の「正当の事由」の認められた一例(東京高昭二四・一〇・二一　高裁民集二/二/二二三)(共同執筆),載《判例研究》第三巻第四号

家屋賃貸借の不確定期限——解約申入の正当事由(東京高昭二四・一一・五　高裁民集二/二/二五三),載《民商法雑誌》第二七巻第一号

戦時擢災土地物件令施行前に借地権が消滅した場合と同令附則 第三条(東京高昭二四・一二・二六　高裁民集二/三/四四四),載《民商法雑誌》第二七巻第三号

罹災都市借地借家臨時処理法第二条第一項但書の建物所有の目的による土地使用の有無(東京高昭二五・三・七　高裁民集三/一/三一),載《民商法雑誌》第ニ七巻第四号

改正前農地調整法第九条第三項と農地賃貸借契約の合意解除(最判昭二六・三・八　民集五/四/一三七),載《民商法雑誌》第二七巻第五号,收录于《最高裁民事判例批評》

市町村農地委員会の承認を受けないでした農地賃貸借契約解約申入の効力(最判昭二六・六・二六　民集五/七/三八五)載《民商法雑誌》第二七巻第六号,收录于《最高裁民事判例批評》

1955 年

事情変更による解除権の発生を認め得ない一事例(最判昭二九・一・二八　民集八/一/二三四),載《民商法雑誌》第三〇巻第六号,收录于《最高裁民事判例批評(6)》《契約と事情変更》

1957 年

二棟の賃貸借と一棟の無断転貸による全部解除(最判昭三二・一一・一二　民集一一/一二/一九二八),載《民商法雑誌》第三七巻第五号

1960 年

瑕疵担保(大判昭三・一二・一二　民集七/一〇七一),載《ジュリスト》第二百号《判例百選》(第二版 昭和四〇年)

1962 年

貨幣価値下落と割引勧業債券の券面額支払(最判昭三六・六・ニ〇　民集一五/六/六〇二),載《民商法雑誌》第四六巻第一号,收录于《契約と事情変更》

1963 年

代位弁済と根抵当権の移転(最判昭三七・九・一八　民集一六/九/一九七〇,载《民商法雑誌》第四八卷第六号

代物弁済予約と抵当権(最判昭三六・三・三　集一五/三/三五四),载《判例演習・物権法》(有斐閣)

1964 年

土地・建物の強制競買と法定地上権の成否(最判昭三八・六・二五　民集一七/五/八〇〇),载《民商法雑誌》第五〇卷第二号

違法性(大判大一四・一一・二八　集四/六七〇),载《判例演習・債権法 2》(有斐閣)

1966 年

事情変更による解除(大判昭一七・ニ・ニ七　判決全集九/一八/八),载《別冊ジュリスト》七号・売買(動産)《判例百選》

質権設定定期預金債権の書替と質権の及ぶ範囲(最判昭四〇・一〇・七　民集一九/七/一七〇五),载《民商法雑誌》第五四卷第五号

事情変更と解除(最判昭二九・一・二八　民集八/一/二三四),载《別冊ジュリスト》一〇号《不動産取引判例百選》

消滅時効完成後における債務の承認はその時効の完成を知ってしたものと推定することの可否､他(最判昭四一・四・ニ〇　判時四四二/一二),载《判例評論》第九五号(《判例時報》第四五六号)

夫婦の特有財産と憲法二四条(最判昭三六・九・六　民集一五/八/二〇四七),载《別冊ジュリスト》第十二号《家族法判例百選》(新版昭和四八年)

代物弁済予約上の権利は弁済による代位の目的となるか——第三取得者の取得後に弁済をする保証人と民法第五〇一条第一号所定の代位の附記登記の要否(最判昭四一・一一・一八　民集二〇一/九/一八六一),载《民商法雑誌》第五六卷第五号

見本売買の目的物の容器に瑕疵がある場合と売主の責任(東京地判昭四二・三・四　判時四八四/五九),载《判例評論》一〇六号(《判例時報》四九二号)

売主の瑕疵担保責任と不完全履行(最判昭三六・一二・一五　民集一五/一一/二八五二),载《ジュリスト》増刊《民法の判例》(第二版 昭和四六年)

弁済の通貨(大阪地判昭三七・一一・一六　判時三三九/三六),载《別

冊ジュリスト》第一六号《渉外判例百選》

1968年

停止条件付代物弁済契約または代物弁済予約の形式を採った債権担保契約と債権者の清算義務、その他(最判昭四二・一一・一六　判時四九八/一二),载《判例評論》一一一号(《判例時報》五一〇号)

踏切事故と工作物責任(東京高判昭三〇・一二・二三　下民集六/一二/二六七〇),载《別冊ジュリスト》第一八号《交通事故判例百選》

慰謝料請求権は相続の対象となるか(最判昭四二・一一・一　民集二一/九/二二四九),载《判例タイムズ》第二二一号

1969年

二個の不動産にかかる債権担保と清算義務等(最判昭四三・三・七　民集二二/三/五〇九),载《民商法雑誌》第五九巻第四号

1970年

抵当権抹消訴訟の応訴と債権の消滅時効の中断(最判昭四四・一一・二七　民集二三/一一/二二五一),载《民商法雑誌》第六三巻第一号

1971年

プライバシーの権利——「宴のあと」事件(東京地判昭三九・九・二八　下民集一五/九/二三一七),载《別冊ジュリスト》第三一号《マスコミ判例百選》(第二版 昭和六〇年)

浴室の写真撮影・公表(東京地判昭三一・八・八　下民集七/八/二一二五),载《別冊ジュリスト》三一号《マスコミ判例百選》(第二版 昭和六〇年)

代物弁済につき法定地上権の成立を否定した例(最判昭四五・七・一六　民集二四/七/九二一),载《民商法雑誌》第六四巻第五号

1973年

「公正な論評(フェア・コメント)」の法理を適用して名誉毀損の成立を否定した事例(東京地判昭四七・七・一二　判タ二八二/一九六),载《判例タイムズ》第二八九号

代物弁済予約と清算義務(最判昭四二・一一・一六　集二一/九/二四三〇)柚木馨等編《判例演習物権法増補版》(有斐閣)

新聞記事掲載にあたりその内容を真実と信ずるにつき相当の理由があるとはいえないとされた事例(最判昭四七・一一・一六　民集二六/九/一六三三),载《民商法雑誌》第六八巻第五号

1975 年

他人の権利の売主をその権利者が相続した場合における権利者の地位(最大判昭四九・九・四　民集二八/六/一一六九),载《判例評論》一九一号(《判例時報》七五九号)

契約の目的とした基礎に変更が生じたものとして、事情変更による契約解除が認められた事例(福岡地小倉支部判昭四九・六・二七　判タ三一一/二〇二),载《判例タイムズ》第三一五号

事情変更による解除(大判昭一九・一二・六　民集二三/六一/三)载《別冊ジュリスト 民法判例百選Ⅱ債権》(第二版 昭和五七年)

サンケイ新聞意見広告事件(東京地決昭四九・五・一四　判時七三九/四九),载《ジュリスト》五九〇号・昭和四九年度重要判例解説

踏切事故と工作物責任(最判昭四六/四/二三　民集二五/三/三五一)载《別冊ジュリスト》第四八号《交通事故判例百選》(第二版)

1976 年

弁済の通貨(最判昭五〇・七・一五　民集二九/六/一〇二九),载《ジュリスト》六一五号《昭和五〇年度重要判例解説》

ビル火災による火傷事故につき工作物責任を肯定した事例(大阪地判昭五〇・三・二〇　判時七九七/一二五),载《判例評論》二一二号(《判例時報》八二二号)

婚姻費用の分担(東京家裁四九・一・二九審判　家裁月報二七/二/九五),载《別冊ジュリスト》第十六号《渉外判例百選(増補版)》(第二版 昭和六一年)

1977 年

マーク・レスター氏名・肖像侵害訴訟第一審判決(東京地判昭五一・六・二九　判時八一七/二三)《判例評論》第二一六号(《判例時報》八三五号)

1978 年

死者の名誉(東京地判昭五二・七・一九　判時八五七/六五),载《ジュリスト》第六六六号《昭和五二年度重要判例解説》

サンケイ新聞意見広告に対する反論文掲載請求事件第一審判決 (東京地判昭五二・七・一三　判時八五七/三〇)(共同執筆),载《判例タイムズ》三六七号

1979 年

売主の瑕疵担保責任と不完全履行(最判昭三六・一二・一五　民集一

五/一一/二八五二),载《ジュリスト増刊・民法の判例》(第三版)

洗剤パニック調査報告書公表事件第一審判決(東京地判昭五四・三・一二　判時九一九/二三),载《判例評論》二四七号(《判例時報》九三一号)

1980 年

売主の義務の相続(最判昭四九・九・四　民集二八/六/一一六九),载《別冊ジュリスト》第六六号《家族法判例百選》(第三版)

1981 年

錯誤と瑕疵担保責任(最判昭三三・六・一四　民集一二/九/一四九二),载谷口知平、加藤一郎編《新版判例演習民法 1 総則》(有斐閣)

医療法人十全会グループの名誉毀損事件控訴審判決(大阪高判昭五五・九・二六 判時九九一/三七),载《判例評論》第二七二号(《判例時報》一〇一〇号)

1982 年

宮城県沖地震ブロック塀倒壊事件(仙台地判昭五六・五・八　判時一〇〇七/三〇),载《判例評論》第二七五号(《判例時報》一〇二〇号)

土地の売買予約の成立後当事者双方が予想せずその責に帰することのできない事情により価額が高騰したのちにされた予約完結権の行使が信義則に反しないとされた事例(最判昭五六・六・一六判決　判時一〇一〇/四三),载《判例評論》第ニ七七号(《判例時報》一〇二七号)

「自然保護」翻訳事件(最判昭五六・一一・一九),载 Law School 第四三号

事情変更による解除(大判昭一九・一二・六　民集二三/六一/三),载《別冊ジュリスト》第七八号《民法判例百選 II 債権》(第二版)

寄附行為と虚偽表示規定民法九四条一項の類推適用(最判昭五六・四・二八　民集三五/三/六九六),载《判例タイムズ》第四七二号《昭和五六年度民事重要判例解説》

1983 年

貨幣価値の下落と軍事郵便貯金の払戻額(最判昭五七・一〇・一五　判時一〇六〇/七六),载《民商法雑誌》第八八巻第三号

1986 年

人格権の侵害と差止請求権(最大判昭六一・六・一一　判時一一九四/三),载《ジュリスト》第八六七号

1987年

謝罪広告(二)——「民青の告白」事件(東京高判昭五九・九・ニ九　判時九八一/七五),载《別冊ジュリスト》第九一号《著作権判例百選》

医師の義務違反を理由に慰謝料を認めた例(①事件:東京地判昭六〇・九・一七 判時一二〇一/一〇五、②事件:浦和地判昭六〇・一二・二七　判時一一八六/九三),载《年報医事法学》第二号

参与事典等的撰写

1960年

世界名著大事典第四巻"イェーリング'占有意志論'"平凡社

《民事法学辞典》(上)"オーストリア民法、一般の先取特権、先取特权",(下)"動産の先取動権、特別先取特権、不動産の先取特権、法定担保物権、留置権",有斐閣

1963年

昭和三八年度・読売年鑑〈世界の法学、世界の法律・条約展望〉読売新聞社

1964年

昭和三九年度・読売年鑑〈世界の法学、世界の法律・条約展望〉読売新聞社

1965年

昭和四〇年度・読売年鑑〈世界の法学、世界の法律・条約展望〉読売新聞社

1966年

中川善之助編・体系民法事典〈債権の変動、債権の消滅〉青林書院

(中川善之助、遠藤浩、泉久雄所編,新版 昭和五一年)(第三版 昭和五七年)

昭和四一年度・読売年鑑〈世界の法学、世界の法律・条約展望〉読売新聞社

1967年

昭和四二年度・読売年鑑〈世界の法学〉読売新聞社

1968年

昭和四三年度・読売年鑑〈世界の法学〉読売新聞社

1969年

社会科学大事典〈事情変更の原則、人格権、プライバシーの権利〉鹿島研究所出版会 旺文社百科事典(エポカ)2〈ヴィントシャイト〉3〈カントロウイツツ〉4〈ギールケ〉

5〈コーラー、サビニー〉6〈自由法運動〉8〈担保責任、典型契約、ツィーテルマン、ティボー、デル＝ベッキオ〉10〈売買、比較法学〉11〈プフタ、法実証主義〉

12〈有償契約・無償契約〉旺文社

昭和四四年度・読売年鑑〈世界の法学〉読売新聞社

1970年

昭和四五年度・読売年鑑〈世界の法学〉読売新聞社

1971年

昭和四六年度・読売年鑑〈世界の法学〉読売新聞社

1972年

昭和四七年度・読売年鑑〈世界の法学〉読売新聞社

1973年

ブリタニカ国際大百科事典6〈契約〉TBSブリタニカ

昭和四八年度・読売年鑑〈世界の法学〉読売新聞社

中川善之助監修・現代法学事典1〈大陸法と英米法〉日本評論社

1975年

国際法学会編・国際法辞典〈ヴェビター、マルティン・ヴォルフ、サヴィニ－、チーテルマン、ラーベル〉鹿島出版会

1980年

フレスカホーム百科事典15暮しの法律〈損害賠償請求権の成立〉学習研究社

1981年

Brummell 2法律〈損害賠償——損害賠償の成立、公害・環境破壊、食品・薬品事故、医療事故、名誉毅損・プライバシーの侵害、スポーツ・レジャー事故、子どもの事故、その他の事故〉学習研究社

昭和五九年 国民法律百科大辞典2〈近代法、ゲルマン法〉4〈市民法〉5〈大陸法〉6〈ドイツ法〉ぎょうせい

大百科事典〈事情変更の原則、名普段損、大陸法、フーパー〉平凡社

解　说

1954 年

ドイツの法律辞典について,载《ジュリスト》第五一号

1957 年

担保物権総論(含・譲渡担保)法律学一五〇講,载《法学セミナー》第二一号

1959 年

公営住宅と民法・借家法,载《公営住宅関係職員研修会テキスト、その二》(日本住宅協会)

物上代位,载《民法例題解説 I》

1962 年

瑕疵担保責任と債務不履行責任,载《法学教室》第三号

1963 年

事情変更の原則,载《法学教室》第八号

1964 年

不完全履行と瑕疵担保,载《ジュリスト》第三〇〇号、学説展望

1969 年

契約自由の原則、事情変更の原則、第三者のためにする契約、同時履行の抗弁権,载芦部信喜等主編《法律学の基礎知識》(有斐閣)

1971 年

村はちぶになったとき、高利貸の催促がゆき過ぎのとき,载遠藤浩、松本治雄編《隣り近所とつきあう法》(有斐閣選書)

1972 年

権利の公共性,载伊藤正己、甲斐道太郎編《現代における権利とはなにか》(有斐閣選書)

代物弁済の予約,水本浩、篠塚昭次編《民法を学ぶ》(有斐閣選書)(第二版、昭和五六年[修改稿])

1974 年

ラーベル/商品売買法(法学者・人と作品),载《法学セミナー》第二二五号,收录于《改訂　伊藤正己編・法学者　人と作品》(日本評論社、昭和六〇年)

1975 年

公法と私法、ほか，载五十嵐清、遠藤浩、川井健、島津一郎編《民法学の基礎知識(1)～(3)(有斐閣)

1976 年

債権の変動、債権の消滅，载中川善之助、川遠藤浩、泉久雄編《新版体系民法事典》(青林書院新社)

1982 年

法律学への招待・外国法，载《法学セミナー》増刊、《法学入門》一九八二、一九八三

1985 年

新法律学への招待・外国法，载《法学セミナー》増刊、《法学入門》一九八四、一九八五、一九八六、一九八七、一九八八(增加文献介绍)

1988 年

「宴のあと」事件，载《ジュリスト》第九〇〇号記念特集《法律事件百選》

学会报告

1953 年

比較法は単なる方法か？　比較法学会、昭和二八年四月

1957 年

私法の一般理論としての行為基礎論　私法学会、昭和三二年四月

1960 年

ファッシズムと法学者——ナチス私法学の功罪を中心に——民科法律部会、昭和三五年一〇月

1962 年

人格権の保護に関する比較法的研究(シンポジウム)[序説、ドイツ法、総括報告]比較法学会、昭和三七年四月

1964 年

現代大陸法における法源の機能　日本法哲学会、昭和三九年五月

1965 年

比較法学と日本の法学　比較法学会、昭和四〇年四月(総合テーマ：日本における外国法の摂取)

1966年

資本主義法と社会主義法[総論]　比較法学会、昭和四一年六月

1973年

自動車事故による損害の補償[序説、総括]比較法学会、昭和四八年五月

1976年

比較法教育　比較法学会、昭和五一年五月

1977年

土地所有権思想の比較法的考察　日本土地法学会、昭和五二年一〇月(研究組織および司会担当),收录于日本土地法学会編《土地所有者の比較法的研究》(有斐閣、昭和五三年)

1980年

地震と民法七一七条　日本土地法学会、昭和五五年一〇月,收录于日本土地法学会編《東京地震、復興と法律問題》(有斐閣、昭和五六年)

1986年

法系論と日本法　日本法哲学会学術大会、昭和六一年一一月(統一テーマ:東西法文化),收录于日本法哲学会編《東西法文化》(有斐閣、昭和六二年)

讲演(讲座)

1973年

ドイツにおける社会主義法研究の発展と現状,载《比較法学》第八巻第一号(早大比較法研究所)

1976年

医療過誤の民事責任の比較法的考察,载日弁連《昭和五〇年度特別研修叢書》昭和五七年

法学者からみた医療と法,载《北海道医報》第五三七号

1987年

シンポジウム「近隣騒音を考える集い」(パネラー講演),札幌市衛生局公害部举办

座谈会

1976年

北海道の離婚——その増加の背景と対策,载《ケース研究》第一五六号

1980 年

不動産物権変動の法理——登記を中心に,载《ジュリスト》第七一五号、第七一七号、第七二三号、第七二七号、第七三二号、第七三九号、都七四四号、第七四六号、第七四八号。《ジュリスト》増刊・不動産物権変動の法理(含・登記実務から見た物権変動論、司会担当)

1983 年

名誉毀損と報道の自由(+奥平康弘+柏木千秋),载《法学セミナー》第三三五号

1984 年

災害法研究の現状と課題(+甲斐道太郎等),载《法律時報》第五六巻第五号

1985 年

河川水害と法の新局面(+甲斐道太郎等),载《法律時報》第六〇巻第二号

1986 年

法学の歩み四〇年(+田中英夫等),载《法学教室》第一百号

其　他

1951 年

書評・基本的人権と公共の福祉——戒能通孝「市民の自由」を読んで,载《北大新聞》(昭二六・六・二〇)

1952 年

破壊活動防止法案の意味するもの——もはや濫用は時間の問題,载《北大新聞》(昭二七・四・二五)

占領継続を合法化する講和後の諸立法,载《北大新聞》(昭二七・六・五)

1954 年

方向・今後に横たわるもの,载《北大職組新聞》(昭二九・一一・一三)

1957 年

ドイツ婦人の職業と家庭,载《北大職組新聞・婦人部ニュース》(昭三二・三・二八)

ヨーロッパの印象,载《北の友》(札幌郵政研修所同窓会誌)

1964 年

合格定員を倍増すべし(司法試験についての私の意見),载《ジュリスト》第

二九九号

宮崎孝治郎教授の業績について,载《北大法学論集》第一四巻第三・四号

1965 年

書評・小林直樹編「現代法の展開」(岩波講座現代法 I),载《北海道新聞》(昭四〇・六・二九晚报)

異説コメンタール論,载《随想注釈民法》第十九巻

1966 年

体験的法学教育論、比較法,载《法律時報》第三八巻第五号

専門課程に進学する学生に期待する,载《ジュリスト》増刊、新法学案内

1967 年

私と学園,载《朝日新聞・道内版》(昭四二・二・二早报)

教養課程に読むべき一冊の本——S. H. Maine, Ancient Law,载《法学セミナー》第一三三号

アンケート・〈自然法〉をめぐる三つの問題点について,载《年報自然法の研究》第一号

1969 年

リーノの離婚裁判所訪問記,载《法学セミナー》第一五四号

1971 年

変らぬヨーロッパ・変る日本,载《六花会会報》第八号

一九七一年春季学会報告、比較法学会,载《法律時報》第四三巻第八号

1972 年

「詩と真実」とあやまり(随想),载《ジュリスト》第四九七号

1976 年

多種目講義のバランス・シート(随想),载《ジュリスト》第六一一号

1977 年

わが著書を語る『比較法学の歴史と理論』,载《出版ニュース》一九七七年九月中旬号

死者の人格権——「事故のてんまつ」「落日燃ゆ」事件を契機として,载《朝日新聞・全国版》(昭五ニ・一〇・一七晚报)

1978 年

成年年令について,载《北海道少年友の会》第二号

1979 年

法学者の能力の絶頂期(随想),载《ジュリスト》第六八五号

1980 年

反論権めぐる西欧の動向,载《北海道新聞》(昭五五・三・一一晚报)

書評・沢井裕著「テキストブック債権総論」,载《法学セミナー》第三〇九号

1981 年

二一世紀はいつから始まるか(随想),载《法学教室》第一〇号

1982 年

司法試験改革への「真夏の夜の夢」,载《受験新報》昭和五七年六月号(序言),再录于《法律家をめざす君に「贈ることば」》(法学書院、昭和六二年)

1982 年

〈法諺散歩〉国家にとっては占有が安全確実なことだけが問題だ,载《法学セミナー》第三三六号

ノンフィクションと人格権の保護——「密告」事件判決の周辺,载《北海道新聞》(昭五八・三・二六晚报)、東京新聞(同四・五晚报)

比較のなかの日本法,载《判例タイムズ》第五百号

1984 年

オット・フォン・ギールケの孫を訪ねて(随想),载《ジュリスト》第八二七号

1986 年

一か所逗留型休暇のすすめ,载《月刊健康》第二九四号

1987 年

比較法からみた日独関係の過去と現在,载《Echo (DAAD 友の会)》第二号

1988 年

「脳死および臓器移植についての最終報告」についての意見,载《ジュリスト》第九〇四号

乗物酔い,载《月刊健康》第三二二号

1989 年

民法学のこれからの課題,载《法学教室》第一百号

悼　　词

日本比较法学会理事长在五十岚清教授葬礼上的悼词

这个月(2015年9月)6日从巴黎回国当天早上,犹如晴天霹雳,突然接到了现在看已经是五十岚清先生的生前遗言:“希望在将来我的葬礼上由北村一郎来致悼词。”当时传达这一“遗言”的铃木贤教授还加上了一句话,“先生现在很健康,恐怕一时半会儿还用不上”,所以也没当回事,就继续去倒时差了。可就在13日突然接到了先生仙逝的讣告,惊得我哑然失色!

第一次接触到五十岚清先生的大名和他的大作《比较法入门》是在东京大学上本科时的1970年,这一机缘得益于野田良之老师在他“比较法原论”课程中介绍的基础参考书。此后,在我完成围绕法国法撰写的助手论文时,因为先生当时也加入了日法法学会,所以不揣僭越将这篇论文的抽印本寄给了先生,而且从那以后,每每发表论文都会寄给先生,而先生每次又会以诚恳的语气回复我,令我感到诚惶诚恐。

五十岚清先生既是民法学界第一流的学者,也是国际私法课程的讲授人,同时更是比较法这一疑难领域在日本的先驱者和第一人。他在这些领域的研究成果可谓汗牛充栋!更重要的是,自从日本比较法学会成立以来,他一直在德国法研究和比较法研究的领域做过大量的学术报告,并多次组织过该领域的专题研讨会。因此,日本比较法学会之所以能有今天,与先生所做出的贡献是分不开的。他是这个学会的大恩人!

先生研究的目标明确,这就是“比较法研究要有益于我国的立法和法解释”。他为此在继承的预留份、瑕疵担保、契约与情势变更、人格权论等具体相关主题上积累了真正意义的比较法研究成果,而且还用德语写作了日本法入门书。特别值得介绍的是,作为理论问题研究的论文集,于1977年出版了《比较法的历史与理论》,1984年的《民法与比较法》,2002年的《现代比较法学诸像》等。特别是5年前出版的《比较法手册》尽管采取的形式是实用性写作方法，但所显示出的却是在日本的比较法概论性研究的最高水平。先生目光之锐利，所及范围之周到，客观的叙述与评价，对于我们这些比较法研究的后学而言，无疑是珠玉典范。

反观自己的研究，尽管在主观上意欲与实定法的实益之间拉开一定距离，尽可能将重点放在一直以来被日本法所忽视的它与法国法之间的关系上，但并没有能从大的理论方面去突破，而是彻头彻尾地陷在了实定法框架之内。在这一点上，每每让我注意到对五十岚清先生教义践行的忠实程度不够。

每逢比较法学会开年会的时候，我都无限期待着能找到哪怕是一点点的时间可以听到先生的教诲。有一次，在谈到大陆法与英美法之间的交错关系时说道，在 EU 之前，有过苏格兰、加拿大、南非等几个例子。对此，先生说："我学习的也不够，但菲律宾好像也是这样的，"继而又谈到了毛里求斯和瓦努阿图的例子，再后来又说，从某种意义上说日本也属于这一类，但民法直接受英美法的影响极为有限。这段话虽然不长，却是作为从先生那里聆听到的为数不多的一个瞬间记忆深深地印在了我的脑海里。尤其是我在先生的《比较法手册》中没有看到这个内容，因此更觉得它珍贵。

90 岁，也许可以称得上圆满的天寿之年，但我们还是难免感到遗憾！比较法学领域还有待发展，在法科大学院制度下得到崇尚的实定法的光环下，比较法以及外国法的研究还很敢说已经摆脱了危机的状态，在这样的时候，先生驾鹤西去，实在是令作为后学的我们不禁感到心中不安、悲痛不已！

然而，我们绝不可以在遇事冷静以对的先生面前频发泄气之声。在今天国际化的时代，我们已经培养出了优秀的年轻学者，并有理由相信在不久的将来可以向先生汇报骄人的成果。

谨怀着衷心感谢之情祈祷先生一路走好。

比较法学会理事长
东京大学名誉教授
北村 一郎
2015 年 9 月 16 日

追　述

有一件仅有几人知道而让我吃惊不已的事情,是在致完悼词之后得知的。这就是,五十岚清先生是在将一部关于大陆法新作脱稿并交予出版社之后才平静地停止了自己呼吸的。这是一种不留一点遗憾的无疾而终!这一点,不能不说是我们后学的楷模,也是需要我们去追求的目标!

(渠　涛译)

五十岚清老师:

我是伊藤知义。作为接受过您指导过的学生,谨献上我的送别致辞。

接到先生的讣告深感遗憾之至!在这一年半里,因到国外做研究而没能见到先生。记得临行时,老师曾说过让我回来后报告在外研究的成果,然而却再也无法做到,心中难以平静。作为有幸被纳入末席的不肖弟子的我,是多么想将这一点点研究成果汇报给老师,更是多么想得到老师一如既往的尖刻品评呀!

初次拜识先生是在大学本科2年级后半学期的讲座课上。当时先生五十岁出头,但已经是著名的比较法学家了。此后,一直跟随先生在以法语和德语原文著作阅读为内容的讲座课上,从基础开始学习外国文献的阅读方法。从那时起长达40年来,一直承蒙先生的指导。早年间,也曾听到过五十岚清先生严厉的可怕这种传言,但我自受教时开始,先生已经城府在胸,根本就没有感受到过那样的气氛,记忆中只有先生慢条斯理地讲课的样子。

作为学者的起步之路的大学院和助手时代,先生对于我的论文选题以及写作方法从没有过过分的指摘。我就想,如果当时能够受到关于论文内容的具体指导,以前的论文应该比现在的写得更好。可是,先生并不是喜欢那种指导方式的教育家。

对于北大(北海道大学——译者)的教师们来说,印象最深的应该是先生是民事法研究会的创设者和核心成员,而对于我个人来说,记忆最深的反倒是在“体制转换与法”研究会中共同作为核心成员一起学习的印象。回想当年,尽管先生也参与过北大斯拉夫研究中心的设立及其后运作,但依然可以对自己专业领域以外的苏联(俄罗斯)、东欧、乃至中国的相关报告也会作出一些评论,而他从欧洲比较法的角度提出的高见又极富刺激性的参考价值。

先生为人直率,他会直言不讳地对其他学者的研究提出批评,只要收到寄来的(论文——译者)抽印本都要在阅读后将自己的评论发送给作者。这体现的是一种真挚的研究态度,更是能够提出尖锐批评的基础所在。他虽然自我评价说,自己不是超一流的学者,但这是过谦之词,它体现的是先生对自己的苛刻。

每年 1 月 2 日,我们都会到先生家中造访,享受着夫人亲手作的菜肴,喝光几瓶甘美的红酒,谈论着各种各样的事情,留下了美好的记忆。

我现在的年龄已经远远超过了刚刚认识时的先生,而所做到的工作却无法与当年的先生相比,是少之又少。回首先生从那之后近 40 年充满精力的工作,只能说,先生是超人!我今生恐怕达不到先生的高度,但是,我会让自己经常想起先生的音容笑貌,以勤补拙追踪先生的足迹。

在众人看来,先生是功成名就的善终,而先生理应还有堆积如山的工作想做,我想,先生虽然存有不能继续完成这些工作之憾,但也是抱着满足的心情走的……

五十岚清先生,真的是谢谢您了!衷心为您祈福!祝您同夫人一同安息!

伊藤知义*平成 27(2015)年

(渠　涛 译)

---

* 作者:中央大学法学部教授。

追悼文章

我的追思

内田贵*
渠　涛译

关于五十岚清先生的学术业绩和他对日中学术交流的贡献,无疑有很多更合适的人来评介。就我个人而言,更想谈的是一些仅与自己有过关系的往事,并以此来作为对先生的追思。

首次拜见先生是在1979年的晚春。当时的我正在接受作为助教授(副教授)的录用审查。当时,我刚刚写好的助手论文于这一年三月经星野英一老师之手寄到了北海道大学法学部,负责审查的五十岚清先生阅后,为此来到东京。在改建前的东大法学部一进门往里一点的接待小厅里,我第一次见到了大名鼎鼎的五十岚清先生。先生对我的助手论文褒奖有加,并示意我"应该没有问题"。此后也毫无例外,先生夸奖人的时候,总是毫无保留地送上赞誉之词。恐怕,这是缘于先生对年轻学者的奖掖之意吧。

我在本科毕业被录用为助手时就开始为3年后要提交的助手论文的撰写做准备。每天一头扎在法学部研究室的书库里,遍览以往民事领域的所有助手论文和博士学位论文,并通过对选题、结构、长度等的比较,思考自己论文的写作方法。当时,让我感到参考价值最大的就是结构极其清晰的五十岚清先生的论文,继而循着这篇论文的思路写出了一篇比较法研究方面的助手论文。虽然是一名民法学者,但我是有意识要承继五十岚清先生的存在而赴北海道大学工作的,今天看起来,

* 作者:东京大学名誉教授。

只能说这是无稽之谈，而当时的我，就是如此仰慕先生的。

我在北海道大学工作，除到美国留学的两年之外，只有4年多一点时间。但是，这段时间的内容丰富程度足以与此后在东大20余年的生活相媲美。当时，五十岚清先生作为法学部的重镇，在教授会上发挥出的作用与民诉法的小山升先生不分伯仲。而对于我而言，五十岚清先生却是宛如慈父的存在（实际上只比我亲生父亲小一岁），因为先生对我与亲父亲一样……每当札幌漫长的冬天一过，我们两人每周都会有两次坐着先生的车去网球俱乐部打网球。尽管小山先生作为网球高手曾对我说："跟五十岚清君学球不会有长进的，"但当时五十岚清先生可是对我这个运动神经迟钝的人教得很是耐心。而且，在这个过程中我们之间的私人感情也随之加深。后来，在我结婚的时候，先生和夫人还在我们的婚礼上做了证婚人。

回想我单身的时候，先生曾经给我介绍过家中千金的朋友。尽管无缘与这位朋友结为连理，但那时却在先生家里第一次见到了已经结婚的千金。她同五十岚清先生一样地聪明、阳光，而在20年后的2001年3月，病魔将本还年轻的她从先生夫妇的身边夺走了。难以想象先生夫妇失去最爱的独生女后所受到的打击会是多么大！夫人因此精神受到刺激而开始急速衰老。2003年，先生受勋，在东京开过庆祝会后，我请先生夫妇来到寒舍，久违的雅教让我感到酣畅淋漓，而先生在回到札幌后给我的信中写道，自小女去世后没有什么让我感到快乐的事情，而这次（你让我度过的——译者）却是久违的愉快时光。

2015年初，曾在附近医院被诊断的因年龄增长导致的变性关节炎引起的腰痛，实际上是癌症得到确诊，而先生对这一结果泰然自若，只是淡淡地——像对发生在别人身上的事似的——说了句，"到了这个年龄，癌症往前发展的速度是缓慢的。不过是寿命与癌症谁先来谁后来的事而已"。正是在这种心态下，先生一边在忍耐着疼痛与自己的疾病苦斗，一边在照顾着卧病的夫人，而同时还在从事着毕生巨著《走向欧洲私法之路》的写作。作为一位年近90岁的人，谁能够有如此精力不停顿地坚持自己的研究呢?!

2015年5月，先生一生挚爱的夫人过世后，他曾经对我这样评价夫人:“除了身体有点弱,作为学者的妻子,她是个理想的妻子。”先生长期在家中照顾夫人,同时也在继续着自己的研究。2012 年开始,夫人因病情恶化住进医院,先生要自己开车到医院去照顾,本来就很辛苦,可他却淡定地说,这下可以用在家的时间专心作研究了。真是心静如水!夫人去世时,我很担心他会失去心里的支柱。但是,在夫人的葬礼上,先生回过头来对我们来送葬的人掷地有声地说:“别那么哭丧着脸,我不是还活着嘛?!”旋即又送来了宛然一笑。仅从时间的坐标上看,先生是这一年的 9 月故去的,所以,大家恐怕也可以把这看作因失去夫人而沮丧的先生是在追随夫人而去……

然而,我并不这么看。先生本还想再继续活下去的。他为了完成自己的毕生巨著,应当还有很多要添加进去的东西储藏在那不因年龄的衰老而仍清晰的大脑之中,但是,他感悟到了病魔已经不会再给自己更多的时间了。为此,他只能扬鞭奋蹄截稿,在自己最后一次住院离开家前将前言写就。听说,他曾经跟来医院看他的曾野裕夫先生说:“本以为还能再活些日子。”我接到曾野告知先生住院后,立即赶到了札幌,病榻上的先生痛苦地喘着粗气,意识已经朦胧,跟他说话也没有反应了。于是,我大声地对他说:“我们一定会将《走向欧洲私法之路》一书出版的,您放心吧!”然后与曾野准备离开病房。就在这时,本应该已经是意识朦胧的先生举起了手,似乎是要我们别走,我和曾野对视后不约而同地说了句:“是不是他听懂了我们刚才说的话?”于是,马上返回病榻旁,守候了好一会儿。先生的逝去就是在这天晚上,我刚回到东京不一会儿的时候。

在壮年期叱咤风云的学者不胜枚举,但是,从教育等公职退休而本应进入安度晚年阶段的时候,还有如此热情执着地潜心研究的人(可谓凤毛麟角——译者),令人慨叹!而且,不仅身边没有助手,相反,在痛失爱女、看护爱妻并看到了人生终点、在耄耋之年还要与自身罹患的不治之症苦斗。这不仅是得不到助力,而是有更多让他放弃研究的阻力。但是,先生正是在这样的环境下仍然执着地继续着研究。更为可贵的是,他不仅仅是专注于自己研究领域的比较法学,就在他逝世之前还对我寄去的论文抽印本和著作,在仔细阅读后寄信来写出谦恭和蔼的评论以及指出其中的错误。先生作为学者的基本态度是,时刻关注学术圈内同人的研究,并不断从中汲取精华。这种态度直到生命的最后一刻从来没有改变过。作为学者的为人和治学态度,可评价为:无比高尚!

2013 年岁暮,曾有过出版先生口述自己经历的书籍的计划,但因负责这件事的山田卓生先生突然逝世而遭搁浅。听到这个消息后,我立即表示,这件事让我来做。于是,在小川浩三和山田八千子两位的鼎力协助下,刊行了《ある比較法学者の歩いた道》(《一位比较法学家走过的路》)。正是在编辑这本书的过程中,先生告诉我,已经查明他腰疼的病因是癌症。当时就想,万一发生此书刊行而不能让先生看到,将会抱憾终生,于是,我们便快马加鞭把这本书赶了出来。

今天,看着这本书,我深深地感到:这是一个极富能量的人,他将一生——直至生命的最后一刻——淋漓尽致地奉献给了比较法学乃至整个法学,其造诣更是深不可测!

悼念五十岚清先生

铃木贤*
渠　涛译

作为北海道大学法学部奠基人的五十岚清教授,于 2015 年 9 月 12 日清晨结束了他 90 年的生涯。在此,感谢先生生前多年来的指导,追思他的丰功伟业,诚挚地献上悼念之情。

五十岚清老师 1925 年出生于日本新潟县,1948 年在东京大学法学部毕业后,作为特别研究生留在东京大学学习,1950 年到北海道大学法经学部任副教授。1959 年升任法学部教授之后,历任北海道大学评议员(1961 年)、法学部长和法学研究科长(1966 年),为北海道大学的管

* 作者:1985 年北海道大学毕业,北海道大学名誉教授,明治大学法学部教授。

理和运营也作出过贡献。在1989年退休为止的39年漫长的岁月里,他潜心于比较法、民法、国际私法等方面的教育和研究,为北海道大学法学部和法学研究科的创建和发展奠定了坚实的基础。从北海道大学退休后,又先后在札幌大学法学部,北海学园大学法务研究科(自2006年)历任教授,于2009年最终退休。

先生在日本,不仅因为是比较法讲座的创始人而被誉为比较法总论的先行者,更为可贵的是,他从法律的实际功能的角度入手将比较法具体应用于民法的各个领域,以实证的方法揭示了比较法在民法解释上的有用性。其具体内容可见诸于继承特留份制度、瑕疵担保、契约中的情势变更、人格权论等。同时,作为专业研究人员的典范,他以身作则用严格的态度指导后学,培养出了大量的比较法学和民法学方面的研究人才。正是源于这些业绩,先生在2004年获得了天皇代表国家授予的"瑞宝重光章"这一荣誉。此后至逝世前一刻,先生一直没有停止在研究这块土地上耕耘,他是终身作为现役学者为自己的90年生涯画上了圆满的句号。进言之,就是在先生逝世的2015年还再版了名著《法学入门》(第四版)、《比较法手册》(改订版),并新行出版了以口述自己一生的周而复始为内容的《某比较法学者走过的道路——访五十岚清先生》,甚至在逝世前的最后一刻终于写就了作为毕生最后的作品——《走向欧洲私法之路——现代大陆法入门》。这让人实实在在地感觉到先生作为一位法学家的情怀!

先生也十分关心日中间的法学交流,跟东京大学星野英一教授一起出席了在广州举办的首届中日民商法研究会,跟中方学者共同探讨过一些民法学相关的前沿问题。从札幌大学退休之际,将他所藏的大部分日文图书统统赠送给中国山东大学法学院,开设了"五十岚清图书资料室"供于广大中国法学研究人员使用参阅。另外,全面介绍日本人格权法发展的著作《人格权论》,已被译成汉语在中国出版,对中国的人格权相关的立法及研究提到积极推动作用。

回想当年……我在本科生时代聆听过先生讲授的德国法课程,其后进入研究生课程直到先生逝世都在受到他的指导。当年,是他作为比较法专业的研究生接受了我这个要专修中国法的人,也是他在我进入研究生课程后手把手地教我阅读英文文献;进而,在我结束博士课程后,经过9个月的助手(助教)后,竟然有幸受聘于先生创建的比较法讲座的副教授。自此之后,先生基本上每次都会出席我所创建的北海道社会主义法研究会(后改为“体制转换与法研究会”),每每授予尖刻的指导。因为,只要先生一出席,研究会的气氛会即可变得凝重,从质感上说,它会马上因此而变成全日本一流的研究会。因为先生所问到的问题——从善意的角度去理解——所给我们的压力真是无以言表。还有让我难忘的是,每年正月初二(公历)都会去先生在札幌澄川的家去拜年,夫人亲手做的料理和前辈们带来的红酒……

记得在2014年1月25日,由我们社会主义法研究会中受过先生指导的弟子们为祝贺先生八十八岁生日(日本称“伞寿”)举办了一个庆祝会,当时有来自日本全国,特别是还有来自中国的、仰慕先生的弟子以及受过先生恩惠的人们聚集札幌,共同度过了一个美好的时刻！其实,当时先生的夫人因住院治疗而没能出席这个盛会而感到遗憾不已。

作为先生门中一个不合格的关门弟子,自2015年将职场转到了东京的一所私立大学。我在教授一年级法律初级知识的课程上所用的教材是先生的《法律入门》,在教授二年级比较法学的课程上所用的教材还是先生的《比较法手册》,如此这般,我现在作为大学教师仍然是寻着先生的工作轨迹一路走来,做着枝叶末节的工作。我尽管离开了北海道,但仍然没有离开先生！实话实说,我每天都在痛感到:正是先生的学恩普照才有我的今天。

先生的遗作《走向欧洲私法之路》已经确定由小川浩三、曾野裕夫两位先生及我负责编辑,于今年7月由悠悠社出版。衷心期望各位法学先进将先生挑战生命极限之作捧于掌中,如是,先生定会含笑九泉！

先生,90年间,您辛苦了！这期间对我的指导,太感谢了！

我将以受到过先生的指导为荣,继续走完自己的学者之路,尽管永远也追赶不上先生您……

追思五十岚清先生

宇田川 幸则*
渠　涛译

我考入北海道大学法学部开始学习专业课的那一年,正赶上五十岚清先生退休,所以,尽管身染五十岚清门下的末位,但遗憾的是当时没有聆听过先生讲的大课,也没有加入过他的讲座课。而当我从武汉大学留学回国进入大学院之后,在先生也参加的两个研究会上,直接和间接地受到先生指导和教诲颇丰。这两个研究会,一个是在北海道大学法学研究科内设置的"民事法研究会",成员主要是广义民事法专业的教师(包括名誉教授)和院生(研究生),基本上是每两周举办一次;另一个是由常驻北海道、以研究原来和当时的社会主义各国法律为专业的研究人员和学生组成的"体制转换与法"研究会(以前的名称是"北海道社会主义法研究会")。

五十岚清老师身材不高,(看似)总是面带微笑,但在面对学术时则是非常地严肃。研究会上,一旦遇到报告内容中主线丝毫的暧昧或不够确切的地方,在讨论的时候,不会顾及报告人是何许人也,都会毫不顾及情面而给予严厉的指摘,因此常常会有让报告人下不来台的情况。如果是报告中出现错误,情况将会更为严重。当时,作为院生的我在发表报告时,只是看一眼先生的脸色就会紧张不已,再要遇到先生在讨论时举手更会从全身的毛孔中冒出冷汗。正是因为这样,每当以最小"负伤"的程度扛过讨论的时候,一种成就感就会油然而生,自然也会同自信的增加联系到一起。

有一年在参加比较法学会的归途,偶然与先生乘同一列车同一车厢。途中请教了一些学习上的问题,但不知怎么,中间突然话题中断,

---

* 作者:名古屋大学教授。

两人之间的气氛陷入一种怪异状态。为了打破僵局,我开始在大脑里搜寻话题。突然想到,先生前些时候去过旅顺,便询问这次旅行的理由。这一问不要紧,让我听到了预想不到的答案。我记得他说:当年在大学读书时被征了兵,本分配到一种叫作“人间鱼雷”特殊攻击部队,任务是钻进一种叫“回天”的工具中,作为人体炸弹去撞击敌舰。他还说,多亏我到旅顺的时候“回天”已经用没了才捡回了一条命,如果还有“回天”可用,将会以姓氏的头一个假名的顺序受命去攻击,当然就没有今天的我了。在先生临去世前出版的《一位学者走过的路——访五十岚清先生》(信山社2015年版)中也有先生对当时经历的回顾。据该书描述,他去旅顺是接受“回天”的操纵训练,之后回到长崎的“回天”发射基地,但那时“回天”已经一只都没有了,这才捡了一条命。不管怎么说,他是被作为那场战争中特殊攻击武器上的一个零部件,以牺牲生命为前提去的旅顺,这一点是不争的事实。而我在这里还要多说两句的是,先生曾经告诉我,从旅顺回日本时的路径是先从陆路到釜山,然后再从釜山乘船。但是,他们所乘的船在出港时便触雷沉没,他是从海里游回釜山港的。还记得他在说这一段时,还微微仰叹道:当年多亏泳游得还不错。这种悠悠然举重若轻的谈话方式,正是常常浮现在我们眼前的先生的形象。

前面提到的《一位学者走过的路》中也有一段关于先生反战的叙述,让人感到那场战争经历很有可能对先生之后的人生发生了很大的影响。从前面谈到的先生在研究会上对人严厉的一节中即可知晓,他很少夸赞他人(特别是北海道大学的学生)的研究,而却对我的硕士论文在研究会上给予了褒奖。这件事,包括我在内的与会者无一不是大吃一惊!后来大家将它总结为,并不是我的论文写得好,而是先生因为年龄的增长变得圆润了。但是,他在对待其他学术领域报告时并没有任何改变。因此,我——也许是臆断——认为,这恐怕跟他的某种心结不无关系。试想,先生为什么会积极地参加关于中国法的报告会?又为什么在中日民商法研究会在广州召开第一次大会的时候,不顾家中发生的事情而真正是排除万难去参会?特别是他驾鹤西去的时间又正巧是中日民商法研究会在杭州开会的期间?我不禁感到这里面好像存在着一种莫名的缘分!

追悼五十岚清先生

梁慧星*
渠 涛**

五十岚清先生仙逝的周年忌日马上就要到了,中日民商法研究会第15届大会即将召开,在这时候,我们缅怀先生的心情更是难以言表的沉重!

五十岚清先生的人品和学术地位,已如各位日本学者介绍,以我们的理解应该用高尚和雅贵来评价,而先生在中国的学术影响之巨大,我们要用博大和深邃来评价。

先生来访的次数不多,但对中国法学界的贡献是难以估量的。在这里,我们觉得有三件大事需要特别介绍。

第一,1995年,时逢先生70华诞之际,他将自己多年藏书中的近5000册捐赠给了山东大学法学院。该院以这批珍贵图书为基础,于1998年成立了"五十岚清资料室",先生为出席资料室揭牌仪式来华访问,并受聘山东大学兼职教授。

正是拜这批赠书所赐,后来山大法学院对日本法、特别是比较法和日本民法的研究作出了骄人的成绩,而且还在2002年开设了日本法背景的本科班。这个班至今已经毕业了7批学生,其中,除一半左右直接在国内各种企事业单位就职外,更有半数左右的毕业生进入了日本著名大学攻读硕士乃至博士学位,这部分人中已经有很多成就学业后回到国内,在国内的大学和研究机构从事法学方面的研究和教学工作。

在国内,从事日本法研究的大多数人都知道,当年要查找民法和比

* 作者:中国社会科学院学部委员,法学研究所教授,北京理工大学珠海学院民商法律法学院名誉院长,中日民商法研究会会长。

** 作者:中国社会科学院法学研究所研究员,北京理工大学珠海学院民商法律法学院特聘教授,中日民商法研究会常务副会长。

较法方面的日文资料,老书要去中国社会科学院法学研究所,新书则要去山东大学法学院。可见,这是何等的贡献!

第二,2009年11月,五十岚清先生的《人格权法》经铃木贤教授和葛敏博士翻译,由北京大学出版社出版。这是先生对人格权相关法律研究的集大成之力作,又恰逢中国民法学界对民法典立法中人格权制度如何设计的讨论开始进入“白热化”的关口出版,其时机的契合,所起到的作用之巨大有目共睹。我们要感谢五十岚先生作出的如此卓越的研究,同时也要感谢译者的辛劳!

第三,中日民商法研究会与五十岚清先生结缘于2002年。这一年的6月,中日民商法研究会成立大会暨第一届大会在广州举行,有幸邀请到五十岚清先生、星野英一先生和铃木禄弥先生参会。当时,三位先生在会上无一不精神矍铄,思维敏捷,说出话来即严谨又不刻板,还时常夹杂着幽默……现在拿起《中日民商法研究》(第一卷),再次读起先生们在大会上的报告以及在评论和讨论部分中的发言,昔日情景历历在目,其受益匪浅的之感觉丝毫不逊于当年!三位先生坦言,即便是在日本国内也很难聚于一会,而我们有幸看到了在中国广州的“三星聚首”。

正是因为有三星高照,我们的研究会得到了高点起步,受到中日两国民商法学界的高度认可,也因此有了今天的发展。

在五十岚清先生周年祭日即将到来的今天,我们缅怀三位先生,愿他们在天国继续关心中日民商法研究会已经取得的成果,保佑研究会今后不断发展,我们也会以自己不懈的努力,与时俱进争取更好更大的成果以告慰五十岚清先生、星野英一先生和铃木禄弥先生的在天之灵!

最后,我们想录入几段当年的会议记录,以寄托我们对五十岚清先生的哀思!

梁慧星点评五十岚清先生的报告:

非常感谢五十岚清教授做的这个报告,这个报告内容非常丰富。五十岚清教授是非常擅长比较法,我在20世纪80年代研究瑕疵担保制度的时候,就读过五十岚清先生的著作。五十岚清先生的报告更加增强了我和我的同事们成立中日民商法研究会的信心，也证明了成立这个研究会是非常必要的。我们要花大力气研究日本民法的经验，当然也包括它的教训。先生的报告中特别讲到了日本民法对亚洲民法的影响，这部分内容非常有意思。

在中国民法典制定的过程中，我们将一如既往地坚持博采各国法律之长的做法。当然这种做法也涉及一个难题，就是在未来的中国民法典中，如何协调各种不同法系的规则。但是无论如何，我们在制定民法典的过程中，都会特别注重汲取来自日本的有益经验。

五十岚清先生点评星野英一先生的报告：

我本人一直有一个信条，就是尽可能少对自己研究领域外的问题表示自己的意见。但是今天既然让我做评议，也只好尽可能少地对这个问题提一点看法。法制审议会我没有参加过，从这个意义上说，我可以作为一个在野学者自由地发表自己的看法。从我对以往法制审议会的观察看，在具体的立法草案的起草和讨论过程中，学者委员踌躇满志的立法抱负和意见往往被法官等实务界委员轻而易举的否定，因此，使人感到学界的主张基本上无法具体体现到立法之中。但是，今天星野教授关于成年人监护法制定过程的介绍改变了我过去的看法，对此我衷心的向他表示敬意。

另外，关于比较法在民法立法中的作用，昨天我的报告讨论了一些基本问题，而在成年人监护法的制定中比较法的作用，星野教授的报告中已经作了详细的介绍，对此，我没有更多的补充。但是，有一点是值得注意的，这就是这部法律广泛地参考了当今世界各国的相关法律后，结合本国的实际进行了明智的取舍。这一点对于中国今天民法典的制定无疑具有参考的价值。日本社会各界都对这次立法给予了各种期望，但是这部法律究竟是否已经满足了这些期望还有疑问。当然，这部法律刚刚出台，评价它的实际效果还有些过早。这部法律的关键问题在于，其立法的中心目的究竟是“保护”还是“自立”，如果是以自立为中心，从日本的传统文化上看，这部法律的作用将会是极为有限的。但是，这部法律在制定过程中充分地考虑到了各个方面的意见和因素这一点是应该得到肯定的评价的。

五十岚清先生作为日方学者代表致闭幕词:

昨天,星野教授作为日方学者代表在开幕式上作了格调高雅的致词。既然有此珠玉在前,我在这里就只能简单地说几句。

首先,我们对能够接受邀请参加中日民商法研究会成立大会感到十分荣幸。我觉得能够举办这样出色的中日民商法研究会,它的成功首先要感谢会议发起人,梁慧星教授和渠涛教授。接下来,不论我个人还是日本方面,都要感谢为这次会议提供了出色服务的中山大学法学院,也特别感谢这次会议的赞助方。我想这次会议成功的特色之一,可能不仅仅在量的方面,更重要的是质的方面。举个例子,我首先发现中方的来宾,总的来说都非常年轻,这让我感到很惊讶。很明显,年轻人多说明这个研究会有更多可以期待的内容。相形之下,我更担心的是日本方面的问题,就是说日本方面对中国法的研究是不是能够像中国今天这样,有这么多年轻人参与。我和星野作为学者今后剩下的时间已经不是很多了,因为我们都是过了七十五岁的人了。我想,我们为了今后不愧对你们对我们的热情邀请和招待,我们回到日本以后,要更努力地去鼓励日本年轻的民商法学者更多地关注中国的法律。以上就是我想说的主要内容。

最后我再次衷心地祝愿中日民商法研究会今后有更大的发展!

追思:与五十岚清老师之间的几件“小事”

渠　涛*

刚刚译完几篇日本学者对五十岚清先生的追悼文章,心中既有对

* 作者:中国社会科学院法学研究所研究员,北京理工大学珠海学院民商法律法学院特聘教授。中日民商法研究会常务副会长。

先生丰功伟业的感佩,同时也有很多愧疚。从各位日方学者的文章中看到他们与先生之间的关系之长久,交流之密切,受教之多样……都是我这个——按中国学界习惯排辈儿的规矩应该是——孙子辈儿的后学所无法比拟的。但是,现在回想起先生施恩予我的一幕幕,不由得也想在此记录下几件可能在常人看来并不起眼,而在我看来却终生难忘的事情,以寄托对先生的哀思。

初识五十岚清先生

记得第一次见到先生应该是在 1990 年,我刚进名古屋大学读硕士课程的第一个暑假,五十岚清老师来名古屋大学作客座教授,教授的是"契约与情势变更",为期四整天。我当时负责报告的题目和具体内容现在已经记不清了,但有一点可以肯定,那个报告水平一定很低!因为,作为半路出家的我刚进门还没入门,别说"情势变更",就连最基础的民法问题还是懵懵懂懂的,怎么可能做出像点样子的报告呢?!但是,当我怀着惴惴不安的心情等来先生的点评(准确说应该是差评)时却让我既感到意外,同时也因此增加了我研习民法的信心。清楚地记得先生说:你的日语我都听懂了,刚进硕士课程,能做到这样就不错了。我们北海道大学在日本也叫"北大",我们那有个叫铃木贤的人,他上过你们中国的北大,因此他读过两个北大,他的汉语好像很好,中国法研究也做得好,希望你也能把日本法研究做好。当时我真的很高兴,可现在想起来,还真是觉得自己有点"不要脸",只记得被人的夸赞鼓励之词,而忘了自己当时的报告题目以及不足。

接收赠书

先生结束讲座后不久的新学期伊始,前辈给我送来了一本书,说是五十岚清老师寄过来送给大家的,名单上有你,所以你要给先生写封感谢信,以表示我的任务完成了。这本书就是先生的名作之一《民法と比较法》(一粒社,1984 年版)。但当时的我,只是感到受宠若惊,并不知道这本书的价值分量,加上生活和学习的压力都非常大,一边要打工养活自己,一边要阅读拿学分课程的教科书,老实说,并没有去阅读。更确实地说,一是那时所处的环境不允许;二是那时的我也看不懂其中的高妙之处。于是,写了感谢信后,便将其束之高阁了。后来到名城大学就职后有了稳定的收入便有了可自控的时间,那时候还真的粗读过这本书。尽管不是精读,但还是看懂了其中的一些道理。看后就开始后悔,如果写硕士学位论文的时候好好看看这本书,那该多好!人世间出多少钱买不到的就是后悔药!

在北海道参加研究会

2000年,我在早稻田大学访学,受铃木贤教授之邀到北海道大学参加体制转换与法研究会。当时正值暑假期间,家人也在东京,就一起去了北海道。当时孩子小,家中琐事繁杂,经常丢三落四,到了札幌才发现只带了领带而没带西装。因为听说五十岚清老师也要来参加这个研究会,所以想,一定要穿西装系领带,以示尊重。于是,便挤出时间去买了一套比较便宜的西装穿上去了会场。可是,到了会场一看,除了先生之外,大家都是便装,当我将临时急着去买衣服的事跟铃木教授说了以后,他告诉我,我们北海道人没那么讲究,你真是多此一举。但是,为了表示对五十岚清先生的尊重,我自己觉得还是很值得的。或许是先生事先听说了我家人也来了,在会后给了我一个纸袋,说渠涛桑辛苦了,这是我的一个小礼物,送给你家人。铃木贤教授告诉我,跟五十岚清老师这么多年,还真没见过他送人礼物。这让我又一次感到莫大的受宠!这是一个印有北海道大学风景的小挂件,至今珍藏在名古屋家中。

有幸参加先生的伞寿贺宴

2005年,时逢先生八十寿诞,我当时也是在早稻田访学,接到铃木贤教授通知:门生们要为先生贺寿,先生听说你在日本,有意请你也来参加。又是一大受宠若惊!当即应允并按时抵达札幌参加了贺宴。这次准备的比较充分,不仅没有忘带西装和领带,而且是挑我所有的衣服里最贵的带过去穿上进入了宴会场。本来说好的是AA制,可进门交钱的时候却被告知,五十岚清老师有话,渠涛桑是远道来的客人,不要收他的钱,这既让我不知所措又感到惴惴不安。先生门内弟子如云,在这时候还能专门为我这样一个名不见经传的无名孙辈给组织者留下叮嘱,一方面感佩先生对晚辈的照顾无微不至,另一方面也感到羞愧难当。真真正正地应了我的一句口头禅:无耻光荣,无限臭美!

最后一次见五十岚清先生

2007年,中日民商法研究会第六届大会在东京大学召开,会后受铃木贤教授之邀,陪同梁慧星和张广兴两位教授到北海道大学做学术交流,会后共进晚餐。这是我最后一次见先生。席间谈了很多,也谈到了中日民商法研究会。先生为能在日本,而且在东京大学举办中日民商法研究会第六届大会感到非常高兴,鼓励我们要把这个研究会长期办下去……

忆往昔,先生对中日民商法研究会的支持是多么的巨大,而我在处理一些事物上的不经世故……不禁有种酸楚的感觉。看到各位日本学者的悼词和悼念文章才知道,中日民商法研究会成立大会召开的2002年,正是先生痛失爱女的翌年,当时夫人身体不佳还需要有人照顾,而在这样的时候,我如果在邀请他之前能与他身边的人(比如铃木贤)沟通一下,怎么能做出这样不近情理的邀请?!而先生却根本没有告诉我他身边发生的这些情况,参会中更丝毫没有能让人感觉到有任何异样,仍然是严肃认真地讨论着学术问题,这是多么宽大的胸怀!

除此之外,作为一般常识性的问题,我更有值得深深反省之处。中日民商法研究会的会期虽然只有两天,但先生从北海道出发到广州,仅乘转机时间就是一个整工作日,也就是说,一来一去又是两个整天。我当时怎么就没考虑到先生的年龄已经七十过半,不应该将如此辛劳附加在他的身上。先生毅然应邀是出于对中日法律交流的重视,而我更应该反省的则是自己的幼稚。

五十岚清先生永远地离开了我们,他的音容笑貌将会时常地浮现在我的眼前。我会尽自己最大的努力,争取在最大限度上实现先生在中日民商法第一届大会闭幕词中给予我们的嘱托。

五十岚清先生千古!

左起:何平、星野英一、五十岚清、田中信行

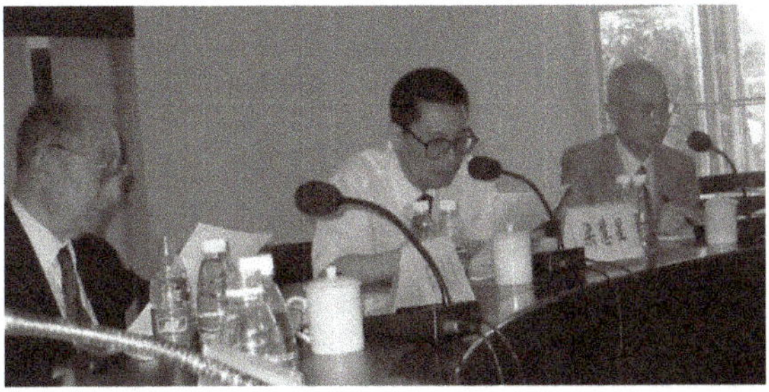

左起:五十岚清、梁慧星、星野英一

左起:渠涛、星野英一、铃木禄弥、五十岚清、铃木初代

毕业论文选登

民法对人格权保护的中日制度的比较研究

张　扬*

目　　次

一、引言

人格权作为人本身固有的最基本的权利，早在古罗马时期就出现了萌芽，但鉴于古罗马的等级制度，当时的人格权概念与现在是有本质差别的。随着人类对尊严的认识不断提高，以及近代经济、媒体、传播

* 作者：中国社会科学院研究生院2013级法律硕士。

手段飞速发展,各国也积极探索对人格权的保护。

1804 年颁布施行的《法国民法典》中,虽没有人格权保护的明确规定,但其第 1382 条①作为兜底条款,成为对很多侵害人格权案件做出判决的依据。

1900 年颁布施行的《德国民法典》仍然没有做出一般性的规定,但出现了关于姓名权、信用损害等涉及人格权保护的内容。②

1898 年日本颁布施行的《日本民法典》,学习德国民法典第一草案,第 710 条设置了包括身体、自由、名誉的侵害可以构成权利侵害的规定,③在一定程度上承认了人格权侵害可以构成"不法行为"。

20 世纪初的《瑞士民法典》,不仅有了具体人格权——姓名权的规定,④还确立了一般人格权的概念,并且明确宣布禁止侵害几种人格权关系,⑤规定侵权行为严重时可请求精神损失赔偿,⑥在人格权保护的历史上具有非凡的意义。

"二战"之后,德国《德国基本法》对人格权保护做出专门规定,法国对隐私权做出规定,而瑞士在扩大人格权保护内容的同时,增加了反驳权的相关规定。与此相对,以《法国民法典》和《德国民法典》为模板的日本民法典对人格权保护的规定,尽管在立法上并不完备,但是,在其后的判例中逐步确立人格权的坚固地位,并予以较为充分的救济。

我国的人格权保护最初主要依据《民法通则》,而后 2004 年"国家尊重和保障人权"的基本原则被写入《宪法》,为我国各项立法,尤其是人格权制度的发展提供了指导性思想。2009 年出台的《中华人民共和国侵权责任法》,第 2 条列举的 18 项民事权利中,大量条文涉及人格权保护,此外,《中华人民共和国残疾人保障法》《中华人民共和国妇女权

---

① 《法国民法典》第 1382 条规定,因过错行为对他人造成损害,应对"该他人"负赔偿责任。

② 《德国民法典》第 12 条涉及姓名权救济,第 824 条规定信誉遭受损害的救济。

③ 《日本民法典》第 710 条(非财产损害的赔偿)。

④ 《瑞士民法典》第 29 条。

⑤ 《瑞士民法典》第 28 条第 1 款。

⑥ 《债务法》第 49 条。

益保障法》等特别法也有关于特殊主体人格权保护的规定。

但是,由于人格权始终没有立法层面上的系统的规定,随着社会经济的发展,人格权保护的需求逐年升高。特别是近一两年,随着民法典新一轮立法程序的启动,学界对此更是热议。[7] 当前,关于人格权保护的讨论焦点基本上集中在立法体系的选择、一般人格权概念取舍、新型人格权的认定,以及人格权是否在民法典中独立成篇等方面。

基于上述背景,本文拟围绕人格权的民法保护这一主题,以中日民法相关制度比较为主要方法,在尽可能全面地从学说和判例的角度考察分析日本民法制度发展的基础上,结合我国国情尝试性地提出一些关于保护人格权的民法制度设置的思考。

本文共分为四部分,第一部分介绍人格权的基本理论,包括人格权的起源,德国、法国、瑞士等民事立法较为先进的国家对人格权的保护经验。第二部分考察了日本民法对人格权保护的历史以及现状,总结概括了其对人格权的救济方式。第三部分梳理我国人格权保护的历史,整理目前人格权保护的民法依据,并指明所面临的缺陷和挑战。第四部分综合前文的论述,提出加强民法对人格权保护和救济的建议。

二、人格权基本理论

(一)人格权的起源与概念

人格权普遍被认为起源于罗马法。从历史上看,人格权的概念是与自然权相连的,是人的根本权利,其他所有的权利都可看作由此派生的,罗马法学家将经济活动中独立的地位和形态概括为人格权。然而,罗马法时期的人格权具有明显的等级、歧视色彩,在文艺复兴和启蒙思潮之后逐渐被摒弃,格劳秀斯的论述“人应该享有特定的权利,这是源自人本身固有的属性”被奉为近代民法上人格平等的依据。19 世纪之后,各国民法向现代民法转变,此时,人格权的内涵转而侧重于“法律人格的形式上的平等”。

---

⑦ 例如,2015 年 12 月王利明教授、杨立新教授、渠涛研究员于民商法前沿论坛共同主讲的“人格权立法三人谈”研讨会,2016 年 1 月中国社会科学院法学研究所召开的“各部门法与人格权保护的关系研讨会”等。

然而,人格权概念极其庞大,难以将其确认为现行法上的权利,在私法的发展史上,相对于财产权,人格权的发展是非常缓慢的。在世界民法史上举足轻重的《法国民法典》和《德国民法典》都仅仅对某项特殊人格权有简略规定,而没有提出真正的人格权的概念。当前,在各国民事立法中,也还没有任何一个国家确切提及人格权的概念,人格权仍未得到各国立法的普遍确认。

德国学者基尔克在《德国私法》中对人格权做出的定义为——“保障一个主体能够支配自己人格必要组成部分的权利”,⑧认为具有多面性的人格权是包括身体权、名誉权、姓名权、个人形象权等多项权利的,这是人格权发展早期较为全面的论断。另一部明确谈及人格权的法律《埃塞俄比亚民法典》于1960年起草,其中将人格权规定为自由权,但将人格权具体化为自由权的观点显然是不全面的。德国学者拉伦茨教授认为,人格权可理解为受尊重的权利,保护人格权即保护人所固有的尊严、身体与精神不受侵害,也就是保护人本身的存在。⑨ 该观点指出了人格权以尊重权为基础,但同样忽视了姓名权、名誉权等其他权利,也是不完整的。

我国民法同样未对人格权做出定义,主要通过列举的方式表述其包含的权利。《民法通则》第五章包括的生命健康权、姓名权、肖像权、名誉权、荣誉权、名称权等,虽然其名称为“人身权”而非“人格权”,但实际可认为是人格权的内容。对于人格权的定义,王利明教授认为,人格权以保障主体的人身自由为重要目标,是主体本身依据法律所固有的,保护人格尊严,维护人格平等,以人的各项利益为客体的权利。⑩

综上,本文认为,人格权包括主体的生命、身体、健康、自由、名誉、隐私等多重利益,为民事主体所固有,与人、人格相始终,是主体自由发展的基本权利。

(二)人格权的性质

1. 绝对性

人格权作为民事主体固有的权利,是绝对权,具有排他性,效力及

---

⑧ [德]汉斯·哈腾鲍尔:《民法上的人》,载《环球法律评论》2001年第4期,第399页。

⑨ 转引自强甜甜:《人格权概念新析》,载《商品与质量》2012年第6期,第6页。

⑩ 王利明:《人格权法研究》,中国人民大学出版社2005年版,第14页。

于不特定的任何人,在权利受到侵害时,可以请求防止侵害或者排除侵害。

2. 专属性

人格权是专属于某人的权利,人的人格权与自身的特点有紧密的联系,该权利不依主体的意志而转让、继承、抛弃。即使在商业行为中,权利主体“转让”部分人格权,也只能是人格权的使用权而不是其所有权。

(三)人格权的分类

1. 传统分类

根据人格权传统分类理论,人格权包括一般人格权和具体人格权,但该分类方法未得到各国普遍认可,这与人格权的概念一样,仍然是仁者见仁,智者见智的问题。

(1)一般人格权

《瑞士民法典》于1907年颁布,其中首次提到了一般人格权的说法。一般人格权是非常抽象的概念,在无法从具体人格权的法律规定中获得救济依据时,可以作为兜底条款起到弥补的作用。

一般人格权的概念,主要在德国的学说和判例上使用,很多国家在使用“人格权”这一术语时,似乎就是将其默认为德国的“一般人格权”的意思。一般人格权的构成要件没有在法律上得到系统确定,也因此在很多国家受到批判。但从人格权保护和救济的角度,其在补充保护具体人格权列举不足和新兴的人格权利方面还是具有重要意义的。一般人格权目前仅在我国《侵权精神损害赔偿解释》中有所涉及。

(2)具体人格权

具体人格权与一般人格权相对,其客体为具体的人格利益,既包括被视为物质性权利的身体权、健康权、生命权等,也包括主要涉及精神利益的精神性权利:隐私权、荣誉权、名誉权、人身自由权等。在诸多国家的立法中,人格权都以列举的方式被提出,但人格权的列举是难以穷尽的,学界的研究只能是分别针对某一项人格权进行讨论,如此是难以达到一个法律概念的严谨程度的。

2. 人格权的三分法

人格权的传统分类之外,还有人格权的三分法学说,该学说指出,

物质性要素,精神性要素,以及社会信息要素是一个完整的人必须具备的,[11]与之相对,学界将人格权体系划分为如下三类:

物质性人格权的客体是人的物质性要素,主体的身体权、生命健康权等都属于物质性人格权。在此分类体系中,物质性人格权不具有财产内容。

精神性人格权是保护主体精神方面的利益的人格权,包括精神安全权和精神自由权。精神安全权强调主体有权维护自己的精神利益,免遭任何形式的侵害;精神自由权要求外界不得非法干涉人的精神活动、思想活动。[12] 主体的精神性人格权与其密不可分,也不得以任何形式转让、抛弃和继承,精神性人格权同样不具有财产性。

信息性人格权的客体是主体的专属社会信息,是指自由支配并维护该社会信息不受侵害的人格权。信息性人格权基于信息的客观性、传递性、可利用性、共享性、依附性、不可分性而成立,目前学界承认其包括姓名权、名誉权、肖像权、隐私权等。财产性是信息性人格权的重要属性。

(四)人格权的宪法保护和民法保护

人格权到底是宪法上的权利还是民法上的权利,争议比较大。有宪法学教授指出,人格权作为人的最基本权利,是无法由民法来规定的,而应该由国家的根本法律——宪法来予以确认;也有一些学者认为,人格权是宪法上的权利,但是是民法衍生出来的。

根据人格权的历史,德国基本法第2条第1款规定其为自由发展人格的权利,这便是被德国联邦宪法法院认定的宪法上的人格权,然而宪法上的一般人格权被认定之前,人格权最初是民事判决中承认的。因此综合宪法解释学、民法解释学、比较法学,以及一般人格权的历史,人格权是具有双重属性的权利,它既是一种宪法上的权利,也是一种民法上的权利,就属性而言,普遍认为它的私权性质浓于基本权利性质。

---

[11] 苏长江:《论人格权的三分法》,载《经济研究导刊》2009年第36期,第222页。物质性要素指身体、生命、健康等,精神性要素指思想活动、心理感受等,社会信息要素指名誉、隐私等。

[12] 苏长江:《论人格权的三分法》,载《经济研究导刊》2009年第36期,第222页。

关于两者的联系，传统的主流理论认为宪法上的基本权利是一种母体性的权利，而部门法包括民法上的权利可以视为是宪法权利的一种具体化。本文认为，宪法上的人格权，主要是针对国家的一种权利；而民法上的人格权，主要是私主体针对私主体的一种权利。民法保护宪法上的人格权可以使之具有可行性、时效性。

三、日本民法对人格权的保护

（一）日本民法对人格权保护的发展过程

“人格”一词，并不是日本文化的原生词，据传是在明治二十年代，英文 person、personality 传入日本而产生了“人格”这一日制汉语。[13] 在明治以前，对损害名誉的行为，仅仅以刑事予以制裁，并没有民事上的保护措施。

日本于 1890 年制定旧民法典，1898 年制定新民法典，其民法典的制定主要参照西洋国家。当时日本与西洋各国签订的不平等条约中，规定了西洋列强的法外治权，领事裁判权[14]以及关税决定权，西洋列强的一系列特权大大减少了日本政府的财政收入，国内民族资本主义的发展受到严重阻碍，日本的殖民地化越来越严重。西洋政府均以日本必须导入西洋法律模型，引用西洋各国的法律制度为要挟，才可能撤销法外治权，放弃领事裁判权，因此，修订不平等条约是日本制定民法典的首要目的。此外，日本当时急需统一分散的封建法制，来调整人民间的民事关系，为国家富强打下基础，而效仿甚至直接翻译西洋法律是最为快捷有效的方式。

当时，1794 年颁布的《普鲁士一般邦法》和 1811 年颁布的《奥地利一般民法》均涉及保护人格利益的问题，遗憾的是，这两部法典并未对他国的法典编纂起到重大影响，而备受推崇的《法国民法典》和《德国民

---

⑬ 参见：[日]左古纯一郎《近代日本思想史中的人格概念的形成》(日本朝文社，1995 年)。

⑭ 1858 年签订的《日美修好通商条约》是西洋列强对日本行使领事裁判权的开端，此后，英、法、荷、俄等先后在日取得领事裁判权。

法典》,却未对人格权的保护做出规定。[15]《法国民法典》于1804年公布施行,其中并没有对人格权保护做出明确规定,但其中的第1382条[16]为兜底条款,19世纪中后期以后,很多对侵害人格权的行为做出的判决便是以此为依据的。而1900年颁布施行的《德国民法典》同样未做出一般性规定,但其中出现了部分涉及人格权保护的内容:第12条对姓名权做出规定,当无权使用同一姓名的人使用此姓名或有权使用某一姓名的人被另一方争夺该姓名的使用权,而对其利益造成损害时,本人有权提出消除侵害的请求;第824条对损害他人信用的行为做出规定,赔偿他人损害的情况是指声称或传播的事实违背真相,造成了危害他人信用、生计或者前途及其他利益的后果,其中包括声称或传播人不知但应当知道事实不真实的情况。但如下情况通知人不负损害赔偿义务:通知人或者被通知人对该通知有合法利益,并且通知人不知其通知的内容不真实。

同时代中对人格权的保护最为先进的当属1912年起施行的《瑞士民法典》。其中第28条第1款中指出,若人格受到不法侵犯和破坏,被侵害人可提出去除侵害的诉求。对人格权侵害的禁止请求做出了明确规定。

然而由于瑞士民法是在日本民法之后制定的,因此并没能对日本民法的制定产生影响。日本旧民法模仿的是法国民法,现行民法典起草最初主要参照《德国民法第一草案》,后期则以《德国民法第二草案》为参照,因此,日本民法的财产法、身份法都未对人格权做出明确的规定。但《日本民法典》除第709条一般性条款包含人格权保护内容外,还在第710条和第723条中特别规定了对身体、自由、名誉的侵害也认定为权利侵害,以及规定了名誉损毁的补偿,从而部分人格权侵害被认

---

[15] 此后直至瑞士法部分的比较分析参见:[日]五十岚清《人格权论》(有斐阁,1989年)第2页以下、第182页;[日]齐藤博《人格权法的研究》(一粒社,1979年)第58页以下部分。

[16] 《法国民法典》第1382条。

可为侵权行为。[17]

日本初期的学说、判例认为，对于新出现的需要保护的人格利益，都应该如信用权、营业权、贞操权一样，确立具体的人格权法律条款来予以救济。[18] 但是在1925年的“大学汤”案件[19]以后，判例的立场发生变化，那就是侵权行为的成立，以有权利侵害发生为必要条件。而末川博的《权利侵害轮》(1930年)之后，人格权概念遭到否定，以违法性取代权利侵害的学说盛行，这对此后人格权的发展和保护，确实起到了一定的反作用。[20]

第二次世界大战以后，世界各国人格权法都有显著发展，很多国家将保护人格权的宗旨写进民法典。

“二战”后的日本，同样面临媒体异常发展而导致的名誉、隐私受到侵害增多的情况，一方面侵权案例不断增加；另一方面由于国民人权意识提高，人格权侵害成了一大社会问题，特别是在名誉毁损领域，判例的质和量都渐渐占据了越来越重要的地位。

1964年，三岛由纪夫在其作品《宴会之后》中塑造的小说人物的原型，以隐私利益遭到侵犯为由向三岛由纪夫及出版社提起诉讼，并得到支持和赔偿。[21] 该判决肯定了隐私权是一种可主张的人格利益，在受到侵犯时可主张法律救济。即从该阶段开始，人格权的概念已经在判例中使用，以此为转折点，其后很多判例也都认可了隐私权。

然而，人格权的概念虽然出现在下级审判例中，却并没有立即得到

---

⑰ 参见：[日]广中俊雄：《民法修正案(前3编)的理由书》第671页(日本有斐阁，1987年)。

⑱ 参见：[日]鸠山秀夫：《增订日本债权法各论下》第869页(日本岩波书店，1924年)。

⑲ 参见：日本大审院大正14(1925)年11月28日判决，载《民集》4卷670页。

⑳ 参见：[日]戒能通孝：“人格权与权利侵害的类型化”，载《法律时报》27卷11号，1955年；[日]戒能通孝《戒能通孝著作集Ⅱ人权》(日本评论社)第113页；[日]五十岚清《违法性——“大学汤”案》；[日]柚木馨等：《判例演习债权法2》(日本有斐阁，1964年)等。

㉑ 参见：日本东京地方裁判所昭和39(1964)年9月28日判决，载《下民集》15卷9号2317页。

最高法院级层的认可。大阪机场飞机噪声的诉讼,虽然在其二审判决中,认定人格权不受侵害,出现侵害行为时,认可排除之权限,但1981年,最高法判例却驳回其禁止请求。

直到1986年,刊登诽谤知事选举候选人报道的《北方月刊》被最高法判决停止发行,此判决被视为认定了名誉权是人格权的一种,名誉权与物权一样,具有排他性。这也在一定程度上肯定了人格权这个概念,[22]通常认为,日本民法上对"人格权"一般概念的认可,便是从此时开始的。

(二)日本民法对人格权保护的现行法律规定

经过以上发展历程,在判例法中,"人格权"的概念在最高法院层级下基本得到认可。但是,"人格权"仅仅以判例的方式得以认可,在其规范性内容上并没有切实发展,民法典中的一般性规定也始终没有出现。直至目前,日本人格权保护的法律依据仍然主要为《日本民法典》第709条、第710条和第723条。

1988年,日本《关于保护由行政机关保存的经电子计算机处理的个人信息的法律规定》制定,标志着人格权的保护在立法上得到初步认可。为了更进一步地保护个人信息,《个人信息保护法案》在2001年被向国会做出提案,该法案在初期受到了在野党和媒体的强烈反对,迟迟未得到认可,直至2003年5月,才得以成立。在个人信息保护法成立以前,作为个人信息保护的文献,有行政管理厅行政管理局监修的《改订世界隐私法》(行政·1982),堀部政男先生的《隐私与高度信息化的社会》《信息公开·个人信息的保护》《特集·个人信息保护的法治化动向与课题》,以及田岛太彦先生的《是人权还是自由的表现》等。[23]

在当前的日本,学界提出了《民法修正国民、司法界/学界有志案》和《债权法修正的基本方针》两个具体的大幅度的民法修正提案,前者

---

[22] 参见:日本最高裁判所昭和61(1986)年6月11日判决,载《民集》40卷4号872页。

[23] [日]五十岚清:《人格权法》,[日]铃木贤、葛敏译,北京大学出版社2009年版,第6页。

要求除了担保法外，对财产法进行全面修正，[24]后者则提出对以合同为中心的债权法进行修正。[25] 其中前者包含诸多人格权规定："总则"篇第2条规定了人格权相关的基本理论，[26]于债权篇末尾的"不法行为"一章的"第1节：损害赔偿""第2节：禁止等"中加入了几条相关的规定。在损害赔偿方面，也分别规定了针对生命和身体、身体自由、其他人格权三种不同级别的保护，替换了过失证明，明确了过失责任。此外，其中还规定可以认可赔偿费的相关请求，而对生命、身体及身体自由进行的侵害被明确禁止。

（三）日本民法对人格权侵害救济手段

在日本，人格权受到侵害后可采取的救济手段包括：经济赔偿，恢复名誉，停止侵害以及反驳权制度等。

1. 经济赔偿

人格权受到侵害，在经济方面通常会造成损失，因此，当人格权侵害行为符合侵权行为的构成要件时，受害人可以请求损害赔偿，在日本广泛认可的是精神损失赔偿费（抚慰金）。

（1）精神损失赔偿费（抚慰金）数额变化

日本广泛认可精神损失赔偿费，但早期金额标准长期较低。根据有关统计，战后大部分判决都在10万日元以下。直到《北方月刊》案的最高法院大法庭判决，当时大桥进法官指出，若名誉的事后救济不充足，就是"纵容了法律保护的言论自由范围以外的言论的横行"。[27] 此后，同一案件精神损失赔偿费合计200万日元以上的判例逐渐增加。

考虑到人格权被侵害造成损失增加，以及侵害人利用被侵害人的人格利益所谋取到的利益增加，进入平成年间（1989年开始），偶尔可看

㉔ 参见：[日]民法修正研究会编：《民法修正国民、司法界/学界有志爵《法律时报》（增刊）（日本评论社，2009年）。

㉕ 参见：[日]民法（债权法）修正研讨委员会编：《债权法修正的基本方针》（附册NBL126号）（商事法务出版社，2009年）。

㉖ 其中的第1款的内容则为："财产权、人格权及其他私权都不得受到侵犯。"将人格权的保护与财产权并列。

㉗ 参见：[日]《民集》40卷4号，第894页。

到500万日元以上的精神损失赔偿费的判例得到支持。2001年后,责令进行高额赔偿的判决不断发表,精神损失赔偿费高额化的趋势明显,体现了人格权日益受到重视,为保护受害人做出了很大的贡献。

(2)精神损失赔偿的算定基准

在日本的司法实践上,认定精神损失的赔偿金额由法院依据具体情况来判定,综合各种关于算定标准的研究,主要考虑的因素包括加害方和受害方两方面。考虑的加害方的因素有:①目的和动机;②加害行为内容;③加害行为的方法;④加害行为的范围;⑤加害内容与事实的差别程度。考虑的受害方的因素有:①受害人的身份和社会地位(是否是公众人物);②社会评价的降低程度;③所蒙受的经济损失;④受害人的过失。

2. 恢复名誉

名誉损毁的情况下,仅仅靠经济赔偿来救济是不充分的,受害人往往希望自己的名誉能得到澄清,日本民法第723条将恢复名誉与经济赔偿并列为人格权救济的一种途径,具体包括以下几种方式:

(1)道歉广告

在日本,恢复原状主要通过道歉广告实现。道歉广告的主要内容,包括加害人向受害人承认名誉损毁的事实,以及加害人明确向受害人表示歉意。道歉广告刊登的报纸杂志、版面、规定的文字大小、需承认的事实,都在判决书中加以指定。

(2)其他恢复原状方法

道歉广告作为恢复原状的救济方法在日本长期使用,但在战后的最高院判决中,被提出存在违反宪法所保障的"良心的自由"的可能性。在该质疑下,判例中出现了其他的方法。

①取消广告

取消广告是在道歉广告中去掉道歉的内容,提倡仅在道歉广告中承认名誉损毁的事实。对于取消广告中不包括道歉的情况,仍然存在争议,但在日本的判例中,也时有出现。

②判决要旨广告

判决要旨广告是指刊登判决结果或判决要旨的广告。判决要旨广告的提案在实务界存在分歧，其支持者认为取消广告也是违反宪法的。判决要之广告在近期的人格权保护判例中多次出现。

(3)关于隐私侵害的恢复原状

《宴会之后》案中，法院认为：“当私生活被人以公开的时候，不可能恢复原状到未被公开前的状态，既然不能以名誉损毁、信用降低为理由，就应该认为不能依据《民法》第723条请求刊登道歉广告。”㉘隐私权确实不同于名誉损毁，一旦受到侵害，就不可能再恢复之前的状态，通过道歉广告等方式甚至可能使影响扩大。但诸多学者认为，通过道歉广告等措施，既可以让受害人平愤，也可以对社会起到警示作用，因此刊登道歉广告的请求还是应该予以认可的。

3. 停止侵害

停止侵害的依据是人格权的绝对权性质。在欧洲大陆法，停止侵害是对人格权侵害的首要救济手段，但日本民法上并没有规定对人格权的停止侵害，在实务上，其以暂行处分的形式执行。

在昭和45年的《性爱+虐杀》电影停止上映案件中，上诉审东京高决昭45·4·13原则上对停止侵害的可能性予以认可：“对加害人有权请求排除正在进行的侵权行为或者预防即将可能发生的侵害。”㉙

鉴于人格权的排他性，理论上，在人格权受到侵害时，若没有违法性阻却事由，就可以认可其停止侵害的请求。但考虑到宪法对表达自由的保障，对停止侵害的请求，尤其是事先制约，就要予以限制。根据《宪法》第21条，对表达行为的事先制约，仅限于满足严格且明确的要件才可允许。在日本判例中，大法庭对具有危险性的还没有公开的报道大多允许了事前禁止，可见，多数的禁止要件并非如所见的那么严苛，在表达自由和人格权保护两方面，更倾向于救济人格权。当然，这在日本法律界也是存在争议的。

4. 反驳权

反驳权，是指对于因报纸报道而受到攻击、非难、批判的情况，受害

㉘ 参见：[日]《下民集》15卷9号，第2368页。

㉙ [日]五十岚清：《人格权法》，[日]铃木贤、葛敏译，北京大学出版社2009年版，第207页。

者有权要求在该媒体刊登反驳文章,反驳文章的篇幅、字体、版面与原报道相同,且受害者不支付任何费用。[30]

反驳权在欧洲法国、德国、瑞士等国家得到广泛认可,在英美法国家则由于“报社没有义务刊登自己不喜欢的言论”而未被承认。

日本曾在新闻法中认可过类似的制度,但随着1949年新闻法的废除,该制度再也没有过明文规定。昭和40年代曾引起反驳权争论的产经新闻意见广告案[31],最终被认为是党政间的争论、不涉及名誉损毁,而由此排除了对反驳权适用的探讨。在此后的判例中,也很少涉及反驳权。其支持者认为,根据《宪法》第21条、人格权理论以及《民法》第723条的“适当处分”是可以推出反驳权的,但最高法院整体上对反驳权制度持消极态度。

四、我国民法对人格权的保护

(一)我国民法对人格权保护的发展过程

我国古代,侵犯人身的行为主要靠刑罚处罚,我国与人格权有关的法律规定直至清末《大清民律草案》才出现。该草案总则中专门设置了“人格保护”一节,其中明确规定权利主体可针对人格关系受到侵害的情况请求排除侵害。此外,该草案中还规定,受侵害人提出损害赔偿或慰抚金的请求在情况特殊时也得到支持。虽然该草案将“人格”和“人格权”混同,并没有科学的人格权定义,但作为中国历史上第一次出现的关于人格保护的规定,还是具有重大历史意义的。

《中华民国民法典》制定于民国时期,是中国效仿欧洲各国的民法典而作。该法典规定,人格权的救济手段包括排除侵害、损害赔偿或慰抚金。这部民法典明确使用“人格权”的说法,表明立法工作者对人格权有了更进一步的重视和理解。

新中国成立后,1986年颁布的《中华人民共和国民法通则》,在“民事权利”一章中专设“人身权”,生命健康权、姓名权、名称权、肖像权、名

---

[30] 参见:[日]畿代通“报纸引起的名誉损毁和反驳权”收录于《我妻荣追悼论文集·私法的新展开》第455页(有斐阁,1975年)。

[31] 自民党在《产经新闻》上刊登讽刺共产党的内容,共产党主张对此刊登反驳文。

誉权、荣誉权等具体人格权在其中都有所规定，并将其与物权、债权、知识产权相并列。这是中国法律史上对人格权首次较为系统的阐述，创立了独树一帜的“中国模式”。

此后，《侵权责任法》等各项单行法和司法解释相继出台，人格权的保护制度逐步完善。

值得一提的是，人格权是我国宪法规定的基本权利，但我国并没有像德国一样设立宪法法院，且在我国仅全国人大及其常委会可对宪法进行解释，其他任何机关和个人均无该权利，[32]因此，在司法实践中，宪法不可能在具体案件中直接应用。目前，既不能将宪法条款直接适用于具体案件，短期内也不存在通过修改宪法实现“宪法司法化”的可能性，因此，将该项基本权利转换为民事权利，才是切实可行的保护途径。

（二）我国现行法律对人格权的规定

我国目前已颁行的法律法规、司法解释中，涉及人格权的保护和救济的主要有以下几种：

第一，《中华人民共和国民法通则》（以下简称《民法通则》）于1986年颁布施行，其第五章为“民事权利”，主要包括财产所有权及与其相关的财产权、债权、知识产权、人身权四种主要的权利。其中第四章虽然名为“人身权”，实则仅规定了生命健康权，姓名权，名称权，肖像权等“人格权”，[33]这便是我国民法关于人格权的最早的规定。[34]

第二，《中华人民共和国侵权责任法》（以下简称《侵权责任法》）第二条列举了其所保护的主要民事权益，其中涉及若干具体人格权及人格利益。该条法律列举介绍了主要种类的人格权，包括生命权，健康权，肖像权，姓名权，隐私权，名誉权，荣誉权。《侵权责任法》中将“隐私”明确为区别于名誉权的独立人格权，是值得关注的。且该法律条文在列举的具体人格权后写明“等人身、财产权益”，以便对未列举的人格

---

[32] 我国对宪法采取立法解释模式。

[33] 梁慧星：《中国民法经济法诸问题》，法律出版社1991年版，第59~67页。

[34] 梁慧星：《民法总论》，法律出版社1996年版，第71页。杨立新：《从民法通则到精神损害赔偿精神损失——人格权法的发生、发展和展望》，载http://article.chinalawinfo.com/ArticleFullText.aspx? ArticleId=35270。

权益通过新的法律、司法解释加以确认和保护,保持开放性。

第三,最高人民法院颁布的多个司法解释,是对我国的人格权制度的补充和完善。《民法通则》对人格权的保护存在涵盖面不足、模糊性太强等缺陷,为弥补其不足,最高人民法院出台了多部司法解释。

1988年颁布的《关于贯彻执行〈中华人民共和国民法通则〉若干问题的意见》在认定"侵害名誉权"行为时,把揭露和宣扬自然人隐私的情况纳入其中。此后,最高人民法院于2001年出台《关于确定民事侵权精神损害赔偿责任若干问题的解释》,其中对身体权、人格尊严权、人身自由权以及隐私利益的保护都做出了明确规定,在完善我国人格权制度、保障人格权法益方面起到了重要作用。

第四,单行法规中关于人格权的规定。例如,《中华人民共和国消费者权益保护法》第14条和第25条分别规定,消费者的人格尊严和人身自由不容侵犯;《中华人民共和国未成年人保护法》中,第30条涉及未成年人的个人隐私的禁止性规定。此外,针对弱势群体的《残疾人保障法》《妇女权益保障法》《老年人权益保障法》等单行法规中都涉及对这些群体的人格权保障问题。

目前,我国民事法律中对人格权的保护体系包括以上法律及司法解释,其中生命权、健康权等物质性人格权的保护始终处于核心地位,而具体人格权保护中所列举的主要是与人的尊严相关的姓名权、荣誉权、名誉权等。

(三)我国民法对人格权保护的缺陷

1. 立法体系不完整

我国民法中至今未形成对人格权的完整的保护和救济体系。《民法通则》《侵权责任法》等法律中对该项权利并没有做出准确定义,人格权与"人身权""人身权益"等类似概念混淆,关于人格权的规定也无法清晰地订立并编入法条。

虽然《精神损害赔偿解释》中侧面承认了人格权的概念,但对于完善人格权的法律制度是远远不够的。人格权的规定杂乱无章的现状,使得人格权保护无据可依,对侵权的判定以及赔偿没有统一的标准,必然会影响对人格权的保护力度,这也是目前各国人格权保护所共同面临的问题。完善人格权的立法模式,将人格权立法正式写入法律,建立完整的人格权民法保护体系,是人格权保护的首要任务。

2. 一般人格权概念缺失

一般人格权在我国法律界并未得到明确承认,我国《宪法》《民法通则》以及一些单行法的许多条款仅以"人格尊严"一词概括一般人格权,但除人格尊严外,人格权还包括诸多其他含义,"人格尊严"并不等同于一般人格权的概念。一方面,具体人格权的规定无法穷尽所有的人格权类型,另一方面,一般人格权没有完整性的规定,便导致公民的某些人格权利受到侵害时,法律无法予以及时的保护和救济。

相对于具体人格权,一般人格权的相关理论比较落后,而一般人格权概念和相关法律规定的确立是必不可少的,只有明确一般人格权概念,才能最大限度、最大范围地保护人格权。

3. 新型人格权保护不足

随着市场经济、互联网以及各项科学技术的发展,涌现出越来越多的新型的人格权。例如,隐私权中的私人活动自主决定权,环境人格权中涉及的采光纠纷、水污染纠纷、噪声污染纠纷等。在互联网日益普及的情况下,对个人信息的侵犯更加容易,相关案件增多,而我国关于个人信息的保护虽在《宪法》《刑法》等基本法中有所涉及,但并不明确。

以上各项新型人格权在《民法通则》和相关立法中都没有规定,使得该方面人格权的保护无法可依。尽快补充新型人格权的保护机制,也是完善人格权法律体系的重要部分。

五、完善我国民法对人格权保护的建议

(一)与公法保护相结合

民法确实是一个博大精深的体系,长治久安离不开社会稳定,社会稳定当然需要民法,但社会稳定不能只靠民法。从整个法律体系上讲,预防与救济是缺一不可的,应当预防与救济并举。[35] 但是,预防与救济

---

[35] 王利明:《我国侵权责任法的体系构建——以救济法为中心的思考》,载《中国法学》2008 年第 4 期,第 4 页。

之间的配重关系应该在各部门法中有不同的比例,或者称其为职责分工,私法能起到的保护作用更多的是救济。

民法是保护私权利的法律,其目的是不让私权利受到公权力侵害。但在强调私权利不受公权力侵害的同时,不能忽视私法上的权利也是需要公权力保护的,结合行政法、刑法等预防人格权益的侵害是有效的保护途径。

例如,现行人格权的救济方式之一为消除影响,但对于有些涉及隐私的人格权侵害案件来说,该条款几乎为无用条款,因为消除影响的过程中反而会使事件的影响扩大。

再如,以互联网相关问题的法律规制为例,如互联网金融、网购、互联网侵权等问题只靠民法显然不足以解决。它必须要行政公权力介入,通过行政取缔性法规进行监控监管,事先对网络运营商进行有效的管理规制,形成良好的行业自律意识。同时,行政机关在互联网运营过程中对其进行监督,并在适当的情形下提出警告,甚至在更必要的时候处罚、取缔。这些并不是我们民法可以做到的,必须依靠行政公权力的介入。

只靠民法的事后救济,而不注重行政法上的预防,我们看到的只能是侵权诉讼频发,诉讼资源浪费,社会成本徒增。

因此,虽然民法对人格权的保护是最为有效的,但我们应该科学认识民法的范围,不能无限夸大民法的作用,进行过度扩张,而应该准确理解其是整个法律体系的一部分,如此才能从预防和救济两个方面做好人格权的保护工作。

(二)人格权立法体系的选择

依据《关于全面推进依法治国若干重大问题的决定》,编纂民法典的工作紧锣密鼓地展开,目前民法总则的各专家意见稿纷纷出台。关于人格权应不应该独立成编的问题,在民法学界也引起争论,大体上有三种观点:

第一,主张独立成编;

第二,反对独立成编;

第三,折中的观点,认为人格权独立成编具有合理性,但是不独立成编也无妨。

梁慧星教授主持编写的社科院版《民法典学者建议稿》中，在“总则”的第二章“自然人”中的第五节设定“人格权”，而人格权的侵权行为、归责原则及责任承担纳入第五编“侵权行为”。

将人格权规定在自然人一章的法理依据为：人格权与人、人格密切相连，人格权的诞生、消灭与自然人的诞生、死亡息息相关，脱离人、人格而单独谈论人格权是不实际的。[36]

人格权是属于主体自身的权利，人格权不受到侵害则不涉及他人，而人格权的侵害属于侵权责任关系，为债权关系之一种，可在侵权责任中找到赔偿损害的法律依据。因此人格权不宜单独设编作为民法典的分则。[37]

此外，人格权原则上不能依人的意思处置，便不适用民法总则的代理、时效、期间等制度，单独设编而与物权、债权编并列，恐怕易导致民法典内部逻辑的混乱。[38]

综上，本文认为该建议稿，将人格权的基本规定置于自然人一章中，侵权和赔偿责任置于侵权行为一章中，是符合法理的。

（三）一般人格权完善

法律实践中，具体人格权规定不足时，通常需要援引一般人格权的概念对受害人进行保护，但目前我国法律中没有一般人格权的明确规定。法官在判决中曾出现创设如亲吻权[39]、悼念权（祭奠权）[40]等新型人格权的行为，引发了不少争议，因此明确一般人格权的内涵和外延是十分有必要的。另外，一般人格权的确立，使人格权在一个开放的体系中发展，也有利于为新型人格权益的保护提供充分的空间。

---

[36] 参见梁慧星2015年10月15日在四川大学法学院以“民法总则立法和理论的若干问题”为题所做讲座。

[37] 同上。

[38] 同上。

[39] 参见“陶莉萍诉吴曦道路交通事故人身损害赔偿纠纷案”，四川省广汉市人民法院民事判决书（2001）广汉民初字第832号。

[40] 参见“崔妍诉崔淑芳侵犯祭奠权案”，北京市丰台区人民法院民事判决书（2007）丰民初字第08923号。

但是,由于一般人格权具有高度概括性和模糊性,对其保护的法益应加以限制,否则易损害法律的稳定性,给法官随意裁判的机会。[41] 在裁判过程中,应优先适用具体人格权,在具体人格权穷尽的情况下适用一般人格权,以此适当限制法官的自由裁量权,保证法律适用的确定性。

(四)新型人格权

1. 环境人格权

环境人格权是在保护环境和个人发展中寻求平衡的权利,是目前被广泛认可为一项人格权。环境人格权实质上包含身体权、健康权、精神权利等多项人格权益,实现环境人格权的法定化,能够丰富、完善人格权的法律内容,也有利于在环境问题日益凸显的时代背景下更便捷地维护公民的合法权益。

在立法上,环境人格权的定义包括宁静权、通风权、清洁空气权等自然人享有的在舒适良好的环境中生存和活动而不被非法干涉和侵害的权利。

关于环境人格权,需明确其主体为自然人,国家、法人等组织不享有环境人格权。环境人格权体现为身体和心理的健康,是一种精神利益,只有自然人才享有此权利。由于环境的影响是持续、深远的,在环境人格权的救济上,应充分考虑被侵害人的直接和间接损失。

2. 互联网环境下的人格权

互联网技术将人类带进了一个信息爆炸的时代,为人类的交往、信息的取得和传播提供了极大的方便,但是,利用网络披露他人隐私、毁损他人名誉等行为十分容易发生。同时,网络上信息的传播具有快速性和广泛性,受众具有无限性,隐私一旦被披露,对个人名誉甚至人身安全所造成的损害是不可估量的。因此,在某些人格权的救济方面,事先预防损害的发生和扩散更具有现实意义,停止侵害等责任方式的适用尤为重要。[42]

---

[41] 刘金露:《浅谈一般人格权的立法完善》,载《法学理论》2013 年第 4 期,第 125 页。

[42] 于雪锋:《网络侵权法律应用指南》,法律出版社 2010 年版,第 105 页。

个人信息权是网络环境下十分容易受到侵害的权利。个人信息权是指,信息主体本人依法所享有的支配、控制、使用个人信息,而不受他人干涉和侵犯的权利。[43] 个人信息权的内容包括信息使用告知的权利,个人错误信息更正的权利,删除被非法泄露、使用的个人信息的权利,以及个人信息遭受损害而请求赔偿的权利等。加快制定《个人信息保护法》是保护个人信息权的有效途径,日本、德国等国家均已出台对个人信息进行直接保护的法律法规,值得借鉴。

(五)人格权的救济

人格权的救济途径包括人格权请求权与侵权请求权。人格权请求权是事前救济,主要通过停止侵害、排除妨碍等方式及时制止侵害行为;侵权请求权是事后救济,通过赔礼道歉、赔偿损失等方式补救被侵害人所遭受的损失。

我国《民法通则》第119条、第120条,《侵权责任法》第二章第16条、第22条明确规定了侵权责任方式,《侵权精神损害赔偿解释》中明确规定,受害人有权对隐私受到侵害的行为提出精神损害赔偿请求。侵权赔偿是一种消极的救济方式,只有在人格权受到侵害的情况下才能发挥作用,而名誉权、隐私权等人格权受到侵害后很难恢复,因此其事后救济效力较弱。

而人格权保护请求权使得权利人能够积极主动地进行防御,预防未发生的侵权行为、制止正在发生的侵权行为。然而,界定人格权是否正遭受侵害的危险是比较难把握的,这需要在立法上详细规定符合要件,以便受害者提供一定的证据支持,来判断是否具有侵害隐私的危险,从而行使排除该危险的权利。

六、结语

人格权的概念源自罗马法时代,经历了近代民法和现代民法的发展,但至今,在各个国家的民法中仍然没有详尽、系统的定义,甚至在一

---

[43] 韩迎春、魏新丽:《个人信息权保护模式探析》,载《前沿》2010年第12期,第108页。

般人格权与具体人格权的分类、人格权的宪法性和民法性方面仍然存在争议。本文认为人格权具有宪法和民法双重属性,目前,通过民事法律体系保护人格权更具有可行性和高效性。

日本民法有关人格权的立法虽然不尽完备,但其在判例中逐步肯定了人格权的地位和救济方式。日本民法对人格权的救济包括经济赔偿、恢复原状、停止侵害以及目前存在争议的反驳权。其中刊登道歉广告的合宪性及完善方法、停止侵害的具体要件等都经过判例的实践而与时俱进,值得学习。

目前,我国对人格权法的民法保护存在立法体系不完整、一般人格权概念缺失和新型人格权保护不足等问题。根据日本和其他国家的经验,以及我国民法的发展和近年学界关于人格权问题的探讨,本文提出如下完善救济方式的措施。

第一,私法与公法相结合,发挥公法事前预防的功能,使之与民法事后救济的功能相互补充,全面保护合法人格权益;

第二,促进人格权立法的完善,在民法典立法之际,人格权可在自然人一章中加以明确,其侵权行为、归责原则及责任承担纳入第五编"侵权行为";

第三,确立一般人格权概念,在法律关于具体人格权规定不足时,可以作为原则性条款保护人格权,但鉴于其概括性,应在其适用上加以限制;

第四,对新兴的环境人格权、互联网环境下的个人信息权尽快制定相关法律予以保护。

试论我国流担保契约制度之取舍

闫雯雯*

目　　次

一、引言

众所周知的是，债务人举债之际处境多急迫困窘，债权人完全可以利用此点来逼迫债务人，逼迫其用价值高的标的来为小额债权提供担保，图谋当债务人无力清偿债务时，不经任何清偿程序便取得担保标的的所有权，从而达到谋取非分利益的目的。由是，从保护弱势债务人利益的角度，流担保契约在查士丁尼末期便开始被罗马法所禁止，即使担

* 作者：中国社会科学院研究院 2013 级法律硕士。

保物的价格与担保债权相当仍然无效。后来诸国民法大多数都继受了这一规定,禁止担保人和被担保人通过订立流担保契约来达到处分标的物的目的,以保证当事人之间的公平。然而,在飞速发展的社会经济生活中,流担保契约却频频被使用于实践中。我国如世界上大部分国家一样,分别在《物权法》第186条和第211条、《担保法》第40条和第66条对流押和流质做出了禁止性规定。但是,近年来颁布的几部民法典却改变了关于流担保契约的传统看法,对其做出了变通性的规定。传统的大陆法系国家,如德国、日本等,也逐渐承认了流担保契约。这说明,流担保契约本身在实践中有其可取之处,符合社会发展的实际需求,传统观点需要根据实际情况进行变通。

基于对上述问题的意识,本文除去引言和结语之外,一共分为四个部分来探讨我国对流担保制度的取舍问题。第一部分,系统总结了流担保契约的一般理论,对流担保契约的认定及起源进行了归纳;第二部分,考察外国关于流担保契约的典型立法模式,并进行对比分析;第三部分,分析我国现行法律对流担保契约制度的规定,进而探讨现行制度的利弊;第四部分,在前文论述基础上,探讨流担保契约作为一种担保方式的有效性,并探讨对其利弊如何取舍,即如何对在制度上承认其行之有效的部分,而同时对其弊端如何做出限制。

二、关于流担保契约的一般理论

(一)流担保契约的概念厘清

从古至今,流担保契约的概念一直没有出现于法律条文中,仅仅作为一学术用语,在民法学界缺乏相应的研究。由是,流担保契约在不同国家地区的界定仅仅相似,但不完全相同。关于流担保契约,我国民法学者梁慧星教授有其自己的观点,他认为:"流质契约,也可称之为流押契约,是指抵押权设定时、或债权清偿届满前双方约定的,债权已届清偿期而未受清偿抵押物所有权即归抵押权人所有的约款。"①谢在全先生认为:"流抵契约,系指抵押权设定时,当事人所为于债权已届清偿期

① 梁慧星:《物权法研究》,法律出版社1998年版,第940页。

而未为清偿时,抵押物的所有权转属归抵押权人之约定。”[②]梁慧星、谢在全等学者的观点是将流押契约和流质契约等同适用,并不对其进行区分。关于此观点,学者梅仲协先生认为这并不能够完全囊括流担保契约的全部,他指出日本民法中,流质契约之无效的内容仅规定在了物权篇质权章,而在抵押权章并未出现,译为流质契约,似乎并无不可。但是我们现行民法中流担保均涉及了抵押权及质权,有同样的规定,那么仅仅是流质两个字,并不能囊括所有内容。[③]

日本民法典第349条规定:“质权设定人不能在设定行为或债务清偿期前的契约中与质权人约定许诺质权人以取得质物的所有权作为清偿,或以其他非依法律规定的方法处分质物。”[④]由法条可以看出,在日本民法中,流担保契约的禁止仅适用于质押法律关系;而抵押法律关系中,双方约定到期不能清偿债权人取得抵押物所有权的,被称为直流抵押,直流抵押并不被禁止。[⑤] 流担保是流质和直流抵押的上位概念,可以用“流担保契约”一词作为流质契约和流押契约的统称。事实上,有关流质、流押内容的约定,都仅仅是当事人订立的担保合同中的条款,并不是独立的担保合同。由是,流担保契约只是一种约定俗成的说法。

(二)流担保契约的特征

流担保契约的本质并不是独立的合同,而是担保合同中的一项特别的合同约定,其在适用上有其自身的特征。

首先,从范围上看,流担保契约法律关系仅存在于质押和抵押。通过研究我国的目前的立法现实,我们可以发现,我国的担保方式主要有两大分类,人的担保和物的担保,而物的担保分为抵押、质押、留置和定金,流担保契约只适用于抵押和质押两类法律关系中。

其次,从时间上看,流担保契约签订于债务履行期届满之前。这涉及流担保契约和折价协议的区分。在债务履行期届满前,担保权人和

② 谢在全:《民法物权论》,中国政法大学出版社2011年版,第783页。

③ 梅仲协:《民法要义》,中国政法大学出版社1998年版,第595页。

④ 渠涛编译:《最新日本民法》,法律出版社2006年版,第74页。

⑤ 其木提:《论流担保契约之法律效力》,载渠涛主编:《中日民商法研究》(第五卷),法律出版社2006年版,第192页。

担保人作出约定,要是债务人在债务到期了还是不能够偿还债务的,那么担保物的所有权就转移给债权人,这属于流担保契约。这样规定的理由是,依据法律,若在债务到期后,担保权实行时,已经可以确定债务人无力清偿债务了,担保人与担保权人再约定以转移担保物所有权来抵消债务,是双方以协议折价的方式实现债权,有代物清偿契约的性质,不再属于流担保契约的范畴。

最后,从内容上看,流担保契约所针对的是担保标的物的所有权的最终状态,就是债务人届期清偿债务时,担保标的物的所有权移转给债权人。根据一般的抵押质押担保的原理,若债务人届期不清偿债务,应当依据法律规定来实现担保物权,比如要经过拍卖、变卖等法定清算程序,将担保标的物的价值折算成价款,担保物权人就此价款优先受偿,在担保债权价额的范围内。实务中,会有这样的可能性,当事人在合同中约定,主债务人在债务到期不履行债务,以担保物径直冲抵担保债务,这属于当事人对担保物的实行方式的约定,本身应当是有效的,其和流担保契约最大的区别是,关键涉及流担保契约的合同在担保权实行时排除了对债权债务和担保物的清算程序。因此,一般担保物权的实现要经过对担保物的清算程序,涉及流担保契约的合同实现担保物权直接排除了清算程序,直接由当事人双方约定直接转移担保物的所有权。

(三)流担保契约的法律渊源

1. 罗马法中流担保契约的发展

法律是一种历史悠久的社会文化。我们可以通过研读内容极度丰富的古代法律书籍,来了解现代担保制度的历史和发展。通过研究,我们发现,中华法、印度法、古希腊法等均孕育出了不同或相似的担保制度。对近现代担保法最具影响意义者,首推以古希腊法为渊源诞生的罗马法中的担保制度。随着商品经济的不断发展,罗马法逐渐废除了一直使用的人身担保制度,在担保制度的发展过程中逐渐诞生了保证、物权担保、定金、副债权人和连带之债等担保方式。罗马法将担保物权称为实物担保。通说认为,在私法领域,实物担保先后出现信托、质押和抵押这三种担保形式,也正是伴随着实物担保形式的发展,流担保契约也得以萌生。[⑥]

罗马法上所指的信托，是当事人一方用市民法规定的要式买卖或拟诉弃权方式，将一方某物的形式上的所有权转移给对方，但物的提供者仍然保留对该物的占有；另一方凭借自身的信用，在约定的情况成就后，再将原物所有权归还。[⑦] 信托被广泛运用于当时的罗马社会，是最原始的担保形态。信托质的订立一般是需通过信托简约的方法，一个成熟的信托简约一般包括以下内容：债权人通过要式买卖取得信托物所有权，当其债权受清偿后再将标的物的所有权返还给债务人；当其债权不能获得清偿时，债权人有权将标的物出卖并以其价金受偿。[⑧] 这样的形式一般被认可为是立法发展中流担保契约的最早体现。

信托之后进入了占有质阶段。占有质相对于信托是一种新的担保方式，指债务人为担保债务的目的，将他的某项特定财产交付给债权人，当债务人到期不能偿还债务时，债权人以将标的物出卖，来清偿债务。[⑨] 占有质仅需转移占有。占有质又分为两类，不支付利息而用以质物的孳息代替的，被称作"典"，支付利息的，被称作"质"。由此可见，质权在设定之初就有"流质"的内涵。质押担保以占有质押物为前提，限制在同一质物上设定质权，这样极大地限制了质物所有人的融资能力和清偿能力。

接下来出现的抵押担保形式，在罗马法上表现为对质权的完善，其最大的创新之处是他的成立并不以占有为要件。随着商品经济的发展，抵押不仅被广泛采用，而且被赋予了对抗第三人的效力。抵押产生的初期，罗马法是承认流押契约的效力的。但是在实践中立法者发现，由于流担保契约，债务关系中处境窘困的债务人常常会由于无奈，若无法按时清偿到期的债务，便会丧失担保物的所有权，而担保物的价值有可能远远高于债务，这样债权人就遭受了重大损失。后来罗马法开始

---

⑥ 徐特：《流担保契约的历史考察》，吉林大学2007年硕士学位论文，第4页。

⑦ [意]彼德罗·彭梵得：《罗马法教科书》，黄风译，中国政法大学出版社1992年第1版，第334页。

⑧ 田土城、宁金成主编：《担保制度比较研究》，河南大学出版社2001年版，第3页。

⑨ 田土城、宁金成主编：《担保制度比较研究》，河南大学出版社2001年版，第4页。

禁止订立流押契约,债权人若是想要实现其抵押权,首先就是要进行催告,将标的物出卖后,仅能以出卖价金优先受偿。要是价金仍不够偿还被担保的债务,债权人再向债务人追偿。但是,要是担保物最终没能卖出,债权人可以申请皇帝敕令,在获得许可后,债权人就可以取得担保物所有权,但是前提是要支付裁判所估价的价款。⑩

2. 日耳曼法中流担保契约的发展

美国学者孟罗斯密曾提到,日耳曼法的法律沿革,对英美法系的形成与发展具有重大影响。特别是其中物的担保的制度的发展,更是显得尤为重要。⑪

日耳曼法的担保物权制度也经历了与罗马法大体相同的发展过程,即由转移标的所有权的所有质到转移标的占有权的占有质,再发展到标的所有和占有都不转移的非占有质。其中,古质是最初的担保形式,分为不动产古质和动产古质。一般认为,在弗兰克时代,不动产担保的形态是让与担保,即是指以所有权让与的方式来保障债权的实现。与其并行的还有不动产占有质,其本质上是受益质,若不赎回,则为永久质。接下来还出现了实体质,即归属质。这实质上是一种附期限的质,期限届满,质物即归债权人所有。动产质权的发展沿革大体与此相同。由上文可以看出,古质成立的前提是质权人要占有质物,这种方式直接影响了人们对物的利用,因此,日耳曼法上又诞生了新质。

新质是一种新概念,它不转移质物的占有、用益权和所有权,在债务人债权人双方同意的前提下,经过特定的审判上的程序,提前指定债务人所有的特定不动产为其强制执行的标的。⑫ 由于这个原因,新质又被称为强制执行质。强制执行有不同的结果,这要看各地的实际交易习惯也。强制执行有的可能发生转移质物的所有权来清偿债务的结果,有的可能发生变卖质物的价金来冲抵债务的结果。在这些不同的强制执行方式中,当事人约定由债务人转移质物的所有权以代清偿的,

---

⑩ 费安玲:《比较担保法——以德国、法国、瑞士、意大利、英国和中国担保法为研究对象》,中国政法大学出版社2004年版,第155页。

⑪ 何勤华:《西方法学史》,中国政法大学出版社1996年版,第53页。

⑫ 田土城、宁金成主编:《担保制度比较研究》,河南大学出版社2001年版,第8页。

正是流担保的法律体现。新质通过采用城市账簿等级制度和弗兰克法上的扣押制度,最后,不以占有为前提的物权担保方式得以确立,这就是现在的抵押制度。

3. 中国古代法中流担保契约的发展

中国古代法上的物保方式依次有动产占有质、不动产占有质和非占有质三种。其分别有不同的称谓。

动产占有质一般又被称为"典当"。它要求债务人将质物移交于债权人占有,当债务人到期不偿还债务的话,债权人可以直接处分质物,并以其价款抵偿债务的担保方式。典当制度在魏晋南北朝时盛行,成为了最主要的债务担保方式,并出现了专门从事典当的行业。典当制度中往往涉及流担保契约。然而,动产占有质由于要转移占有,极不利于物的充分利用,其势必逐步被其他担保方式所取代。

不动产占有质习惯上又被称为"抵当"或者"过手押"。不动产占有质是指债务人转移不动产的占有权于债权人用以担保债务的履行。它类似于典权,又不同于典权。典权是典权人占有、使用出典人不动产的权利。其虽有担保的作用,但并不以担保为根本目的。由于典权人占有出典人的不动产,可以使用不付租金,出典人则使用所借钱财不付利息,故典权更接近于用益物权,其往往可以独立存在。

非占有质是指债务人不转移质物的占有,仅以特定的质物担保主债务的履行,当债务人不履行到期债务时,债权人可依法处分质物,并用其价款抵偿其债权的一种制度。其一般适用于不动产。这种非占有质实际上就是现代法上的抵押制度。

三、外国立法中关于流担保契约的立法模式

(一)日本民法典中的区分主义

日本民法将流担保区分为流押与流质两类情形,禁止质权担保中流质契约,但许可抵押担保中流押契约以及商事活动中流质契约。此模式以日本法、韩国法为代表。19 世纪 60 年代日本民法典完成以前,日本主要的担保形式主要有两种,分别是"书入"和"质入"。"书入"与现在的抵押权相似,"质入"指的是具有收益质和归属质性质的不

动产质。[13] 流质契约(lex commissoria)出于避免债权人(贷款人)暴利行为的考虑,自罗马法以来一直被禁止。法、德、瑞等国均明文规定,日本最早的立法——《流地禁止令》(明治七年,即1874年)以及未被通过实施的“旧民法”债权编第131条也做出了如此之规定。然而,现行民法典立法之初,由于当时的草案起草人有意识地让流质契约服从于契约自由原则,其原始草案中并没有禁止流质契约。之后众议员审议民法典草案,特别出于处理农村土地流担保的考虑,为调整土地担保关系,于《日本民法典》第349条增加流质契约的禁止性规定。[14]

然而,由于那个时期的日本正处于由封建社会向资本主义社会转变的社会转型时期,不动产质一直是最主要的担保方式,且市场经济不发达,立法者没有意识到抵押权是金融担保制度的主要方式,因此日本民法只禁止了流质,并未明文禁止流押。抵押直流,实质职能与“代物清偿预约”相同。具体来说就是,当债务无法清偿时,以“不动产”(代物)的提供替代“债务”(清偿)因此说,它在效果上无异于代物清偿。正因如此,一般是在签订代物清偿契约(假登记担保)时,同时还要设定抵押权。进言之,在实践中,“抵押直流”的特约基本上不会被单独使用。[15]

而且,在日本的商事领域以及民间典当业中,流担保契约并不被禁止。更需说明的是,《日本商法典》第515条的规定、《日本民法典》第349条关于流质契约的规定并不适用于这样一种质权,即为担保商事债权而设定的质权。同时,《质屋营业法》也规定营业质也不受民法典第349条限制。

同时,在实务中被频繁使用的让与担保、再买卖预约、代物清偿预约等变相担保,使得流担保契约的禁止性规定形同虚设,丧失其存在的意义。此外,大部分民法学者也对流担保契约禁止性规定持保留态度,负责民法典起草即为学者在民法典实施后展开了废弃第349条的解释

---

⑬ 其木提:《论流担保契约之法律效力》,收录于渠涛主编《中日民商法研究(第五卷)》,法律出版社2006年版,第193页。

⑭ 渠涛编译:《最新日本民法》,法律出版社2006年版,第74页。

⑮ 参见:[日]近江幸治:《民法讲义Ⅲ担保物权法》第174页(成文堂,2011)。

论。其主张的理由主要有,第一,契约自由原则必须得到保障;第二,暴力行为用第90条(公序良俗)予以排除足矣;第三,因为有买回制度的存在,第349条形同虚设。[16] 如梅谦次郎先生认为,“流担保契约的禁止不利于急需资金者获得融资,签订担保合同之后债务人弱势地位解除,不需法律特别保护”。[17] 富井政章先生认为,“对流担保契约无需宣告绝对无效,可依公序良俗原则认定其全部无效或部分无效”。[18] 从判例方面看,尽管只有一例,还是明确表示了抵押直流的有效性。[19]

(二)德国民法典中的禁止主义

德国对待流担保契约的态度最为保守,德国民法典对担保关系中的流担保契约采取了严格的禁止态度。流担保契约,无论是流质契约还是流押契约,在任何时候任何场合均被视为绝对无效。《德国民法典》秉承潘德克吞法学精髓,概念准确、逻辑严密、体系完备,其将担保物权与债的其他担保方式区别开来,规定在物权编中。根据民法典的规定,德国担保物权划分为三种类型,即不动产担保物权(Grundpfandrecht)、动产质押权(Pfandrechete an beweglichen Sachen)和权利质押权(Pfandrechete an der Rechte)。[20] 德国民法中的担保物权体系主要是由此三种担保物权构成。另外,民法实践中发挥着重要作用的所有权保留、让与担保等有着明显的物权特征,被民法学家归纳为非典型的担保物权,与典型的担保物权共同构成了当代德国民法中的担保物权形式。

流担保契约在德国有一个有趣的名字,为“所有权丢失”(Verfallklausel),非常形象的体现出了流担保契约的法律结果。[21] 德国民法规定担保物

---

⑯ 参见:[日]近江幸治:《担保制度研究》第73~74页(成文堂,1989年)。

⑰ 其木提:《论流担保契约之法律效力》,载渠涛主编《中日民商法研究》(第五卷),法律出版社2006年版,第195页。

⑱ 同上。

⑲ 参见:日本大审院明治四十一(1908)年3月20日判决,载《民事审判录》第14辑313页。

⑳ 孙宪忠:《德国当代物权法》,法律出版社1997年版,第258页。

㉑ [德]M.沃尔夫:《物权法》,吴越、李大雪译,法律出版社2002年版,第389页。

权的实现主要是通过将担保物变价,从而从所得价款之中受偿。如《德国民法典》第1228条、第1247条对实现质押权方式的规定。德国民法严格禁止流担保契约。如《德国民法典》第1220条规定如果当事人约定在债务人届时不履行债务时,直接由质押权人没收质押物的,则法律规定该约定无效。[22]《德国民法典》第1149条就是流担保契约的禁止性条款。[23]

德国法律体系实行民商分立,《德国商法典》中没有涉及商业流质流押的相关条款,但《商法典施行法》第2条规定,商事领域也补充适用《德国民法典》的相关规定。[24] 因此,商法领域也适用《德国民法典》中流担保契约的禁止性规定。

(三)法国民法典中的许可主义

法国的担保不区分人的担保和物的担保。其中质权分为动产质权和不动产质权;抵押权分为法律抵押权、裁判抵押权以及契约抵押权。1804年公布施行的《法国民法典》具有极大的开创性意义,崇尚自由平等,明确了三大民法基本原则,即契约自由、权利不受限制及个人责任原则。然而涉及在流担保契约的问题上,却未有创新之处。法典规定禁止订立流质契约,但是并未提及流押契约。质押合同的成立赋予债权人对于质押物的多种权利,其中之一是获得质押物所有权的权利(droit d'attribution)。其具体规定于《法国民法典》的第2078条中,授予受质权人再支付相关款项的情况下自行取得质押物的所有权,但这一权利的行使必须通过法院,如果标的物的价值超过债权金额,债权人应将余款返还债务人。[25] 这实际上就是对流质契约的禁止。另外《法国民法典》第2088条禁止了不动产质押中的流质契约。[26]

为适应社会经济的发展,法国的担保物权制度进行了一定的改革,终于在2006年3月26日通过了《第2006-346号关于担保的法令》。

---

[22] 孙宪忠:《德国当代物权法》,法律出版社1997年版,第336页。

[23] 《德国民法典》,郑冲、贾红梅译,法律出版社1999年版,第291页。

[24] 《德国商法典》,杜景、林卢谌译,中国政法大学出版社2000年版,第1页。

[25] 尹田:《法国物权法》,法律出版社2009年版,第479页。

[26] 《法国民法典》,罗结珍译,中国法制出版社1999年版,第470~471页。

该法令通过以后,《法国民法典》于第 2348 条第 1 款允许当事人订立“流质契约”,第 2459 条允许当事人订立“流押契约”。不过,为了保护债务人的利益不被侵害,新条文设定了一些限制性的条件:在债权人取得所有权之前,标的物必须由专业人士进行估价。若其估值高于所担保的债权价额,债权人必须支付其差额。若标的物是不动产,且不动产是债务人主要的居所地时,流担保契约无效。[27]

(四)意大利民法典中的放任主义

意大利民法对流担保契约采取的是放任态度,立法并未对流担保契约明确禁止或许可,它认为流担保契约的订立应靠双方当事人的意思自治。在实践中,如何判断流担保契约的效力,可以依靠民法的基本原则,运用合同法的一般理论来解决。

意大利 1865 年颁布的第一部民法典深受罗马法影响,在第 1963 条、第 2774 条对担保契约做出了禁止性的规定。由于旧民法典在其结构和内容上不足以满足现阶段社会的现实形势,意大利于 1942 年颁布了新的《意大利民法典》,即现行民法典。新民法典的编纂过程中,法学理论研究和法学家学说发挥了莫大的作用,他们采纳了先进的法律学说,采取了开明的立法方式。新民法典顺应流担保契约的立法潮流,废除对流担保契约的禁止性法律条文。同样的,1994 年《魁北克民法典》以及 1999 年《澳门民法典》也采取与意大利一致的放任态度,法典中均未涉及流担保契约的内容。

四、我国流担保契约的现状

(一)我国流担保契约的立法模式

我国流担保契约的历史源远流长,其在古代我国担保制度中的历史沿革已在上文第一章第三节叙述。流担保契约自罗马法以来多为欧陆国家立法禁止,但是在中国,由于特殊的文化历史环境,在相当长的时间内一直是承认流担保契约的。中国古代质、押、典当相互混用,亦

---

[27] 石佳友:《法国 2006 年 3 月 23 日改革担保制度的法令述评(纲要)》,载中国民商法律网。

有用益质、归属质、变卖质等担保方式,清末变法制定民事法律时,各种担保方式才得以分离。直到《中华人民共和国担保法》颁布,流担保契约才被法律明令禁止。[28]

1995年《中华人民共和国担保法》颁布以前,流担保契约一直都以约定俗成的习惯形式存在,在司法实践中常常使用。1986年颁布的《中华人民共和国民法通则》第89条第2款确定了抵押权实现的方式,但并未明确流担保契约的问题。后颁布的某些法规也有对流担保契约做出承认的,比如1987年的《中国人民建设银行借款合同担保办法》。[29]通过梳理我们可以发现,在担保法颁布之前,流担保契约是被承认的,即便是没有法律的明文规定,其在民间的交易实践中也被大量应用。

关于流担保契约的问题在1995年《中华人民共和国担保法》(以下简称《担保法》)中得到明确。其第40条和第66条分别禁止了流押和流质。[30] 其后颁布的《最高人民法院关于适用〈中华人民共和国担保法〉若干问题的解释》流担保契约的禁止得到进一步明确,在其第57条确定了流担保的部分无效不影响合同的其他部分的效力。[31] 另外,相似的内容也规定在2007年颁布的《中华人民共和国物权法》的第186条、第211条中。因此,我国现行立法对流担保契约是无条件、全面禁止的。[32]

由此看来,我国的流担保契约的发展经历不同于主要大陆法系国家。我国从流担保契约产生之初开始一直承认其效力,但是现行立法上借鉴吸取了欧陆国家的做法,对流担保契约作出全面禁止的规定。但是在民法理论学界,流担保契约的禁止原则常遭非议。

(二)我国立法禁止流担保契约的理由

法律法规作为国家的上层建筑,要受到在当时的社会经济发展以及历史背景环境的影响。我国立法禁止流担保契约的原因,学界并没有深入系统的探讨。概括理论界学者的观点,主要的理由有以下几个方面:

---

[28] 唐义虎:《担保物权制度研究》,北京大学出版社2011年版,第188页。

[29] 张燕:《流质条款效力研究》,中国政法大学2006年硕士学位论文,第13页。

[30] 高圣平:《物权法担保物权编》,中国人民大学出版社2007年版,第79页。

[31] 同上。

[32] 同上,第333页。

1.维护交易公平,保护债务人利益,兼护债权人利益

公平原是宪法性原则之一,任何部门法都应该深入贯彻。民法作为调整平等主体间的财产关系人身关系的法律,在其总则就规定公平原则作为其基本原则之一。民法在调整平等主体间财产关系的过程中,势必会涉及双方当事人的交易公平问题。

一般认为,在设定担保物权时,债权人手握丰富的经济资源而处于优势地位,债务人往往迫于经济上的无奈处于劣势地位,债务人内心一般不追求签订流担保契约,且债权人往往为达成流担保契约的成就条件还会阻碍债务人履行债务。因此,禁止流担保契约第一目的是保护债务人,避免债权人利用自己的优势地位逼迫债务人,以高价值担保物来担保小额债权,来谋取不当利益。梁慧星教授在阐述禁止流担保的立法理由时阐述了这样的观点,认为法律着眼于保护债务人保护,应禁止流抵押契约。[33]

另外,禁止流担保契约也有利于保护债权人的利益。若允许订立流担保契约,债权人要承担担保物价值波动的风险,若担保物贬值严重,债权人则失去担保物价值之外的求偿机会;若担保物价值高于债权,债权人取得所有权也会损害其他债权人的利益。[34] 而且债权人在订立合同时,可能对标的物的价值作出错误的估计,或由于过分信赖债务人的信誉而没有要求债务人提供与债权金额相当的担保物。在这样的情况下,债权人最终只拥有了担保物的所有权,而债务人获得了拒绝为剩余债务清偿的权利,这样债权人的利益就遭到了损害。[35]

由此看来,流担保契约的禁止是长期以来不公平商品交易的催生物,禁止流担保契约可以规范担保物权制度,促进市场经济的健康发展,使双方当事人在公平原则下,公平交易。

---

[33] 梁慧星:《中国物权法草案建议稿附理由》,社会科学文献出版社 2007 年版,第 555 页。

[34] 其木提:《论流担保契约之法律效力》,载渠涛主编:《中日民商法研究》(第五卷),法律出版社 2006 年版,第 192 页。

[35] 许明月、李东方:《公民的物权》,中国社会科学出版社 1999 年版,第 205 ~ 206 页。

2. 流担保契约与担保物权本质属性不符

担保物权首先是一种物权,具有支配性,效力上优先于债权。合同自由的大环境中,流担保契约并不违反债法的原理,但是,却违背了物权法的原理。担保物权人拥有的是优先受偿权,担保物权具有优先受偿性。这种优先受偿权表现在,债务人要是不履行债务,担保物权人可按照法律规定,通过拍卖变卖等清偿程序获得一定的价款,对此价款优先于一般债权人得以受偿。通说一般认为,担保物权是一种价值权,最终的目的并不一定要支配担保物的实体,而是为了取得其交换价值。因此,担保物权所具有的支配性,主要指的是支配担保物的交换价值。如果流担保契约要求当债务履行不能时,担保物的所有权则将被转移给债权人,这是对标的物的处分,违背了担保物权价值权的性质。对此,学者王利明先生持支持的观点,他认为:“若允准流担保契约,债权未至清偿期时,担保物未经变卖或折价,担保人与担保权人签订合同以担保物折价清偿而由担保权人取得担保物的所有权不符合担保物权本质属性。”㊱

3. 维护国家市场经济,防止国有资产流失

我国国情是国有经济占主导地位,国有企业是市场经济活动的主体,抵押国有资产的现象极为普遍。而目前我国对国有资产的监管不够完善,所以,如果不禁止流担保契约,将会给一些觊觎国家财产之人尤其是国有企业的领导人以投机机会,订立流担保契约以逃避国有资产管理部门对国有资产的监管,使得国有资产大量流失,破坏社会市场经济秩序。㊲

(三)对流担保契约禁止理由的批判

第二节所分析的禁止流担保契约理由已为老生常谈。然而随着社会的不断发展,这些理由并不一定还能够适用于我国现如今的市场现状。台湾地区学者谢在全先生就曾说过:“禁止担保契约的规定已经不再是金科玉律,其真正意义与必要程度如何,已渐受检讨。”㊳

㊱ 王利明:《物权法研究》,中国人民大学出版社2002年版,第592页。

㊲ 王利明:《物权法论》(修订本),中国政法大学出版社2003年版,第565页。

㊳ 都伟:《论我国流质条款的应然取向》,吉林大学2008年硕士学位论文,第10页。

首先,从民法公平的角度,流担保契约的订立并不是建立在对债务人不公平的基础上,并不必然损害债务人的利益。债务人和债权人担保合同签订大部分是基于需求和自愿,并非是债权人的强迫,债务人也不一定是因为一时的经济窘迫才向债权人借贷。在当今的社会背景下,借贷关系不再仅仅是传统的消费性借贷关系,而大部分是经营性借贷关系。

其次,流担保契约并不全然违反担保物权的本质属性。担保物权的设定基础是担保物的交换价值,其目的担保债权,不在于取得担保物的所有权或者其使用价值。[39] 但由于物的使用物的使用价值和交换价值之间并不存在冲突,二者是相辅相成的,并且,交换价值以使用价值是为前提,为保证交换价值,担保物权的效力就有必要及于使用价值。订立流担保契约并不必然转移担保物的所有权,其是否转移取决于债务的履行情况,若债务完全履行,担保物所有权不发生转移,体现了担保物权的交换价值。若主债务届期未获得清偿,按照合同约定担保物所有权转移,此时交换价值转变成使用价值。实践中以物抵债的情况很常见。债权人获得担保物之后可以自留也可以变卖,这样同样使债务得到了清偿,债务消灭。因此,我们认为物的使用价值和交换价值并不是相互对立的,流担保契约违反担保物权本质属性的观点是片面、机械的。[40]

最后,通过禁止流担保契约来维护市场秩序、保护国有资产是没有必要的。流担保契约的禁止或许对防止国有资产流失有一定的作用,但也是微乎其微。因为利用流担保契约侵吞国有资产,大部分是在国有资产的经营管理者参与下,我们完全可以通过《合同法》等对无效合同的规定加以防范。保护国有财产最重要的是加强、规范对国有财产的监管,禁止流担保契约是没有必要的做法。

五、我国流担保契约制度之取舍

通过上文分析我们不难发现,禁止流担保契约的理由并不充分。

---

[39] 游劝荣:《物权法与社会发展比较研究》,人民法院出版社2009年版,第167页。

[40] 周明琦:《流担保契约研究》,湖南师范大学2009年硕士学位论文,第12页。

我国现行立法禁止流担保契约显然已不能满足高速发展的社会经济的需求,立法应当解禁流担保契约,并对流担保契约制度进行完善。本文认为应当全面的研究流担保契约的合法化,既要看到其有利于社会经济发展的一面,同时也要看到其特别情形下存在的消极方面。上文对禁止流担保契约的理由进行了批判,本章将通过对承认流担保契约的必要性进行分析,探讨如何设计具体的制度补充和修正现存的流担保契约制度,使其应有的作用得到充分发挥。

(一)承认流担保契约的必要性

1.实现意思自治的要求

自由是人与人之间交易的基础。民法是私法,调整平等主体之间的人身财产关系,其存在即是为了体现自由、保障自由。民事主体之间通过法律行为自由形成私法关系,通过双方意思表示来联系内部意思和外部行为,实现意思自由。[41] 所以私法自治即为意思自治,就是各个主体根据其意思自愿自主地形成法律关系,实现个人的自由,根据自己的判断而做出行为。担保合同的当事人是双方利害关系最佳判断者,虽然设定流担保契约可能引起双方当事人之间的利益失衡,但如果是在双方当事人的完全意思自治前提下,那么按照意思自治原则,这种通过"私的方式"[42]实现权利又不违反公序良俗的流担保契约应当受到法律的保护,流担保契约本身不应被禁止。既然当事人之间是出于双方合意而订立流担保契约,这就说明了他们已经意识到了并且愿意去承担潜在的利益失衡风险。我国现今的相关立法禁止流担保契约,恰恰表现出了国家强制粗暴干涉私法自治,法治社会应当摒除这种不该存在的现象。

2.拓宽融资、节约实现成本的要求

本来担保物权的社会作用在于保证债权的实现,但随着时间的推移,担保物权也催生出另外一种十分重要的机能——其成为了融资媒介的一种。反观我国现在不断发展的市场经济,资金借贷关系依然是

---

[41] 陈本寒:《担保物权法比较研究》,武汉大学出版社2003年版,第44页。

[42] 陈宇:《流担保约款效力论》,中南大学2010年硕士学位论文,第13页。

解决交易主体之间资金分布不均的根本途径。

抵押、质押这两种担保方式虽然都具有融资的机能，但是要实现其融资功能，要通过冗长复杂的实现程序。实现途径一般是通过折价、拍卖与变卖三种。[43] 在这繁杂的程序中隐藏各种风险，会直接增加实现成本。时间成本上，我国法律规定担保物权人不可以直接申请法院强制执行，必须要通过诉讼的方式，时间长效率低；金钱成本上，像拍卖、变卖这类的实现途径法院并没有亲自执行的权利，需要委托其他相关的机构，比如评估机构、拍卖行等。在实践中，合同双方的当事人常常选择折价的实现方式。折价这种实现方式使得流担保契约的禁止没有意义。所以，流担保契约的禁止会增加担保物权实现的成本，降低交易效率。在我国的司法实践中，实现担保物权几乎是诉讼成本最高的司法救济之一。

本文认为，节约实现成本可以依靠简化实现程序的方式。与传统的担保方式抵押、质押相比，流担保契约可以弥补其不足，节约担保价值的实现成本。流担保契约成立于债务清偿期届满以前，对债务人有相当严格的约束，若债务履行期间届满后债务人未清偿，担保物的所有权直接转移给债权人。这之间简化了程序，减少了清算环节，很大程度上节约了担保物权的实现成本，也实质上保证了担保物权人实现其债权。

3. 顺应国际发展趋势的要求

法律文明是全人类智慧的结晶，法律文明的实体或者形式可能各有千秋，价值意义也可能存在差异，但是统观大局，各个区域的法律制度也可能有其相似的部分。全球化已经是世界各国都在面临的挑战，不同文明下产生的法律的共同性也不断被发现，法律国际化也成为各国学者重视的问题。因此，在由计划经济体制转变为市场经济体制的进程中，我国法律显示出了显著的趋同化倾向，趋同化的脚步也逐渐加快。“法律的趋同化要求我们从法理学的高度自觉把握其走向，一方面注重从中国国情出发，另一方面也要树立法律面向世界、面向未来的观

---

[43] 唐义虎：《担保物权制度研究》，北京大学出版社2011年版，第117页。

念,大胆吸收优秀的、先进的、实际可行的法律文化成果,用来丰富我国法律文化,并借以达到我国法制建设中的中国特色与国际社会的普遍实践的和谐统一。"㊹

在实践之中,很多国家除去传统的担保制度之外,为满足社会经济、商事交易的需要,还设立了其他一些非典型的担保制度。比如中国邻邦日本,让与担保制度、回赎制度等非典型担保制度在担保领域发挥着不可替代的作用,这些制度恰恰反映出了流担保契约的效力。在美国,除典型的担保方式之外,根据《美国统一商法典》的规定,对于动产的担保,当事人约定通过清算程序出卖担保物,也可约定由担保权人获得担保物以代清偿,这正是流担保契约的实现方式。可见,非典型担保程序简化,高效灵活。流担保契约原本就源于民间的交易习惯,立法并不应当否认这民间习惯,我国的现行《物权法》起草时不顾国际发展趋势,值得反思。

4. 解决相似制度矛盾的要求

在某些特定情况下,很多类似流担保契约的制度一直被认可。如上文所述日本的让与担保制度、买卖回赎制度等。在我国,古老的典权与典当制度就涉及流担保契约。典权既有用益性,又有担保性,它一种不动产物权。我国如今的学界对典权仍存争议,但立法上和实务界是承认典权制度的。在典当之中,典当的效力大多取决于流担保契约的效力。现代社会中,典当行依然存在,典当活动一般受《典当行管理条例》的调整,以民间交易习惯的方式大量存在于实践当中。

典权制度中的"绝卖规则"具有明显的流担保契约的影子。㊺ 出典人出于对资金的需求,向典权人出典,借的自己所需的资金,但是不转移典物的所有权;典权人可以占有典物,并可以使用典物。届期出典人无法回赎典物得情况下,典物所有权归于典权人。绝卖规则开始便被为双方当事人承认,符合意思自治理念。

与典当相比,一般认为典权的标的是不动产。典当是一种附加了

㊹ 李双元:《法律趋同化问题的哲学考察及其他》,湖南人民出版社 2006 年版,第 234 页。

㊺ 同上,第 318 页。

担保的借贷关系。在典当法律关系中,承典人享有对当物使用的权利,出典人回赎当物的时候应该向承典人支付相应的利息。并且,典当的承典人有资格要求,承典人必须是有经营资格的当铺,与此对比典权中的典权人无限制。典当和典权在当物到期不赎的情况下发生的后果不同。典当中,当物到期没被回赎,典当行就取得了当物的所有权,它也有权将当物拍卖;典权中,当物在典期届满没有被回赎,便被称为是"绝卖",其所有权被典权人取得。[46] 深入分析,典当行对当物享有的是允许流担保契约的营业质权,当物成为"绝当物品",典当行取得其所有权,并可进行处分。[47]

传统典当在我国现行《典当行管理条例》中发生了很大变化,典物的范围远远扩大,不仅仅包括了动产、财产权利,还加入了房地产等。典当有另外一个名字是"营业质权",将它称为营业质权的原因就是因为它具有流质契约的特性,这也恰恰承认了流担保契约合法。[48] 现行《典当行管理条例》规定,典当行可以自动取得金额 3 万元以下的死当的所有权,但是 3 万元以上的死当物的处理,则要按照《担保法》,或者依双方当事人最初的约定。由此可以看来,若立法上禁止流担保契约,有关典当的规定就明显的缺乏合法的根据。

(二)对流担保契约制度的构建

通过上文分析,赞成流担保禁止者最重要的理由是担心流担保契约会损害债务人以及第三人等人的权益。本文认为,我们完全可以引入相关的制度,对流担保契约予以规制和防范,解决流担保契约的弊端问题,用来保护流担保契约各方相关者。

因此,本文的观点是承认流担保契约的有效性,但是又引入相关的制度对其进行适当的限制。

1. 流担保契约的公示

流担保契约是一种双方当事人私人之间的约定,具有私密性,其他善意的债权人在不知情的情况下常常处于不利地位,例如担保物价

---

[46] 陈曦:《流质契约问题研究》,西南财经大学 2007 年硕士学位论文,第 20 页。
[47] 唐义虎:《担保物权制度研究》,北京大学出版社 2011 年版,第 246 页。
[48] 屈茂辉:《用益物权制度研究》,中国方正出版社 2005 年版,第 226 页。

值明显高于其所担保的债权,债务人没有多余财产时,若债务人破产担保物归属于担保人,无担保债权的债权人的利益将遭受损害;再如已设定了流担保契约的担保物,若再被债务人用以担保其他债权,这也将损害其他债权人的利益。而且,在抵押合同中,由于担保物的占有未转移,流担保契约赋予债权人的仅仅是在债务人届期不清偿时,要求债务人以物偿债的债权请求权。该请求权也只对债务人有效,却无法对抗善意第三人,此时债权人的利益也会受损。[49] 所以,必须将流担保契约和担保物权均进行公示,其他债权人才能保证基本的知情,才能了解此担保物上存在的负担,从而从自身条件、债务人信用和其他相关情况分析,决定是否与债务人之间进行交易。然而,现实中流担保契约的公示将面临一大问题,即其客体广泛,很难找到一种全面覆盖的公示方式。

本文认为,流担保契约的公示可不拘泥于寻求一种普适的公示方法,可以建立一套以登记为主,其他多种公示方法并存的公示体系。有关涉及动产质押的流担保契约,标的物的占有已转移给债权人,交付的公示方法十分明确,债权人已占有质押物,债务人丧失对质押物的占有也足以引起其他债权人注意,因此动产质押的流担保契约以质押物的交付为主要的公示方式。而对于不需交付的流担保契约,如涉及抵押或者权利质押的,本文认为可以采用登记公示方法。

登记由于具备明确、权威的特点,其比其他公示方法具有更大的优势。我国物权法明确规定,有关不动产物权的设立、变更、转让和消灭要发生效力,必须经依法登记。显然,流担保契约中以不动产为标的的,须经登记进行公示。由此看来,登记可以扩充到其他流担保契约的担保上。如不动产、股权可以分别采用在不动产登记部门或者证券登记机关登记为公示。另外,某些动产例如机器设备,也可以在其上面进行标注作为一种公示方法。[50] 流担保契约的公示也可借鉴此规定,对设备上进行标注其设定过流担保契约,也可起到一定的公示作用。

---

[49] 张燕:《流质条款效力研究》,西南政法大学 2006 年硕士学位论文,第 17 页。

[50] 顾宾:《论流质契约的可撤销性》,中国学术论坛 2011 年第 5 期,第 32 页。

2.流担保契约的清算

本文认为,作为规范流担保契约的一环,可以考虑引入清算制度。因为,清算制度在一定程度上有助于债务人与债权人之间的利益平衡。

所谓清算制度,是指对流担保契约进行适当清算。具体说就是,在适当的场合,对担保物进行清算估值,返还高出债权额的部分,补足低于债权额的部分。

在日本的司法实务中可以看到清算方式得以运用于担保制度。具体来说,昭和42(1967)年处分清算型原则在判决中首次得以确立。[51]

本文认为,我国建构流担保契约制度时,应该区分不同情况适宜的引入清算,对于不显失公平、非侵害性的流担保契约,应该尊重债务人与债权人之间的意思自治,无须必须要求进行清算。但是,对于侵害性的流担保契约,可以依照流担保契约当事人是否请求,而最终判断是否启动清算。这里对流担保契约侵害性的判断,可以由法院或仲裁机构依实际情况和当事人各方提供的证据来判断。另外,也可以规定当担保物超过一定价值时,债权人有清算的义务,即就担保物价值超额部分负有返还义务;担保物不超过一定价值的,债权人无须清算。[52] 至于这个数额,可以视各地发展情况作出不同的规定。但是,其原则应该是,以债务额加合理利息[53]为限。

在具体制度的设计上拟提出如下设想。

第一,要设立一个专门的评估机构。它既可以是专业服务于流担保的机构,也可以利用现有评估机构领赋予以专门资质开展这项业务。

第二,从债务人的角度,法律赋予债务人启动清算权。即通过赋予债务人享有启动清算的决定权,来规避债务人债权人双方地位和利益失衡的风险。亦即债务人与债权人之间签订流担保契约,债务履行期

---

[51] 顾长浩:《论日本的让渡担保制度》,载梁慧星主编:《民商法论丛》(第十卷),法律出版社1998年版,第528页。

[52] 高圣平:《物权法与担保法:对比分析与适用》,人民法院出版社2010年版,第325页。

[53] 所谓合理利息,应该以法定利息为基数,同时参考民间借贷司法解释中的相关规定。

届满之后债权无法得到有效清偿,此时债务人享有启动清算的决定权。进言之,债务人既可以选择不启动清算,直接由债权人取得担保物的所有权;也可以选择启动清算权,请求评估机构进行清算。当担保物价值低于债权额时,债务人须补足差额;担保物价值略低或略高,或与债权持平,债权人可直接取得担保物的所有权;担保物价值远远高于债权,债权人取得担保物的所有权,但以返还债权差额为前提。关于债务人没有选择启动清算程序,但担保物价值远远低于债权的场合,本文认为由于担保的从属性,债务人仍应清偿剩余债务。

第三,从债权人的角度,规定在适当的场合强制债权人清算。《典当管理办法》第34条第1项规定:"当物估价金额在3万元以上的,可以按照《中华人民共和国担保法》的有关规定处理,也可以双方事先约定绝当后由典当行委托拍卖行公开拍卖。拍卖收入在扣除拍卖费用及当金本息后,剩余部分应当退还当户,不足部分向当户追索。"对此,本文认为,涉及流担保契约的担保权的实现,可以参照此规定。对担保物超过一定价值的,债权人负有清算义务,就担保物价值超过债权额的部分,应负返还义务;对担保物不超过一定价值的,债权人无须清算,即使担保物价值超过债权额,债权人也不用返还其超过额。至于此"一定价值"数额的规定,则应视各地经济发展现状而定,不必作出全国统一的规定。

此外,依我国实际,若流担保契约涉及国有资产,为防止国有资产流失,应当强制当事人进行清算,以维护国家利益。

3. 流担保契约的宽限期

《物权法》上规定的质权人实现其质权的条件有两种,一是债务人不履行到期债务,二是发生了当事人约定的情形。[54] 但是,涉及流担保契约的实现,本文认为,除《物权法》外,还可以考虑参照典当行实现其质权的方式,即当期届满后还需要经过赎回犹豫期间。各个国家和地区规定的赎回犹豫期间尚存差异。因此,流担保契约的实现也可以设定一定的宽限期,在宽限期截止后债务人仍不有效履行债务,债权人即

---

[54] 《物权法》第219条第2款。

可取得担保物的所有权。

六、结语

基于保护债务人利益、公平交易的角度,世界各国法律对流担保契约大都采取了否定的态度。然而在现代经济社会中,流担保契约并不是一定会损害债务人的利益,债务人也并不必然是担保关系中的弱势群体。相反,流担保契约在弘扬意思自治、促进融资机会以及降低交易成本等方面发挥着积极的作用。世界上很多法律大国在立法上的新动向就是承认流担保契约。我国对流担保契约的立法应符合国际趋势,即应在承袭本国优良传统的前提下,允许当事人订立流担保契约,并区分具体情形而辅以合理的制度建设对流担保契约进行个别化调整。本文对我国实际情况的深入分析,在研究我国传统担保方式的基础上,借鉴他国经验,为流担保契约的解禁粗略地提出了三种保障制度——公示制度、清算制度与宽限期制度,期待依靠制度的建设解禁流担保契约,彰显出其本应具有的生命力。本文的观点尚不成熟,仅仅是提出了制度建设的可能性,建设全面而完善的制度还需更深入的理论与实践研究。

流担保契约作为一种古老而又新颖的担保制度,对提高交易效率,方便融资等方面大有裨益,符合我国现阶段经济发展中解决融资难这一问题的需求。我们解禁流担保契约,给其一定的存在空间,同时又通过一定的制度建设对其施加合理的限制,才能最大限度地发挥流担保契约应有的积极作用,更好地服务于经济社会。因此,我们重新审视契约制度,发挥其应有的优势,将是今后担保物权的必然发展趋势。

附　录

中日民商法研究会第十四届(2015年)大会

议　　程

主　办:中日民商法研究会
承　办:浙江大学光华法学院
协　办:北京市中伦律师事务所
　　　　北京市金杜律师事务所

会　期:2015年9月12日(周六)至9月13日(周日)
会　务:渠涛:133-7161-1991
　　　　宇田川幸则:136-9108-2074

9月12日(周六)
会场:浙江大学之江校区主楼三楼会议室

※341924171※饭店出发:08:00

开幕式(08:30~09:10)

主持人:渠　涛
会长　梁慧星教授致开幕词
日本学者代表　道垣内弘人教授致辞
中国民法学研究会会长　王利明教授致辞

承办校代表　周谷平党委副书记致辞

日本司法书士会连合会　三河尻和夫会长致辞

北京市中伦律师事务所主任　吴鹏律师致辞

北京市金杜律师事务所代表　陈青东律师致辞

集体合影(09:10～09:20)

报告会第一单元:民法

主持人:梁慧星/ 道垣内弘人

09:30～10:10　王利明(中国人民大学教授)——铃木贤(同传、以下同)

人格权法草案的说明

10:10～10:20　大村敦志(东京大学教授)——高庆凯

评论(针对王利明教授报告)

10:20～10:50　大村敦志(东京大学教授)——高庆凯

日本修改债权法的理念与市民社会

10:50～11:15　渠涛(中国社会科学院法学研究所教授)——宇田川幸则

中国民法典立法的价值取向及其成就条件

11:15～11:40　王晨(大阪市立大学教授)——高庆凯

中国民法典的编撰及总则部分的立法

11:40～12:00　谢鸿飞(中国社会科学院法学研究所教授)——宇田川幸则

民法典如何组织社会

午餐 12:00～13:00(午餐:便当)

主持人:王晨/大村敦志

13:00～13:30　道垣内弘人(东京大学教授)——周江洪

日本修改债权法的理念与交易社会

13:30 ~ 13:50　王冷然(德岛大学准教授)——张瑞辉
有关日本民法修改上个人保证人的保护问题
13:50 ~ 14:10　郑芙蓉(广岛修道大学准教授)——张瑞辉
《日本民法修改法案》对错误制度的修改及其对我国的立法启示
14:10 ~ 14:30　王冠玺(浙江大学教授)——宇田川幸则
日本的法律现代化与日本借用精神间的关系
14:30 ~ 14:50　郭娅丽(北京联合大学教授)——张瑞辉
典当行与网贷平台合作模式的法律规制

茶歇　14:50 ~ 15:20

报告会第二单元:商法

主持人:早川胜/董惠江
15:20 ~ 15:50　平野温郎(东京大学教授)——刘惠明
日本海外子公司管理的框架
15:50 ~ 16:20　久保田隆(早稻田大学教授)——刘惠明
日本有关 FinTech 产业的法律课题
16:20 ~ 16:50　田泽元章(明治学院大学教授)——蔡元庆
网络证券交易和适当性原则・说明义务
16:50 ~ 17:10　李伟群(华东政法大学教授)——寺岛美贵子
浅析互联网保险的法律风险
17:10 ~ 17:30　王作全(青海师范大学教授)——张瑞辉
简论日本股份公司的种类股份制度

承办方欢迎会:18:00 ~ 20:00
(地点:钱江疗养院餐厅)

9 月 14 日(周日)会场:浙江大学之江校区主楼 203 及 208 会议室
※341924171※饭店出发:08:30

讨论会民法部会(09:00 ~ 12:00)

会场:浙江大学之江校区主楼203会议室

主持人:渠 涛 道垣内弘人 鲍振荣

茶歇10:30~10:45

讨论会商法和实务部会(9:00 ~ 12:00)

会场:浙江大学之江校区主楼208会议室

主持人:田泽元章 久保田隆 刘惠明

茶歇10:30~10:45

午餐12:00~13:00(午餐:便当)

综合讨论(13:00 ~ 16:30)

会场:浙江大学之江校区5号楼206会议室

主持人:渠涛 平野温郎 宇田川幸则

茶歇15:00~15:15

闭会式(16:30~17:00)

会场:浙江大学之江校区5号楼206会议室

主持人:渠 涛

日方代表大村敦志教授致辞

承办方代表周江洪致辞

渠涛秘书长致闭幕词

宣布大会结束

晚餐:18:00～20:30(地点:知味观)

大会致辞

中日民商法研究会会长梁慧星致开幕词

朋友们:

请允许我以中日民商法研究会的名义,向来自日本国的老朋友和新朋友、来自中国各地的老朋友和新朋友,表示最热烈的欢迎!

这里特别要向朋友们介绍,中国法学会副会长、中国民法学研究会会长王利明教授,接受本会邀请出席本次年会,并将就中国民法典编纂是否单独设立人格权编这一重大课题作主题报告。我以中日民商法研究会和我个人的名义,向王利明教授表示热烈的欢迎和诚挚的感谢!

还要特别向承办本次会议的浙江大学光华法学院,表示诚挚的感谢!向协办本次会议的中伦律师事务所、金杜律师事务所,表示诚挚的感谢!

中日民商法研究会创建于2002年,其宗旨是,在中日两国民商法学界之间,搭建一个学术对话的平台,使两国民商法学者能够定期见面,相互交流、探讨两国民商事立法、理论和实务问题,增进两国人民和学者之间的友谊。此前我们已经成功地举行了十三届大会和一次中日韩三方的学术会议。去年此时,我们在长江与嘉陵江交汇之处的中国历史名城重庆,举行了中日民商法研究会第十三届大会。今天我们又相聚在美丽的杭州举行第十四届大会。

朋友们,杭州,是浙江省省会,位于浙江省北部、钱塘江下游、京杭大运河的最南端,是浙江省的政治、经济、文化、科教、交通、传媒、通信和金融中心。杭州也是最著名的旅游城市之一,以风景秀丽著称。自古以来,杭州就与苏州并称"苏杭",有"上有天堂下有苏杭"的美誉。市内人文古迹众多,以西湖风景区最为著名,周边有大量的自然及人文景观。杭州是吴越文化的发源地之一,历史文化积淀深厚。代表性的独特文化有良渚文化、丝绸文化、茶文化以及流传下来的许多历史故事、神话传说、唐诗宋词。杭州是中国最富于诗情画意的城市,是中国人魂牵梦绕的地方。

值得一提的是,杭州人素以心地善良、温文尔雅、热情好客闻名于世。上世纪末被评为“千年伟人”的大文学家苏东坡,在担任杭州市长(知州)的时候曾经写过一首热情赞美杭州人的诗,我把这首诗翻译成现代汉语,与朋友们分享:“杭州人啊,生长在吴山的怀抱之间;早晨呼吸着湖光山色,饮用山间碧绿的泉水;且不说那些隐居在西湖孤山的高人隐士,就连那些替人打工的男人和做小买卖的女人,也都个个心地善良、像冰雪一样!”(原诗:“吴侬生长吴山曲,晓吸湖光饮山绿,不论世外隐君子,佣儿贩妇皆冰雪!”)

另外,杭州美食闻名天下,杭州菜是中华料理中,只要享用过一次就令人终生难忘的美食之一。我向朋友们建议,特别是来自日本的朋友们,在参加学术会议之后,一定不要忘了享受杭州的美景、美食!

朋友们,我们相聚在美丽的钱塘江边、西子湖畔,举办我们的第十四届研究会,共同探讨事关中日两国人民幸福生活的民商法立法、理论和实务问题,这对共同延续和推进两国民商法学者之间的学术交流、友好情谊,具有特别重大的意义!

在此,我要特别感谢为本次会议提供周到、热情服务的浙江大学光华法学院的老师和同学们。

最后,预祝我们的会议取得圆满成功!

也预祝朋友们在这里度过一段美好的时光,留下美好的回忆!

谢谢!

日方学者代表道垣内弘人致辞

各位:早上好!

我是日本东京大学的道垣内弘人,值此中日民商法研究会第十四届大会召开之际,我谨代表日方学者向大会致辞。

对于我个人来说,每年都在期待着这个研究会的召开。因为,一年一度到这里来,可以见到各位关系亲密的同人,一起讨论共同感兴趣的学术问题,这是作为一个学者再高兴不过的事情。

当然,日中两国的法律制度是不同的,但为了我们所在的社会能够有更好的法律制度而贡献自己的力量,无疑是我们共同的愿望。我认为,正因如此,我们才能超越作为原点的法律制度上的差异,探讨可供相互参考的法律制度,在充分尊重所有参会者的意见的基础上结成共同研究的伙伴。同时,相互间融洽的讨论气氛离不开相互间存在的友好关系。当然,学术讨论本身也可以建立友好关系,但我们这个研究会还在学术讨论之外给大家提供了可供愉快对话的各种机会,为这种友好关系的深化提供了有益的条件。我们在这次会议期间也要利用这种机会努力加强这种友好关系。

不容忽视的是,我们之所以能够有幸得到今天这样的机会,有赖于各方面人士的帮助。这届大会承蒙浙江大学光华法学院的鼎力承办,在此谨表示衷心的感谢;同时还要感谢对本研究会的意义具有充分理解的北京市中伦律师事务所、北京市金杜律师事务所的大力援助;感谢梁慧星会长,以及在会务方面每年作出周到安排的渠涛和宇田川幸则两位秘书长。我认为,我们应该以更为有益的讨论来回报他们的努力,以表示我们的感谢之情。

以上是我简短的致辞,谢谢大家!

中国民法学研究会会长王利明致辞

尊敬的梁老师,尊敬的周书记,大村敦志教授,道垣内弘人教授,吴鹏先生,陈青东先生,尊敬的各位远道而来的日本嘉宾,女士们先生们:大家上午好!

首先,请允许我代表中国法学会民法学研究会对中日民商法研究会第十四届大会的召开表示热烈祝贺!对远道而来的各位日本民商法专家学者和中方参会的各位专家学者来参加这样重要的会议,表示欢迎和感谢!特别要对浙江大学和浙江大学光华法学院为这次会议成功的召开所付出的大量辛勤劳动以及提供的热情招待表示衷心的感谢!

中日民商法研究会自2002年成立以来,确实为中日两国民商法学的交流搭建了一个对话、交流、沟通的重要平台。研究会不仅每年邀请到日本的著名专家学者召开这样重要的会议,而且还出版了一系列著作,翻译了大量的日本民商法方面的重要文献,为我们了解日本民商法学的最新发展,为推动中日两国民商法学者之间的相互交流和友谊作出了重要的贡献。为此,在这里我要衷心感谢会长梁慧星教授和秘书长渠涛教授为中日民商法交流发挥的重要作用。

中日民商法学者之间的交流和友谊源远流长。大家都知道,清末变法制定"民律"时就邀请过多位日本学者参与其中,此后日本一直对中国的民法学影响很大,"民法"这一概念用词即来自日本。最近,我看到了一本关于中日之间汉字词汇研究的书,深深感到日本对汉字用词的发展贡献极大。

中国今天要制定民法典,要制定一部面向21世纪,具有时代特征的民法典,必须借鉴包括日本在内的各国的先进经验,特别要高度重视日本的经验。从这一角度说,中日民商法研究会在这样的时候召开这样一个重要的会议,邀请到这么多日本著名的专家学者——很多都是我们非常尊敬的老朋友——一起讨论民法典的立法问题,我相信,两国学者通过交流、切磋达成的意见,一定会对中国民法典立法起到很好的参考作用。

我看到,这次会议受到了我国立法机关的重视,人大法工委为了听取日本学者的意见派出了两位官员来参会。由此可见,立法机关对日本学者意见的高度重视。借此机会,我也感谢梁慧星教授的邀请,我说过,梁老师让我来,我就一定来,这是给我的一次学习机会。

最后,预祝本届大会圆满成功!

谢谢大家!

浙江大学党委副书记周谷平致辞

尊敬的各位法学界的专家,各位代表:

大家上午好!

首先,我谨代表浙江大学对中日民商法研究会第十四届大会的隆重开幕表示衷心的祝贺,并向与会的各位专家学者表示热烈的欢迎!

正像刚才梁老师介绍的那样,现在是杭州最美的季节,这里也是中国最美的校园。欢迎你们来到历史悠久、风景如画、绿意盎然的浙江。

浙江大学是一所特色鲜明、在海内外有较大影响的综合型、研究型大学,学科涵盖哲学、经济学、法学、教育学、文学、历史学、艺术学、理学、工学、农学、医学、管理学等十二个门类,学校设有7个学部,37个学院(系),拥有一级学科国家重点学科14个,二级学科国家重点学科21个。在ESI全部22个学科中,有17个学科进入世界前1%。作为一流的综合型大学,浙江大学向来重视哲学社会科学的建设和发展,在学校的大力支持下,近年来,光华法学院办学取得了长足的进步与发展,承担多项立法研究课题,在法律实践领域和法学理论领域为社会输送了大批优秀人才。

我校与海内外许多高校长期以来保持着非常友好的合作关系,在农学、建筑学、信息科学、文学、法学、管理学等多个领域均与日本的很多高校开展了深入的学术交流与合作。我校在日校友有将近千人,并专门成立了日本浙江大学校友会。近年来,我校包括光华法学院也引进了一批有日本留学背景的人才,他们都作出了相当突出的学术成绩。我们非常期待今后与日本高校进行更为深入和全面的合作与交流,希望在座的专家学者常来浙大走走看看。

中日两国一衣带水,历史交流源远流长。在日本文化的发展过程中,中华文明影响深远,而在近现代的法律制度建设中,日本作为先行者,其理论研究与实践经验为我国提供了借鉴帮助。在中日两国经济文化交流不断深入的今天,又适逢中国民法典编纂的时机与准备工作日臻成熟,浙江大学承办中日民商法研究会第十四届大会,既是中日民商法学术交流的一次重要契机,也是浙江大学法学学科建设的良好机会。我们坚定地相信本次大会一定能成为两国学者交流及研究心得、激发思想火花的大会,也真诚地希望本次大会能促进两国民商事法律立法与研究水平的提高。

最后,衷心祝愿本次大会取得圆满成功!祝各位来宾在杭期间心情愉快、生活舒畅!

谢谢大家!

日本私法书士会会长三河尻和夫致辞
(莳山明宏代读)

欣逢中日民商法研究会第14届大会召开,谨代表日本司法书士会联合会向大会致辞。

首先,我们要感谢大会的邀请。

我们日本司法书士会自2009年召开的第8届大会开始一直承蒙邀请来参加大会。参加这个研究会的大都是专家学者,而我们则是作为实务界人士来参会。但是,各位专家阐述的学术观点和见解,讨论的日中两国民商法的异同,都给予了我们极大的启发,衷心希望今后可以继续得到邀请来参会。

日本的司法书士制度起源于1872年,至今已经有140年的历史,它是以不动产登记、商业和法人相关登记为主业,同时接受国民的委托具体制作与审判等相关的文书。自2003年开始,该制度被赋予了诉讼标的在140万日元以下的民事诉讼代理权;此后,又开展了以保护患有认知障碍症的高龄人等人群的权利为目的而担当成年人监护制度中的监护人的业务。

我们想,今后在贵国也需要实施和完善不动产登记制度,成年人监护制度也将会提到日程上来,在这些制度建设等问题上必将需要实务方面的意见。在需要的时候,希望大家一定给我们机会,我们也会尽最大的努力作出自己的贡献。

同时,我们也期待着将会上得到的知识以及会外从各位老师身上得到的知识通过实务工作在日本发挥作用,请各位专家不吝赐教。今后,我们将一如既往地努力加强我们之间的信息共享与交流,为日中两国的法律制度发展而努力,诚请各位惠赐更多的机会。

最后,衷心预祝中日民商法研究会第14届大会圆满成功!

北京市中伦律师事务所主任吴鹏致辞

尊敬的各位专家、学者:

大家上午好。我是中伦律师事务所吴鹏。非常高兴能够在美丽的杭州参加第十四届中日民商法研究会研讨会。正如刚才渠涛教授提到的那样,中伦律师事务所已参加该会很多年。我们不是学者,而是法律事务工作者。之所以这么多年来一直愿意支持和参加这项活动,是因为我们觉得非常有意义。主要有以下几个方面:

第一点,法律实务工作者必须与时俱进。实务工作与法学研究、立法有着密切的关系。能够参加这样的一个活动,对于我们来说是一个非常好的学习机会。我们非常珍惜,今后也一直会派我们的律师来参加。

第二点,当前中日两国间的法律界学者、立法及实务工作的沟通与交流非常重要。特别是当前中日两国之间的关系虽然非常微妙,但在很多时候学者间的交流却是彼此相通的。例如,最近中国正在着手制定知识产权反垄断指南,而在该指南的制定过程中,就广泛吸取了各个国家的一些立法实践。尤其是在该领域比较发达的国家和地区,如美国、欧盟、日本、韩国等,这些都是重点调查了解的对象。我们也通过日本的学者、律师,对日本该领域的特点进行了调研,并将调研结果提供给了立法机关。主要提供给发改委与工商总局,他们都觉得非常有参考价值。

中国现在的法律发展更多的是走“西方化”的路线,但我个人的一种观点,或者说是在我从事律师行业二十多年的过程之中的一个体会是:日本在法制的很多方面都走在中国前面。特别是战后,日本率先引进西方的诸多理念、制度(如与实务相关的反垄断,最开始都是西方欧美的理论或实践),结合日本的状况制定了一系列相关法律,并且已实施多年。但中国当前的立法实践,有些是直接将欧美的一些理论拿过来,当然也要分具体情况。但还有另一种渠道,我认为效果更好:更多的参考日本立法的实践过程。虽然我们同日本的国情有很大的不同,但毕竟比起中国同欧美的区别来讲,中国和日本的国情还是有很多相似的地方。从这个意义上讲,我感觉中国在立法时,应建议立法机关更多的参考一下日本的立法经验。我们在法律实务中,很多日本的案例、主流学说被中国的司法或立法机关所采纳。这是我最近的一个感想。

另外,从我们律师界也非常希望能够有这样一个渠道,更多地跟国内外的一些学者进行交流。这种交流中,中日学者之间的交流固然重要,但实务界间的交流也非常重要。所以,为充分利用这个渠道,我们事务所将来会一如既往支持这项活动。

最后用几句话简单地介绍一下我们的事务所,我想在座的很多人也应该知道中伦律师事务所。中伦律师事务所于1993年在中国大陆成立,目前有一千多名律师。我们是较早走向世界的律师事务所,除了国内八家办公室以外。在境外也成立了四家办公室,分布在纽约、伦敦、东京、香港。去年我们又在重庆、青岛增设了两间办公室。目前,中国主要的城市,都有我们的办公室。我们的宗旨除了为客户提供最好的服务及帮助并获得成功之外也要更好地履行事务所的社会责任,所以,从这个意义上讲,如果研究会将来其他方面需要我们事务所给予支持的,我们将毫无保留地给予支持。对于这种文化交流、学术交流,我们认为是履行社会责任的一部分。

最后,预祝本次大会取得圆满成功。谢谢!

北京市金杜律师事务所代表陈青东致辞

大家早上好,我是金杜律师事务所上海办公室的陈青东。今天很高兴来到这里参加本次中日民商法研究会的大会。

杭州是我的故乡,我是浙江出生的。1990年我大学毕业时,我就被分配到钱塘江对岸的萧山。当年大学生毕业分配工作,都是要去基层锻炼。所以,当时我就在萧山做了一年的乡村法律服务工作。一年当中,住了十几个地方。

说起浙江,中日之间的法律交流,浙江是走在前面的。由于浙江与日本的静冈县是友好城市,所以我当初在杭州执业时,浙江的律师与日本静冈的律师法律交流非常多。也是当时通过中日之间的一些交流,使我将来对日本,对从事中日之间的法律工作有了很大的兴趣。我的工作重点,也由原来的广泛的涉外业务转向专门从事中日之间的法律服务。也是因为当年的交流与沟通,才有了后来的接手中国国际贸易仲裁委员会的仲裁裁决在日本冈山地方法院申请并得到执行的案子。这个案子在日本也有很多大律师跟进。案子是浙江的一家企业与日本的一家企业发生的纠纷，中国贸仲（中国国际经济贸易仲裁委员会）作出仲裁裁决后，中国企业申请在冈山地方法院承认并执行该裁决。最后在1993年，日本的冈山法院根据《纽约公约》（1958年）承认了中国贸仲的仲裁裁决，并在日本得以执行。

在此案之后，很多类似案件的中国贸仲的仲裁裁决在日本得到了执行。后来，我到京都大学游学期间，对类似的三个案件进行了总结，并在日本发表。所以，我同日本法律界的交流是非常多的。这是浙江同日本静冈在法律方面的交流。

杭州和静冈都是比较悠闲的城市。在这种悠闲的环境中，可能会产生一些好的idea。所以，马云有可能是在杭州这种比较悠闲的环境当中才有了（创办阿里巴巴的）idea。这个idea改变了很多人的生活。马云的阿里巴巴在纳斯达克的上市，让马云成为首富，也深深影响了日本的首富。同时，杭州这个人杰地灵、英雄辈出的地方，也是个旅游城市。有了马云，我们迎来了互联网的时代，互联网对于我们法律其实也是一个挑战，它改变了律师服务的方式。所以，我也是希望在今天的研讨会上，能够对与互联网相关的法律问题进行讨论。

中伦律师事务所与金杜律师事务所是本届研讨会共同的赞助单位，我们也将一如既往地继续下去。

最后，预祝本次大会圆满成功。谢谢！

参会人员名单

中方

梁慧星	男	中国社会科学院学部委员，法学所研究员；中日民商法研究会会长
王利明	男	中国人民大学常务副校长，法学院教授；中国民法学研究会会长
周谷平	女	浙江大学党委副书记，教授
段　匡	男	复旦大学法学院教授；中日民商法研究会副会长
朱新力	男	浙江大学光华法学院教授
张　谷	男	浙江大学光华法学院教授

王冠玺　男　浙江大学光华法学院教授
陈信勇　男　浙江大学光华法学院教授
周江洪　男　浙江大学光华法学院教授
王作全　男　青海师范大学法学与社会学学院教授
董惠江　男　黑龙江大学法学院教授
李　旺　男　清华大学法学院教授
刘惠明　男　河海大学法学院教授
蔡元庆　男　深圳大学法学院教授;中日民商法研究会副秘书长
李国强　男　吉林大学法学院教授
刘永光　男　厦门大学法学院教授
李伟群　男　华东政法大学教授
解　亘　男　南京大学法学院副教授
徐　慧　女　上海财经大学副教授
王　燚　男　大连外国语大学应用英语学院副教授
李立新　女　上海大学法学院副教授
高庆凯　男　澳门科技大学助理教授(现中南财经政法大学副教授)
徐　进　男　浙江大学光华法学院副教授
韩家勇　男　浙江大学光华法学院副教授
吴勇敏　男　浙江大学光华法学院副教授
班天可　男　复旦大学法学院讲师
赵　晶　女　中国海洋大学法政学院讲师
窦海阳　男　中国社会科学院法学所助理研究员
章　程　男　浙江大学光华法学院讲师
姜雪莲　女　北京理工大学法学院讲师
陈美颖　女　华东政法大学经济法学院讲师
章　程　男　浙江大学光华法学院讲师
蔡雯娴　女　浙江大学光华法学院讲师

石　宏　男　全国人大法工委民法室一处处长

朱书龙 男 全国人大法工委民法室干部

吴 鹏 男 中伦律师事务所主任；中日民商法研究会副会长
刘新宇 男 金杜律师事务所合伙人律师；中日民商法研究会副会长
鲍荣振 男 金杜律师事务所顾问；中日民商法研究会副秘书长
金赛波 男 北京市通商律师事务所
渠 涛 男 中国社会科学院法学研究所研究员

日方

道垣内 弘人 男 东京大学大学院法学政治学研究科教授
大村 敦志 男 东京大学法科大学院教授
木间 正道 男 原明治大学法学部教授
中国人民大学亚洲太平洋法学研究院教授
平野 温郎 男 东京大学大学院法学政治学研究科教授
商事法务与比较法研究中心研究员
早川 胜 男 德岛文理大学综合政策学部教授
久保田 隆 男 早稻田大学大学院法务研究科教授
田泽 元章 男 明治学院大学法学部教授
铃木 贤 男 明治大学法学部教授
宇田川 幸则 男 名古屋大学法学部教授；中日民商法研究会日方秘书长
鵜田 えみ 女 富士施乐（株）小林节太郎基金特别研究员
东京大学大学院研究员
寺岛 美贵子 女 华东政法大学博士研究生（经济法专业）
莳山 明宏 男 日本司法书士会连合会常务理事
西山 正宽 男 日本司法书士会连合会理事
中岛 あずさ 女 日本西村朝日律师事务所驻北京代表处 主任

在日华人

王　晨　男　大阪市立大学法学部教授
温笑侗　女　东北大学法学部准教授
王冷然　女　德島大学综合科学部准教授
郑芙蓉　女　广岛修道大学法学部准教授
张瑞辉　男　名古屋经济大学准教授

浙江大学光华法学院研究生

吕成龙(男　博士生)
张桂龙(男　博士生)
卢志强(男　博士生)
刘　洋(男　博士生)
吕双全(男　博士生)
原永朋(男　博士生)
李凯更(男　博士生)
季若望(男　博士生)
吴云轩(男　博士生)
陆杰炜(男　硕士生)
韩若愚(男　硕士生)
洪　苗(女　硕士生)
姚　燚(女　硕士生)
高　迪(女　硕士生)
丁　颖(女　硕士生)

中日民商法研究会第十四届大会会议记录

13日上午
民法部会

道垣内弘人：

时间到了，我们开始民法小组的讨论会。

昨天关于民法发表了好几个相关的报告，我觉得总结一下有这么三个方面。第一方面是民法理念的，第二方面是民法编纂的方法、应有的方式，第三方面主要是关于民法的一些具体问题。这三方面是密切相关的。尤其第一方面和第二方面更是很难区别的。

当然，我觉得大家发言讨论的时候不见得一定要把这三点分得清清楚楚，只就某一个方面谈或者结合起来讲都可以。但是基本上，我觉得是不是从第二个方面，民法典编纂的体系这方面先开始谈比较好？然后再自由讨论。我看请梁老师来讲几句吧，怎么样？

梁慧星：

今天的讨论非常重要。我先说一个问题吧。因为昨天大村敦志先生对王利明教授这个报告做评论的时候有一个问题，就是说他对这个报告的问题，省略了对王利明先生报告的意见这一部分。那么，您用这个机会补充一下？

大村敦志：

非常感谢梁老师给我这个机会补充昨天省略的那一部分。但是非常不好意思，我昨天做的记录不知道放在了哪里。现在我就凭记忆对昨天省略的那一部分做简单的补充。

这部分主要有两个问题，第一个是非常细微的部分，是对于一些问题的提示；第二个是我与王利明老师有一个不同的看法，这个看法主要是考虑到民法典的论据的问题。这个部分其实我正好还是想请教一下梁慧星老师的。

第一个关于细微部分的问题。比如,会议资料的第163页,也就是说民法典人格权篇的专家建议稿。我看到了163页的征求意见稿中规定了很多的权利。但条文中提到这些权利的主体的时候,有的地方使用的是公民,有的地方使用的是自然人。主体在表达出来的时候,也是有的时候使用公民,有的时候使用自然人。我想问的是,在中国,公民权与自然人权两者之间的区别是怎样的。

第二个问题就是,姓名权,也就是日本的氏名权,是关于姓名和亲属关系的规定。比如在日本,姓名如何确定这类的规定,是放到家族法中的。那么如果把关于姓名的权利规定在这个地方,是连亲属关系等整个姓名权规定全都纳入这里吗?还是说只是把姓名"权"单独规定在这里?

还有就是,比如说有关个人信息的这个部分。在这里列举了很多个人信息的保护对象。这些规定,是从个人信息权利的"范围规定"单独分开,单独抽出个人信息的"保护规定"放在这里的吗?

我刚才说的三个问题当中,后两者是说把姓名权以及个人信息权这两部分放到人格权这一篇当中是不是从构造上是合理的。

最后,王利明老师昨天在发表的时候由于时间的关系可能没有具体的展开。这就是他要把人格权单独成编的时候提到了一些论据。这些论据当中提到了不法行为、即侵权行为。但是就昨天的报告来看的话,好像对此并没有进行充足的论证。而且从我个人的看法来讲,这个论证也不够有说服力,在成立上也比较微弱。所以在这一点上梁慧星老师可能是持有不同意见的。就是和梁老师的学说、学术是有一定的对立的关系。我想就这个问题请教一下梁老师的意见。

梁慧星:

谢谢大村先生把问题抛给了我。

大家知道,我和王利明先生的意见是不一样的。我们2002年在早稻田大学主办的中国民法典问题的讨论会上王利明先生报告的人格权单独设编。当时评论的是星野英一教授。我们很遗憾,星野英一先生已经不在了。在那次会上还有另外一位日本的先生濑川信久教授。濑川信久先生提供的报告是从比较法的角度,从法理的角度,得出了他的意见,是人格权不宜单独设编。我个人意见,基本上是和濑川先生的意见一致。

我再补充一点。这个草案是王利明先生主持起草的。他是以中国民法学研究会的名义向国家立法机关提交的。但是这里我要报告大家,我个人不是中国民法研究会的会员。

大村敦志:

我想问一下您具体的想法。

梁慧星:

我向国家立法机关提交的民法典草案中,是把人格权安排在民法总则的自然人一章,第一个理由是人格权的特殊性,第二个理由是民法典编纂的逻辑性。把人格权单独设编和民法典编纂的逻辑关系是矛盾的。

前面我应该说到,我关于这个问题态度,是受濑川信久先生的观点的影响。

道垣内弘人:

作为主持人,我刚才忘记了说一点。因为各位的发言之后会编为资料,为了录音整理的方便,之后每次发言之前请说一次自己的名字。

刚才梁慧星先生已经发表了自己的意见。对此大村先生或者其他各位有什么意见的话也请发表。

大村敦志:

听到梁老师的发言,我想补充一些观点,以此来比较一下我个人的一些意见和梁老师、王老师的意见。我个人的意见是关于人格权这一部分的。特别是把这一部分放在总则部分这一点,其实是和梁老师的意见是一致的。我认为昨天王利明老师的报告有魅力的地方在于他强调人格权是想提醒大家能够重视人格权,是一个呼吁。在昨天的报告当中,王晨老师的论文,也就是资料集的第32页,提到了柬埔寨的民法典。该民法典在最开始的草案制定的时候,是比我和道垣内老师更早一代的日本民法学者提供的草案。总则的后边设了有关人的一编。在有关人这一编当中罗列了人格权及其他与人相关的规定。总则的内容则与这些相互独立开来。不知道梁老师对这样一个编成有什么样的意见。

梁慧星:

日本的专家支援柬埔寨的民事立法。在这个草案当时出来的时候,我就得到了。我当时的印象是,这个草案有两个特点,第一个特点是法国法系的特点,把人法摆在前面。第二个特点是受荷兰新民法典的影响,把债法加以分清。

我的印象中,主持这个民法典草案起草的是森嶌昭夫先生。森嶌昭夫先生的这个意见是折中了星野英一先生和别的,例如比较正宗的潘德克吞的、这样多数日本先生的,也是一种折中方案。为什么说是一个折中方案,如果严格按照星野英一先生,以及大村敦志先生的意见,应该把人法和亲属法合在一起,摆在前面。这在2002年早稻田的讨论会上,星野英一先生也看到这一点,大村敦志先生在送我们的那本书上也是这样的一种主张。最后柬埔寨的草案没有完全采纳,只是把主体摆在了前面。

补充一点。我的印象中,日本的民法学者当中,多数学者还是潘德克吞这个基础。

道垣内弘人:

在这里我想插一句。

刚才听到他们的发言里,梁先生和大村先生的观点,我看是一致的。他们也就是把人格权定位于总则部分。刚才后边大村老师说并不是完全一致的。那么如果不一致的话,我想确认你们观点中的差异在哪里。

人格权和物权、债权是有差异的。物权和债权有主体，也有客体，是一种作为客体的权利。但是人格权则是一种内在于主体之内的权利，而并不是与主体相互独立的权利。那么它和物权和债权的规定是不一样的。人格权是应该在主体内涵盖着一种权利，还是跟物权、债权完全一样，脱离于人的主体以外的，也是一种客体。两位先生就这一点是持同样的意见吗？还是说认为人格权也与物权、债权一样，拥有作为客体的权利性质？

梁慧星：

关于人格权的特殊性，它和物权、债权都不同，它是自然人对自身的权利。生命、身体健康、姓名、名誉以及隐私等是自然人主体固有的要素。缺了其中任何一个，都不能构成完整的民事主体。其他的权利，物权、债权、亲属上的权利、继承上的权利都是主体对身外之物，或者身外的人的行为享有的权利，而人格权是自然人对自己享有的权利。所以在民法理论上有物权关系、债权关系、亲属关系、继承关系，唯独没有人格权关系。特别是人格权，它是因自然人的出生而当然取得，因死亡当然消灭。因此不适用民法上的法律行为、代理、时效这些制度。所以我的意见是，无论是柬埔寨的法典编纂，还是按照我个人的意见，还是按照其他立法案例，人格权应该和自然的“人”摆在一起。

大村敦志：

首先第一点，我明白了道垣内老师刚才给我们进行的提示。我在第一点是和梁慧星老师是一样的。也就是说人格权性质上理解我们是一致的。

昨天王利明老师的报告当中，他说法人作为权利义务的归属点，是与人格权不一样的，虽然两者有一定的关联。我认为区别是可能的，但两者是来自同一个源头，所以还是应该放在同样的地方进行规定。

王晨：

订正一下刚才的区别。

昨天,王利明教授说的是作为社会权利主体的法人格和人格权之间是有区别,但是更重要的是它们的关系有紧密性。

解亘:

从根本上看,两者还是从一个地方产生出来的,有同源性。

大村敦志:

关于第二点,我们基础认识上是一致的,但在此基础上不同点就是对于法典编纂总体的看法,也就是最终在何种程度上保持潘德克吞体系,这样一个问题。梁老师刚才发言中已经包括了这个部分。也就是说在人的存在之上,发生各种法律关系。那么从编制来看也应当将人与各种法律关系的问题相互区别开来。

第三点,柬埔寨的法案是根据什么样的理念来最终形成这样一个方式,起草者并没有明示,现在没有具体的资料,我也不知道。以下我来讲我对这个草案的理解。日本采取潘德克吞的形式,但是在大正年代(1920年)之后,脱离这个方式的教科书慢慢开始出现了。具有代表性的是在20世纪40年代出版的我妻老师的《民法大意》。看《民法大意》的教科书的目录便知,它的格式虽然不是和今天柬埔寨民法是完全一致的,但是基本上是一致的。

如梁先生所说,它是以潘德克吞体系为基础,追求更加简洁易懂的体系。而这种体系,则可以说是由我妻荣先生提供的思考方式。不论柬埔寨民法草案,还是我妻荣先生的教科书,虽然不一定是以脱离潘德克吞为目的的,但是结果上为我们指示了另一种可能的编制方式。我妻荣先生在客观效果上是说出了这么一种柬埔寨的民法相似的客观效果。

虽然我不是完全赞成这个体系。我们无法完全无视以往积攒下来的研究,新创一个体系。但是作为一种从潘德克吞体系出发进行思考,这么一种可能性,我觉得是存在的。

渠涛:

我现在有这么一个感觉,就是学过什么法的人是不是对它有一种特别的亲近感。另外,什么样的格式对谁来说是容易理解,或者亲近的,恐怕每个人标准都不一样。如果说日本,它是一个单一民族的国家,可能它有最大公约数。如果说中国,到底什么样的文章是最容易理解的,恐怕就会非常困难,就没有一个绝对的标准。所以,在中国应该是,一张白纸好画最新最美的图画。所以说到底应该怎样做一个什么样的。恐怕立法这个东西一定要伴随着强权,至少是有一定程度的强权。否则完全民主的话,这个法律是永远制定不出来的。当下,按这样的民主立法走下去的话,恐怕中国做民法的人,谁都觉得自己懂,别人不懂;自己的最对,别人的不对。这样争论下去的话,恐怕中国的民法典永远制定不出来。

梁慧星:

我补充一下我前面的意见。

我认为日本的学者,在潘德克吞这个维度的基础上,总是要想脱离这个体系,有所创造。比如,柬埔寨的民法典草案就表示了这个倾向。它来源于日本民法典的制定,是双重继受。它有法国法的血统,也有德国法的血统。因此,从法典争论开始,就是法国的和德国的两种血统在一起交叉。所以说当支援柬埔寨立法的时候,就要稍微背离一下潘德克吞的体系。还有大村先生也提到了。包括我妻荣先生的思想当中也有这样一种因素。

我认为中国的民法继受一开始就是德国的这个血统。因此中国的民法典编纂的时候,多数学者,包括我本人在内都是坚持以潘德克吞为基础,而稍有变化。

渠涛:

梁老师刚才说到的日本有两方面的血统,我完全赞成,也是事实。

但是,我想说一点。希望大家千万不要误解的是,在这次日本所谓法律支援柬埔寨立法的时候,是从国家拿的钱,但不是国家行为,也不是日本民法学界的学界行为。这个项目正巧是由森嶌昭夫老师申请,碰上了他本来就是研究法国法的。所以这是一种巧合。如果这个项目碰巧落到了北川善太郎老师头上,那他可能就会用它的模型(Model)民法典,如果碰到了加藤雅信老师,他可能完全就要弄德国式的民法典。往往就是这样一个偶然性的机会。

道垣内弘人:

这一节我们讨论到10:30。因为目前主要讨论的是人格权。另外也想关于民法的编纂进行讨论。昨天也有其他老师做了这方面的报告,也涉及了这方面的内容。所以在这里也请发表一下意见。当然,也不限于这些报告。各位有什么其他意见也可以发表。因为我本来也想谈谈,但我不想抢在各位发表意见之前先说。

这里在座的大村敦志教授,他认为这个日本民法典的编纂是应该重新编的。日本的学界这种观点的人也不少。

我有一个一直在对大村敦志老师保密的想法。我认为,其实他这种观点在日本完全不可能实现。为什么说不可能实现,不是说他的这种观点不好。因为主要是从日本的现状来看,日本有关于民法编纂的这种体系潮流已经形成了,再有更大的变动已经不大可能了。比如,即使人格权可以单独编辑,将民法典整体推倒重来。这样的观点即使学界有人支持,法院、律协、经济界也绝对不会这么想。

我这么一说,大村敦志教授好像又要说些什么,所以请他来发言。

大村敦志:

我想再补充一下我的几点意见。

昨天我已经说过,在日本的可能性是,把人格权放在民法典的不法行为部分,也就是作为请求停止侵害。然后再把人格权的一部分放在“人”的部分里。如果将这些都放在人的规定里,可能会非常难通过。所以把人格权放在不法行为法这部分是在通过上可能性比较高的一个做法,而且只放一条。

段匡:

道垣内弘人教授刚才讲到的最多一点,也就是说日本现在的情况下要进行大变革是不大可能的。这是他最主要的基点。当然，大村敦志教授实际上是在说大变革不可能的情况下，在日本假如人格权要进行制定的话，可能性在哪里。

大村敦志：

第一是像道垣内弘人老师指出的一样，在日本维持现状这种想法，或者这种观点的力量比较强大。刚才渠老师也指出了，怎样来制定民法典，或者怎样来编，和道垣内弘人老师最初说的民法理念的这一部分是相关联的。包括日本现在进行的与债权法相关联的民法典修改，大家都是比较消极的，或者是否定的。大家对这种对争点做辨别，重新来思考的观点，呈现消极的态度比较强烈一些。这种背景当然会有别的要素。比如像公司法修改，或者破产法修改等，都大幅度修改了编制。这样对编制的大幅度修改对于原来已经学过的人来说，需要重新开始学，这是一个很大的负担。说到底法学家都不想放弃已经习惯的东西。而编制是否方便将来的年轻人们学习、利用，对于这些人来说不是很重要。

道垣内弘人：

听听其他各位还有什么意见。当然也不限于这个问题。如果你关于民法的制定方法、编纂有什么意见也可以发表。

宇田川幸则：

刚才渠涛老师说我们名古屋大学的森嶌老师从事柬埔寨的民法典的立法工作。所以最后公布的柬埔寨的民法典考虑的是法国的民法典的构造、编制。但是，我在名古屋大学从事过有关这方面的工作。那时候据我了解，应该大村敦志老师、道垣内弘人老师都知道，柬埔寨本来是法国的殖民地，而且有法国法为基础的法律体系。所以，柬埔寨国家首先委托法国，帮助他们的立法工作。最后结果是法国人把法国民法典翻译到柬埔寨的议院，交给他们。但是这种法典没有用，可操作性也没有。所以，以后柬埔寨拜托日本帮助他们的立法工作。结果，森嶌老师考虑到那边是法国的法律为基础的国家。所以，他们要参考法国的动态。而且加上现在柬埔寨的情况。所以,出来的民法典是跟法国的民法典是类似的。

第二点是我提问梁老师。我看过不少的文章。为什么中国要把人格权的一章独立。因为我们关注到了,台湾地区的“中华民国民法典”是在世界上第一次把人格权独立规定的。所以我们认为新的民法典也应该要重视人格权。这样的角度来看的话,现在的国内的立法工作当中,到底有没有台湾地区民法的影响?考虑到他们的民法典的经历在一系列的变革中。所以,您刚才说,应该是20世纪80年代开始,民法典立法工作的思路到现在,一直重视德国的民法典,或者说向德国学习,这样的情况。

王晨:

台湾地区的“中华民国民法典”人格权部分的规定,跟德国的民法典也是有关系的。它直接的关系是1907年瑞士民法典,它规定了一个人格权能当作一般人格权的规定。然而法典把它规定在总则的自然人部分。所以,也没有独立成编。台湾地区“民法”独立成编这种说法可能是一种误传,不是很准确。

渠涛:

昨天报告会上我们王利明会长最开始说,他跟大村敦志教授私下谈话的时候说过一句“二十一世纪是人格权的时代”,大村敦志教授是有同样的感受的。另外,在大村敦志教授做评论的时候,我也一边听着同传。也可能有前面那句“二十一世纪是人格权的时代”这样的话,我觉得同传翻得也不是很清楚,很暧昧。让人感觉好像大村敦志教授也是赞成独立成编的感觉,但是大村敦志教授并没有这个意思。所以,我现在利用这个时间,想清清楚楚地问一下大村教授,还有道垣内弘人教授,你们两位到底觉得人格权单独成编究竟怎么样?可不可行?从你们自己的角度,完全是你们自己的想法。我想确认一下这个事情。因为这个很重要。我们法工委的先生们到这来听,恐怕这也是重要的内容之一。所以,要不然白来一趟,还是很暧昧地听着回去不大合适。我们中日民商法研究会虽然不做自己的草案,至少我们可以提供一些日本的真正的想法。

道垣内弘人：

因为我是主持，所以我就想抛开一个民法学者的存在，而换一个角度来谈。

昨天大村敦志先生谈到，如果假设在日本创设关于人格权的规定，最有可能的应该是在不法行为部分设一条规定，并在总则的人的部分，设置应当尊重人格权这样的条文。这些是比较现实的方案。

我觉得说来话长。人格权到底应该怎么编纂？应该放在什么样的位置？是独立成编，还是如何定位。我觉得这一点，关系密切的是如何看待不法的定位问题。

段匡：

我补充一下刚才的翻译。

道垣内弘人老师特别提到了一点：即使把人格权放到侵权行为编里面，专门制定一条。那么这个一条以后就和原来侵权行为想要的这么一个法律的存在，会发生什么关系？这肯定也是要考虑的。他特别强调了这一点。

道垣内弘人：

日本的不法行为法作为一个救济侵权纠纷的体系并没有规定人格权侵权的相关规定。人格权相关具体权利受到保护是从对一般规定中相关某些条文经过解释来实现的。也就是说，如果某种权利应当予以保护时，通过适用一般性条文，是可以得到保护的。逻辑上讲是这样。

中国的侵权责任法，依我来看，坦率地说，与日本法或者大陆法之间是有很大不同的。我觉得倒是与美国的法律比较接近。这就是，以列举的方式把侵权责任规定出来。

也就是说，如果想要重视保护人格权的话，与其在民法典中加入人格权编来做，倒不如在侵权责任法中增加更详细地规定人格权内容，这样更符合中国以往的侵权责任法整体的理念。从我对中国法的看法来讲是这样一种感受。

我的理解是,现在中国的民法通则中关于人格权的规定不够充分,所以要增加。如果这种认识是正确的话,那么在侵权责任法中做详尽的规定或者以别的形式立法都可以,这两种做法之间并没有太大差别。但是,在这一点上,日本的情况则不同。在日本重新立法意味着要与物权债权并列设置人格权,或者是以宣示人格权是应当予以保护的权益为理由扩充不法行为法,所以,两国立法以及两种立法模式之间都不同。这句话说得太过复杂,我用日语就没有说好,可能翻译成汉语会更麻烦,能把我的意思说过去就行了(笑)。

接下来再说一下我个人的意见,当然我不知道在中国实现的可能性如何,我个人倒是觉得,中国的侵权责任法可以再简洁一点(笑)。以此为前提,再在民法总则或者以别的什么方式相对完整地加入人格权的规定是不是干净利索一点。但这个设想是不是现实的,我毕竟不是很通晓中国的立法状况,所以无法做出判断。但是,如果以现行侵权责任法原封不动地存在为前提的话,再在总则或者其他地方增加人格权的规定,会怎么样?我觉得会不理想。这只是我个人的感觉。

现在,侵权责任法有点太复杂。这个复杂如果放在民法典显得有点乱。应该把侵权责任法再弄得干净利索一点,再简单一点。然后放到民法典。然后人格权,应该在总则里规定得稍微……说全面也好,就是把人格权放到总则里。这样的一个体系的关系比较干净利索,比较顺。当然这是我个人的观点。

大村敦志:

我想确认一下刚才渠涛老师的提问是想问我们,作为日本的学者对日本法的看法?还是想问我们中国接下来应该怎么做?

渠涛:

我当时要问,他本身作为一个日本的民法学者。比如,你就是博瓦索纳德了。中国就请你来给中国立法了。如果,你是这个角色你觉得是应该怎么办?然后,就是确认一下刚才的21世纪到底是不是人格权的时代。

大村敦志：

博瓦索纳德到了日本，他都做了什么，他怎么做的，而且他拼命做出来的草案最后遭到什么样的命运我是很明白的。所以，我觉得还是不当那个角色更好。现在假设我就是博瓦索纳德了，恐怕也有两种选择。因为，博瓦索纳德完全按照自己的想法结合日本的情况做的草案最后的命运，就是没有被日本采纳。那么我到底是按照这样去做一个草案？还有就妥协，就是为了尽量能让日本接受这个草案，然后我努力去做，恐怕你们各位在考虑民法典编纂的时候，可能也有这两种选择。一个是坚决坚持自己的意见，还有一种是迎合立法机关的意见。但是，我在想，博瓦索纳德的草案虽然没有被日本采纳，在现在还是对日本的民法的解释等是有影响的。因此，从这个意义上说我还是选择博瓦索纳德的那种做法。按我自己的感觉来说，要真正把人格权埋没到总则里，作为潘德克吞体系来考虑当然是可行的。但是，要把它完全埋没到总则里面，是不是也有问题？从我自己的感觉来说，应该把它特别地提出来，加以重视。我自己觉得是不是像我们学习过的一个中国法律名词叫“基本原则”。把它放在基本原则，作为一个强调是不是更好、更合适一些。

刚才道垣内弘人教授也说了很多。我现在也想顺着他的思路说一点，就是我们抛开民法典编纂的前提，谈一谈一般论。

从一般论来讲，应该说我们现在编纂法典的时候要把具体内容编成条文。条文的排列是从第1条到，比如日本是到第1044条，这样的一个排法。但是，用什么样的顺序，怎么排，其实在我们的脑子里已经有了一种受制约的一个习惯。实际上本来是一个立体的东西，各种各样的法律关系，应该都是可以在立体上看出来的。可是，我们没有办法立体看，只能把一个立体的东西放平，把它排开来。因此我们的整个思维就会被这种排列所束缚。当一个国家编纂法典的时候，肯定会选择一种体系。一旦有人选择这种体系，就会有人选择另一种体系，或者再选择其他体系。那么实际上当日本选择了潘德克吞体系的同时或之前，有潘德克吞体系的教科书，也有跟潘德克吞体系完全不一样的教科书出现。

这里就有一个在中国现要面对的问题，它就不是像日本那样很难再改变现有的潘德克吞体系。中国现在面临着一个整个的新的立法。立法应该选择什么样的体系?我个人认为像刚才渠涛先生说的,怎么能易于理解?怎么不容易理解?怎么叫最好?怎么叫最简单?这些判断都是不一样的。但是,我们可以大概找一个最简单、最容易让别人理解的格式去选择我们的体系。当然最后从理论上分析它,可能这个还是潘德克吞的体系。但是,我们应该把它反过来,先想到怎么更容易理解,更方便别人去实用。然后再去从理论上总结它是潘德克吞还是其他的什么。

中国面临很多选择,日本这边做债权修改的时候也同样面临过很多选择。按我们的经验来说,想修改一个法律不是很容易。刚才道垣内弘人教授也说了,我的意见也是这样。大概在民法典里,如果就日本的民法典而言,在日本的民法典里如果加上一条与人格权相关的东西作为一个宣示性,或者是有实用性、可靠性的条文的话就已经很不容易了。实际上加上了这么一条,一条的作用也是很大的,并不一定是数量的问题。关键的、有一条就会起到很多、很大的作用。所以,也不能小瞧一个条文。中国当然有各种各样的选择。即使这一个条文,也是要靠许多学说来支撑的。所以,虽然你们的讨论不可能无限制地继续下去,但是,制定之前一定要充分讨论,把大家的意见讨论出来。

即便是在中国最后民法典制定的时候,有那么一条也好,它背后能有讨论作支撑的话,就够了。我希望中国可以向世界传达出中国民法的新的声音。

道垣内弘人:

刚才讨论了总论部分,我想肯定还有一些人想发表自己的意见。但是,时间到了,进入休息,11:00 再开始。

茶　歇

段匡:

后半部分,道垣内弘人教授退出主持。那么请他也能够回到民法学者的立场上来讨论和发言。

下面开始。我想先说一下。因为渠涛刚才特别提到了大村先生说到的“二十一世纪”。另外王利明老师说了。因为他认为21世纪是人格权的世纪。这句话大村先生是不是能够确认一下？所以我们再抽一点时间请大村敦志先生确认一下。

大村敦志：

就分论的问题我们还有很多没有讨论，所以我就这个21世纪是不是人格权的世纪，简单回答一下。我认为21世纪是一种尊重人格尊严的世纪。但是，尊重人格尊严，21世纪是人格应该得到尊重的世纪，与人格权的规定是不应该独立成编这个问题之间，是没有直接关联的。

王晨：

我补充一下。大村老师最近出了一本新书。翻译成了中文的，那书里面有关民法典编纂的体例，以及具体的介绍。其中有一篇里写到了人格。但实际上这个人格，包括权利能力、行为能力在内的内容，跟王利明先生的人格权独立成编，还是不太一样。我希望把这个解释清楚。

解亘：

我想请教两位日本学者一个问题，是中国这次民法典编纂的过程中采取的一个分步骤的办法，就是先编纂总则，然后再逐步愈合完善。这样的过程二位是怎样评价的？这样做有没有危险？有没有弊端？

道垣内弘人：

其实我之前也接受过很多人问这种问题。但是，这对日本人的我来说，意思不是很明了。现在的中国，已经制定了很多单行法，在这些单行法的基础上，积累了很多研究和法律解释，以此为前提制定民法总则的话，首先这个民法总则就不是一个立法的起点了。我认为在中国制定民法总则的意义,是以民法总则为中心,重新整理担保法,还有侵权责任法、婚姻法等,我觉得仅此而已。所以想要确认一下,“先编纂总则”到底是指什么?我一直在困惑这个问题,所以我也想借此机会确认一下。

解亘:

我说点个人的意见,回头请梁老师指正。我个人的意见基本上属于“再整理”。就是民法总则制定完以后,再对其他部分一一整理。因为单行法基本已经完备了。但是,有一个例外就是债总,虽然合同法中有很多债总的内容。但是,其中还是有缺项。所以债总,我不知道算是再整理,还是说已经超出了再整理的范围。有可能甚至是要有大量的新东西加进去。它有一点点介于整理和重新制定之间,是一个比较暧昧的情况。

道垣内弘人:

正是因为这样,你问我“对先制定民法总则或者分步骤的这种做法”有什么感想,我说,这种问题让我感到非常为难。实际上,并不是在从民法总则开始制定,而是反过来,其他部分已经存在了,而现在反过来就剩下民法总则没有制定了,所以要制定民法总则,然后把之前的这些单行法重新做一次检查。这是我的理解。总之,现在并不是要从民法总则开始制定,而是民法总则剩到了最后。

梁慧星:

中国民法典编纂看起来是从去年中共中央四中全会决定以后才启动的。实际上,从中国的现实来看,民法典编纂是从 1979 年 10 月开始的。三十多年间民法典的编纂只是形式上的变化而已。

大家可能知道,在三十多年间民法典的编纂实际改变了立法方式。改为先制定单行法,待条件具备,再编纂民法典这样的立法思路。因此在民事立法当中分则部分大部分都已经具备,现在编纂民法典带有最后完成的意义。但是,中国民法典编纂过程当中有一个最大的问题,就是始终未就民法典的结构，它的编制、体例进行充分的讨论。

其中最典型的就是人格权是否单独设编，是否保留债权总则，这样的重大问题，没有进行过充分的讨论。

道垣内弘人：

按照梁老师讲的就应该是，以往在契约、不法行为等方面已经积累了许多经验，之后讨论总则如何制定。我认为这也算是一个很自然的流程。昨天说过的人格权是否独立成编，还有法人是否将条文依据放在民法典中等，我认为这些讨论都是非常有待健全的。

大村敦志：

刚才解亘老师提问，道垣内弘人老师已经陈述了自己的意见，我也说一下我的看法。目前中国是以已有的单行法为前提，再度思考民法典的体系安排。思考这个体系时，应该怎么考虑呢？一边要考虑它同已有单行法之间的关系，另一边还要考虑总则中加入什么样的内容，这种想法是十分健全的。这是道垣内弘人老师的观点。

对此，我的印象是，总则的制定，意味着从上而下制定一个体系后，再整理个别细小的部分，也就是里边还包含着另外一种可能，先制定总则，并不是对单行法进行再一次检查、修正，而是说，有一个总体的、鸟瞰式的、从上到下的这么一种过程。民法总则的制定决定了整个民法典的框架。不知道与道垣内老师的想法相比较哪个更准确。刚才梁老师说了，民法典编纂迄今为止积累了三十年的经验，在各个单行法中积累的成果之上，有民法总则，可能这是很自然的方式吧。

渠涛：

特别想请教梁老师一个问题。当然也求教在座的各位。三十多年了。应该差不多了。为什么一定要先编一个总则？这个确实比较麻烦。要是真正弄了总则以后，如果回头发现下面的一些，比如，债、物这些部分，包括债总跟它有矛盾，那又麻烦了。回来还得修这个总则。

都三十多年了。我们也有这么深的积淀了。至少像日本一样先把财产法这一块,包括我们的侵权法现在分开以后,侵权法这一块我们先一气呵成把它弄下来。

就像我昨天报告里说,竟然能做那么多的草案出来,大家齐心合力做一个事不就挺好吗?反正我的想法是和解亘是一样的问题意识。其实,他想问的也就是光编总则之后会不会出问题?乱不乱?我也是想它可能会乱。

梁慧星:

关于民法典编纂,2014年中共中央四中全会决定写上编纂民法典以后,我个人的意见,我理解中共中央的意思是一举完成民法典,编纂民法典,不是某一个部分。但是,当立法机关征求学者的意见的时候,两位著名的学者的意见起了作用。一位就是王利明教授。王利明教授是中国法学会的副会长,民法研究会会长。王利明教授意见是三步骤:第一,制定民法总则;第二,制定人格权法;第三,完成民法典。另外一个学者是中国社会科学院的孙宪忠教授,他是现在的十二届全国人大代表。孙宪忠教授的意见是分两步,第一步,制定民法总则;第二步,完成民法典。我个人理解,立法机关是受了这样的两位权威学者的影响。因此决定制定民法典,先制定民法总则。

王晨:

我这次提交大会的文章也是针对中国民法典立法体系的。中央决定编纂民法总则后出现了很多学者的建议稿。但是,我感觉到他们的体系基本上是古典的,大部分就是德国的体系。但是,按照中国的立法传统,比如,合同法、侵权责任法,实质上都有脱离德国体系的一面。例如,中国的合同法是比较完整的一个合同法,而德国体系中合同法是分成四块的,一块在总则,另外一块在债权总则,还有一块在契约总则,还有一块是契约各论,是分开的。但是,我们制定契约法的时候,是把它弄到了一块。因为,存在这样一种现状:如果我们仍然采取古典的体系的话,就会把完整的东西再次分开。特别是法律行为这一块,就是说民法总则制定法律行为的规定,就会与现行合同法中的总则有好多部分是相重复的。我们是否需要处理这方面的问题？或者说，我们要不要维持法律行为在总则里面，或者不要法律行为等，这些问题都涉及整个体系问题。所以，我认为这个体系问题在总则立法当中一定要考虑清楚，不然的话好多东西就会乱。这是我的感觉。

段匡：

我今天是主持，但也想说几句。刚才梁老师介绍1979年是民法典制定的开始时间。对这个，我没有意见。但是，我觉得这三十多年来，实际上制定的民法单行法的时候，一个最大的缺陷就是根本没有考虑到我们将来民法典的体系构造究竟应该是怎么样的？所以，每次到要搞单行法的时候，都会碰到这个问题。而这次特别是因为民法总则和人格权的关系，相对比较密切的时候，这个问题立刻又出来了。我觉得实际上这回编民法总则的时候，实际上它第一步工作是应该要做什么呢？就是先把我们民法体系的构造，能够议论清楚，然后再来讨论其余问题。不然的话，我想，可能碰到更大的问题就是总则到底是以之前的单行法为前提，还是编一个比较全面的、好一点的总则，然后再去改变单行法。我感到一个比较可怕的问题是，单行法已经有了，所以，总则就不用考虑了，或者，总则就趋同于已有的单行法。这个问题是要考虑的。因为碰到一个问题后再来考虑体系问题，还不如一上来先把体系厘清楚了。德国民法典，就是用德国的哲学从上位概念往下推，而我们现在是归纳型的，底下的一样一样都好了，然后，如果采取归纳型的话，这个体系，我个人感觉又不一定像德国式的了，又有点可能像英美式的了。因为英美法的哲学的特点就是这个归纳性。我觉得这个可能是今后立法当中也是这次的民法总则讨论当中不能回避的问题。如果这个问题解决不好的话，下一步在落实总则条文上，实际可能会产生一些问题。

班天可：

我是非常同感于段老师说的。我是这样理解的，也不知道对不对。段老师的意思就是说，如果现在我们都是按照解亘老师刚才说的立法顺序，现在说是先做总则，后面再慢慢做别的。但实际上我们三十年来的时间先把这么大量的单行法弄好了之后,再弄一个总则。总则作用在了什么地方,似乎是,用道垣内老师的话说就是把以前有的东西,看看有没有差错、漏洞,应该怎么处理,统括一下,也就仅此而已。但是这样一来,现实的适用之中,大家的反应反而是,已经有特别法了,你要总则干什么?那个总则的意义到底有多大,就搞不清楚了。所以说既然总则,从德国法的角度来看,它有一种体系固有的,那种体系性,它有这种内在的价值在内,那我们应该做一个能够体现这种意义的总则出来。而不是现在的这种做法,先把单行法上的总则整理一下。如果只是这样的话,我们的总则的意义在什么地方呢。这是我的意见。

渠涛:

我觉得民法体系,恐怕做一个比较的话,就跟各个人家里的家具怎么摆差不多,每个人家的摆法都不一样,怎么方便应该就怎么摆。但是什么叫方便,每家人的感觉又不一样。因此,我们要想起已故星野英一老师说过的一句话:体系的问题可以有各种各样的想法。比如,总则到底需要不需要?那么我们就仔细看德国的潘德克吞体系,刚才也有人说过了,大家也知道,我们就不多说了。当时星野老师说:它的核心实际上就是法律行为。其他,比如,时效、包括错误等,基本上都是跟合同法有关系的,而没有跟别的地方有关系,就是跟债法有关系。如果都已经有了的话,这个总则到底需要什么,比如潘德克吞的话,核心是法律行为。可是在日本还有其他国家,比如,不承认物权行为,那就剩债权行为,这个债权行为还是债总,这是过去我记得星野老师说过的话。这里面我就想请问法工委来的石处长包括朱先生,现在法工委是怎么样考虑的。比如,我们现在把总则制定出来以后,是不是马上就开始实施?还是等到把后面那些全都弄完了一起实施?如果总则制定出来了,你要是不实施就没有意义。但是,实施上就有个非常大的问题,与现行法里面又有冲突又有重复,等等。这些事情怎么处理?在法实务上,这是非常大的问题。

石洪：

谢谢渠涛教授专门问我们这个问题。

十八届四中全会确定搞编纂民法典以来，法工委作为民法典立法的牵头单位，思考最多的，首先考虑的就是民法典怎么编，怎么走的问题。对于这个问题，其实我们是很慎重的，因为我们法工委是民法典立法的牵头单位，怎么编纂怎么走，并不是我们法工委一个人说了算的。所以，对于这个问题我们相当慎重。针对这个问题，我们召开了三次专家会，一个是今年 1 月，另一个是 3 月 20 日，还有一个是 4 月初。这个民法典怎么走，分几步骤的问题，是一次上，还是分步走的问题。实际上我们最终的意见是先编纂民法总则，再对个别进行整合。像这一点不是立法机关的意见。实际上是绝大多数学者的意见。除了刚才梁老师讲的王利明老师、孙宪忠老师。民法学研究会绝大多数副会长，包括秘书长都是这个意见，跟着是实务机关也是这个意见。关于决定怎么走的问题，我想一个是，我们讲立法机关就是立法的求同存异，他一定是在多层的意义之上做出决策。第二个就是，我赞成梁老师刚才说的一句话，中国民法的立法不是在一张白纸上画，它不是一清二白，它有一个立法惯例。刚才梁老师讲了，我们 1979 年开始立法，实际上这一部分那时候就已经提分步骤的问题了。无论从 20 世纪 80 年代初搞民法通则，那时候讲的也是分步走。包括 2002 年那一次，这个梁老师是很清楚的，在那之前梁老师牵头编了一个民法典的大纲，2002 年是根据这个大纲很仓促地搞了一个民法典草案。那时候，实际上是一个民法典的大概的提纲。内容等各方面争议很大。

2002 年这个草案出来之后，梁老师对这个是很清楚的，就是第一次审议之后，一个是本身草案有很多不同意见，第二是在常委会审议的时候，大多数委员提出，一次审议一千多条，太困难了。因为中国这种立法机制、体制，包括举手表决的机制，在大会上要表决通过一千多条的话，从技术上看会出现很大的问题。所以到 2005 年，我们物权法上会的时候就注意到了这个表决机制、立法机制的问题。这就是决定了——刚才梁老师说得也很清楚——分步走。这就奠定了接下来分步搞物权法、侵权责任法、涉外民事法律的基础，它们也这样积累下来的。

我个人的理解,实际上十八届四中全会提出编纂民法典,按现状说,实际上还是要对以前立法有延续和体现。我刚才讲,因为中国的民事立法,跟日本民法立法不完全一样。正如刚才大村敦志教授讲的,有一个历史的包袱在里面。比如,现在说民法典已成熟的情况下,他要大改动一定是很困难的,历史上在这方面也是有立法惯例的。我想中国的民事立法其实也有这个问题。我们是分步骤,在很多东西已经成型的情况下。

先搞民法总则——刚才梁老师也讲了,各位也讨论了这个问题——确实会涉及整个民法典的体例框架问题。因为其他的一些部分以前都有,而民法总则又是综合性的,和后面各章是都要联系起来、牵扯在一起的。

大家前面讨论了人格权到底要不要单独成编的问题。这次在民法典讨论当中,梁老师和其他老师不一样,也是大家争论的一个焦点。当然,这一点上,梁老师和王利明老师有不同观点。但是,这个我们还是要尊重大多数专家的意见。立法还是求同存异的过程。其实我刚才听了日本学者们的观点,两位日本学者的观点也是不一致的。大村敦志先生今天说得比较隐晦,但他还是觉得人格权很重要。道垣内弘人先生说得比较更明确一点,他还是比较遵循德国的潘德克吞体系。实际上国内学者当中也是有分歧的。但是,最终还是求同存异。但是,这个问题我们部门是不能回避的。包括大家刚才提到的债法、债总的问题。债总的问题直接涉及民法总则和法律行为这一章。包括我们对个别进行整理的时候,合同法这一章,这是也就是合同效力的问题,实际上关联在一起的。所以说我们在搞民法总则法律行为这一章的时候,这些问题都是要统一考虑的。民法总则在制定上并不是说不考虑整个民法典体系问题,它一定会考虑。比如说我们确实也在考虑整个民法典的编章、结构、编排问题。这个问题是无论以什么形式,都是避免不了的。

渠涛:

我最想问的,也是比较重要的是,总则先做完了通过后,是马上实施?还是不马上实施?还是等到一起实施?

石洪：

渠涛老师，这是毫无疑问的。如果是民法总则制定出来了，按照以前的立法步骤，肯定是要先实施。因为后面整理的时间还是很漫长。现在要对物权法、合同法、侵权责任法等进行重新整合。有些东西要涉及一个修改、增加，这些做起来，任务也很漫长，包括继承法的修改。

渠涛：

那它肯定会和现在有重复，或者有微妙的矛盾的时候，这个不会很乱吗？

梁慧星：

“以本法为标准”。

石洪：

其实这部分，物权法和侵权法都解决了这种矛盾，如物权法第118条，专门写了“担保法和本法不一致的，适用本法。”侵权责任法很多也有专门一条的，一般规定，专门有一条：本法有特别规定的适用本法。

段匡：

时间已经到了，而且已经超过了。我们上午的讨论就到此结束。谢谢大家。

13日上午
商法部会

主持人：田泽元章、久保田隆、刘惠明

田泽元章：

大家好，现在开始商法部分的讨论会，由我田泽元章和久保田隆老师和刘惠明老师三人主持。接下来，大家请针对昨天的报告，首先进行提问,然后大家进行讨论,大家自由发表自己的意见。请刘惠明老师为我们翻译。每一位老师发言之前要事先报一下自己的名字以及单位,中日文都会讲的请各位老师自行翻译。首先,我们针对东京大学的平野温郎老师的报告,请大家提出问题。

早川胜:

昨天听了平野先生的报告以后,知道实践中还有那么多有意思的话题,我想了解一下如果日本企业在不同的国家进行投资、开展业务的时候,它们在子公司的管理方面会有很多差别,针对这一方面,我想了解一下。例如,在中国进行投资,和对新加坡、马来西亚的形态不同,市场不同,政治体制也不同,像这样会受到影响吗?

平野温郎:

非常感谢在座各位昨天听我的报告,正如早川先生所讲,我在报告里面主要以美国为背景进行介绍,为什么呢?因为美国在子公司经营管理方面做得非常好,所以,我觉得实践上有很多值得思考和借鉴的地方,对于亚洲来讲,还存在很多意识上跟不上的地方。

像中国,也有一些整备的比较好的东西。如反垄断法,环境法,作为风险,如果把他和美国的规则、制度做同样的考虑,其实也是可以的。

再如,美国法中有域外适用的,比如反垄断法、反腐败法,这些还是需要和美国一样水平的规定。现在有很多中国的子公司在海外开展业务,这时候也当然需要导入一样的制度。

昨天在我的报告里面,我举了一个例子,就是日本的第一三共制药企业到印度去投资失败的例子。第一三共这个企业,收购了印度的企业,这个印度企业主要是仿制药,就是专利已经过期的药,这个药主要出口到美国去,但是印度企业达不到美国GMP质量控制的标准,所以,收购了以后,这个药就出口不到美国去,所以这个收购就完全失败。

吴鹏:

关于海外子公司的管理对于全球都是非常重要,也是非常困难的一个课题。

我觉得他的介绍是不是具有一定的普遍性的问题,这一个问题是对所有的日本企业还是仅限于三井?因为我知道他在三井工作过,我们是老朋友了,因为平野先生在三井工作了二十年,三井也是我们非常重要的一个客户,我们为三井提供了十几年的法律服务。三井在这一方面很强,做得比较全面,还有系统化的一个规制,一些安排。但我知道,我知道的很多日本包括大型企业,在这一方面几乎是空白,或者说是很不够。我们知道,去年在中国进行了一个日本汽车零部件反垄断调查,在中国总共被罚了20亿元,那么,调查其实两年前在欧盟,美国、日本已经被调查了,都被罚款了。按理来说三井是知道这些情况的,所以,中国的官员很奇怪,这是明知故犯啊,明明是违法事件,都被罚款了,在中国一点都没有警觉,这里还存在一个脱节的问题,我想听听您对这个问题的理解?

平野温郎:

这样的不良事件(丑闻)不能说是特殊的,但同样,也并不具有普遍性。三井在日本也有很多很重大的不良事件,三井在这方面有深刻的反思,所以也相当重视合规,我们的干部对冲突的意识很多,反过来也使这项制度在三井易于推进。其他的公司的话,恐怕还有很多还没有把方法、方向确定下来,所以还需要大幅度的推广工作。

吴鹏:

我们的意见是一致的。像三井以及大的商社做得还不错,但是其他制造商以及中小的企业做的还不够。

三井这样的企业,就像平野温郎先生所说的,他在日本是著名的综合商社,法务也很健全,而且他内部最起码以前有过惨痛的教训,在国内,所以他们在这一方面下的功夫比较大,而且有一套比较严格的体系,我觉得中国企业是应该学习的。但是另一方面,日本更多的企业,在这方面做得到底够不够,首先要看对海外管理有没有一个系统的体系,特别是对中国这方面。可能在美国,因为知道美国是一个法治国家,中国之前好像并不是什么法治国家,很健全,他们对中国有些轻视也好,不够重视也好,认为稍微违法一点也问题不大。我觉得这是一个因素。还有一个因素,跟他们法务部有关,我现在跟美国客户接触的多一些,跟美国公司相比,日本企业除了像三井这样几个大公司之外,整体的法务部门比较弱,比较小,而日本的律师,真正对当地法律有比较多的了解的,也不够。另外,有一些商业习惯,比如卡特尔的合谋,其实就是协商中标,我们就叫作垄断协议的一种形式,这个在国际公认是违法的。但是在日本,这几十年来,特别是在公共建设的招投标方面,也已经是一种不良的传统习惯,但是现在已经在纠正了。我给企业做采访,他们觉得好像不是什么特别了不起的,同行之间沟通一下价格,这绝对是违法,但是在日本这是一种习惯,因为日本就是抱团意识非常强,在价格、销量、信息共享这种事还是存在的。在这方面讲,恐怕对日本企业还是一种挑战。中国企业,从这个意义上讲,我们作为中国律师,愿意在这些方面做一些研讨会或者培训。

我也对平野温郎先生提一个希望,他这次的例子带有特殊性,是最好的一个企业之一的海外管理的模式,我更想知道的是具有普遍性的。因为日本企业并不是都像三井一样,比如说厂家和商社又是不一样。而大的商社企业,最好能做适当的归类,有不同的做法,有几种类型。这样才有更多的参考性与普遍性。此外,我从企业律师的角度,比较感兴趣的是其他国家的跨国公司是怎么做的,还有一个,中国企业是怎么做的或者准备怎么做的。如果能把这三块儿结合起来的话,恐怕这个题目至少对实务界是非常有价值的,我们作为中国比较大的律师事务所之一,也非常愿意对这方面研究提供一些支持,包括培训,一些信息的提供,等等。

平野温郎:

刚才吴鹏律师提的这个问题非常重要,美国与日本不同,美国对海外子公司管理的比较彻底,他的海外子公司基本上具有总公司的色彩,管理的比较彻底。日本对于海外子公司的管理还不是很彻底,是独立经营型,有时候方针确定的不是很明确。所以在和其他国家的做法相比之下，明确一个自己的方针确实是重要的。关于产商，基于和这次论文同样的问题意识我应该继续做调查。

刘惠明：

昨天平野温郎老师在报告里面讲了母公司的责任，比如海外的子公司因为内部控制的问题发生了一些违法的、不良事件，在某些情况下，可以追究母公司的责任，那我想问一下，有没有这方面具体的事例。比如，日本的某一个大的公司在美国设立的子公司，如果出了问题，那么美国政府是怎么来追究日本企业母公司的责任的。

平野温郎：

追究母公司责任的依据，昨天的报告已经讲到了，比如，将子公司的行为看作母公司的代理行为。那么被代理人对代理人的行为要承担责任。另外一种经营责任，就是环境法上的一种经营责任，比如美国的环境法上，子公司是按照母公司的指示来做，所以母公司也承担责任。

刘惠明：

假设母公司要承担责任，比如日本的母公司要承担责任，日本的子公司在美国出了事情，要追究日本母公司的责任，怎么来追究是个问题。具体的方法也是问题。但是美国怎样追究日本企业的责任？假设，日本的母公司在美国的子公司发生事故，要追究日本母公司的责任，怎么来追究？具体的方法？

平野温郎：

比如环境法上的经营责任，比如某一个行为是三井某一个董事做的指示，所以美国的政府可以在美国的法院以海外的子公司和日本的母公司以及具体做出指示的董事作为被告，进行起诉。

李旺：

那应该是民事责任还是刑事责任或是行政责任？

平野温郎:

举例子来谈,在美国有一个合资公司,是制造肥料的原料的子公司,被指控违反环境法,是在行政责任,民事责任,刑事责任三方面全部被追究了责任的。向对方是三井物产、合资公司的合伙方,以及个人,这个个人就是从三井物产派出的和合伙的公司派出的人。

吴鹏:

其实在中国也一样。如果严重的违规的话,能够考虑到的只有这三种。这三种责任都会被追究。

我稍微补充一句。像这种情况,这三种责任都被追究的也并不是普遍现象。有的情况仅仅是追究民事责任。像这种追究三种责任的情形还是比较特殊。另外。不是所有的违规行为都涉及刑事责任。像卡特尔,反垄断法,那种事追究刑事责任,一般来讲,基本上就是一个行政罚款。像最近日本某汽车,只有罚款处罚。这是行政责任。至于民事责任是另外一个渠道,受害人去追究他的民事责任。刑事责任这就要违法达到一定程度或者直接触犯了刑法。这个情况不一样。它们的背景情况我不了解,但是三种都被追究了。

李旺:

如果是民事责任就不是政府追究的,对吗?

平野温郎:

如果是民事责任,不是政府追究。如果人多,由律师进行集体诉讼。

刘永光:

刚才听了平野温郎老师讲的关于企业的内部制度的发言,关于企业治理问题,已经做过很多年的研究,今年的八月,日本东芝虚假做账东窗事发。印象中,2007 年在日本一桥大学国际企业战略研究科,当时我在那边与东芝的法务部部长小林,我们一起上课的时候他就介绍到东芝实际上已经做得非常不错，那么我想为什么2007年、2008年已经比较完善，而如今又发生类似的案件呢？后来日本NHK报道，这与企业文化有关。我搞不清楚这种企业文化到底是什么？与企业的内部治理之间到底是一种什么关系，这个问题稍微大一些，从企业实务界来讲，这种企业文化到底怎么理解？

平野温郎：

这是一个很难回答的问题，我认为三井在出事之前也是同样的企业文化。与其默默遵守合规，还是更重视盈利。人事评价也是按数据评价，也就是盈利越多评价越高。出了事才开始对合规加强力度。也不能说东芝是特殊情形，不知道能不能说是日本文化。就是为了追求企业利益利润的问题，就是说经营者的意识里面，重视这个问题，他就会去遵守，如果不重视这个问题，他就不会遵守。美国其实也有类似的情形。诉讼负担过重，出了事，严重的话会导致企业倒闭，它们有这样的经验，所以才守规矩。所以也不能完全地说是日本独有的吧。

东芝的内部体制可能很好，但是经营者没有那个想法去好好运用它，而是倾向于定量评价，所以这种内部体制不会起到作用。

田泽元章：

平野温郎老师的文章就讨论到这里，现在我们讨论下一个老师的文章。就是北京联合大学郭娅丽老师的文章，本来她的文章放在民法部分，但是文章与商法也有关系，她本人也在现场，所以大家进行讨论。

久保田隆：

郭老师的文章在整个论文集的第101页中间有一个图，有一点复杂，能不能请您说明一下。还有在日本的网络拍卖，一般不会追究网站的责任，因为在进驻网站的时候通常都会签订一个合同，表明仅提供一个平台，其他责任并不承担，在日本，并没有要网站承担责任的这样的事例、案例存在。中国是否存在这种情况？请郭老师介绍一下。

郭娅丽:

首先是图表,图表主要是想说明典当行与网站平台合作模式整个的运行模式,在这个表里,主要是梳理了典当行、当铺、网站平台及投资人三者之间的关系。

久保田隆:

这是众筹吗?

刘惠明:

这不是众筹。

郭娅丽:

第二个问题就是网贷平台的责任问题。在英国我看到的资料里边,说国外的 P2P 完全是一个中介平台,它提供的肯定是居间服务,因此网站是不承担责任的。这种模式到我们国内以后,实际上是做了变形的,网站不只提供中介服务,平台自身也提供担保。提供担保的话,在这种情形下,它就应该承担连带责任。在这次 15 年《互联网金融指导意见》里面,我们包括的网络借贷也是有两种,一种就是个体网络借贷,就是和国外一样,P2P 的网络借贷的模式。另外一种就是网络小额贷款。网络小额贷款的模式在 102 页写到的这种情况,实际上具体运作的模式,就是和小贷公司来合作。和小贷公司合作的时候,实际上是借用小贷公司合法放贷的资质这一点,那么就是和我想要探讨的典当行和网贷平台的合作模式是类似的。就是说典当行和小贷公司,同样都有放贷资质,所以说这种模式在里放上被认可,是不是这样一种模式也同样可以认可。而且,我认为典当行还有一个优势,它是有当物做担保的,所以在这种情况下,国内的网贷借贷平台和国外那种还不完全一样。如果说它是自身提供了担保,就要承担担保责任,就要提供连带责任。但是,不好意思,我没有具体的案例。

田泽元章：

为什么在中国存在这样的贷款方式，为什么会有这样一种借贷方式比较流行？在日本的话，有消费者金融等，借钱还是比较方便的，所以没有这种方式。我想了解一下这种形式产生的前提条件？或者是背景。

郭娅丽：

我就典当行方面回答一下。在我们国内，典当行目前有一个立法，2005年的典当管理办法，一个是2012年典当行的监管规定，现在主管部门是商务部。对于典当行目前对融资具有较多的限制，在100页我列举了六个点，也就是在这两个规定里边有六个方面的限制。所以从目前典当行的融资渠道来说，是非常少的。P2P平台在中国兴起以后，他们也希望能获取一个融资的渠道，典当行和网贷平台的合作模式现在在广州已经有这样的合作的尝试。这个合作的尝试的目的是希望避开通过银行借款的渠道，突破这个限制，能从商业银行，股东这个主要的融资渠道，通过债权转让的模式扩大融资渠道。现在典当行就是受限制太多，所以能在立法允许的情况下能扩充融资渠道，目前在立法中没有认可，但在实践中已经成形。而现在国内搞P2P网络平台，在立法里面已经有进一步的确认，类似小额贷款的一种模式也能发挥典当行本身合法放贷资质的优势。所以，我想这是不是最主要的原因。

李旺：

我补充下，按理说小贷公司、典当行都是个人或者小微企业跟它们借款，实际上不是这样子。比如，浙江小贷公司向一个人贷款不能超过一百万元，但是实际上，很多个人不问他借钱，大部分是房地产公司还有企业借钱，那怎么办？比如企业问我借三千万元怎么办，他会找三十个人，每个人抵一百万元，这三十个人拿到一百万元之后再将这一百万元马上汇给公司使用，这实际上是大的公司在融资，现在企业从银行融资是很困难的，那么他就会利用这样的渠道。

吴鹏:

为什么融资困难,因为企业基本上没有担保物。当铺的当物作为担保物是否足够,这又是一个问题。如果仅仅还是一个当物,那没有意义。恐怕还是想要一个放大的功能。

金赛波:

对于民间借贷,我们也写了不少书,碰巧对这个问题也比较了解。其实典当行通过网贷平台的目的,吴鹏律师讲的很对的,就是放大作用。因为典当行拿到执照以后,它拿了资本金,比如说这个典当行大概有一个亿,而实际上往外是贷十个亿,或者从别的地方再融资、再借款,比如它的融资渠道只能是股东,股东再借钱给典当行,再借一个亿,那么它从银行那再融一个亿,所以典当行往外借的钱只能是三亿,三个亿借完了,典当做完了,就不能再做了。但是它又想做大,因为跟它借钱,有融资需求的人比较多,但是它又受规模的约束,所以它设计成这个架构。这个典当行通过网络平台找到了当铺,签订了典当合同,照例说,做完了这个三个亿它就做完了,但是它又通过网贷平台,通过一个债权受让的方式把这个典当合同项下的权益让渡投资人,那么这边进来三个亿,做完了,它又把这三个亿卖给下一家,它就又多出来三个亿,它又让渡给别人,它这个额度就又让出来了。所以它就做这样一个流动,它不只做三个亿,而是三十个亿,甚至三百亿。等于是有人接盘,通过典当行、通过网络平台,两家结合,解决一个规模的问题,另外一个是解决合法性的问题。因为这个网贷涉及非法吸收存款,借助典当行的平台,解决合法性的问题。大家各取所需,这是设计架构的根本的原因。

田泽元章:

明白了。

早川胜:

日本的当铺中你要想借钱,像高级手表等其他高档奢侈品不用将其当掉,如果到期将钱还清,那么手表还可以取回。在日本,当铺基本上是为救急用的,基本上没有金融的作用。用网络进行典当,怎样操作呢?东西怎么交给他们呢?

吴鹏:

中国的典当铺已经与传统的典当铺不太一样。我不知道我的理解是否正确。我们也有很多做典当的客户。他更像一个综合的金融机构。更多的是具有担保功能。我们做的典当更多的是用房产作抵押,还有房屋做抵押、土地做抵押,甚至整个设备作抵押等。而且这个已经远远超出了原来典当铺的功能。为什么会选择这样一个方式?在日本不用典当铺的方式,日本有一些非银行金融机构,它有两个特点,一个是手续比较容易,去银行贷款,没有资质、没有担保物的话,很难给你贷款,即使给你贷款,手续很繁琐。特别是中小企业。但是网络典当就比较简单,也很实在,只要有物放在这里,就可以。另外一个本质区别,利息完全不一样。银行利息就是法定利息,在这个基础上可以增减百分之十,但是他们的利息就高了很多,都是按月来算,一般都是月 2%、3%,那这个按年利的话就是 20%、30%了,这是本质的区别。

早川胜:

日本在这方面有《利息限制法》,中国在利息上有没有限制?相关的规定有吗?

吴鹏:

这个在资料上有,不可以超过法定利率的四倍以上。但是实际上,从实务家的角度来讲,现实当中有许多高于这个额度的利息。比如,表面上是法定利率的四倍,但是以其他名义,比如服务费的名目,收取费用。

郭娅丽:

补充一点,民间借贷的这个司法解释,典当行是不适用的。在法典征求意见的阶段,全国十几个省份的法律协会,联合提出意见不能适用。因为它们比这个利息更高所以不能适用。

吴鹏：

它们这个利息很高,所以运用不是很广泛。主要是短期贷款的情形比较多。

平野温郎：

在中国,典当权怎么做登记?典当行保留登记的话,典当行破产了,投资人怎么追求自己的担保权?

金赛波：

这个问题我间接回答。登记问题是一个很好的问题,解决不了登记和权利的归属。就是典当行把这个权利让渡给投资人,比如,网贷平台把这个典当行的项目,比如一个亿的项目,正好有一个当铺,拿了一批钢材,典当给典当行,来寻求网贷平台做一个亿的项目,在网上召集。比如,一百个投资人,每个投资人只要出一百万,那么就可以通过典当行把这个权利让渡给这个投资人,但是钢筋这个质物还在典当行的手里,那么登记的时候是登记在典当行的名下还是登记在投资人名下?这的确是一个问题。如果,某一天典当行突然资不抵债,那么质押物到底归典当行还是归投资人?转让很容易,只要签个合同,在网贷平台上,一百个投资人每人出一百万,就从典当行手里让渡了这个权利,典当合同下的权利。正好一亿,网络平台的人的回报是,年利息15%到20%,但是典当行从当铺那里收的是两份利益,他是年利息24%,典当行保留了利差,而网络投资人也很合算,因为在网上可以得到15%的利息,但就是钢筋还有房子是登记在典当行名下还是跟着转让登记在投资人名下,这个问题不大容易解决,在操作上确实不好解决。

刘惠明：

我补充一下,因为我最近有处理钢材贸易,是福建人搞的。他们现在有很多办法,他们到银行借钱或者到典当行去借钱,实际上是流动动产,用仓库里的钢材作担保,这个钢材每天都在流动,很多都是委托物流公司监管,物流公司都有仓库管理,出库入库都要登记,好多就是用物流公司的仓库进行监管。实际这个也有好多问题,具体我就不说了。

吴鹏:

这个问题并没有解决,最后的担保能力的保障没有得到解决。比如,这个公司,典当行破产了,这个应该归属谁?如果没有进行合适的登记,没有优先担保权的话,对于投资人来讲还是没有解决他们的风险。

金赛波:

有两个解决的方案。因为典当行现在比较少见,现在比较多见的,是银行。因为现在民生银行还有广发银行已经通过他的银行牌照,把它的跟客户的各种融资项下的资产打包成一个资产计划,然后通过一个网络平台将其计划项下的资产证券化,卖出去。解决进口与出口,赚取中间的利润。

解决登记问题有两个方法,一个是典当行代投资人,占有质押物,这个不需要登记了,我占有它就行了。就是惠明刚才讲到的,刚在仓库里,如果找到仓库公司代我持有,我这个典当行又代为这个后边买我的资产的人,我代他占有这个质物,这是一个解决方案。还有一个方案,如果是银行的话,就是做成一个信托,相当于银行将资产做成一个包,有一个名义上的所有人和实际上的所有权,可以把它公开。也就是说,有代为占有质押物和信托两种方法。代为占有质押物无须登记,只要占有就可以了。但是信托有一个大问题,就是你去哪里登记的问题。信托现在发行证券就有登记的地方,它到哪儿呢?到银行建的市场,或者是到证券结算公司有登记的地方。所以,一个是代为占有,不需要登记,只要占有就产生对抗效力,如果是证券的话,现在还有一些争议,用的是信托的形式,像发行股票一样,发行债权一样,它有登记的地方。

田泽元章:

谢谢金律师的发言、谢谢吴律师简短的评论以及刘老师的评论。之后请刘老师翻译一下金律师的发言,然后我们休息。

金赛波:

如果是证券,这里面真正重要的是信托,信托里面有一个概念叫真实出售,就是这个资产在我银行手里,但是做成的专项资产计划以后,这些权益是真实的出售给投资人,所有权是属于这个投资人的,但是还在银行手里,信托持有。

田泽元章:

根据议程,接下来我们休息十五分钟。

茶　　歇

田泽元章:

我们开始,下面的讨论按久保田隆老师、王作全老师、我的论文的顺序展开。之后自由提问,剩下的时间请大家自由发言。

董惠江:

我想对典当做一下补充。现在中国的典当行与中国过去的典当是完全不一样的。简单来说,过去中国的典当行这个典与当是分开的,当有当铺,一般来说典是不动产,是土地与房屋,当就是动产。典是不通过机构的,都是主体之间签订合同就是典,现在这个典当行是完全借用这个名,跟典当完全没有任何关系,实际上是借用物权法里面的抵押和质押的规则,就是贷款的这样一种形式。

实际上现在的典当行为什么存在,大概是日本学者很关心的一个问题,在中国为什么发展,还成扩张的一个态势?我的理解,就是中国近现代银行制度发展,当然现在台湾地区是另一个局面,发展得很好,在中国,中共执政之后的改革开放以后,银行体系是很有意思的,过去都是国有，现在中小企业、包括民营企业贷款非常困难，所以民间借贷过去一直控制的非常严格，但事实上民间借贷大量地在存在，在民间借贷和银行的中间就出现了典当行，它实际上就是非银行金融机构。刚才吴律师也讲了，它的利息可以允许定得高一些，另外在贷款的手续上没有那么严格，所以它就存在空间。

实际上中国制定物权法的时候，这个典的制度，典和当都没有规定。理由大概是，台湾地区学者的建议说，在台湾地区的"民法"里头规定了典的制度，但是国民党到台湾地区统治这么多年，总共就发生了6起典当案件。他们认为这是没有用的制度，所以没有规定。但事实上在大陆不一样。所以要是问民法学者，可能他们认为这是一个当时的缺憾，应该把这个规定到法律里边的。

久保田隆：

刚才蒔山明宏老师提了一个问题，就是反洗钱的问题，在日本你律师、司法书士，处理出资的问题，基于他们职业上的保密义务，他们是没有向相关部门汇报的义务的。在中国的规定是怎样的？

陈青东：

在中国是没有区分律师与司法书士的制度的。日本的司法书士直译到中文来就直接是"司法书士"了，除此之外也没有与它对应的词语，制度上也没有相应的概念。不过，首先律师是没有向部门汇报的义务的。要看就什么样的具体的问题，给出什么样的法律意见，与相关部门汇报。律师保密义务当然是有的。不过只是和当事人之间的关系而已。达到某些信息之后，我们作为律师，因为委托合同上的保密义务，是受到制约的。

久保田隆：

在日本确实因为守密义务，一些律师被免除了汇报义务。不过它在国际上的FATF能不能同样被免除汇报义务，就比较严格了。去年的6月FATF发出了一个劝告说日本一致没有达成指标。日本比较麻烦的还不止这一点,还有共谋方面。日本加入了《巴勒摩条约》,条约当中规定,如果司法书士或者律师不去做这个事情的被视为共谋罪。日本一直在这方面被施压,说既然加入了条约就要在国内法中规定共谋罪。日本是签署了条约,但是受到民主党等在野党的反对,在国内议会迟迟得不到通过,没能加入。

陈青东:

如果这个制度到中国的话,个人来讲,对于律师来讲是不能接受的。如果加入条约,受了这个限制,律师知道事情原委之后还要去举报。如果明显的是犯罪,那当然是另外一个事情。仅仅说,作为律师与当事人之间的关系的话,我有一个保密的义务,不能说主动地去向当局举报,有些事情我们是有一定的判断的,作为律师的判断。确实是说犯罪的话是另外一回事,就一般的商事往来的东西的话,我们律师是不会把当事人的这些情况向当局去举报的。刚才久保田隆老师说,在日本,民主党也好律师协会也好,都是反对的。我想在我们中国的话,我们也肯定是反对这个事情的。

吴鹏:

我补充一下,这个问题,律师首先有保密义务。如果确实是触及刑法,除非有明文规定,否则我不会主动去举报,如果明文规定有举报义务的话,那作为律师首先要遵守法律。但目前我并不知道有这样的法律。以及当局要是开始调查,有没有权利拒绝?作为律师又不能妨碍执行公务,是有协助调查的义务的。这是非常微妙的关系,也是很难的问题。如果是美国的律师,是可以完全说不的。但是很遗憾,中国的律师,作为律师,是灰色地带。唯一的妥协办法就是将必要的材料,放在一些调查人员不会触及到的、安全的地方。

莳山明宏:

确实,在英国的话,律师也是有报告的义务。也可以从中间接看出,它们是很重视 FATF 这个条约的。请问在中国,目前是如何看待

FATF 的，和它是怎样的关系？

吴鹏：

反洗钱这一块儿我不是很清楚……

刘惠明：

FATF 就是《反洗钱犯罪转移防治法》，联合国有一个国际组织犯罪防止条约。叫《巴勒摩条约》。

吴鹏：

我补充一下，在中国，律师首先有保密义务。如果确实是触及刑法，恐怕作为律师，除非有明文规定，至少我不会主动去报告，至少我会 keep silence，如果明文规定有报告义务的话，那恐怕，作为律师首先要遵守法律。但目前我并不知道有这样的法律规定一定要去报告。有没有反洗钱这一块儿？律师是有举报义务的吗？

陈青东：

我跟吴律师一样的意见，除非有规定，否则就应该 keep silence。

金赛波：

我是通商律师事务所的金赛波，关于律师在从业当中，特别是跟当事人在交流的过程中发现犯罪的线索，有没有义务、责任去举报的问题。我记得律师法里面有专门的条文，就是我们没有义务举报。特别是在刑事辩护的时候，在与犯罪嫌疑人交流的过程中，发现除了一个罪，还犯了另外一个罪，发现有别的犯罪线索，这个情况很常见。那么律师法有规定，没有义务去向当局做举报。这是第一点。

莳山明宏：

报告义务是一个方面，还有本人确认是不是本人？以及确认的证据的保存义务是不是存在？

金赛波:

报告的义务是一个方面,其实还有一个方面叫作 priority,就是律师与当事人的通讯,起草的意见,在美国法上很清晰,这个如果是律师特权去保护的话,将来当局是不可以碰这个意见。因为这个就像教堂的人,牧师接受告解,你不能把告解的话披露给别人,不然就会摧毁教会的信任。律师也是一样。但是中国恰恰是在律师的特权上面没有一个特别清晰的规定,所以去年很多律师被抓,其实也都跟这个问题有关。因为当局可以 check 律师的电子邮件、短信,手机,其实公安本身不能去查东西,但有时候,他有特权保护。恰恰是这一块,我们的律师法没有明确的规定。

所以在中国做律师是很危险的。这个是结论。

第三个问题,我不知道能不能正确回答。就是反洗钱的问题,我最近的确是在做一些案子,涉及反洗钱。我看到,大部分的中国的银行,在做业务的过程当中,都已经触犯了反洗钱的义务。我最近对反洗钱的罪名有比较深入的研究,也在银行讲过不少的课。

洗钱的罪名在刑法里面有明确的罪名,但是黑钱的范围,以前的刑法典里面范围是比较窄的,只限于走私、贿赂、贩卖毒品,就这么有限的三四种。但 2006 年全国人大专门通过一个司法解释,是关于反洗钱的上游犯罪,做了一个扩大,他把金融犯罪、诈骗,只要违反金融管理秩序罪的,都称作黑钱。如果银行,当事人也好,包括律师也好,如果帮助他们提供账户,买卖有价证券,把这个黑钱洗成白钱,那就是洗钱,所以现在关于洗钱的范围相当大。

所以假设我给银行提供服务,设计产品的时候,我们发现他们做的这个事情其实就是洗钱,那么我们律师有没有义务将这个文件保留下来,或者报告当局。如果律师有意地为客户设计一个框架,是来洗钱的,那这个律师其实是已经参与其中了。这是一个问题。还有一个问题就是这个客户已经在做这个生意,在代理过程当中,发现客人已经涉及洗钱了,但是在代理的过程中,比如律师为其出具法律意见,有没有必要将资料都保留下来呢?我认为,应该要保留下来。但是没有必要报告当局。

吴鹏：

不用报告这件事已经确认了。后面一个问题，要不要确认是真实交易？是不是本人在做这个事情，还是虚设的这个事情，这是第一点。第二点这些证据要不要保留？

金赛波：

其实，这个问题很好回答，银行关于客户身份的识别，这是反洗钱的第一道防线。到底是不是本人，这个由银行确认，不在律师这边。

吴鹏：

那证据保留呢？

金赛波：

证据保留是律师要保留，在从业过程中发现这个线索应该把这个线索保留下来，但是没有必要报告当局。

刘惠明：

我说一下，因为刚才蔡老师提出来，律师法第38条，是这么规定的，律师应该保守在执业过程中知悉的国家秘密、商业秘密，不得泄露当事人的隐私，律师对在执业活动中知悉的委托人或者其他人的不愿意泄露的情况和信息应当予以保密，但是委托人或者其他人准备或者正在实施的，危害国家安全、公共安全以及其他危害他人人身财产安全的犯罪事实和信息除外。比如说，发现洗钱嫌疑的信息是没有保密的义务的，但是他也没有主动报告的义务。

李伟群：

具有保密义务的是已经发生过的。准备或者正在实施的，有举报义务，这一条分两个层次的。

吴鹏:

准备发生或者将来发生的有举报义务？是在第几条？

陈青东:

不合规呢,马上得出的结论是说必须要去举报,意思只是说,可以不保密。但是可以不保密,不是意味着你要把这个秘密随意泄露,甚至说向当局去举报。不能这样解释。

金赛波:

第二款不能说是举报。你可以不保密,没有说一定要举报给当局。

吴鹏:

如果刑法有其他规定的话,那当然还要服从刑法。

久保田隆:

我们刚才就律师的保密义务做的讨论。莳山明宏老师的提问除了这一部分,还有一部分是关于FATF,是国际上的一个组织,叫金融行动特别工作组,是政府间的组织。现在有29个成员国,FATF就反洗钱的问题有一个总的要求,规定了一个标准,要求各国遵守。而且每过几年会给每个国家评分,看它们有没有认真贯彻。在G7的几个国家当中,美国和日本,每一项都没有合格。中国以及俄罗斯也和日本一样,分数不是很好看。日本为了让分数好看一点,除了《巴勒摩条约》以外的文件,是马上通过议案加强国内立法的。可能中国和G7成员国的情况又有些不同,或者说,俄罗斯也没有认真遵守,所以对于这两个国家,FATF的强制力可能相对弱一点吧。另外,在日本国内,有一些左翼势力比较强势,比如日本辩护士联合会、民主党等,可能这些事例在阻碍着日本加强引进条约所要求的指标。

中国的话,没有像日本这样承受国际条约的压力的话,就刚刚说的保密义务等的问题可能确实存在,但还没有彻底显现出来。这是我的一个感想。

田泽元章：

现在我们讨论王作全老师的文章。

王作全：

准备得比较粗糙，对日本种类股份制度作了一个简单的介绍，主要目的是咱们的公司法以及相关的法规，对咱们股份公司的发行种类股份一直是比较谨慎的态度，那么终于从2013年、2014年，国务院首先有了一个关于发行优先股的试点工作的一个指导意见，在这个意见的基础上呢，咱们证监会发布了一个关于试点优先股的规定。在这个基础上，对中国式的种类股份制度的建立开始了一个更大的探索。我觉得日本的商法，尤其是公司法，进入一百多年以后，它现在制定的这个种类股份，它的制度的宗旨比较明确，围绕着这样一个宗旨，制定了比较多的一个种类股份，划分种类股份的标准也是非常的清晰，这就是股东对他的股份所享有的权利不同来进行分类。我觉得日本这样一个制度恐怕对我们今后的种类股份制度的建设，还是有很多借鉴的意义。我想在这个讨论会上，请教日本公司法的教授们一个大的问题是，尽管日本2005年的公司法制定了比较丰富的股份的种类，它在现实中使用的到底怎么样？这是我想问的一个问题。

早川胜：

日本的种类股份制度我在研究方面关注的不是太多，这个股份制度关注的也不是太多，但是有一个问题，在日本的股份种类制度现实操作中非常明显，特别是有一个股份种类制度叫作附回购请求权股份。只要在章程中做了相关规定，股东在他认为合适的时候，他就可以向公司请求，将其股份转让给公司，不持有该股份了。这个时候对于公司法的规定，作为收购股份的公司将要和所有的股东去交涉股份价格的问题。但是在现实中，基本上是公司单方面的决定，各个股东很难平等地和公司，就即将收购的股份的价格进行平等的交涉。再加上一些特殊股东在里面的特殊的关系操作,在这个收购的过程当中,有的股东会获得一些特殊的利益,大多数的股东会遭受一些损失。所以这样一些现实的问题,可能是影响日本种类股份制度运用之上很重要的一些因素。

西山正宽:

日本的公司法尽管规定了很多的种类股份,实际上对这些种类股份适用的比较全面、比较多的,是在日本占比例非常低的上市公司,他们用的比较普遍。之外呢,像一些家族企业,我们叫做封闭型的公司吧。这些公司就会择其所需来选择,比如他们会为了不三不四的人,都要成为他们的股东,他们就会发行一些转让受限制的股份。这样,他们对股东的利益进行很好的保护。除此之外,就是我们现在国内证券交易市场的三板创业,他们也叫风险投资企业,有一些特殊技术的人创业,比如说特殊技能的人。说到创业企业,一些风险投资企业,他们一些大学的教授也会利用制度来创办一些企业,这样的企业就会发行一些像经营者的选举、任免,这些不再与持股数量有关的股份。还有企业再生也会选择利用这些,对有力的种类股份,把他的公司的股份,通过章程的规定,发行成为这种股份。

再就是刚才早川老师介绍的股份回购请求权,他们叫作附取得请求权股份,这个在现实当中像早川胜老师介绍的一样,确实存在一些问题,他的利用上还存在有需要排除的一些因素。公司法还需要在这些方面进一步健全。

田泽元章:

谢谢。那么,现在讨论我的文章。我先提一个问题。

昨天也讲过因特网的交易,讲到说明义务等。我这边的证券业协会也在讨论一个很重要的问题,就是对于老年人的投资。因为日本退休的人最有钱。一些老年人投资亏了,就要起诉。那么对老年人的说明义务应该怎么履行,这是讨论最多的一个问题。我想问,在中国,像因特网证券投资方面,比如通过网络宣传,买了股票,我觉得我亏了,亏了怎么办？这些问题和日本应该有共通的部分。请简单地将这个情形介绍一下。

陈青东：

在座的可能应该有一些做股票的，其实在中国做股票，先要去开户，不管是因特网的开户还是什么开户，首先是要到柜台去，核实本人的身份，然后将手续做好。在中国，以前的话有电话委托，面对面交易基本上是没有的，做股票的话，再就是网络交易。面对面的交易现在基本上没有，基本上都是因特网的交易。对于老年人，没有特别的说明，没有这种特殊的制度。

田泽元章：

所谓的特殊的说明，比如手续上会不会确认这个人是否了解投资的架构？还是没有？

陈青东：

没有特别的这方面制度。

蔡元庆：

主要问题是我们现在的金融纠纷主要体现在哪里？

陈青东：

纠纷的话，可能六七月股票的大跌，其实是引发了很多纠纷。包括前天证监会已经颁布了处罚的初步决定，对四家证券公司还有主要是场外配资的信息网络公司的提供商进行了处罚。金额也是很大的。对提供证券网络交易的公司的处罚，没收违法所得再加上处罚，相当于大概4.5亿元，这是前天刚刚颁布的。

大家这几天可能也通过媒体都看过了，这次股灾的话，现在证监会的处罚是对恒生电子。恒生电子是上市公司，是上交所的，阿里系的。它底下的100%的子公司专门开发了homes系统的。还有一家是同花顺公司,是在创业板上市的,两家都是杭州的公司。另外一家是上海的公司。现在证监会的处罚有一个交代,这些公司给它们用了系统,通过系统做了杠杆的场外配资,造成股价暴跌,把这个罪魁祸首锁定在它们三家。然后再找几家证券公司,就是海通、方正、华泰等,伞形信托。证券公司它们肯定承认了,不承认又能怎么样,证券会的出发一般它都得认。但是对于开发这些系统的这三家 IT 公司的话,其实是影响它们生存的。想想那个恒生电子,它们本身就是开发 homes 这个系统的,如果这个处罚是正确的,那这个系统就不能用了,对吧,这样一来,它们就没法生存了。前天还刚刚公布了这样的结论。所以,这个还有待观望。将来到底是怎样一个结果。在以后,证券方面的纠纷会很多。

蔡元庆:

昨天看了田泽元章老师这篇文章,一直在想这个事情。其实我们在证券方面的纠纷,证券监督管理委员会经常会转移视线,我们没有找到最关键的问题,如果投资者的保护,作为整个的核心问题考虑的话,就必须要增加投资者可以诉讼的理由,以及可以通过诉讼解决的途径。如果这样去解决的话,会把问题回归到法律上的问题。就像我们说,更确定地讲,应该是民商事方面的问题。现在更多地是通过这样一种行政或是刑事的处罚。结果,最后老百姓看到的处罚结果,你也不一定能解释,就像如果处罚恒生电子,它的系统就不会开发,整个金融就不会再向前发展。所以我觉得还是要从民事上的根本的诉讼机制上去考虑问题。

陈青东:

关于证券公司向客户推荐、劝诱,进行股票交易这个行为,证券公司应该进行必要的说明的义务。如果没有进行说明的话,就会违反一个在民事上的损害赔偿责任,这是日本金融商品交易法的规定。那么有两个小问题,一个是关于适当性原则,就是日本证券交易法上有一个适当性原则的解释的问题,一个狭义、一个广义。另外关于损害赔偿责任之外,还有没有行政上的责任,针对日本的这个规定。

田泽元章：

就狭义的适当性原则与广义的适当性原则有什么区别这个问题。一般来讲，在金融商品交易法当中，说到适当性原则狭义的意思，其实才是我们所说的适当性原则。哪些人在做什么，适不适合做网络交易，是不是可以对他进行劝诱，这样一些规则。然后广义的适当性原则其实就是一个说明义务，你必须要进行说明，才能够进行一些金融商品的销售以及劝诱。

第二个问题就是关于责任方面。从民事的角度来看呢，是基于证券行为，损害赔偿责任，追究民事责任。在民事责任以外，基于《金融商品交易法》，可能会产生一些行政方面的责任。这个行政方面的责任，不是行政的处罚，只是一个业务的完善。在其他，除了这种业务完成命令之外，还有其他行政责任的案子，目前没听说过。

上午到这里结束。下午的综合讨论从一点开始，在对面楼的206室举行。平野老师的问题还没讨论完，下午我们可以继续讨论。

13日下午
综合讨论

主持人：宇田川幸则，段匡，平野温郎

渠涛：

各位下午好！

在我们按照日程开始综合讨论之前，需要说明一下。综合讨论的主持人在日程上写的是我、宇田川教授和平野教授，但其实我做主持人是最不靠谱的，因为会务上的杂事太多，会影响到综合讨论的顺利进行。所以，我请段匡老师来代我做这个主持人。另外，宇田川幸则教授突然有事情要处理，也不能按照日程来做这个主持人了。什么事情？也在这里向大家汇报一下。北海道大学名誉教授五十岚清老师于昨天夜里逝世，他是我们会里铃木贤和宇田川幸则两位教授的指导老师，曾经参加我们中日民商法研究会第一届大会，而且长期以来对我们支持非常大,是我们的老前辈,是中日民商法研究会的老朋友。宇田川幸则教授要马上安排尽快回国办理丧事,所以我临时代替他。他两三个小时之后回来。

下面我们开始下午的综合讨论。按照惯例,无论谁都可以自由发言,发言之前先说一下自己的姓名和所在单位,尤其说姓名的时候,一定要清楚,因为我们要在会后将大家的发言录音进行整理记录后,发表在我们的论文集上,所以,这一点很重要,请大家协助。

那就开始吧,请大家积极发言。

久保田隆:

我有一个问题想请教平野温郎先生。日本的海外子公司往往是总公司的董事、高管因为没有赢得社长等的竞选而被下放到海外的子公司,这些人里头有一些是相当的实力者。所以说,合规体制的贯彻,除了法理上的问题之外,还牵扯到体制上、现实上能不能实现的问题了。那么如何纠正这样的现象?像平野温郎先生曾经在职的三井是大公司了,或许可以通过合规实现,但是对其他的公司来讲,可能还是比较勉强。这方面您是怎么看的?想听听您的意见。

平野温郎:

我发表的报告中设想的公司是所谓的封闭式公司,也就是总公司的一个部门在海外设置的,企业法内的子公司。所以,在总公司的社长竞选中输了的人到子公司做老板这样的情形,原则上是不会出现的。只不过根据需求,招募一些普通的、合适的人选,派遣到子公司而已。不过其中就会有一些人不太听话,把子公司当成自己的独立王国。像三井不动产,规定特别严格,包括向上级报告以及监查的规则都非常严格。所以,子公司的社长,原则上是不能完全自由发挥的。可以说,现实当中,合规之上的权限,是不存在的。

如果说有一个例外的话,那就是日本的一个公司,叫日本 Unisys。这个公司的社长是现在日本 NHK 的会长籾井胜人。像他这种特殊的人,是有可能不受上层的控制的。但话说回来,日本 Unisys 毕竟是上市公司，社长也不会也不可能真的做出与世道上的常理相悖的、极端的事情。

久保田隆：

我在参加其他会议的时候经常听到，有一些制造厂家，他们的海外子公司也有不是很听话的这种人。比如说，原来在总公司是法务部长，调到下面去了，或者是其他部门的领导下放到下面去了的这种情况，往往会不听话。即使是本公司内的事业部门，或者是关联部门任过职的，也会出现这种情况，所以一般的公司是不是还是会出现这种情况？

平野温郎：

您刚才的例子是指法务部长吗？如果是法务部长，任职子公司社长后，不听总公司法务部的指令，那完全是因为这个人是现在的法务部成员的前辈，所以不愿意听以前的手下的命令，摆老资格。这种情况比较特殊，子公司肯定有他的主管部门。子公司就是一个组织里面的一个组成部分，这个原先的法务部长指挥过一些人，而这些人员的话，他是不会听的，但他们有分管董事，总公司的指令还是必须听从的。比如说从 CCO 这边发出的指令。

所以合规的体制必须要完善，您遇到的那个制造商遇到的这类问题，应该还是他们的合规体制不够完善吧，我个人猜测是这样的。我报告的一些内容，在美国，试验性地正在进行，但日本并没有能够完全实现这个制度。而且，日本的子公司的情况更复杂一点，像刚刚讲的那些……

日本现在的生产厂家的内部控制或者合规体制做得不是很完善，也可能做得最不好的就是日本了。

久保田隆：

那么，回到根本的问题。就是现在不完善的话，怎么做才能使它完善呢？

平野温郎:

实际上公司还需要总部的高层制定方案,制定相关规则,请他们去遵守。美国的子公司一般设有三个董事,社长只有一个人,其他是总公司的 corporate 部门(策划、支援部门)或者是其他成员,即使社长想要独大,也要通过这个机制做决定。

如果说子公司的社长不听话,不按照总公司的方针办的话,就需要有好的人事更迭体制来换人。这就是所谓的继任者规划(Succession Plan)。

这也是日本在收购公司时常常出现问题的一个环节。比如收购时经营团队会留下来,可到头来找不到人能够替代这个人(子公司原社长),也就是说,在日本人里边找不到合适的人选。

道垣内弘人:

我想问一下中国的情况,中国也在向外投资,在国外建立子公司,子公司是不是服从总公司的命令也是一个比较大的问题,如果上午对于这个问题已经有讨论那就没有关系了,如果上午没有提出这个问题的话,我就想问一下这种情况,有没有发生,如果发生了,该怎么处理。

陈青东:

其实上午我们商法讨论到这个海外子公司的一些意思决定,就是怎样去做一些 complian(合规)的一些问题,从我们律师工作的经验来看,日本一些企业基本上有很多决定,判断,作为一些内部 compliance,是由日本总部来决定的,总部的决定力很强。在当地的所谓的当地化工作,日本的企业做的确实不够,意思决定很慢,重大的决议都是由总部发出来的,在总公司发言之前当地的负责人员无法动身,什么都得听总部的。这对于公司经营是一个很大的阻碍。像中国现在竞争很激烈,而日本还在做这样的决策机制。另外,中国刚刚开始进驻欧美非市场,从今往后应该如何去做,从经验来讲日本应该更丰富一些,那么有哪些经验或者教训?我想听一下平野温郎先生的想法,他在三井不动产的经验里面到底哪一块儿是我们中国的企业可行,到底是以总部为主的意识，还是说给当地企业给当地的高层一个相对独立的决定权，希望平野温郎先生从他的经验，给中国的律师也好，给中国的企业也好，一些好的建议。

平野温郎：

其实我更对道垣内弘人先生的提问感兴趣，因为我也同样想问这个问题（笑）。

这里有一个案例，这就是中航油在新加坡子公司十几年前在一次期货交易中损失巨大的案子。对于这个案子有很多值得反省的地方，也有论文提到过它。但是，讨论这个案子的时候没有人提到它是因为一体型的还是独立型的问题。这个子公司实际上是中航油的一个部门分离出来在新加坡成立的一个公司，公司名称用的也是中航油，因此从表面上看，这是一个一体型的，从结论上也应该认为它是一体型的。其实，一体性和独立性都是同时存在的。比如美国的某公司收购了一个作为子公司收购了一个公司之后，也可能是将其完全纳入母公司，从人权到财权都按照母公司一体化来改造，也可能将其作为一个外围公司予以独立存在。但是，在日本却很难，基本上是一体化的。总之，也不能简单说一体化还有独立经营哪一个好。

莳山明宏：

我也想问平野温郎先生一个相关联的问题。您讲到，对子公司的管理，一方面是确保公平性透明性，另一方面是内部管控。关于这一点我是赞同的。不过在这两点当中，关于内部管控，我记得您是说有一个明确的定义，日本的企业相关人员当中已经形成一个共通的概念。我的第一个问题是，这个共通概念是不是不光是在日本，而是一个全球性的概念？尤其在中国是怎么样的？还有另一点，公平性的确保。这一点是由公司法的相关规定和公司治理原则所确保的。那么在日本，关于公司治理原则基准有没有一个普遍适用的原则？有没有共通的认识？

平野温郎:

日本的内部控制(日本叫内部统治)这个概念是不是全球性的,我也不太清楚,也需要调查。在亚洲,有没有一个标准也不是很清楚。据我了解,在中国是有一个内部控制的方针或者原则存在,特别是上市公司,但是还没有法制化,没有成文的法律,我是这样理解的。第二个是关于公司治理的原则、基准的问题。在日本有大概的普遍适用的规则,但具体没有细致的要求,所以,每一个公司都有不同的地方,但是都有一个共通的标准。另外中国的这个情况,我不是很了解,也正是我想理解的。哪位老师了解可以回答一下。

闵伟:

对这个问题我个人是这样认识的:第一,合规问题本身就是一个是否守法的问题,各个国家都应该合规,遵守当地的法律,这一点肯定是共通的一个问题。但是呢,究竟怎么来合规,合规的手法,公司内部的系统究竟怎么来设计,这个问题上面,中国是没有统一的法律规定,哪一个公司必须达到什么样的标准,至少中国还没有。但是第三个最重要的问题是,子公司的合规导致的损失,总公司是不是要承担责任,简单地说就是对公司来说一个代表诉讼。一体化的公司中,子公司的问题,会波及总公司,这是我个人的看法。举一个简单例子。子公司有不正当竞争的问题,在中国被行政机关处以巨额处罚,在这个情况下,当然也导致了母公司的损失,而母公司的决议会是否不违背股东提起股东代表诉讼。在这个问题的回答上呢,我个人觉得这是一个非常复杂而且非常需要讨论的问题。比如究竟有多少股权,必须要拥有多少股权,你是否在子公司里面制定了这样一个合规的措施,是否符合合理进行判断的原则等有许许多多的问题,在这个问题上,我也没有认真思考过,所以,我觉得这是一个非常大的问题可以供大家参考。

刘惠明:

我简单地说一下内部控制就是日语中内部统治这个词。从法律规定来讲，我们确实没有层次很高的立法，但是2008年，证监会有一个上市公司的关于内部控制的指引，后边又陆续发表了很多财务等各个方面的指引，就是这类内部规定的。在实际上，很多的公司无论是上市公司还是其他公司，内部控制这个词都不知道，但是证监会就从2008年开始要求上市公司每年都要提交内部控制的报告，所以现在到任何一个上市公司的网站上面看，每年都有内部控制的报告，但是你看这个报告，所有的公司几乎都是同一个内容，没有什么变化，就完全是一个形式上的东西。学术界对这个内部控制的研究也是没有的，几年前，我写过关于内部控制的文章，我发现，除了我之外其他人并没有写过这个话题。

大村敦志：

上午在民法部会没有时间说分论，下午就分论提几个问题。首先，我想向谢鸿飞老师提问一些法人的问题有三点。第一点，您的题目是民法典如何组织社会，这个标题的意思是什么您能进一步解释一下吗，第二点，您的文章中提到自然人的结社的权利，关于结社的权利固然重要，但是出于这个观念的话，相比法人法，团体法是不是更切合一点。那么在中国法上，法人法与团体法是一种什么样的关系。第三点，您在论文中也说到日本的一些情况，日本民法典呢，关于法人只剩下几条规定，您认为日本的这种做法不是很理想，在民法中法人的相关规定应该有多大的规模才合适，民法典中应该有多少规模的规定是比较理想的？日本民法在2006年制定了《一般法人法》，关于法人的大量的规定都弄到那部法律里去了，如果在中国制定民法典的话，关于法人的规定在民法典里边应该怎么样表现出来？是不是在民法典当中像一般法人法一样，将那么多条文放进去？

谢鸿飞：

我的基本想法还是，《宪法》是国家权力的基本组织法，那么社会领域也应该有基本组织法，就是怎么把社会组织起来，这是我基本的想法。

第一点,传统民法主要还是针对于立法这一块来说,另外一个就是在中国这些年,因为我们基本上强调市场经济,在自由方面非常强调个人的消极自由,对非营利这一块的结社,就是非营利的NPO、NGO这些,实际上政府对这些的态度非常消极。在这一方面的立法,没有一个专门的法律,部门规章、行政规章的限制也非常大。

我个人的观点就是社会应该保留自己组织的一些权利权力,就是社会成员自己建立一些集团的权利,这个权利不可能由国家来垄断,所以从这个意义上讲,这些权利应该由民法典来规定,而不应该由宪法来规定。宪法本身也不可能详细规定。

第二点,我理解,团体法与法人法是一样的,但是有一个比较特殊的问题就是关于基金,这个也是在基尔特理论中也是最难解释的一个问题,基金没有团体性,如果考虑到基金这个问题的话呢,团体法和法人法有一定的差别,今天我们已经将基金作为一个财团法人,所以两者我理解是一样的,只是我强调的是一个组织,一个营利组织这一块。

第三点,为什么我觉得日本法不太适合中国呢。主要是跟中国法立法与日本的立法的差别有关系。因为中国的公司法这一块确实很发达,但在非营利组织这一块儿,我们没有特别立法,行政管制也很重。如果民法典能够为法人做一般的规定那就比较好。当然,我自己也赞同民法作为一个原则法,规定的不要太细。但是在中国法人这部分,可能有一定的特殊性。我想,中国民法立法要担当这样一个角色,就是赋予个人全面的一个结社权,形成一种由社会权利,尤其是建立社会组织的这样一种权利,来对抗国家的权力。因为中国的国家权力可能还是比较强大,而且受其限制也小一些。

这一块儿是规定在团体法里面,没有规定在法人法里面。这也是中间最难展示的一个问题,如果考虑到基金这个问题的话,团体法与法人法还是有一定的国家的权利,因为中国的国家权利可能还是比较强大。

道垣内弘人:

关于这个问题我还想请教中国的民法还有商法的老师。就我所知在欧洲各国,也不是很自然地承认团体与法人成立的权利,他们作为一个社会的重要的组成部分,需要国家的认可,从这个角度来讲,把这个法人还有团体制定的权利放到法人当中,可以起到一个宣示作用。也就是作为社会的构成因素,作为构成社会的成员承认法人的存在。

但是,当法人这个概念被广泛认可后,这些历史上的含义就相反会逐渐被轻视。在日本,修改民法典之后,原先关于法人的很多规定没有了,但日本的民法学者对这件事没有提出异议。不仅是民法的老师,商法以及公司法的专家也没有异议,他们不觉得必须由民法来专门规定什么,公司法已经有相应的规定了,法人作为社会成员的存在,在公司法中就已经得到认可了。不需要民法中做规定,有公司法就足够了。那么我想请教中国的老师的一个问题是,民法学者是不是认为,公司在中国得以存在,需要在民法中有相应的准据?商法学者又有没有这样一个认知,就是在公司法之外,还期待法人在民法中被承认"社会构成元素"的地位?还是说现有的公司法的规定已经足够了?

周江洪:

本来不准备发言的,因为刚才谢老师提到的问题,刚好想到中国民法学界曾有一篇文章介绍的比较早,是2008年的一篇小文章,讲《一般法人法》的修改经过,当时那篇论文也对日本的修改提出了一些批评性的意见,民法上的人,一般我们会讲自然人与法人,然后把这个社会组织起来,就像道垣内弘人老师所说的,法人是作为社会成员的存在有这样的历史意义,如果只有自然人,法人只有这么几个条文的话,就起不到什么作用,是这么样的批评。但是从我自己的考虑来看,现在来看,跟当年的意见有所不同,我个人反倒觉得中国有各种各样的特殊的法人,很难规定。按照我们现行民法典的情况,如果民法总则要快速出来的话,其实,就放几个条文,只要保证法人的法定性,那也就可以实现刚才讲的法人作为社会成员的历史价值、历史意义了。这是我个人的观点。

王晨:

谢老师的文章,我看题目就觉得很有意思,为什么特别有意思,因为,他的框架是国家、社会这样一个对立的框架,是从这里开始的,我就很感兴趣,是从国家和社会的二元论出发的。他可能涉及中国一个比较特殊的问题,刚才谢老师讲,比如非营利组织,NGO、NPO等生存空间相关的问题。因此想把它弄到民法典里面。但现在就是说,中国是国家同社会的二元结构,还没有建立起来。也许民法典可以像你设想的那样,把他装进去,但很可能也会有各种特别法来限制他。这就造成了非常尴尬的一个境地,就是我们民法典变得很空。这也是和日本不太一样的一个问题。

大村敦志:

谢谢刚才谢老师、周老师、王晨老师的发言,我下面要说的可能跟道垣内弘人老师的发言有一些关系。这就是,法人作为一个法主体——其实与周老师的观点有一些相似——如果想宣示法人是与自然人同等的法主体,那么像现在的日本民法典一样,放一个彰显法人行为能力的规定就可以了,我是这样认为的。从社会观念来说,非营利团体的重要性,中国在国民当中也是普遍的、认同的。那么这样来看,不仅仅是这种权利能力,而且还有创建团体、结社的权利,以及在团体内部个人的权利其实也是很重要的。这样想的话,光把行为能力的相关规定放进民法典可能就不够了。所以我想听听其他中国老师的意见。

渠涛:

有哪位就这个问题有想说的,如果没有,我要说。

团体、法人到底是什么问题,我觉得与刚才商法讨论的问题有点关联。比如说讨论团体或者法人的时候,最主要应该是它的内部关系与外部关系的问题。比如说,像刚才商法问题谈到的子公司与母公司的关系,就涉及是公司内部的关系还是外部关系。公司一体化的与独立的两者之间就不同。像我们民法里规定的“联营”,如果是各自承担义务的,就是另外一回事,这个应该做另外的考虑。那么内部关系里面,原则上应该是什么呢?应该是一般法律不予干涉,需要干涉的是内部关系中的不平衡、不公平,而且因为这种不公平发生以后会导致到外部关系的后果时,才能干涉人家内部的法律关系。

作为团体我们再从大的视角来看,是这样的。没有哪个国家从一开始就很容易地去承认国家与自然人之间的团体的存在。为什么呢?因为这种团体大量存在,尤其是这种团体规模大了之后,他会威胁到国家的安全,从这个角度说,国家一般对它是限制的,各个国家在历史上都是这样走过来的,一点儿都不新鲜。不过,也应该看到,一个国家对于中间存在的团体是放任还是严管,也就是害怕还是不害怕,也是市民社会成熟与否的一个标志。因为,如果各个方面的法律具备了、完善了,也就不害怕团体的存在。为什么呢?因为对这种中间性的存在规制,往往并不是在准入层面上,另外对法人日常行为的监督管理才更为重要。如果这种监管机制完善的话,根本就不用担心对法人的成立是否要严格。但是,中国现在不具备完善的监管机制,所以对团体的成立就非常严格,准入门槛非常高。但是,一旦在中国成立了法人,或者成立了团体,国家对它的监管又很不到位,这个是最主要的也是最可怕的一个现实问题。

那么,法人制度在中国的问题应该是什么呢?我个人认为,中国的问题更重要的是,到底需要承认什么样的法人,需要承认什么样的团体。这一点,从日本的历史上,对中国的启发是非常大的。比如说,日本最早也不承认 NPO、NGO 等这些中间性的,非营利的非公益的团体。最早承认这些是阪神大地震以后,暴力团"山口组"也曾经出来做好事,舆论说,像这样的 NPO、NGO 团体也应该得到承认,结果就是成立了这样的法律。后来觉得仅仅承认这些还不够,还得扩大范围,结果就做了一个《中间法人法》,也就是非营利、非公益的这些中间性存在的法人,给这些"中间"法人立了法。这就是 2001 年成立的《中间法人法》。它扩大了对法人格承认的范围。再后来,觉得还是不够,于是,在 2006 年做了一个根本性的大调整。这就是现在的以一般法人法与特别法人法为基本结构的法人制度。这个历史对我们是非常有益的启发。

还有一个比较重要的问题是,也是刚才谢鸿飞教授在发言里提到的,现在中国有很多特别的团体应该如何对待的问题。每一个国家都存在这样的问题,所有的团体还有法人不见得只受民法调整,因为有各种各样的法人。我们在学习法人制度的时候,最初级接触到到的就是,准则主义、特许主义、认可主义等。也就是说,这里并不都是“准则主义”。准则主义是民法可以规定的,特许主义是行政法规定的,跟民法没有什么关系。所以说,还是跟昨天我的报告中所涉及的内容一样,这就是民法的扩张与限缩。我们不能说什么样的法人制度都要由民法来管,那是不可能的。法人不等于民法。所以民法上的法人是民法的,营利法人基本上就用不到民法管。做商法公司法的人会说:“用不着你们民法来管商法上的营利法人,我们有公司法管就足够了。”

王晨:

我顺便想问一下,刚才涉及日本法人制度的改革问题,日本的法人制度一直在改,最后结果竟然是,法人制度在民法里面只剩下一点点,已经独立开来。这样一种革命性的结果,原因到底是什么。因为我们知道日本的债权法改革当中呢,还是有相当保守的地方,为什么法人制度改革上却显得如此大。

大村敦志:

我个人的意见,我不知道能不能充分回答你的问题。首先就是日本有非常长的关于法人制度改革的历史,一个重要的点就是将非营利法人更好地做了规定。另一个就是一般法人法在中间法人法制定阶段的时候听取了很多公司法学者的意见,中间法人法在制定的时候做了很多详细的规定。不过,在债权法修改的时候没有很大的进展,而为什么法人就得以进行这么大的改革呢?首先一个原因就是法人改革是由上而下的机制,公益法人本身有很多制度上的弊端,所以意见决定的推动力很强。因此在法务省之外,法人法得以修改。

我刚才说的这个观点如果日本老师有其他观点的话,请做一下补充。我不认为大部分关于法人的规定从民法中消失,而只剩关于权利能力的部分。在民法对于法人的规定,应该规定自然人可以根据一定的法律规定来自己创立一些团体,那么创立一些团体,具体法人法应该怎么调整,最基础的规定还应该放在民法法人这地方。在此基础之上,再有一般法人法才是比较理想的。

道垣内弘人：

对于大村老师的回答我没有什么特别需要补充的。但是如果我一说起来，可能就会说很长。

我的意见是这样的，最开始，日本的公益法人是受到与他紧密相关的主管机关控制的，比如说，有一个关于教育方面的公益法人，他直接受到文部省，也就是中国的教育部管制，这样的公益法人其实在受到与他相关的行政机关的强烈的控制。对于这个现象的控制却没有一个准确的标准，由于这个现象，许多的学者和实务界对这个进行批判，说你应该把这个标准明确化。另外，如果没有一个相关的法律的具体条文来体现的话，那么国民对监督法人的运作和实施也没有具体可供查找的条文依据。另外，主管机关对于法人强烈的控制，是不是通过法律的制定也要限制一下公益法人和他上面的相关的主管行政机关，这样的批判机制是很快取得立法成功的主要原因。另外与此相对的，为什么债权法非常保守，而且没有取得突破的原因就是，不存在像刚才说到的那种强烈的批判机制。

段匡：

我补充一下，道垣内弘人教授他特别强调了一点就是，因为行政管辖这里的行政裁量受到日本社会民众也好、政治家学者的批判，就很多。但是到了债法的时候为什么比较保守，因为大家知道裁判关系也是有裁量权的，那么对司法裁量，民众也好，学者也好，相对来讲没有那么大的愤慨。这样一来，这个裁量权可能还要归到司法上面去。

道垣内弘人：

对于有关法人的规定，也就是说，规定法人最低限的规定，就是法人的结构，将一些最基本的规定放在民法当中，这样一个想法我是赞成的。对于这一点，我与大村敦志老师也是基本一致的。即使公司法有500条，而民法中只有10条，民法还是有必要阐明社会上存在的法人的基础结构的。

段匡:

距休息还有十五分钟的时间,有关法人的问题讨论的比较多了,还有任何其他的话题,大家都可以提一下。

谢鸿飞:

我想借段匡老师的裁量权说几句。对于上午谈到的人格权立法的必要性。我接触的最高人民法院民事审判的法官就是特别支持民法典的人格权独立成编。最重要的一个理由是,如果人格权不能独立成编,实践中将有很多涉及人格权的案件找不到裁判依据。也就是说,法官在中国,不愿意根据一般的侵权的规定,推出具体问题的解决方案。所以,大家可以看到王利明老师提供的这个草案中,这个关于遗体的规定,现在有六条,以前我记得好像有九条到十条。那么这个问题,恐怕就是中国和其他国家特别大的一个区别。大陆法系的法官比较特殊,日本法官是不是民选的?如果不是民选,我们为什么要信任你呢?这个裁量权的正当利益到底有没有问题呢?所以这个也是我特别困惑的一点。就是民法一般规定的出现的程度到一个什么限度比较好?

王晨:

法官是不是民选,为什么有最终的决定权,这是一个世界性的难题。如何解答这个问题,我觉得第一个可能,是因为职业的专门性。第二个可能是日本的法院的法官每年要接受不信任投票,但是间接的,法官本身是不受控制的。然后,日本学者这方面还有什么其他补充的,请发言。

大村敦志:

裁量权的问题,可以从几个角度看。我说两个。第一个就是法官的正当性,第二个就涉及法源的问题。日本有民法典,但是日本有很多不言自明的东西没有写在民法典里边,这次债权法修改就有很多工作是试图把这些规定明文化。但是依旧有很多规定被排除在民法典的条文之外。从这个意义上来讲,日本真的是制定法的国家吗?这样来看的话,日本真正来说实际上就不是制定法的国家。正是这一点,带给了裁判官的裁量权得以发挥的空间。以往就是由裁判官寻找明文与不明文的规则,妥善适用到个案当中,那么今后也可以继续由这种方式进行下去。

渠涛:

如大村敦志先生所说,日本民法典的条文数量少,有一些本来应该有但所谓不言自明的东西过去立法的时候都没有写进去。

这里面牵扯专业人的法还是老百姓的法的问题。在专业人士的眼里,他本来是不言自明,用不着说那么简单明了。这些在日本债权法修改中也谈到过应该将这些明文化,让大家看得很清楚,可是最后也还没通过。为什么呢?因为过去没有写,法官都按照这个做出判决了。在日本,法官的正当性还是没有受到质疑的,在社会上以及专业学界上还是比较相信法官的。

中国的裁判制度有问题,主要是以前的合议庭,说是集体负责,实际谁都不负责。还有最可怕的就是合议庭完了之后还有审判委员会,最后,弄来弄去,谁的责任也不知道,所以现在刚刚开始的独立审判制度是特别好的。以前合议庭制度是为了防止腐败和不公正,但是,实际上更容易腐败,为什么呢,因为责任不明。当然,现在的个人责任审判也会有一个问题,这就是,没有具体的条文依据就会因为要逃避责任而不敢判案,因此又要制定大量的条文。现在会更多地看到的是,没有法官自己的判断、裁量,对案件的分析说力还不够充分。所以,没有这个条文我就不能这么判,我怕出错,因为一出错就麻烦,也就是,如果被认定是所谓判错了案,问题会很大。这一点跟日本不一样,被改判的所谓错案的出现很正常,因为这个判决是从法官的良心上有理有据的判断。法官就是绝对的权威,只有他的上级法院可以修改他的判断。中国就不行,错一个案就对法官的评价不好。包括对整个法院的评价也不好,上级法院也很少说你是错案,纠正你,他们也可能是在互相体谅?如果像现在这样只能有确切的法条根据才能判,我要说,那还要法官干什么。我们制定大量的条文后,只要找个认字的就可以判案了,也根本不用司法考试了,是不是呢?

正好到休息的时间了,十五分钟之后,大家回到会场。

休　　息

宇田川幸则:

那么我们现在开始下午综合讨论的下一半。

大村敦志:

刚才我说了日本是不是成文法的国家,法官并不是完全的依照民法的条文,民法中没有写的条文其实也是存在的,法官在审判的时候考虑这些没有写在民法典中的制度进行裁量,没有写在民法中的制度是存在的。

宇田川幸则:

谢谢大村敦志教授的补充。

道垣内弘人:

在昨天的报告中,有两个报告关于日本民法的,一个是王冷然老师的报告,另一个是郑老师的报告。首先郑老师报告中对几个错误制度进行了中日比较,对中国立法提出了一个担保和启示。王冷然老师的报告当中主要围绕日本个人保证人制度的改革与现状,但既然王老师是中国出身,我想王老师能不能针对中国的情况,尤其关于个人保证人的现状,补充一下信息?

王冷然:

道垣内弘人老师问我有关个人保证人的一些规定,很对不起,来之前我看了有关日本个人保证人的规定。关于中国的规定现状如何,因为时间的关系我还没有来得及调查,还是请国内的老师帮我解答一下。

金赛波：

道垣内弘人老师问的这个问题恰好我也想过。这个事情，根据我最近几年的研究，在国内，还是挺重要的，所以我刚才想了一下中国法上关于对个人保证人的保护问题。但是，我还真没想出来中国关于担保法的，包括担保物权法和民间借贷的规定里面，有什么关于对个人保证人的进行保护的具体条文规定。各位也可以看附录里面的174页，新通过的民间借贷的规定里面也没有任何条款是专门对个人保证人进行保护的。

我个人过去出版了两本关于民间借贷的书。在编书的时候发现两个特别有意思的现象。第一是发生在温州的。大家知道，温州是民间借贷最发达的地方，温州有一个破产的案例，一个专门做眼镜的眼镜大王公司。企业破产以后，他借了银行的钱，也借了很大数额的民间的钱，但是最后申请破产的时候，银行的债权几乎是70%至90%得到了偿付，因为他们都有抵押、质押等担保。但是，从民间借贷的那部分，他能够得到偿付的百分比只达到10%。也就是说，大部分的民间借贷的钱，是偿还不了的。那么，其中相当一部分，民间借贷的交易里边又都是以个人保证人来提供担保的。

我发现的第二个现象就是在民间借贷当中，后来经济状况不好，借款人还不了钱的时候，债权人、债务人、担保人之间的纠纷导致很多悲剧性的刑事案件。比如，债权人因为债务人还不出钱来就把他杀死了的。浙江有一个很出名的案子，就是债权人把债务人装在铁笼子里扔进了浙江最深的水库，浙江省公安厅花巨资将债务人捞了上来。这种债权人杀债务人毁尸灭迹的悲剧有很多。还有更加严重的，债务人被债权人逼迫不过，把债权人打死了。还有，个人保证人不能履行保证，被债权人限制人身自由，被打、杀死的情形也有很多。

这里面我考虑有一个点很重要。我们既要让中小企业能够从民间借贷的渠道借到钱，同时，又要为个人保证人提供适当的保护。要保持这个平衡，最关键的一条是什么呢？我看到过去的民间借贷里面最大的问题就在于借贷双方的信息不对称。比如，企业在银行借不到钱或者已经用尽他的担保能力从银行借到的钱还不够的时候便到民间去借。这时候,这个企业的资产有两个亿,但是在银行里面已经借了一亿,并用一个亿的资产作了抵押,这部分基本没有问题。但是,他还有一个亿的资产,于是便利用它到社会上去借。因为民间借贷没有办法登记,反过来,这企业名气很大,有一定的信誉,所以一下子又从民间借了六个亿。也就是说,一个老板,共有两个亿的资产,但已经借了七个亿,而借给他的人中间没有人知道这个情况。这中间,担保人也还不明就里,还为他担保,那悲剧就发生了。这就是最大的问题,信息不对称。也就是说,担保人、债权人,债务人之间尤其在民间借贷的关系上信息不对称。最后老板一跑路,留下一个烂摊子,债权人去起诉发现只有两个亿的资产,抵押给银行借了一个亿,在社会上借了六个亿。这里就是解决信息对称的问题。

但是,我也在想,将日本的制度搬到中国来,只能解决一小部分问题。比如,要提供保证之前,做一下公证,这个基本上不会起什么作用。第二个措施就是,合同缔结时的信息提供义务,这个一开始由债权人承担,这个恐怕也不能解决问题。到后来变成主债务人承担,那么这个问题就更大了。因为主债务人说自己有多少资产,肯定不会说实话。所以第二个措施拿到中国来,肯定也不行。在日本社会中,这个人比较诚信,可能比较起作用,但是像中国这样的老板,如果到社会上去借钱,还要找另外一个朋友、企业、个人提供保证的话,这个措施不大可能会起作用。第三个措施是,合同缔结后的信息提供义务,这个是事后的,也不会起作用,因为已经借了这么多钱了,只有老板跑路的时候才会被暴露出来。然后第四个措施就是限制个人保证责任。这一条对债权人来说,相当的不公平。所以我的总体评论是这套制度到中国会起到一定的作用,但不会解决根本的问题。

解亘:

关于个人保证这块,刚才金律师已经说了,国内现在完全没有特别法,在制度上没有任何特殊的保证。不仅如此,还有更苛刻的一面。这就是在中国,现在保证的预设规则原则上是连带保证,所以当你不明白是什么保证的时候,最后被法院裁定连带保证。所以会更加恶劣。那么在学理上现在开始有人意识到这个问题。比如，已经有人介绍德国宪法法院的情况，这就是涉及个人保证人时，通过基本权利进行限制。尽管这个东西已经介绍进来了，但是在实践中遇到这样的事情，在中国恐怕是不可能通过基本权利来保障的。

宇田川幸则：

谢谢解老师的补充。

渠涛：

梁慧星草案上有"保证"这一节，有一般保证，连带保证，当然也有自然人的保证。但是现实的中国社会中，所谓的民间借贷往往不是个人对个人的，往往是专门做钱庄，loan bank，作借款业务。这个不是一般人能做的，刚才金律师介绍得很详细。但是有一个问题，就是他借出去钱的时候并不是稀里糊涂的，他肯定要好好地调查对方，而且他还有强大的震慑力让你还钱。第一，他要感觉你能还得起，第二，他有自己的能力让你还钱。这么说吧，我跟金律师之间，他跟我借钱，还是我管他借钱也好，谁能伤的了谁呢？他很高大，但他不见得能杀得了我；反过来说，我看着挺狠，不见得能杀了他。比喻就是想说，这不是一般人做的事情。据我了解，民间借贷之中，真正立保证人的不多，他用不着立，这是我的理解和我了解的情况。

所以说，民间借贷有的时候是应急用钱。比如，招标中标，你必须在一定的时间内把这笔钱交上，交不上这个标就白中了。这个时候他多高利率的都要借，因为它的借期很短。像这次关于民间借贷的司法解释里边定到最高利率是36%，多高啊！说实话，即便是有几笔收不回来，这么高的利率也早可以赚回应收的利润来了。

宇田川幸则：

谢谢渠老师的补充，还有没有其他民间借贷的发言。

那么现在请日本的司法书士会联合会的莳山明宏先生发言。

蒋山明宏：

我想向大村敦志教授问一个问题。请大家翻到会议纪要第 17 页上面,第二部分讲到了市民社会未成熟。这里讲到,责任不在市民身上,而是在一些产业界的、律师协会、立法相关人士等,一些现行的、既有的法律阻碍着债权法的修改。这是不是就代表我们的市民社会未成熟,这是一个问题,大村敦志教授在文章中也加一个问号。在最后总结部分,教授提起我们要培养优秀的法律人和优秀的市民,在这里,您可以提出什么样的方案来培养优秀的市民?

大村敦志：

应该说这个问题昨天在报告里面已经说过了。市民是什么?社会是什么?我做过一个界定了。

但是,在这里需要说明的是,我要界定的概念并不意味着将企业或者产业界、经济界排除在外来定义这种市民社会。我并没有这样考虑,而是将整个包括企业、劳动界、产业界等代表各种利益的团体考虑在内,让所有人在一个共同的舞台之上作为共同的课题制定民法。对我们自己的这种利害关系,我们自己来解决。所以不是通过默示的而是通过明示的方式来养成我们这个市民社会。这是我对这个问题的看法。

这样的市民社会的创造是需要的。市民社会中的民法是由普遍价值所支撑的,创造市民社会就是加深这个共同的认知。我是这样理解的。这次道垣内弘人教授也提到,在立法过程中,更多的意见并不是很希望规则被明确化。就此,我们应当通过教育场合,推翻这样的潮流。这可能是时下我们民法学者的任务。

久保田隆：

我想问一下非银行金融系统的问题。因为 2008 年美国次贷危机造成了全球性的危机,这几年,中国肯定也有这方面的问题。也就是说的影子银行。这个问题哪位中国的老师能介绍一下。

金赛波：

在中国不叫作非银行，叫影子银行的情形比较多，因为在某一种比较特别的情形之下，正经的银行系统没有办法提供金融服务。例如，在过去的几年里，中国的银行被禁止进一步为房地产项目提供融资。国务院就明确下文说过，因为房价太高了，银行的钱不能再投入进去了，再投进去房价更高。

但是，房地产是一个营利性非常好的行业，所以它可以忍受高利率，8%、9%、12%的利息，它都愿意付，它也付得出来。尤其像杭州这样地方的银行。这是一个领域。第二个领域是矿产业，因为过去的矿业也是暴利，煤铁铝等各种矿业，最初是不赚钱的，所以银行提供融资也不是很积极，但是后来因为矿产品的价格大涨，所以它就需要很多资金。但是政府下命令说给矿债的融资不能再做了，因为会给银行系统造成损害，所以矿业从银行那里借不到钱。还有一个领域借不到钱，是政府的项目，因为地方政府从银行借的钱太多了，所以国务院说不能再借钱给地方政府了。但是，之前开始的项目已经借了，借了一半又不让借，政府就断了资金链，所以这三个行业都是上级政府不让它借，但是他有很大的冲动去借，而且，可以给你付高利息的，在这种情况下，影子银行就起作用了。

民间借贷是一部分，地下钱庄都是影子银行的一部分，最近几年就发现有问题了。因为大量的证券公司、信托公司，变相提供融资，这些都是从银行里变相流出去的钱，但是走的是信托，我们叫通道业务。因为市场有这个需求，所以它就变相给这些企业提供了融资。所以最近几年，人民银行，银监会，有很多的规制，专门行政规章，来限制这种通道业务，来对付这个影子银行的系统。从法律、立法的方面还没有相关约束，但是从银监会，人民银行、银监会，国务院这个规制上看，这几年有很多的行政规章。

渠涛：

中国现在要拓宽中小企业融资渠道，这是一个大的方针。在这个大的方针下，现在在做更多的规范性的法律文件，包括很多部门规章。

为什么这样呢,因为中小企业的融资确实困难。这个问题在日本、在全世界都是一样的。刚才在金律师说的以外,还有一个非常重要的问题,久保田隆先生之所以对这个感兴趣可能是源于郭娅丽教授的那篇文章,就是典当。典当现在也是融资渠道非常大的一块儿。

典当行最近这些年的发展也非常厉害。此外,还有,因为市场需要,非银行金融机构的立法也在积极的推进。如果没有正式的规定,他们需要钱,就会乱来,引起社会的动荡。

改革开放以后,刚出来的典当行,其实也就是当铺,想让他起这样一个作用。但是大家都知道典和当是不一样的,“当”是当铺,“典”是中国传统的典权。中国现在的典当行最高有做到几个亿的额度的。这样一来,它就会和银行之间挣业务,在这里如果不给它一些规范,恐怕就要麻烦了。过去有一个对典当行管理的条例,这个管理条例已经不行了,现在商务部正在做这件事。

郭娅丽:

我接着渠老师一句话说,就国内现在典当行的规定之外,国务院法制办已经出台了征求意见稿,是典当行的一个条例。它还在征求意见阶段,我的文章里面涉及2013年6月的时候有一个专家讨论会,但是这个意见稿没有公开。

金赛波:

渠老师刚才讲的典当行,算是比较规矩的,有牌照的。这去在中国还有大量的影子银行的系统里面,所谓的投资公司,其实资金是民间来的,或者是银行来的,但是它绕一个弯,还是用这个项目,是以投资公司的名义,不是典当行、没有牌照,它就是一个公司,而这样的公司的数量在国内过去几年有爆发式的增长,它贷出去的资金的数字是非常巨大的。这个现象在中国也是很特别的。

上北正人:

大家好,我是上北正人,我的问题是针对大村敦志老师的。大村敦志老师对昨天王利明教授的点评当中,以及今天上午的讨论当中,都提到了人格权和家族这样的一个关系。我的问题是,人格权和家族之间的关系怎样来区分,老师是从一个怎样的视角,比如说人格权可能更倾向于个人方面,家族关系则受到其他的一些制约的影响,可能和个人关系有着相反的方向性。所以我没有办法具体想象出来您所想表达的情形。我想问一下,老师您对于人格权与家族的关系是从怎样一个视角提出论点的。

大村敦志:

这个问题其实与上午的讨论有关系,对于王利明老师发表的演讲,其实我是不主张将人格权法独立成编,我主张一种"关于人的法",其中应当涵盖人格权。那么在这样的设想之下思考关于"人"的法和关于家族的法之间应当有一定连续性。第二点,像人格权,王利明老师草案第170条有人身自由权,婚姻自主权,这些个别的权利,我们仅就人格权来说的话,当然是个人的东西,但是这些权利与家族联系起来考虑也是可以的,如果限于人格权考虑的话,是可以有这样一个视角的。

宇田川幸则:

谢谢大家,我们的时间到了。那么,咱们的综合讨论到此结束。谢谢大家。

闭　幕　式

宇田川幸则:

接下来,中日民商法第十四届大会的闭幕式开始。现在有请日本学者代表东京大学的大村敦志教授致辞。

大村敦志:

原本日方学者的打算是,由道垣内弘人教授致辞,我专攻对王利明先生的评论,所以突然让我致辞,我没有准备,不好意思。

这次我来杭州之前,我看过一篇日本的小说,作者是谷崎润一郎,他于20世纪20年代来过中国,他也来过杭州。小说的题目是《西湖的月亮》。小说内容里面有写西湖上面非常漂亮的月亮,所以我非常期待亲眼看一看西湖漂亮的月亮,但是非常遗憾的是今天晚上是新月,无法欣赏漂亮的满月。而幸运的是,我们是富有想象力的一群人。15天之后,这里的月亮会变成满月,我们可以现在就想象15天后西湖上饱满的月亮。这两天,我们讨论了很多中日两国民商法问题,但是,到现在为止,我们还无法想象所讨论的内容今后会发展到什么样的状态。我们现在可以想象的是15天以后西湖的月亮是什么样子,同样,我们可以放开我们思维的翅膀去想象以后中日民商法研究会发展成什么样子。

谢谢浙江大学提供那么好的条件以及非常周到的服务,谢谢浙江大学光华法学院的老师和同学们。而且这次是第十四届大会。14年的时间,每年提供安排,进行筹备工作是很辛苦的,也向会务筹备工作的常务副会长渠涛老师表示衷心的感谢。最后再次感谢浙江大学光华法学院的各位老师、同学,还有民商法学会的各位老师,我期待明年这个时候再见。

宇田川幸则:

感谢大村敦志老师的致辞。那么接下来有请浙江大学光华法学院代表,光华法学院的副院长周江洪讲话。

周江洪:

我是浙江大学的周江洪,我们朱新立院长让我代表学院说三点。首先,非常抱歉,因为经验不足,加上我们这几天刚好开学典礼,不方便、不满意的地方不少,招待不周之处,还请各位海涵。其次是感谢。第一是感谢研究会给我们承办这次大会的机会。第二是感谢各位非常精彩的报告和讨论,今年是浙大法学院成立70周年,包括梁慧星教授,王利明教授等各位的到来对我们来说,具有非常重要的意义。第三是感谢浙江大学司法文明协和创新中心的支持。最后是希望。希望大家能经常来坐坐，让我们有机会弥补这次的招待不周。特别是这次会议议程很紧，没有陪各位参观一下我们美丽的校园，其实我们的校区也是西湖风景区的一部分。这个校园和我们法学院都有很多有趣的故事。希望今后也有机会与各位分享。特别是大村敦志教授，当然包括各位在内，一定要在中秋节的时候、月亮最圆的时候到我们这里坐坐。

宇田川幸则：

谢谢周院长的致辞。下面有请常务副会长渠涛老师致辞。

渠涛：

这两天的会，大家真的是辛苦了。有人评价我们开会日程安排得太紧，最典型的是烟台大学郭明瑞教授的评价。我们曾经在烟台大学开会的时候他曾经对我说，渠涛你这个会议安排的太不人道了。能作为第十四届研究会的代表到这里来给大家致闭幕词非常高兴。当然我更愿意做宇田川幸则教授现在这个主持的角色，因为会长都会说一句，秘书长辛苦了（笑）。

总而言之，十四年了。大村敦志教授说十四年不容易，尤其是做秘书工作很辛苦。但是我想说，并不是谦虚，能够走到今天，主要还是仰仗大家的积极参与。试想，避暑工作再辛苦，如果大家不来，你说这个会还能到今天吗？那是不可能的。所以还是要感谢大家的积极参与，让我们的会议能继续下去。

每次到了这个时候，都要说感谢的话。

首先，感谢大家来参加；其次，我们更要感谢每年的承办校浙江大学光华法学院。他们做了大量的工作。刚才周江洪副院长说：他们没有经验，给大家带来不便，照顾不周……话说回来，我们又不是来接受照顾的，主要是把会场准备好，把学问讨论好就是最好。况且，我们都觉得安排得非常好，尤其是在这文化底蕴非常浓厚的地方，谈起学问来，大家感觉到了说不出来的惬意。让人感觉到我们在做的事情和周围的环境是那么和谐！我在这里正式向浙江大学光华法学院的各位老师、各位同学，当然还有各位领导表示感谢。大家鼓个掌吧。最后，要感谢为我们提供赞助的北京市金杜律师事务所和中伦律师事务所,特别还要感谢今年为大会筹备做了大量工作的中伦律师事务所。

中国在西湖有个三潭印月,在那个地方看月亮很漂亮。今晚我们吃饭的地方距离那里比较近,而且是在西湖的边上。我们可以充分地去想象圆圆的月亮是什么样子。

最后我宣布,本届大会闭幕!明年再见!

日本法律文献的阅读方法

林　青*

十多年前，日本法律书刊出版界人士就曾提出了统一法律文献出处的表示方法的问题，并就此进行过多次研讨。主要原因是一些法律法规名称以及图书杂志名称过长，需要简化，而诸多的著书和论文中引用原始文献出处的简化方式又在每个作者以及出版社之间都有差异。于是，以多家法律图书出版社为主要加盟者的文献引用统一简化方案便逐渐开始形成。这一简化方案已经在日本实行多年，除下列出版社以外，在各种杂志上也得到了广泛采用。因此，目前在日本无论是写作法律法学方面的论文，还是查阅法律法学方面的文献都离不开这个统一简化方案作为工具。

日本自明治维新大兴立法直到现代，长期以来没有人对法律名称和杂志名称等的简化作过统一的规范，近年来，在广泛征求意见的基础上，经过日本近30家出版社的多次讨论和修改，终于有了比较统一的规范。在此，将参加制定这一方案的日本出版社、表示文献出处的方法、法律法规名称以及杂志名称的简化方式等内容整理出来介绍给国内的读者，如能对法学界和法律实务界的各位在查阅日本文献时有所帮助，可谓幸莫大焉！

* 作者：中国社会科学院法学研究所图书馆副研究馆员。

一、参加制定这一方案的日本出版社(日文五十音图为序)

一粒社	自由国民社	判例時報社
岩波書店	商事法務研究会	判例タイムズ社
学陽書房	成文堂	法学書院
ぎょうせい	青林書院	法曹会出版部
金融財政事情研究会	第一法規出版会	法律文化社
経済法令研究会	東京大学出版会	民事法情報センター
勁草書房	東京布井出版会	有信堂高文社
弘文堂	日本加除出版会	有斐閣
三省堂	日本評論社	良書普及会

二、日本法律书刊出版界人士认同的"引用"

人类对社会、对自然的认识是逐渐积累起来的,每个学术领域所取得的新成果,都离不开前人打下的基础,人们在阐述某一见解时,经常会引经据典,以证明自己的论点,或使自己的论点更令人信服。由此,就出现一个如何引用、怎样才算引用适当的问题。根据日本著作权法第32条第1款的规定:"可以通过引用,使用公开发表的著作。在此种场合下,引用要符合公正的习惯,而且在报道、批评、研究和其他引用目的方面必须在适当范围内进行。"这里,明确规定了引用的对象应该是已经公开发表的成果。另外,为了符合公正和正当的引用,还需要注意如下一些问题:

首先,引用部分与自己的撰写要有明显的区别,不能借引用之名,将他人的著作,包括文章、图表借用到自己的著作中。关于引用的方法,如果是语言著作,要用单引号标出引用部分。无法判断是否为引用的场合,不能称为符合公众习惯。其次,引用目的应在正当范围内进行,要把引用的内容限制在最小范围内,至于引用多少页、多少行或多少字,没有具体的规定。事实上,诗歌等文学作品也可能被全篇引用,但是,如果著作权人委托日本音乐著作权协会(JASRAC)管理其著作权,当认为超过引用部分时,要缴纳协会规定的使用费。根据著作权法第32条的规定,也可以经过翻译使用(第43条第2款),但不允许改编引用(该条第1项)。还有一个非常关键的问题,就是引用必须标明出处,而且根据复制或使用的情况,引用的方法及程度要符合情理,这在日本著作权法第48条中已有明确规定。要使人认为合理,至少应该标明著作的题名和著者姓名。至于以怎样的方式表示出处，才算是适当的问题，日本法律书刊出版界人士经过长期努力，已经达成共识。现将法律文献出处的表示方法整理如下。当然，在实践中，他们还会进一步征求意见，不断修改，使之更加完善。

三、引用法律文献的表示方法

(一) 文献

文献可分为期刊论文、独著、合著、译著、判例研究、座谈会等。

1. 杂志上发表的论文

著者姓名、「论文名称」、杂志名称、卷、号、页、(发行年)或者卷、号、(发行年)、页。

例1:

横田喜三郎「条約の違憲審査権——砂川判決を中心として」国家73卷7=8号1頁以下(1960)。

例2:

末弘厳太郎「物権的請求権理論の再検討」法時11卷5号(1939)1頁以下[民法雑記帳(上)(日本評論社,1953)所収,238頁以下]。

需要注意的是，在引用时，要尽可能地表示该论文的标题，页数用汉字“頁”表示，不用“p”，原则上用该卷册的页数表示，如果是合订，也可以使用通卷页码。关于出版时间，使用公历还是年号一般都尊重作者意见，但不应混用。卷、号、页之间也可以用破折号或间隔号，如「国家73—7=8—1」。如果有被收录的论文集，要标明「所收」，再写页数(参照例2)。此时，要尽量写上论文集的发行单位。

2. 单行本

(1) 独著

著者姓名、『书名』、页、(发行单位、版次说明、发行年)或者(发行单位、版次说明、发行年)页。

例:

三ケ月章『民事訴訟法』125頁(弘文堂,第3版,1992)。

这里需要说明的是，原则上书名应该用书名号『』表示，但也可以使用圆点·，如三ケ月章·民事訴訟法·(弘文堂,第3版,1992)125頁。丛书名根据需要决定是否写，要尽量写明发行单位，发行年是必须写的。有属于书名一部分的改定版、新版等字样的,应作为书名表示,书名中没有表示的,应该放到()内。关于版次说明,一般不注明第一版,但改定版、第二版、第三版等,则必须添写。关于(发行单位、版次说明、发行年)的顺序,也可以用(发行年、版次说明、发行单位)表示。

(2)合著

合著又细分为一般著作、讲座、注释和纪念论文集四种情况。

一般著作:

著者姓名、「论文名称」、合著者姓名、『书名』、页(发行单位、发行年)或者合著者姓名、『书名』、页、[著者姓名]、(发行单位、发行年)。

例1:

竹内昭夫「消費者保護」竹内昭夫ほか『現代の経済構造と法』397頁(筑摩書房,1975)。

例2:

林良平ほか『債権総論』124頁以下[林](青林書院,1978)。

*著者有三人以上时,只写一人,其余用「ほか」表示。

讲座:

著者姓名、「论文名称」、编者姓名、『书名』、页、(发行单位、发行年)。

例1:

金沢良雄「独占禁止法の理論——構造(目的)」経済法学会編『独占禁止法講座Ⅰ総論』159頁(商事法務研究会,1974)。

例2:

平野龍一「現代における刑法の機能」『岩波講座・現代法(11)9頁』(岩波書店,1965)。

*著者和编者相同时,后面的编者可以省略(参见例2),“编辑代表”和“编著”可以省略为(编),“监修”可以省略为“监”。第1卷、第2卷,上卷、下卷等应按原样表示,也可以简化为(1)·(2),(上)·(下)。书名后也可以不加书名号『』,但编者和书名之间要用间隔号·标明。

注释:

编者姓名、『书名』、页、[著者姓名]、(发行单位、发行年)或者著者姓名、『书名』、页、[编者姓名]、(发行单位、版次说明、发行年)。

例:

幾代通編『注釈民法(15)』205頁[広中俊雄](有斐閣,昭41)或者広中俊雄『注釈民法(15)』205 頁[幾代通編](有斐閣,昭 41)。

紀念論文集:

著者姓名、「论文名称」、编者姓名、『书名』、页、(发行单位、发行年)。

例:

我妻栄「公共の福祉・信義則・権利濫用相互の関係」末川先生古稀記念『権利の濫用(上)』46 頁(有斐閣,昭 37)。

*在很多情况下,纪念论文会再次收录到个人的论文集里,最好能够标出再次收录的书名。奉献姓名可以简称为末川古稀,如果不标出奉献姓名,应该遵照讲座的格式。

(3)译著

原著者姓名、(译者姓名)、『书名』、页、(发行单位、发行年)。

例:

ヴォン· メーレン編(日米法学会訳)『日本の法(上)』153 頁(東京大学出版会,昭 53)。

3. 判例研究

(1)杂志

著者姓名、「判批」、杂志名称、卷、号、页、(发行单位、发行年)或者卷、号、(发行年)页。

例:

大隅健一郎「判批」商事 140 号 7 頁(昭 34)。

*"判例批评"、"判例研究"等有关判例的研究,一般写"判批"、"判研"即可。判例百选等判例解说类的刊物一般也写成"判批",不过,最高法院调查官解说的「判例解说」则写为「判解」。

(2)单行本

著者姓名、『书名』、事件或者页、(发行单位、发行年)。

例:

鈴木竹雄・判例民事法昭 41 年度 18 事件評釈(有斐閣,昭 52)。

*在判例研究这类刊物中,也可以使用判民、商判研、最判解说这类简称。

4. 座谈会等

出席者等、「题目」、杂志名称(或书名)、卷、号、页[○○发言]、(发行年)或者卷、号、(发行年)、页、(○○发言)。

例:

池原季雄ほか「法例改正をめぐる諸問題と今後の課題」ジュリ943号19頁[溜池発言](平1)。

5. 其他(文章中的注释)

(1)前载文献的处理

例:

鈴木·前揭注(28)123頁。

*在前揭(或前出)情况下,单行本和论文都要标明第一次出现的注释号。作者在文献中多次引用同一注释时,可以在下列两种方法中任选一种:

第一,(以论文为例)原则上只表示该杂志名称。不过也可以简单写出论文的题目(尤其是连载论文,这种方法简而易明),省去卷号。

例:

(32)高柳賢三「司法的憲法保障制(4)」國家45卷6号15頁(昭6)→高柳·前揭注(32)「憲法保障(4)」15頁。

第二,(以单行本为例)。

例:

(30)我妻栄『近代法における債権の優位的地位』(有斐閣,昭28)50頁→我妻栄·前揭注(30)優位的地位50頁。

(2)注释顺序号的处理

注释顺序号采用通号的办法,一般的讲座论文、杂志论文在同一篇文章中采用通号,而专题论文或专题著作(包括杂志连载和单行本)一般按照每编、每章或节的大标题采用通号的办法标注。

(二)判例、先例和通告

1. 判例

最判昭和58年10月7日民集37卷8号1282頁[1285]頁。

東京地八王子支判昭37·11·28下民13·11·2395。

大判大12·4·30·刑集2卷378頁。

*关于页的表示,原则上按照该判例最初刊载的页数,并且是该判例集的通卷顺序页码。当引用某页时,该页要用方括号[ ]括起来,用逗点(,)表示并列记载。关于法院级别的区分,原则上最高法院大法庭判决表示为最大判,小法庭判决表示为最判(标记小法庭时,用最○小判表示)。关于旧大审院的連合部判决,用大連判表示,其他用大判表示。还有地名,要写全名,年·月·日

以及卷·号·页也可以用中间圆点号(·)做省略表示。竖排版情况下,原则上需用汉字,但年·月·日也可以使用阿拉伯数字。

2. 先例、通告

昭41·6·8民甲1213号民事局长回答。

四、法律法规名称的简化方式

下表为岩波书店、三省堂、有斐阁历年出版的综合性六法全书中所使用的相同简语。但在这三家出版社之间尚有极少部分不同的简称,对这种不统一的用法,在下列表中,首先列具有斐阁的简语,然后将与之不同者在后面括弧中标示。

あ行

安保約(安保)

日本国とアメリカ合衆国との間の相互協力及び安全保障条約

育児介護休養

育児休業、介護休養等育児又は家族介護を行う労働者の福祉に関する法律

遺言準拠法

遺言の方式の準拠法に関する法律

遺失(遺失物)

遺失物法

か行

河

河川法

会

会計法

会社更生(会更)

会社更生法

海洋法約

海洋法に関する国際連合条約

家審

家事審判法

学教

学校教育法

割賦

割賦販売法

株券保管振替(株券振替)

株券等の保管及び振替に関する法律

仮登記担保

仮登記担保契約に関する法律

監

監獄法

環境基

環境基本法

監査規

大会社の監査報告書に関する規則

議院証言

議院における証人の宣誓及び証言等に関する法律

旧借地

借地法

旧借家

借家法

供(供託)

供託法

教基

教育基本法

行審

行政不服審査法

行組

国家行政組織法

行訴

行政事件訴訟法

行手

行政手続法

区画整理(土区)

土地区画整理法

警

警察法

刑

刑法

計算規

株式会社の賃借対照表、損益計算書、営業報告書及び附属明細書に関する規則

警職

警察官職務執行法

刑訴

刑事訴訟法

刑訴規

刑事訴訟規則

軽犯

軽犯罪法

景表

不当景品類及び不当表示防止法

刑補

刑事補償法

刑法草案

改正刑法草案

憲

日本国憲法

建基

建築基準法

検察

検察庁法

健保

健康保険法

戸

戸籍法

小

小切手法

公害犯罪

人の健康に係る公害犯罪の処罰に関する法律

公害紛争

公害紛争処理法

航空強取

航空機の強取等の処罰に関する法律

公催仲裁(公示催告)

公示催告手続及ビ仲裁手続ニ関スル法律

公選

公職選挙法

厚年(厚年金)

厚生年金保険法

雇均(雇用均等)

雇用の分野における男女の均等な機会及び待遇の確保等女子労働者の福祉の増進に関する法律

国財

国有財産法

国際海運

国際海上物品運送法

国事代行

国事行為の臨時代行に関する法律

国籍

国籍法

国年(国年金)

国民年金法

国賠

国家賠償法

国連憲章(国際裁)

国際連合憲章及び国際司法裁判所規程

国連平和維持(国連平和協力)

国際連合平和維持活動等に対する協力に関する法律

国会

国会法

国企労

国営企業労働関係法

国公

国家公務員法

雇保

雇用保険法

裁

裁判所法

財

財政法

災害基

災害対策基本法

裁審(最裁審査)

最高裁判所裁判官国民審査法

最賃

最低賃金法

参考規

大会社の株主総会の招集通知に添付すべき参考書類等に関する規則

自衛

自衛隊法

自然環境

自然環境保全法

自治(地自)

地方自治法

失火

失火ノ責任ニ関スル法律

児童約

児童の権利に関する条約

自賠

自動車損害賠償保障法

借地借家

借地借家法

収用(土収)

土地収用法

商

商法

少

少年法

消税

消費税法

商登

商業登記法

商特(監査特例)

株式会社の監査等に関する商法の特例に関する法律

証取

証券取引法

消費基

消費者保護基本法

商標

商標法

女子差別撤廃約

女子に対するあらゆる形態の差別の撤廃に関する条約

所税

所得税法

署名

商法中署名スベキ場合ニ関スル法律

人権A規約

経済的、社会的及び文化的権利に関する国際規約

人権宣言

世界人権宣言

人権 B 規約

市民的及び政治的権利に関する国際規約

人種差別撤廃約

あらゆる形態の人種差別の撤廃に関する国際条約

人訴

人事訴訟手続法

信託

信託法

人保

人身保護法

生活保護(生保)

生活保護法

請願

請願法

政資

政治資金規正法

製造物(製責)

製造物責任法

税徴

国税徴収法

税通

国税通則法

政党助成

政党助成法

税特措

租税特別措置法

船主責任制限

船舶の所有者等の責任の制限に関する法律

相税

相続税法

た行

代執

行政代執行法

建物区分(区分所有)

建物の区分所有等に関する法律

WTO 協定

世界貿易機関を設立するマラケシュ協定

担信

担保附社債信託法

地公

地方公務員法

地財

地方財政法

地上権

地上権ニ関スル法律

地税

地方税法

著作

著作権法

手

手形法

定員

行政機関の職員の定員に関する法律

典

皇室典範

道

道路法

道交

道路交通法

盗犯

盗犯等ノ防止及び処分ニ関スル法律

特定債権

特定債権等に係る事業の規制に関する法律

都計

都市計画法

土地基

土地基本法

特許

特許法

独禁

私的独占の禁止及び公正取引の確保に関する法律

な行

内

内閣法

入管

出入国管理及び難民認定法

年齢計算

年齢計算ニ関スル法律

年齢称呼

年齢のとなえ方に関する法律

は行

破

破産法

配当支払

会社の配当する利益又は利息の支払に関する法律

爆発(爆取)

爆発物取締罰則

罰金臨措

罰金等臨時措置法

破防

破壊活動防止法

非訟

非訟事件手続法

人質

人質による強要行為等の処罰に関する法律

風俗(風営)

風俗営業等の規制及び業務の適正化等に関する法律

不公正告(不公正取引)

不公正な取引方法

不正競争

不正競争防止法

不登

不動産登記法

扶養準拠法

扶養義務の準拠法に関する法律

文化財

文化財保護法

平和条約

日本国との平和条約

弁護

弁護士法

法税

法人税法

暴力

暴力行為等処罰ニ関スル法律

法例

法例

ま行

身元保証

身元保証ニ関スル法律

民

民法

民施

民事施行法

民執

民事執行法

民執規

民事執行規則

民訴

民事訴訟法

民訴規

民事訴訟規則

民訴費

民事訴訟費用等に関する法律

民調

民事調停法

民保

民事保全法

民保規

民事保全規則

明憲(旧憲、帝憲)

大日本帝国憲法

や行

有

有限会社法

予防更生

犯罪者予防更生法

ら行

利息

利息制限法

領海

領海及び接続水域に関する法律

労安衛(労安)

労働安全衛生法

労基

労働基準法

労組

労働組合法

労災

労働者災害補償保険法

労調

労働関係調整法

労働憲章

国際労働機関憲章

労派遣

労働者派遣事業の適正な運営の確保及び派遣労働者の就業条件の整備等に関する法律

わ行

和

和議法

五、判例集、判例评析、图书和杂志的简化方式

该方式主要采用的是法院以及市场销售的判例资料中的习惯用法,但同时在最后的括号中记录了其他简称。前面的括号内标示的内容是:发行单位、发刊号～停刊号。～号后有空栏者为至今仍在发行。

(一)大审院时代的判例集等

1. 官方刊物

民録

大審院民事判決録(司法省、明8～明20、明24～明28)

刑録

大審院刑事判決録(司法省、明8～明17、明19～明20、明24～明28)

民録

大審院民事判決録(東京法学院、中央大学、明28 <1輯>～大10 <27輯>)

刑録

大審院刑事判決録(東京法学院、中央大学、明 28 <1 輯 > ~ 大 10 <27 輯 >)

民抄録

大審院民事判決抄録(大審院、明 31 <1 巻 > ~ 大 10 <93 巻 >)

刑抄録

大審院刑事判決抄録(大審院、明 24 <1 巻 > ~ 大 10 <93 巻 >)

民集

大審院民事判例集[大審院判例審査会、法曹会、大 11 <1 巻 > ~ 昭 21 <(大民集)25 巻 >]

刑集

大審院刑事判例集[大審院判例審査会、法曹会、大 11 <1 巻 > ~ 昭 22 <(大刑集)26 巻 >]

行録

行政裁判所判決録(行政裁判所、東京法学院、中央大学、帝国地方行政学会、最高裁判所、明 23 <1 輯 > ~ 昭 22 <58 輯 >)

朝高録

朝鮮高等法院判決録(高等法院書記課、司法協会、大 3 <1 巻 > ~ 昭 18 <30 巻 >)

2. 非官方刊物

裁判例

大審院裁判例(法律新簡別冊)(法律新聞社、大 14 <1 巻 > ~ 昭12 <11 巻 >)

新聞

法律新聞(法律新聞社、明 33 <1 号 > ~ 昭 19 <4922 号 >)

判決全集

大審院判決全集(法律新報付録)(法律新報社、昭 9 <1 輯 > ~ 昭 17 <9 輯 >)

評論全集

法律(学説判例)評論全集(法律評論社、明 45 <1 巻 > ~ 昭 19 <32 巻 >)

法学

法学(東北大学法学会誌)(東北大学、岩波書店、昭 7 <1 巻 > ~ 昭 19 <13 巻 1 号 >)

(二)最高法院时代的判例集(以五十音图为序)

1. 官方刊物

一審刑集

第一審刑事裁判例集(昭 33 <1 巻 >)

下刑

下級裁判所刑事裁判例集(法曹会、昭 34 <1 巻 > ~昭 43 <10 巻 >)

家月

家庭裁判月報(昭 24 <1 号 > ~)

下民

下級裁判所民事裁判例集(法曹会、昭 25 <1 巻 > ~昭 62 <35 巻 5—8 号 >)

行集(行裁例集)

行政事件裁判例集(法曹会、昭 25 <1 巻 > ~平 9 <48 巻11—12 号 >)

行月

行政裁判月報(昭 23 <1 号 > ~昭 24 <24 号・追録 >)

刑月

刑事裁判月報(法曹会、昭 44 <1 巻 > ~昭 62 <18 巻 5—6 号 >)

高刑速

高等裁判所刑事判決速報集(法曹会、昭 56 ~)

高刑特

高等裁判所刑事裁判特報(昭 29 <1 巻 > ~昭33 <5 巻 >)

高民(刑)

高等裁判所民事(刑事)判例集(判例調査会、昭 23 <1 巻 > ~)

高地簡特

高等裁判所・地方裁判所・簡易裁判所民事判例特報(昭 24)

交通下民

交通事故による不法行為に関する下級裁判所民事裁判例集(法曹会、昭 36、昭 38)

裁時

裁判所時報(法曹会、最高裁事務総局編、昭 23 <1 号 > ~)

裁判集民(刑)

最高裁判所裁判集民事(刑事)(裁判所の部内資料、昭 22 1 号 > ~)

最刑要旨

最高裁判所裁判集(刑事)要旨集

最民要旨

最高裁判所裁判集(民事)要旨集民法編(上)(下)、商法・民事訴訟法(上・下)、民事関連法編(上)(下)、行政法編(上)(下)、社会経済法編(上)(下)

登记先例

登記関係先例集(テイハン、昭 30 < 上、下、追加編 Ⅰ ～ Ⅷ >)

知的裁集(知財集)

知的財産権関係民事・行政裁判例集(法曹会、平 3 <23 卷 > ～平 10 <30 卷 >)

東高刑特

東京高等裁判所判決特報(刑事)(昭 22 <1 号 > ～昭 25 <28 号 >)

東高刑時報

東京高等裁判所刑事判例時報(昭 26 ～昭 27 <1 ～2 卷 >)

東高時報

東京高等裁判所判決時報(法曹会、昭 28 <4 卷 > ～)

東高民特

東京高等裁判所判決特報(民事)(昭 28 <4 卷 > ～)

最高民要旨

最高裁判所・最高裁判所民事判例要旨集(1 ～9)、刑事判例要旨集(1 ～9)

判特

高等裁判所刑事判決特報(昭 24 <1 号 > ～昭 29 <40 号 >)

不法下民

不法行為に関する下級裁判所民事裁判例集(法曹会、昭31 ～昭 32)

民(刑)資

民事(刑事)裁判資料

民(刑)集

最高裁判所民事(刑事)判例集(判例調査会、昭 22 <1 卷 > ～)

無体例集(無体集)

無体財産権関係民事・行政裁判例集(法曹会、昭 44 <1 卷 > ～平2 <22 卷 >)

労裁資

労働関係民事行政裁判資料(昭 23 <1 号 > ~昭 25 <8 号 >)

労裁集

労働関係民事事件裁判集(法曹会、昭 24 <1 号 > ~昭 25 <7 号 >)

労民

労働関係民事裁判例集(法曹会、昭 25 <1 巻 > ~)

労刑決

労働関係刑事事件判決集(法曹会、第 1 輯 <刑事裁判資料 10 号 > ~)

2. 其他官方刊物

高検速報

高等裁判所刑事裁判速報(各高等検察庁作成の部内資料)

国税例集

国税徵収関係判例集(国税庁、昭 24 ~)

訟月

訟務月報(法務省訟務局、昭 30 <1 巻 > ~)

審決集

公正取引委員会審決集(公正取引協会、昭 25 <一> ~)

推計裁集

推計の合理性に関する裁判例集成(法務省訟務局、昭 25 ~昭 53)

税資

税務訴訟資料(国税庁、昭 22 ~)

直税要集

直接国税課税判決要旨集(国税庁直接税部、4 冊 <昭22 ~昭 60 >)

取消集

審決取消訴訟判決集(特許庁、昭 23 ~)

排命集

公正取引委員会排除命令集(公正取引委員会部内資料、昭 37 ~)

民月

民事月報(法務省民事局、昭 19 ~)

3. 非官方刊物

交民

交通事故民事裁判例集(ぎょうせい、昭 43 <1 巻 1 号 > ~)

主判解

主要民事判例解説(判例タイムズ臨時増刊、毎年1、昭63　<昭62>)

重判解

重要判例解説(ジュリスト臨時増刊、毎年1、昭48 < 昭41 · 42 > 昭43 < 昭43 > ~)

新聞

法律新聞(新法律新聞社、昭31 <1 号> ~昭33 <112 号>);週刊法律新聞(法律新聞社、昭41 <1 号> ~)

セレクト

判例セレクト(法学教室付録、毎年1期)

判評

判例評論(判例時報付録、判例時報社、毎月1期 < 当初毎年4期 >、昭32年1号~判例時報50号之后为“付録”~)

リマークス

私法判例リマークス(法律時報)別冊、毎年2、平元年(1号~)

民主解

民事主要判例解説(判例タイムズ臨時増刊、毎年1期、昭53 < 昭52 > ~昭58 < 昭57 >)

六、定期期刊的简化方式

(一)学会以及政府机关等的刊物(以五十音图为序)

医事法

年報医事法学(日本医事法学会案编、日本評論社发行、毎年1期)

AIPPI

A. I. P. P. I(国際工業所有権保護協会日本支部编辑发行、毎月1期)

NBL

NBL(商事法務研究会编辑发行、毎月2期)

会計

会計(日本会計学会编、森山書店发行、毎月1期)

外法

外国の立法(国立国会図書館調査立法考査局编辑发行、毎月1期)

科警

科学警察研究所報告(科学警察研究所编辑发行、每年7期)

家族

家族 <社会と法>(日本家族 <社会と法>学会编、日本加除出版发行、每年1期)

監査

月刊監査役(日本監査役協会编辑发行、每月1期)

鑑定

不動産鑑定(住宅新報社编辑发行、每月1期)

企会

企業会計(中央経済社编辑发行、每月1期)

季教

季刊教育法(エイデル研究所编辑发行、每年4期)

季行

季刊行政管理研究(行政管理研究センター编辑发行、每年4期)

季人

季刊人事行政(日本人事行政研究所编辑发行、每年4期)

企法

企業法研究(企業法研究会编、商事法務研究会编辑发行、每年1期)

教法

日本教育法学会年報(日本教育法学会编、有斐閣发行、每年1期)

季労

季刊労働法(総合労働研究所编辑发行、每年4期)

金判

金融・商事判例(経済法令研究会编辑发行、每月2期)

金法

旬刊金融法務事情(金融財政事情研究会编辑发行、每月3期)

行財政

行財政研究(行財政総合研究所编辑发行、每月1期)

銀法

銀行法務21(経済法令研究会编辑发行、每月1期)

空法

航空法務研究(航空法調査研究会编辑发行)

警研

警察研究(良書普及会编辑发行、每月1期)

刑政

刑政(矯正協会编辑发行、每月1期)

刑法

刑法雑誌(日本刑法学会编、有斐閣发行、每年4期)

刑弁

季刊刑事弁護(現代人文社编辑发行、每年4期)

経法

経済法学会年報(経済法学会编、有斐閣、每年1期)

警論

警察学論集(警察大学校编、立花書房编辑发行、每月1期)

ケ研

ケース研究(東京家庭裁判所家庭事件研究所编辑发行、每年6期)

研修

研修(法務省法務総合研究所编辑发行、每月1期)

公益

公益法人(公益法人協会编辑发行、每月1期)

公証

公証(日本公証人連合会编辑发行、每年3期)

公証法

公証法学(日本公証法学会编、成文堂发行、每年1期)

工所法

工業所有権法学会年報(日本工業所有権法学会编、有斐閣发行、每年1期)

更生

更生保護(法務省保護局编辑发行、每月1期)

交通

交通法研究(日本交通法学会编、有斐閣发行、每年1期)

公取

公正取引(公正取引協会编辑发行、每月1期)

更犯

更生保護と犯罪予防(日本更生保護協会编辑发行、每年4期)

公法

公法研究(日本公法学会编、有斐閣发行、每年1期)

国際

国際法外交雜誌(国際法学会编、有斐閣发行、每年6期)

戸時

戸籍時報(日本加除出版编辑发行、每月1期)

戸籍

月刊戸籍(テイハン编辑发行、每月1期)

コピ

コピライト(著作権情報センター编辑发行、每月1期)

際政

国際政治(日本国際政治学会编、岩波書店发行、每年1期)

際商

国際商事法務(国際商事法研究所编辑发行、每月1期)

司研

司法研修所論集(最高裁判所司法研修所编辑发行、每年2期)

自研

自治研究(良書普及会编辑发行、每月1期)

自セ

自治実務セミナー(良書普及会编辑发行、每月1期)

自正

自由と正義(日本弁護士連合会编辑发行、每月1期)

私法

私法(日本私法学会编、有斐閣发行、每年1期)

シュト

シュトイエル(税法研究所编辑发行、每月1期)

ジュリ

ジュリスト(有斐閣编辑发行、每月2期)

訟月

訟務月報(法務省訟務局编辑发行、每月1期)

商事

旬刊商事法務(商事法務研究会编辑发行、每月3期)

書研

書研所報(裁判所書記官研究所编辑发行、每年1期)

職研

地方自治職員研修(公務職員研修協会编辑发行、每月1期)

人月

人事院月報(人事院管理局编辑发行、每月1期)

新研

新聞研究(日本新聞協会编辑发行、每月1期)

人権

人権通信(全国人権擁護協力会编辑发行、每年6期)

信研

信託法研究(信託法学会编辑发行、每年1期)

信託

信託(信託協会编辑发行、每年4期)

生保

生命保護協会会報(生命保護協会编辑发行、每年3期)

税弘

税務弘報(中央経済社编辑发行、每月1期)

税法

税法学(税法研究所编辑发行、每月1期)

税理

税理(ぎょうせい编辑发行、每月1期)

曹時

法曹時報(法曹会编辑发行、每月1期)

租税

租税法研究(租税法学会编、有斐閣发行、每年1期)

損保

損害保険研究(損害保険事業総合研究所编辑发行、每年4期)

調研

調研紀要(最高裁判所家庭裁判所調査官研修所编辑发行、每年2期)

著研

著作権研究(著作権法学会编、有斐閣发行、每年1期)

賃社

賃金と社会保障(労働旬報社编辑发行、每月2期)

罪罰

罪と罰(日本刑事政策研究会编辑发行、每年4期)

登研

登記研究(テイハン编辑发行、每月1期)

登情

登記情報(民事法情報センター编、きんざい发行、每月1期)

時法

時の法令(大蔵省印刷局编辑发行、每月2期)

図月

国立国会図書館月報(国立国会図書館编辑发行、每月1期)

都研

都市問題研究(都市問題研究会编辑发行、每月1期)

特許

特許管理(日本特許協会编辑发行、每月1期)

都問

都市問題(東京市政調査会编辑发行、每月1期)

日不

日本不動産学会誌(日本不動産学会编辑发行、每年4期)

日仏

日仏法学(日仏法学会编、有斐閣发行、每年2期)

農法

農業法研究(農業法学会编、有斐閣发行、每年1期)

判時

判例時報(判例時報社编辑发行、每月3期)

判タ

判例タイムズ(判例タイムズ社编辑发行、每月2期)

犯非

犯罪と非行(青少年更生福祉センター・矯正福祉会编辑发行、每年4期)

判自

判例地方自治(ぎょうせい编辑发行、每月1期)

比較

比較法研究(日本比較法学会编、有斐閣发行、每年2期)

ひろば

法律のひろば(ぎょうせい编辑发行、每月1期)

不研

季刊不動産研究(日本不動産研究所编辑发行、每年4期)

不セ

不動産法律セミナー(東京法経学院出版编辑发行、每月1期)

米法

アメリカ法(日米法学会编、東京大学出版会编辑发行、每年2期)

法科

法の科学(民主主義科学者協会法律部会编、日本評論社发行、每年1期)

法教

法学教室(有斐閣编辑发行、每月1期)

法コン

法とコンピュータ(法とコンピュータ学会编、第一法規出版发行、每年1期)

法史

法制史研究(法制史学会编、創文社发行、每年1期)

法資

法令解説資料総覧(第一法規出版编辑发行、每月1期)

法社

法社会学(日本法社会学会编、有斐閣发行、每年1期)

法時

法律時報(日本評論社编辑发行、每月1期)

法セ

法学セミナー(日本評論社编辑发行、每月1期)

法曹

法曹(法曹会编辑发行、每月 1 期)

法哲

法哲学年報(日本法哲学会编、有斐閣发行、每年 1 期)

法民

法と民主主義(日本民主法律家協会编辑发行、每月 1 期)

民月

民事月報(法務省民事局编辑发行、每月 1 期)

民研

民事研修(法務省法務総合研究所编辑发行、每月 1 期)

民商

民商法雑誌(有斐閣编辑发行、每月 1 期)

民訴

民事訴訟雑誌(民事訴訟法学会编、法律文化社发行、每年 1 期)

立調

立法と調査(参議院事務局企画調整室编辑发行、每年 6 期)

レフア

レフアレンス(国立国会図書館調査立法考査局编辑发行、每月 1 期)

労研

日本労働研究雑誌(日本労働研究機構编辑发行、每月 1 期)

労経速

労働経済判例速報(日本経営者団体連盟编辑发行、每月 3 期)

労旬

労働法律旬報(労働旬報社编辑发行、每月 2 期)

労働

日本労働法学会誌(日本労働法学会编、総合労働研究所编辑发行、每年 2 期)

労判

労働判例(産業労働調査所编辑发行、每月 2 期)

(二)大学、研究生院的刊物(以五十音图为序)

愛学

愛知学院大学論叢法学研究(愛知学院大学法学会编辑发行、每年 4 期)

愛大

愛知大学法学部法経論集(愛知大学法学会编辑发行、每年3期)

青法

青山法学論集(青山学院大学法学会编辑发行、每年4期)

秋田

秋田法学(秋田経済法科大学法学部法学会编辑发行、每年2期)

朝日

朝日法学論集(朝日大学法学会编辑发行、每年2期)

亜大

亜細亜法学(亜細亜大学法学研究所编辑发行、每年2期)

一法

一橋大学研究年報法学研究(一橋大学研究年報編集委員会编辑发行、每年1期)

一論

一橋論叢(一橋大学一橋学会编辑发行、每月1期)

愛媛

愛媛法学会雜誌(愛媛大学法学会编辑发行、每年4期)

岡法

岡山大学法学会雜誌(岡山大学法学会编辑发行、每年4期)

沖大

沖大法学(沖縄大学法学会编辑发行、每年1期)

沖国

沖縄法学(沖縄国際大学法学会编辑发行、每年2期)

香川

香川法学(香川大学法学会编辑发行、每年4期)

学習院

学習院大学法学会雜誌(学習院大学法学会编辑发行、每年1期)

神奈

神奈川法学(神奈川大学法学会编辑发行、每年3期)

金沢

金沢法学(金沢大学法学部编辑发行、每年2期)

鹿法

法学論集(鹿児島大学法学部编辑发行、每年2期)

関学

法と政治(関西学院大学法政学会编辑发行、每年4期)

関法

法学論集(関西大学法学部编辑发行、每年6期)

関東学院

関東学院法学(関東学院大学法学会编辑发行、每年4期)

関東学園

関東学園大学法学紀要(関東学園大学法学部编辑发行、每年2期)

北九州

法政論集(北九州大学法学会编辑发行、每年4期)

九国

法学論集(九州国際大学法学会编辑发行、每年4期)

京園

京都学園法学(京都学園大学法学会编辑发行、每年1期)

近法

近畿大学法学(近畿大学法学会编辑发行、每年4期)

熊法

熊本法学(熊本大学法学会编辑发行、每年4期)

久留米

久留米大学法学(久留米大学法学会编辑发行、每年4期)

神院

神戸学院法学(神戸学院大学法学会编辑发行、每年4期)

神戸

神戸法学雑誌(神戸法学会编辑发行、每年4期)

甲法

甲南法学(甲南大学法学会编辑发行、每年4期)

国家

国家学会雑誌(国家学会事務所编辑发行、每年6期)

国学院

國學院法学(國學院大学法学会编辑发行、每年4期)

国士舘

国士舘法学（国士舘大学法学会编辑发行、每年1期）

駒論

法学論集（駒澤大学法学部编辑发行、每年2期）

札院

札幌学院法学（札幌学院大学法学会编辑发行、每年2期）

札大

札幌法学（札幌大学法学会编辑发行、每年2期）

産法

産大法学（京都産業大学法学会编辑发行、每年4期）

静法

静岡大学法政研究（静岡大学法経学会编辑发行、每年4期）

島法

島大法学（島根大学法文学部法学科编辑发行、每年4期）

修道

修道法学（広島修道大学法学会编辑发行、每年2期）

上法

上智法学論集（上智大学法学会编辑发行、每年3期）

志林

法学志林（法政大学法学志林協会编辑发行、每年4期）

新報

法学新報（中央大学法学会编辑发行、每月1期）

駿河台

駿河台法学（駿河台大学法学会编辑发行、每年2期）

成蹊

成蹊法学（成蹊大学法学会编辑发行、每年2期）

成城

成城法学（成城大学法学会编辑发行、每年4期）

西南

西南学院大学法学論集（西南学院大学学術研究所编辑发行、每年4期）

清和

清和法学研究（清和大学法学会编辑发行、每年2期）

摂南

摂南法学(摂南大学法学部编辑发行、每年2期)

専法

専修法学論集(専修大学法学会编辑发行、每年3期)

早法

早稲田法学(早稲田大学法学会编辑发行、每年4期)

創法

創価法学(創価大学法学会编辑发行、每年4期)

大東

大東法学(大東文化大学法政学会编辑发行、每年1期)

高岡

高岡法学(高岡法科大学编辑发行、每年2期)

拓論

拓殖大学論集(拓殖大学研究所编辑发行、每年2期)

千葉

千葉大学法学論集(千葉大学法学会编辑发行、每年4期)

中央学院

中央学院大学法学論叢(中央学院大学法学部编辑发行、每年2期)

中京

中京法学(中京大学法学会编辑发行、每年4期)

筑波

筑波法政[筑波大学社会科学系(法学、政治学)编辑发行、每年1期]

帝京

帝京法学(帝京大学法学会编辑发行、每年2期)

桐蔭

桐蔭法学(桐蔭横浜大学法学会编辑发行、每年2期)

東海

東海法学(東海法学部编辑发行、每年2期)

東社

社会科学研究(東京大学社会科学研究所编辑发行、每年6期)

同法

同志社法学(同志社法学会编辑发行、每年6期)

東北学院

東北学院大学論叢(東北学院大学学術研究会编辑发行、每年2期)

独協

獨協法学(獨協大学法学会编辑发行、每年2期)

都法

東京都立大学法学会雑誌(東京都立大学法学会编辑发行、每年2期)

奈良産

奈良法学会雑誌(奈良産業大学法学会编辑发行、每年4期)

南山

南山法学(南山大学法学会编辑发行、每年4期)

新潟

法政理論(新潟大学法学会编辑发行、每年3期)

日法

日本法学(日本大学法学会编辑发行、每年4期)

白鴎

白鴎法学(白鴎大学法学部编辑发行)

阪学

大阪学院大学法学研究(大阪学院大学法学会编辑发行、每年2期)

阪経法

大阪経済法科大学論集(大阪経済法科大学法学会编辑发行、每年3期)

阪法

阪大法学(大阪大学法学部编辑发行、每年4期)

姫路

姫路法学(姫路獨協大学法学部编辑发行、每年3期)

広法

広島法学(広島大学法学会编辑发行、每年4期)

福島

行政社会論集(福島大学行政社会学会编辑发行、每年4期)

福岡

福岡大学法学論叢(福岡大学総合研究所编辑发行、每年4期)

法学

法学(東北大学法学会编辑发行、每年6期)

法協

法学協会雑誌(法学協会事務所编辑发行、每月1期)

法研

法学研究(慶応義塾大学法学研究会编辑发行、每月1期)

法雑

大阪市立大学法学雑誌(大阪市立大学法学会编辑发行、每年4期)

法政

法政研究(九州大学法政学会编辑发行、每年4期)

法論

法律論叢(明治大学法律研究所编辑发行、每年6期)

北園

北海学園大学法学研究(北海学園大学法学会编辑发行、每年3期)

北法

北大法学論叢(北海道大学法学部编辑发行、每年4期)

北陸

北陸大学(北陸大学法学会编辑发行、每年3期)

松山

松山大学論集(松山大学学術研究会编辑发行、每年6期)

宮崎産

宮崎産業経営大学法学論集(宮崎産業経営大学法学会编辑发行、每年2期)

明学

明治学院論叢法学研究(明治学院大学法学会编辑发行、每年3期)

名学

名古屋学院大学論集(名古屋学院大学産業科学研究所编辑发行、每年4期)

名経

名経法学(名古屋経済大学市邨学園短大法学会编辑发行)

名城

名城法学(名城大学法学会编辑发行、每年4期)

名法

名古屋大学法政論集(名古屋大学法学部编辑发行、每年4期)

山院

山梨学院大学法学論集（山梨学院大学法学研究会编辑发行、每年 2 期）

洋法

東洋法学（東洋大学法学会编辑发行、每年 2 期）

横国

横浜国際経済法学（横浜国立大学大学院国際経済法学研究科编辑发行）

立教

立教法学（立教大学法学会编辑发行、每年 1 期）

立正

立正法学論集（立正大学法学会编辑发行、每年 4 期）

立命

立命館法学（立命館大学法学会编辑发行、每年 6 期）

龍谷

龍谷法学（龍谷大学法学会编辑发行、每年 4 期）

琉法

琉大法学（琉球大学法文学部编辑发行、每年 1 期）

論叢

法学論叢（京都大学法学部编辑发行、每年 6 期）

主要参考文献：

1. 法律編集者懇話会《法律文献等の出典の表示方法》2002 年版。
2. 西野喜一《法律文献学入门》（成文堂，2002 年）。

《中日民商法研究》注释体例(试行)

一、总体体例顺序

1. 文章题目

2. 署名(加“＊”,工作单位、职称放入脚注,例:“作者(或译者):北京大学法学院教授”)

3. 目次(限于:一级标题)

4. 文中大、小标题及正文

二、标题格式

1. 一级标题:一、二、三、……(标题后加顿号);

2. 二级标题:(一)(二)(三)……;

3. 三级标题:1.2.3.……(标题后加点);

4. 四级标题:(1)(2)(3)……。

三、注释

文中注释一律采用脚注,通篇连号。

1. 国内著作类

按照法律出版社“学术出版规范”执行。

2. 国内论文类

按照法律出版社“学术出版规范”执行。

3. 日文著作类

(1)“参见”或“引自”或“详见”(后加冒号);(2)方括号中加“日”;

(3)作者名;(4)书名(加书名号);(5)页码;(6)出版社(前加括弧,后加逗号),出版时间(括弧完了)。

例:参见:[日]铃木禄弥著《物权法の研究》第5页(有斐阁,1999年)。

4. 日文论文类

(1)“参见”或“引自”或“详见”(后加冒号);(2)方括号中加“日”;(3)文章名(双引号);(4)注明“载”或“收录于”;(5)原载书或刊名(加书名号);(6)收录于的场合准用日本著作类规则;(7)载于杂志的场合表明期号(后加逗号);(8)页码;(9)出版时间(加括号,后加句号)。

例:[日]加藤雅信“所有权の发生”载《法学教室》第5卷第4号,第25页(1999年)。

＊日本著作及论文类的引用一律使用原文(日文),但汉字可使用简化字。

5. 日本判例类

(1)“参见”或“引自”或“详见”(后加冒号);(2)裁判所名;(3)判决年月日(后加“判决”二字,加逗号);(4)原载判例集名。

例:参见:日本最高裁判所昭和48(1973)年10月9日判决,载《民事判例集》27卷9号1129页。

6. 关于年代的表示

日本文献有许多是用日本专有的纪年法,诸如,“明治”“大正”“昭和”“平成”等。考虑到读者在查阅原文时的便利,同时给读者以直观的时代概念,将原纪年号保留,同时加括弧表示公元纪年。

例:昭和48(1973)年。

7. 其他文种,按照各文种习惯。

图书在版编目(CIP)数据

中日民商法研究.第十五卷/渠涛主编.—北京:法律出版社,2017.4
ISBN 978-7-5197-0772-9

Ⅰ.①中… Ⅱ.①渠… Ⅲ.①民法—研究—中国②民法—研究—日本③商法—研究—中国④商法—研究—日本 Ⅳ.①D923.04②D931.33

中国版本图书馆 CIP 数据核字(2017)第067846号

中日民商法研究(第十五卷)
ZHONG RI MINSHANGFA YANJIU
(DI SHIWU JUAN)

渠 涛 主编

策划编辑 孙东育
责任编辑 李峰沄
装帧设计 李 瞻

出版 法律出版社
总发行 中国法律图书有限公司
经销 新华书店
印刷 北京京华虎彩印刷有限公司
责任校对 王沁陶
责任印制 陶 松

编辑统筹 学术·对外出版分社
开本 A5
印张 13.75
字数 386千
版本 2017年4月第1版
印次 2017年4月第1次印刷

法律出版社/北京市丰台区莲花池西里7号(100073)
网址/www.lawpress.com.cn
投稿邮箱/info@lawpress.com.cn
举报维权邮箱/jbwq@lawpress.com.cn
销售热线/010-63939792
咨询电话/010-63939796

中国法律图书有限公司/北京市丰台区莲花池西里7号(100073)
全国各地中法图分、子公司销售电话:
统一销售客服/400-660-6393
第一法律书店/010-63939781/9782
西安分公司/029-85330678
重庆分公司/023-67453036
上海分公司/021-62071639/1636
深圳分公司/0755-83072995

书号:ISBN 978-7-5197-0772-9
定价:55.00元
(如有缺页或倒装,中国法律图书有限公司负责退换)

图书在版编目(CIP)数据